# 언어, 문화, 사회

# 언어, 문화, 사회

지은이 ——— 제넥 쌀즈만
옮긴이 ——— 김형중
초판 1쇄 인쇄 ——— 2006년 1월 16일
초판 1쇄 발행 ——— 2006년 1월 20일
펴낸이 ——— 김용항
펴낸곳 ——— 온누리

충북 청주 상당 수동 90-4 · 서울사무실 마포 합정동 393-11
전화 324-4790 · 팩시밀리 333-6287

출판등록 ——— 1982년 12월 6일
등록번호 ——— 제아-20호

값 40,000원
ISBN 89-8367-077-0 93740

# 언어, 문화, 사회

## 언어인류학 입문

지은이 | 제넥 쌀즈만 옮긴이 | 김형중

## 추천사

인문학, 사회과학, 특히 언어인류학, 언어학, 문화와 사회에 대한 각 분야의 학자, 학생은 물론, 여러 분야의 현지 조사에 종사하는 분들이 이 책을 읽어보시기를 권하고 싶다.

이 책은 원 서명이 *Language, Culture and Society*: An Introduction to Linguistic Anthropology로 되어 있다. 추천자는 언어인류학에 대해서 별로 아는 것이 없어서 망설이다가, 역자가 이 방면의 전문가라는 것을 잘 알고 있기 때문에, 역자를 믿고 한국어 역본의 추천서를 쓰기로 하고, 원고를 읽기 시작하였다. 읽다보니, 저자의 학문의 깊이와, 오랜 현지 조사를 통하여 터득한 그의 조사 방법과 현지조사에서 유의하여야할 일들에 대한 설명에 큰 감명을 받으면서 모두를 읽었다. 사실은 매우 어려운 내용을 이렇게 친절하고 자세하고 알기 쉽게 쓸 수 있는 것은 본받고 싶고 부러운 일이다. 그렇게 책을 쓸 수 있는 것은 글 쓰는 재주만으로 되는 것이 아니다. 깊이 있게 알지 못하고서는 불가능한 일이다. 이 책에는 더 전문적으로 공부하고자 하는 사람들을 위한 자세한 안내도 덧붙여 놓고 있다.

오늘날은 세계의 이곳저곳을 알지 못하고서는 살기 어려운 세상이 되었다. 나라도 기업도 개인도 시야를 넓히지 않고는 살 수 없는 세상이다. 아는 것도 남이 조사해서 보고해놓은 것만으로는 족하지 못하다. 그것만으로는 남을 좇아갈 수는 있어도 앞서기는 어렵다. 학자 학생들뿐만 아니라 모든 분야의 현지조사자들에게 일독을 권하고 싶다. 추천자는 현지 언어조사의 경험을 하고 있다. 현지조사의 어려움, 유의할 일들을 잘 알고 있다. 이러한 책을 구해보기는 쉽지 않다. 저자에게 경의를 표하면서, 현지조사를 나가시는 분들은 좀 분야가 다르더라도 이 책을 지침서로 삼아주시기를 바란다.

번역이라는 것은 참 어려운 일이다. 훌륭한 번역을 하려면 원서의 언어뿐만 아니라, 내용에 대한 전문적인 지식이 필요하다. 이 책의 역자 김 형중 박사는 그 두 가지를 모두 갖춘 이 분야의 전문가이고, 풍부한 현지조사의 경험을 가지고 있는 학자여서 좋은 번역이 되었을 것으로 믿고 있다.

성백인(서울대학교 명예교수)

## 한국어판 서문

나의 책 『언어, 문화, 사회: 언어인류학입문』의 한국어판을 보는 것은 대단히 기쁜 일입니다. 지금 제3판으로 나온 책은 인류학자, 언어학자는 물론 학생들을 인류학에서 가장 최신에 나온 하나의 분과에 성공적으로 소개하였습니다. 책을 집필하면서 특히 최신판을 준비하면서 인류학자들이 항상 단언하고 있는 총체적 접근법을 따랐습니다. - 그 접근법은 인간조건의 다양한 면들 사이에 나타나는 상호관계를 강조하는 것입니다. 따라서 독자는 언어의 기원을 토의하면서 종종 고생물학과 형질인류학을 참고로 하고 있고, 문화의 원형과 조상의 고향을 재구성하면서 선사시대의 흔적을 언급하고 물론 책 전체를 통해 다양한 세계의 문화와 사회를 언급하고 있음을 알게 됩니다. 그리고 언어가 실질적인 내용만을 메시지로 전달하는 것이 아니므로 나는 구전민속과 말하기 기술에 관해서 한 장의 지면을 할애했습니다. 간단히 말해서 사회문화적 제도를 발전시키고 유지하는데 언어가 얼마나 중요한지 또 여러 분야를 전공하는 인류학자들이 언어와 의사소통행위에 진지한 고려를 통해 얼마나 많은 도움을 얻게 되는지를 가능한 가장 광의의 맥락에서 지적하려고 시도했습니다.

이 책은 이미 체코어로 번역되어 나왔으며 다른 유럽언어로의 번역이 고려 중에 있습니다. 그러나 주요 아시아언어 중 하나로 번역되는 것은 특별히 중요한데 왜냐하면 한국학자들이 동아시아에서 언어자료와 사회문화자료를 이용하면서 언어인류학에 지대한 공헌을 하기 시작할 것으로 기대되기 때문입니다.

나는 한국의 언어학자, 인류학자, 인문학도들이 내 독본의 한국어판을 잘 읽고 이 책에서 많은 자극을 받기 희망합니다.

아리조나주 세도나에서

2004년 7월 제넥 쌀즈만

## 3판에 붙이는 서문

이 책의 제 2판에 붙이는 서문을 쓰는 일이 즐거운 경험이라면, 제 3판에 붙이는 서문을 쓰는 일은 더욱 그러하다. 이번 것은 2판과 어떻게 상이한가? 나는 지난 5년가 지속적으로 발전된 내용을 포함시키려고 노력했다. 첨가한 내용 중에는 언어의 윤곽자료 작성과 언어편견, 미합중국 내의 복수언어사용, 다문화간 의사소통, 언어이념과 틀에 관한 개념, 위험에 처한 언어와 언어사멸에 관한 부분이 들어 있다.연관된 새로운 출판물을 넣어 참고문헌을 최신 것으로 만들었다.

이 책을 교재로 사용한 선생님들의 요청으로 제 7장 말미에 언어재구 연습문제 4개를 붙였고 제 1-3장, 제 6-13장에 토의문제를 붙였다. 이 연습문제의 대부분은 답이 없어 항생들이 답할 때 개인적인 경험을 언급할 수 있게 꾸며진 것이다. 토의가 실용적인 학생 수가 적은 경우에 몇 질문은 생생하게 토의를 자극할 임에 틀림없다.

나는 상자 두 개를 더 만들었는데; 제 13장에 들어 있는 상자는 토착미주민언어를 위해 언어인류학자나 다른 이들의 일치하는 노력이 엄청난 결과를 초래할 수 있다는 것을 보여준다.

언어인류학 분야의 논문 수가 꾸준히 늘어나고 있으나, 이 분야에 관한 견고한 일반적인 조망이 새롭고 특수한 접근법로 설명하려는 시도보다 더욱 튼실하다라는 것이 내가 지닌 견해이다. 앞으로 읽을 서적의 선택은 선생님들께 남겨 놓는 것이 최선이다.

실질적인 공저자이며 이 책 1,2,3판 집필 시 모두 나를 돕기 위해 많은 시간을 헌신해온 나의 아내 조이뿐만 아니라 비상한 도움을 주었고 함께 일하기 즐거운 웨스트뷰우 출판사의 스태프진에 다시 한 번 심심한 감사를 전해야만 한다.

제넥 쌀즈만

## 차례

# 1. 언어인류학을 소개하며

매우 단순하게 인류학을 정의하면 다음과 같다: 인류학은 인류에 대한 연구라고 할 수 있다. 물론 다른 분야의 연구 역시 인간조건의 여러 측면을 포함한다.—신체의 구조와 기능, 인간사회의 제도와 과정, 그 구성원들의 창조적인 활동 등. 이러한 분야에는 해부학, 생리학, 역사학, 정치학, 경제학, 미술사학, 언어학, 문학, 사회학이 있다. 인간의 경험에 초점을 맞춘 이러한 모든 분야에서 왜 인류학과 같은 광범위한 분야가 필요하다는 것일까? 무엇이 인류학자들이 종사하는 일을 특이하게 만드는가? 근대 인류학사에 연관하여 몇 개의 간략한 설명이 이러한 질문에 답할 수 있게 도와준다.

미합중국에서 근대 인류학은 다른 분야에서 학자들이 아직 [자신들의 영역이라고] 주장하지 않은 주제들을 연구하는 하나의 학문으로서 19세기에 시작됐다. 초기 인류학자들은 "원시" 혹은 "야만"이라고 간주되는 문자가 없는 부족민에 특히 초점을 맞췄다. 따라서 일반적으로 별 흥미를 느끼지 못하거나 중요하지 않게 여겨졌다. 이러한 미미한 시작으로 일반인의 뇌리에는 오늘날 인류학자들은 격리된 세계에서 나온 이국적인 소장품들을 박물관에 제공하거나 과거인류의 삶의 흔적이나 문화적 유산들을 파헤치는 사람들이라고 각인되었다.

초기의 인류학자들은 다른 분야의 전문가들이 등한시했던 사람들에게 관심을 가졌었기 때문에 한 사회의 모든 면에 관심을 보였다. 독일 태생 후란쓰 보아즈(Franz Boas, 1858-1942)—근대 인류학에서 출중한 인물이고 미합중국의 인류학 교수자리를 최초로 획득한(매사추세츠 주 워체스터에 있는 크라크(Clark)대학에서, 1888-1892) 학자인데—는 미 토착민 음악, 미술, 민속, 언어에서부터 문화이론, 인체 생물학, 고고학 연구에 이르기까지 700여 편이 훨씬 넘는 작품들을 쓰고, 공저하거나 편집했다. 보아즈의 직접적인 영향은 84세에 그가 죽을 때까지 역력했고 그를 추종하는 미국인류학은 콜롬비아대학에서 보아즈의 지도 하에 길러진 학자들에 의해서 광범위하게 그 모습을 드러냈다. 그들 중에는 크뢰버(Alfred L. Kroeber, 1876-1960), 사피어(Edward Sapir, 1884-1939), 베네딕트(Ruth Benedict, 1887-1948), 미드(Margaret Mead, 1901-1978)가 있다. 크뢰버는 자신의 흥미와 기여할 분야를 백과사전 만들기에서 찾아낸 희귀한 인류학자들 중 하나이었다.

제2차 세계대전까지 인류학은 학문분야로서 잘 정립되었고 대부분의 주요 종합대학에서 가르쳐졌다. 그 중 4대 주요 분야가 형질(physical)인류학, 문화인류학, 언어인류학, 고고학으로 인정받았다. 좀더 세분화된 연구대상은 하위분야 내에서 발달되어 왔다. 그 안에는 정치인류학, 경제인류학, 도시인류학, 여성인류학, 의료인류학, 시각인류학, 심리인류학과 남미인류학, 유럽인류학, 법인류학을 예로 들 수 있다.

인류학자들이 공언하는 하나의 약속은 전공에 관계없이 총체적인 접근이라는 것이다. **총체적**(holistic)이라는 술어는 한 체계의 전체를 일컫고 있는 것이며 부분을 말하지 않는다. 문화전체를 상세히 연구하는 것은 흔히 평생의 작업이 되기 때문에, 특정한 문화 내에서 여러 측면 중 일정부분에 초점을 두는 인류학자라도 변함없이 전체적인 문화 내의 맥락에서 여러 측면들을 연구하고 토의한다. 예를 들어 인간성을 연구함에 있어서 총체적인 접근을 적용한다는 뜻은 인간조건의 매우 다양한 양상 사이에 있는 연관성을 강조한다는 말이다. 따라서 인류는—문화, 사회, 생물적인—복합체로 이해될 수 있다.

인류학을 타 사회과학과 구별 짓는 특성은 설득력 있는 현장조사인데, 고고학이나 형질인류학은 실험실 작업으로도 많은 도움을 끌어내고 있다. 고고학자들은 땅을 조사하여 유적지를 찾고 과거 문화유산을 발굴해내며 실험실에서 그들이 발견한 것들을 분석한다. 발굴한 유품을 실험실에서 방사능 반감기를 이용하여 연대를 측정하고 (예, 탄소 14 혹은 포타슘 - 아르곤으로) 혹은 나무와 숲에서 나이테를 비교하고 (꽃가루와 포자)화석을 확인하여 과거환경의 특성을 보여주는 자질들을 재구성하며 토기에서 경도, 소성방법, 기공의 분포, 기타 특질들을 찾아내기도 한다. 형질인류학자들은 인간이 아닌 영장류(침판지, 고릴라 등)의 행동이나 인간진화와 관련된 두개골 유적지를 찾기 위해 특정지역을 조사할 뿐만 아니라 고대 질병들의 화석유물, 유전자 집합에서 유전자 수치를 혈액 채취를 통해 계산하기도 하고 초기 인류의 섭생에 관한 추정치를 끌어내기 위해서 치아화석을 분석하는 등 실험실에서 연구에 종사한다.

최근에는 인류학자들이 부족사회, 농민마을, 격리된 세계의 수렵 채취 집단에 대한 연구뿐만 아니라 근대사회를 조사하는 일에도 그들의 관심을 두고 있다. 다음은 마땅히 그런 것처럼 확실한데: 만일 인류학이 진정 인류에 대한 학문이라면 모든 인류에 관심을 반드시 갖고 있어야 한다.

## 인류학, 언어학, 언어인류학

나와 내 동료(Pi – Sunyer and Salzmann 1978:3)가 다른 지면을 통해서 말해 왔던 것을 상기하면서 나는 다음과 같은 제안으로써 인류학의 일반적인 범위를 요약해 볼 수 있다:

1. *호모사피엔스*(Homo sapiens)의 구성원은 살아 있는 유기체이기 때문에 인간에 관한 연구는 적절한 맥락에서 인간의 기원과 특성을 이해하려는 노력을 해야만 한다.

2. 인간은 변화무상한 자연과 인위적 환경에 적응하려고 노력했기에, *문화*라는 용어로 일컫는 일련의 긴 혁신에 종사해 왔다.

3. 과거 수백만 년 동안 인류의 문화적 진화과정에서 인간은 효과적인 의사소통 수단을 발달시킴으로써 셀 수 없을 만큼 큰 도움을 받았다. 가장 두드러지고 주요한 구성요소는 인간의 언어이다.

언어인류학은 셋째 제안에 들어있는 과정이 도출하는 결과에 관심을 두고 있다.

여기에 용어에 관한 설명이 적절하게 있어야 한다고 생각한다. *인류언어학*(Anthropological Linguistics)이라는 용어가 종종 인류학의 하위분야를 지칭하는 말로 사용되는데, 다른 한편으로는 언어인류학이라고 알려져 있고, 또 인류언어학이라는 이름으로 출간되는 (학술지명: **인류언어학**Anthropological Linguistics) 훌륭한 학술지가 있지만, 티터(Karl V. Teeter, 1964)가 수년 전에 주장한 것처럼 *언어인류학*(Linguistic Anthropology)이라는 용어가 더 선호되어야 한다. 간략하게 말하면 만일 인류학이 인간성에 관한 연구이고 언어가 인류의 가장 특별한 자질이라면 언어에 관한 연구는 자체로서 인류학의 자명하고 필수적인 측면이다. *언어학*이라는 용어에 인류라는 관형사로 수식하는 것은 명백히 중복되는 것인데 왜냐하면 모든 동물 종이 의사소통을 하고 있지만 어떠한 종도 인간 언어에 견줄 만한 의사소통수단을 사용하지 못한다. 말하자면 만일 고양이과(科, Felidae)나 조류강(綱, Aves)의 일부가 인간언어와 같은 것을 지녔다면 인류언어학은 그 자체를 고양이 혹은 날짐승을 연구하는 고양이언어학, 날짐승언어학과 구별하는 것이 사리에 맞는다. 우리가 이미 본 대로 인류학의 몇몇 하위 분야가 있는데 문화에 관점을 두고 있으면 *문화인류학*이라고 일컫는 것처럼 그 중 하나가 언어와 유관한 분야이면 *언어인류학*이라고 지칭하는 것이 적절하다. 그래서 이 책에선 '언어인류학' 이라는 용어를 채택했다. 그것은 하위분야가 무엇인가를 적확하게 말해주며—인류학의 틀 내에서 언어(말)를 연구하는 것이다.

인간만이 지닌 언어의 속성에 초점을 두는 또 하나의 분야가 **언어학**이고 언어를 과학적으로 연구한다. *언어학*은 하나의 특정언어를 말하기 위하여 배울 목적으로 연구하는 것을 칭하지 않는다. 오히려 언어학은 어떠한 언어라도 그 대상언어의 분석적 연구를 지칭한다. 언어의 구조를 밝히고—언어의 다양한 단위들(음소, 형태소 등)—또한 이러한 언어 단위들이 말소리가 되기 위하여 어떠한 규칙에 의존하고 있는지도 알려고 한다. 따라서 언어학자와 언어인류학자 사이에 분업이 나타난다. 언어학자의 흥미는 언어구조에 있다면 언어인류학자의 흥미는 언어사용과 언어의 또 다른 한 면인 사회와 문화 사이에 존재하는 관계에 있다(상자 1.1 참조). 미리 준비하는 과정으로서 언어학자는 언어학에 능숙해지기 위해 인류학을 공부할 필요가 없다. 대조적으로 언어인류학자는 언어인류학에서 중요한 연구를 수행하기 위해서 언어학적 교양과 언어 분석의 기초적 솜씨를 갖추어야 한다.

## 현장조사 구성요소

동시대 사회의 문화와 언어에 관한 연구는 대부분이 현장에서 행해진다. 인류학자들은 공부하기 희망하는 사회나 공동체에 그 자신들을 노출시켜 적어도 서너 달 흔히 일 년 동안 현장조사를 되풀이 한다 (또한 그 집단이 받아들이면 학자들은 후속연구차 재차 방문하는 경향이 농후하다). 상당기간 연구대상들의 일상에 현장조사자들이 몰입하여 지내는 것을 **참여관찰**(participant observation)이라 일컫는다. 연구 중인 집단주민들과 그들의 언어를 사용하여 의사소통할 수 있는 것은 인류학자들에게 매우 도움이 된다. 그러한 솜씨를 갖추지 못하면 통역이 열심히 도우려 하더라도 통역에게 의지해야 하는 현장조사자들은 문화적, 언어적 자료들을 제공하는 정보제공자의 이야기를 부지불식간에 단순하게 만들고 왜곡시킨다. 두 언어에 능통한 사회 구성원은 분류해보면 종종 (주변인marginal)경계인이기 때문에 조심스럽게 선택되어야 한다. 타문화에 적응해 왔으며 여러 문화적 특성을 빌어온 개개인들은 그들 자신의 문화적 특성의 상당부분을 상실했을 수 있다. 분명히 개인이나 집단이 다른 사회와의 상당기간 혹은 활발한 접촉으로 자신의 문화를 어떻게 또 어느 정도 변질시키는지 연구하는 것은 중요하고 흥미 있는 일이다. 그러나 변화 속에 있는 문화의 전통적인 토대를 충분히 이해하지 못하면 이러한 연구들이 만족스럽게 수행될 수 없다.

**상자 1.1 언어인류학과 비교되는 언어학**

언어학자와는 달리 〔언어〕인류학자는 사회와 격리시켜 언어를 고려한 적이 결코 없고 언어를 문화적 사회적 구조와 상호의존적이라고 주장해 왔다. 이러한 의미에서 인류학자들의 언어분석은 좀더 큰 범위의 인류학 이슈에 관한 추론을 이끌어내기 위한 궁극적인 자료이다. 따라서 … "언어와 문화"라는 표제 하에 인류학자들은 세계관들 사이의 상관관계, 문법적 범주와 의미장 사이의 상관관계, 사회성과 개인관계에 말이 미치는 영향, 언어공동체와 사회공동체 사이의 상호영향 … 따위의 주제에 관하여 연구한다 … 하임스가 적절하게 언급한 것처럼, "언어는 의사소통의 역할과 사회적 가치로 볼 때 모든 곳에서 일정한 가치를 지니지 않는다 … [그리고] 어떤 보통사람도 그리고 어떤 보통 공동체도 하나의 [문체] 변형에나 하나의 말투변종에서 다른 변종으로 말투를 바꾸면서 존경과 위로와 조롱과 해학과 역할분리(role-distance) 등을 표현하는 가능성을 배제하는 변화 없는 단조로움에 국한되지 않는다." 결과적으로 언어와 사회집단 사이의 상관관계는 당연하다고 받아들이면 안 된다. 그러나 그 관계는 민족지의 관점에서 조사해야 하는 문제이다.

삐에르 빠올로 히글리올리 편, *언어와 사회적 맥락*(1972), 9–10

(Pier Paolo Giglioli, ed. *Language and Social Context*)

인류학자와 의사소통이 가능한 〔현지에서〕 그 누구를 구할 수 있다는 것이 대상 집단의 언어에 익숙해지는데 따르는 수고를 덜어주지 않는다. 언어지식은 문화의 다양한 면들을 풍부한 지식을 겸비한 채 이해하는 귀중한 도구로 인류학자에게 큰 도움이 된다. 예를 들어, 이러한 언어지식은 연구대상 집단 내 구성원들 사이에 서로 부르는 호칭을 근거로 상대적 지위의 높낮이를 판단할 수 있게 한다. 1911년 보아즈가 "한 언어를 구사하는 것은 '연구 중인 문화의' 적확하고 철저한 지식을 획득하는 필수적인 수단이다. 왜냐하면 그 언어 사용자들의 대화를 듣고도 그 말을 모르면 관찰자가 전혀 감지할 수 없는 일상생활에 참여함으로써 엄청난 정보가 파악될 수 있기 때문이다"라고 주장하면서 *미주인디언언어요람*(Handbook of American Indian Languages) 첫째 권 서문에서 강조했다(Boas 1911:60).

보아즈가 강조한 것이 말리노프스키에 의해서도 지적되었는데, 말리노프스키는 폴란드출생의 인류학자로 1914년과 1920년 사이의 멜라네시아와 뉴기니에서 행한 현장조사에서 참여관찰을 솔선수범하였다. 해당지역의 언어를 구사할 줄 아는데 따르는 소득을 논의하면서 그는 이렇게 썼다. "거듭 되풀이해서 나는 그들의 (이구아(Igua: 젊은 조수)와 마을에서 이구아를 보러온 친구들의) 대화를 들음으로써 원주민사회나 그들의 민속에 나타나는 매우 중요한 문제를 찾아 나서게 되었다"(Malinowski 1915:501). 그리고 7년 뒤 *서태평양의 탐험가*(Argonauts of the Western Pacific)라는 책의 서문에서 말리노프스키는 왜 토착민의 언어구사력이 유용한지 말했다. "[트로브리앤드 제도의 키리위나 섬에서 사용되는] 키리위나(Kiriwina) 말을 사용하면서 기록하는데 어려움을 느꼈다. 번역해 놓으면 종종 원어의 특성을 사라지게 되고 중요한 문제를 뭉그러뜨렸다. 그래서 나는 점차 그들의 이야기 중 중요한 구절은 토착어로 기록했다"(Malinowski 1922:23).

연구대상 사회가 쓰는 언어를 상당히 구사할 수 있는 지식을 갖춘다는 것은 정말 언어인류학자에게 불가분의 일이다. (상당한 지식은 비전문적인 주제를 놓고 편안하게 자신들의 요지를 피력할 수 있는 정도의 능숙함을 말하며, 만일 모국어 사용자 같은 언어지식을 지칭한다면 그 유창한 지식은 장기간의 현장조사 후라도 습득하기 매우 어려운 것이다.) 또한 이국적인 문화에 대하여 상당 부분을 언어인류학자가 배우는 것이 필요하다. 왜냐하면, 학자들이 연구하는 것들의 대부분이 언어행위의 사회문화적 기능들에 관한 것들이기 때문이다. 짧게 말해서 현장에서 직면하는 의문점들이나 언어와 문화사이의 관계나 언어와 사회사이의 관계에 관한 주장이 정확하고 근거가 있으려면 그 언어에 관한 일가견과 그 문화를 꽤 익숙하게 아는 것이 요구된다.

연구 종사자가 언어 (혹은 문화적) 정보를 수집하는 대상집단의 언어를 사용하는 사람을 *정보제공자*(informant)라고 부른다. 최근에는 *의논상대*(consultant)라는 용어도 자주 쓰인다. 보통사람들 중 일부가 정보제공자라는 영어단어와 비판의 대상이 되는 *밀고자*(informer)라는 영어단어와 혼동하기 때문이다. 그렇지만 더욱 중요한 이유는 *의논상대*라는 용어가 인류학자 혹은 언어학자와 함께 일하는 대상 집단의 모국어 사용자에 의해서 이루어진 지적(知的) 기여를 인정하고 있는 낱말이기 때문이다. 연구대상인 사회의 구성원과 그 사회의 다양한 측면들을 공부하는 외부인의 협력은 공저로 구성된 연구논문으로 많이 나오게 되었다. 모국어사용자가 자신의 언어를 통해 갖고 있는 통찰력을 장점으로 이용하는 또 하나의 방법은 〔연구에〕 흥미를 표시하는 그 모국어사용자를 언어학과 인류학분야에서 훈련받도록 하는 일이고 일반적인 언어인류학 연구뿐만 아니라 그들 자신의 사회에 혜택이 돌아가게 습득한 기술과 지식을 사용하게끔 격려하는 일이다. 언어 정보제공자가 협력하게끔 추진해온 사람들 중 가장 걸출한 학자는 매사추세츠 공대의 헤일(Kenneth Hale)교수이다. 그는 사반세기 이상을 이러한 접근법에서 선구적 역할을 해 왔다. 일찍이 1969년에 헤일은 다음과 같이 주장했다. "야기되는 언어학적 문제들은 다음과 같다. 언어학적 문제가 한 개인의 정신에서 형성되고 또 중요한 언어직관력은 또 다른 정신에 깃들고 있다는 전통적인 합의가 작동하고 있는지 혹은 유효하게 보이는 곳은 사실 모국어 사용자가 언어학자처럼 기능하지 않는다고 말할 수 있는지 따위인데," 좀더 부연하여 보면,

〔예를 들어〕 미주 인디언 공동체에서 찾아지는 언어적 재능과 흥미의 분포는 서방세계의 사리에 비추어 공식적 교육 분포와 일치할 이유가 전혀 없다. 만일 이러한 재능이 꽃을 피워 대상언어가 속하는 공동체들에게 언어연구가 특정한 연관성이 있음을 결정하도록 도와주는 방향으로 가닥을 잡는다면 그러한 묘사에 들어맞는 개인들이 … 자신의 언어연구에 정열을 바칠 수 있게 훈련과 허가를 득하는 방식들이 반드시 확보되어야만 한다.(Hale 1974:387,393)

언어 혹은 언어사용 분석에 관한 자료는 만일 정보제공자가 언어인류학자와 가까운 거리에 살고 있다면 그 말이 쓰이는 지역으로부터 격리된 상태에서도 물론 수집될 수 있다. 그러한 방식으로 획득된 언어자료는 만일 정보제공자의 모국어 솜씨가 훌륭하고 연구목표가 그 언어의 초기단계 분석이라면 매우 유용할 수 있다. 그럼에도 불구하고 하나의 사회 안 언어의 기능을 결정하는 것은 정보제공자가 통상 대화하는 대상들로부터 격리된 한 사람의 모국어 사용자의 도움만으로는 성취될 수 없다. (특수한 경우는 예외를 인정할 수 있다. 루이지애나 북부에서 쓰였던 미주 원주민 언어인 튜니카(Tunica)의 문법기술은 "어느 정도 유창함"을 유지하며 그 언어를 사용할 수 있는 단 하나의 정보제공자의 말에 의존하였다. 그 문법의 저자는 하아스(Mary R. Haas, 1910-1996)인데 1933년에 현장조사를 거의 마치고 다음과 같이 적고 있다. "그 정보제공자는 1915년 어머니가 사망한 이후 튜니카로 대화한 적이 없었다"고 한다[Haas 1941:9]. 이 경우에 전혀 없는 것보다는 가용한 정보제공자가 단 하나라도 있는 것이 분명히 낫다.)

21세기에도 전혀 아무것도 알지 못하는 언어가 세상에는 약간 남아 있는 것 같다. 하지만 언어학자와 인류학자들이 상대적으로 거의 모르는 언어들이 아직 수백이나 된다. 대부분 이러한 언어들은 이리안자야(서Irian)와 파푸아 뉴기니(각각, 서부 인도네시아 뉴기니와 동부 독립뉴기니), 또 아마존 분지에 있다. 최근 추산에 따르면 파푸아 뉴기니에 약 850개 언어들이 보고되고 있고 인도네시아에 약 670개 언어가, 브라질에 약 210개 언어가 있는데—그 총계는 전 세계 언어의 약 10분의 3에 해당한다 (Krauss 1992:6). 제2차 세계대전 후 전 세계에서 행해진 엄청난 양의 현장조사 결과로 현재 어느 정도 이미 기술된 언어를 지닌 공동체나 사회를 연구하는 것이 인류학자들에게 점점 흔한 일이 되고 있다. (또 그러한 언어의 사용자들이 문자체계를 전적으로 필요하다고 느끼지 못하지만 문자체계가 발명될 수 있다.) 이미 기술된 언어를 연구하는 학자들은 운이 좋은 경우인데 관련된 연구논문들과 출간되지 않은 원고들을 읽어서 미리 그들의 현장조사에 준비할 수 있게 되고 다른 사람들이 제작한 녹취록을 듣거나 가능하면 모국어 사용자로부터 그 언어를 배울 수 있다. 그러나 언어인류학자가 처음부터 시작해야만 하고 시작하는 그러한 경우가 여전히 남게 된다. 다음은 두 가지 기능을 나타내고 있는데 하나는 현장 언어를 모르는 잠재적인 현장조사자들이 어떻게 진행해야 하는지를 간략하게 적고 또 언어학자들과 인류학자들이 과거에 알려지지 않은 언어들에 어떻게 대처해 왔는지를 지적하고 있다.

정보제공자들은 자신들의 모국어에 능통하면서도 그들의 문화에 적극적인 참여자이어야 한다. 대부분의 경우에 이상적인 정보제공자들은 다른 언어나 타문화에 결정적인 영향을 받지 않은 노인 남자 · 여자들이다. 그런 사람들은 그 사회의 젊은이들보다 그들의 언어를 거의 언제나 더 잘 알고 있다. 젊은이들은 또한 주위를 에워싼 우세한 문화가 무엇이든지 그 우세한 문화가 제공하는 언어를 쓰려는 경향이 있다. 관련된 상황은 지역마다 다르다. 다수의 북미인디언 사회를 예를 들면 젊은 부모들은 그들의 부모나 조부모들이 사용하던 모국어로 아이들에게 더 이상 얘기할 수 없게 되었다. 노인층의 사회 구성원들만이 전통적인 이야기들을 기억할 뿐만 아니라 그 이야기 내에는 문법적인 형태, 단어, 어구들이 일상대화에서 나타나지 않는 것들로 보존되어 있으며 또 노인들은 그들의 문화 내 여러 전통적인 면모 즉 제식행사, 인척관계 내 규율, 부장품, 음식 등에 조예가 있어서 해당되는 어휘를 능숙하게 구사할 수 있다.

정보제공자는 분명히 발음할 수 있어야 한다. 앞니가 없는 남 · 여의 말소리는 사회 구성원들의 전형적인 발음을 나타내지 못할 정도로 왜곡될 수 있다. 흔히 남성 인류학자들은 남성 정보제공자들을 그들의 현장조사 초기에 고용하고, 여성 인류학자들은 여성 정보제공자들을 고용하는데 그 이유는 특히 전통적인 사회에서는 같은 성별의 연구구성원이 서로 편하기 때문이다. 그렇지만, 현장조사 기간 중 어느 단계에선 정보제공자와 다른 성별의 정보제공자로부터 역시 자료를 획득하는 것도 필수적이다. 왜냐하면 어떤 사회에서는 여성언어가 남성들이 사용하는 말소리에서 들을 수 있는 것과는 상이한 소리나 단어들을 지니고 있기 때문이다. 차이점들은 모두 설명되어야 하고 기술되어야 한다. 또한 연령에 따라 언어변이가 있는지 혹은 어떻게 있는지 알기 위해서 또 대상 집단이 위치하고 있는 곳의 다른 언어들과 방언에 의해서 어느 정도까지 그들의 말소리가 영향을 받고 있고 또 그 나라의 공용어가 어떻게 영향을 주는가를 알아내기 위해서 연구 대상 사회의 젊은이들도 포함하는 것도 중요하다. 예를 들어, 전형적인 미국의 십대 청소년과 그들의 조부모가 동일한 언어를 쓰고 있음에도 불구하고 그들의 방언은 어휘 면에 있어서 상당히 다르다. 노인들은 젊은이들의 속어에 익숙하지 않으며 설사 안다 해도 사용하지 않을 것이다. (남부 인도의 드라비드 어족인) 바다가(Badaga) 사용자들은 1930년대 이전에 배운 경우 스무 개의 변별적인 모음들을 사용하는 반면 젊은이들은 단지 열세 개의 변별적인 모음들을 구사하고 있다(Samarin 1967:61). 이러한 모음체계의 단순화의 결과는 동음이의어를 증가시키는데 이것은 발음은 같지만 의미가 다른(영어의 *meet, meat; rode, rowed; soul, sole*) 단어를 뜻한다. 일반적으로 말소리의 변화는 연령, 성별, 사회 · 경제적 계층, 신분제도, 종교, 여러 다른 요인들에 기인할 수 있다.

자료들을 끌어내는 것, 즉 정보제공자로부터 취하는 단어, 발화, 이야기 줄거리, 그들의 언어에 대한 판단인데, 현장조사자는 반드시 고르고 자연스러운 성조로 정상적 빠르기에서 말해진 자료를 수집하려고 힘써야 한다. 언어학자가 전사하기 쉽게 하려고 자연스럽지 못하게 느린 속도로 채집된 말소리는 음가, 강세, 모음길이를 쉽게 왜곡하는 경향이 있다. 또한 문장들이 너무 빠르게 발음되면 소리를 생략하거나 바꾸기조차 하려는 경향이 있다(영어의 Gotcha! 'I got you!' 와 Betcha! 'I bet you' 를 고려하면 알 수 있다). 한 언어의 방언들이 상당히 다른 음가와 단어들을 지닐 수 있기 때문에 방언 사용자를 정보제공자로 이용하는 것은 연구의 초기단계에 현장조사자들을 혼동시키기에 충분하다. 궁극적으로 방언 차이를 적는 것은 가치가 있으며 빨리 발음될 때 일어나는 단어들의 음가변이 역시 기술할 만한 가치가 있다.

현장조사의 초기단계 동안 "'배가 고프다' 는 어떻게 말해?" 또는 "너의 말로 … 는 무슨 뜻이야?" "네가 방금 한 말은 내가 올바르게 되풀이 하고 있어?" 따위의 상대적으로 단순한 질문을 정보제공자에게 던지는 것으로 자료 끌어내기가 이루어진다. 언어인류학자가 그 언어에 친숙해지고 또 작업에 익숙해지기만 하면 좀더 자발적이고 풍부한 자료가 획득될 수 있다. 그런 때 정보제공자에게 개인적으로 흥미가 있는 화제에 채근 없이 자연스럽게 이야기 할 수 있도록 청한다. 예를 들어, "어렸을 때 너의 아버지가 어떻게 사냥하는지를 가르쳤는지 나에게 말해주렴" 혹은 "어린아이였을 때 어머니를 도와드렸던 네가 좋아했던 것은 무엇이니?"—혹은 기억할 만한 경험에 관한 것을 눈으로 보듯 설명하거나, 전통적인 이야기를 구술하게 하고 또 다른 모국어 사용자와의 대화에 참여하기 같은 예가 있다. 몇 개의 문장보다 긴 말은 녹음기에 담는 것이 최상이다. 녹음기록은 나중에 적절한 전사를 보장하기 위해서 필요한 만큼 여러 번 재생하여 들을 수 있다. 처음 사용할 때 녹음기는 정보제공자에게 방해물로 간주될 수 있지만 자주 쓰면 그들이 기계에 익숙해지지만 그들의 말에 감지될 만큼 영향을 주어서는 안 된다.

만일 현장조사자가 대화에 중요한 구성요소일 수 있는 소위 몸짓(눈동작, 몸동작, 어깨 움추리기 따위)을 자신들의 연구에 포함하기 원한다면, 비디오촬영기가 유용하다. 촬영기는 말소리와 몸동작뿐만 아니라 청중반응과 전반적인 환경을 담으며 언어인류학자가 정확하고 포괄적인 제식행위나 대화와 다른 부류와의 만남에서 이뤄지는 의사소통 행위에 대해서 보다 정확하고 포괄적인 기술을 완성시킬 수 있게 만든다.

언어학자에게 유효한 언어자료 모음 즉 말뭉치(corpus)의 크기는 어떠한 것이어야 하는가? 자료모음은 며칠간의 녹음과 분석이 새로운 소리나 특기할 만한 문법을 취하지 않으면 대상언어의 소리와 문법을 연구하기에 적합하다. 어휘로는 한 연구대상 사회의 구성원들이 알고 사용하는 모든 낱말을 모은다는 것은 실현 불가능하다. 매우 흔히 한 집단의 구성원들이 쓰는 일상대화에서 들을 수 있는 단어들은 신화, 기도, 제식행사 등을 진행할 때 쓰는 전통적인 맥락에서 들을 수 있는 단어를 포함하지 않는다. 한 언어의 종합적인 기술(말소리체계, 문법, 문장구성)을 따라서 일상적이고 또 비일상적인 말에서 모두 취해야 한다. 즉, 상이한 양식을 띈 말로는 일상대화체, 남녀노소간의 어법, 전통적인 이야기 낭독의 말소리, 공식적 행사에서 사용되는 언어와 어투 등이 있다.

언어인류학자들은 다음 장에서 보여주는 것처럼 문법, 어휘뿐만 아니라 더 이상의 것에 흥미를 갖는다. 그렇지만, 언어와 다른 한편으로 사회와 문화간의 관계를 완전히 이해하기 위해서 한 언어를 실제로 사용하는 구사력과 그 언어 구조를 알고 있는 것이 선행되어야 한다.

앞에서 말한 것으로부터 인류학자의 현장조사는 도전적이지만 흥미 있는 일이다. 인류학자는 환경에서 많은 친구를 만드는데—적어도 초기에는—항상 흥분되고 신비롭기까지 하면서 첫날부터 계획의 마지막 날까지 발전적인 진행을 이루어 낸다. 압도적인 다수의 인류학자들이 반복적으로 현장조사를 하는데 강의와 학술논문 작성의 일과에서 벗어나는 것과 학자들이 열렬히 배우고 싶어하는 토착민 속에 속하는 것을 즐기기 때문이다. 그렇지만 아직 조정해야 하는 많은 준비 사항이 현장조사 속에 있다. 친숙하지 않은 문화환경과 색다른 언어를 사용하는 사람들을 접촉할 때 일반적인 반응은 문화적 충격이다. 처음에 그 충격은 현장조사자들의 혼란과 걱정으로 뚜렷이 나타나는데 특히 그 남자 또는 그 여자가 단지 국외자일 경우에 긴밀한 집단과 명백한 국외자로 나타난다. 현장에 적응하고 따라야 할 것이 많은데 달라진 음식, 사생활 결여, 열악한 위생과 신체적 안정을 취할 수 없다는 것 등이다. 또 현장조사자들의 안녕을 위협하는 것들도 많은데 높은 온도와 습도, 추위, 도처에 널려 있는 곤충들(놀라운 크기나 숫자), 조심해야 할 큰 동물들(예, 뱀 종류), 또 방문자가 면역이 결여되어 있는 박테리아와 세균들, 또 필요한 때는 찾아갈 의사도 없다. 그런데 조사과정에서 빈번히 일어나는 혼란스러운 문제들을 논의할 사람이 아무도 없다는 점에 실망감을 금할 수 없다. 그렇지만 비록 어느 정도 혼란스럽긴 하나 내가 아는 모든 인류학자들은(동료나 학생들 모두) 현장 속에서 보낸 시간을 그들의 삶에서 가장 기억할 만한 경험으로 여긴다.

### 근대 언어인류학의 시작

기원전 5세기 그리스 역사학자 헤로도투스가 남서 소아시아의 카리안과 코니안의 종족 기원에 대하여 간략하게 쓰고 또 그들이 사용하는 방언들을 고려했을 때 그는 (조금 확대 해석하자면) 언어인류학이라고 부를 수 있는 분야에 종사한 것이다. 신대륙 탐험시대에 유럽학자들은 미주대륙의 매우 다양한 민족들과 그들이 사용하는 언어들에 도전받았다. 그럼에도 불구하고 근대적 의미에서 언어인류학은 미합중국에서 발전하고 북미학자들에 있어서 탁월하게 시행되고 있는 상대적으로 최근의 연구 분야이다.

언어인류학이라는 분야의 초기 단계의 촉발은 미주원주민과 접촉을 갖게 된 초기 유럽인으로부터 기인했다. 이 원주민들의 문화와 언어들은 여러 직업에 종사하는 식자들에 의해서 연구되었는데, 그들은 의사, 박물학자, 변호사, 성직자, 정치지도자들이다. 이러한 비전문적인 언어학자 중에는 예를 들어 원주민 언어들의 어휘를 수집한 토머스 제퍼슨도 있었다. *버지니아주에 관한 소고*(1787)에서 제퍼슨은 "큰 의문이 있는데 원주민들이 어디에서 왔을까라는 것에서 나왔다"라고 썼다. 그리고 다음과 같은 제안을 했다. "남북미에서 쓰이는 모든 언어들의 어휘들을 모아서 … 공공 도서관에 유치한다면 구대륙의 언어들에 능숙한 사람들에게 미원주민 언어들과 자신들의 언어들을 비교할 수 있는 기회가 생기며 미래에 이 지역 인류가 도래한 파생경로에 대한 최상급 증거가 된다(Jefferson 1944:225-226)." 이 단락에서 제퍼슨은 비교언어 연구이상의 것을 언급하고 있는데; 그는 인류의 선사시대 문화에 관한 질문들을 제기하려면 언어적 증거를 사용해야 한다고 생각했던 것이 틀림없다.

19세기 동안 미주원주민과 그들의 언어에 관한 연구는 또다시 미합중국의 서부를 여행한 유럽 탐험가들 차지였다. 어떤 이들은 원주민과 그들의 언어에 관한 귀중한 자료를 수집하고 출판했다. 그러지 않았다면 소실되었을 자료였다. 그렇지만, 미원주민의 언어와 문화에 관한 진지하고 목적이 뚜렷한 연구는 1879년에 미 스미소니언 연구소 민족학 연구부가 설립될 때까지는 시작되지 않았다. 그랜드캐년을 종주하여 콜로라도 강을 탄 최초의 사람으로 더 잘 알려진 존 웨스리 파웰(John Wesley Powell 1834-1902)이 초대원장이 되었다. 아직도 존중되고 읽히는 자료를 멕시코 북부의 미주 인디언 언어들을 분류하여 1891년에 출판했던 사람도 파웰이었다. 20년이 지나서 보아즈는 *미주인디언언어요람*(Handbook of American Indian Languages, 1911)을 편집하고(1922년, 1933-38년) 또 두 권을 편찬하고 넷째 권의 일부가 편찬되었다(1941년). 보아즈가 문법기술, 사전편찬, 기록자료 수집을 강조하고 있음에도 불구하고 미원주민 사회 내 언어들의 지리적 위치와 언어와 문화간의 관계가 빈번하게 연구되기 시작했다. 제2차 세계대전 후 언어와 문화(혹은 사회) 사이의 관련성에 관한 연구가 인류학의 하위분야로 간주되기 충분히 중요한 것으로 인정되었다.

## 언어에 관한 근대적인 신화

몇몇 기본적인 것들을 올바르게 하기 위해서 언어일반에 관한 정보를 이 책에서 여기쯤 언급하는 것이 좋을 듯하다. 모든 인간은 하나의 언어를 구사하고 어떤 이들은 둘, 셋이나 더 많은 언어를 구사한다. 사람들이 언어에 관한 생각—잘 모르거나 전혀 아는 바 없는—은 전혀 별개의 것이다. 여기에서 널리 퍼져 있는 심지어 교육을 받고 양식 있는 사람들 사이에도 나타나는 언어에 관한 몇 가지 오해에 관해서 살펴보자. 이러한 그릇된 생각은 근거 없고 허구적이며 잘못된 믿음이나 사고에 기초한다는 뜻에서 **신화**라고 부를 수 있다.

가장 흔히 저지르는 그릇된 생각이 비문자 언어들이 그 용어가 무엇을 뜻하건 간에 "원시적"이라는 믿음이다. "원시적" 언어가 아직 존재한다고 여기는 사람들은 보통사람들이 "원시적"—특히 수렵채취로 생활하는 몇 무리를 지칭하는—이라고 일컫는 사회와 반드시 연관시킨다. 물론 오늘날 수렵채취 경제로 생활하는 무리나 부족사회와 근대 산업사회와 문화적인 복잡함에 있어서 차이가 있으나 다른 종족보다 덜 진화된 존재라는 의미에서 "원시적"이라고 부를 수 있는 현재 살고 있는 인간은 없다. 예를 들어 만일 언어를 언급한다면 50만 년 전의 *호모 사피엔스*(Homo sapiens) 단계보다 전시대 사라진 인간들의 언어를 말할 때 원시적이라고 하는 표현에 정당성이 부여될 것이다. *호모 이렉투스*(Homo erectus)의 말체계가 지닌 성격에 관한 직접적인 증거는 없음에도 불구하고 과거 몇 천 년 동안 사용했던 언어보다는 단순하다고 가정하는 것이 안전하다. 따라서 그 언어가 기초적인 단계이고 언어발달의 초기단계를 나타낸다는 점에서 원시적이다.

왜 어떤 언어는 원시적이라고 생각되는가? 몇 가지 이유가 있다. 만일 어떤 언어가 자신들이 사용하는 언어와 매우 다른 소리를 지닌다는 이유로 알아들을 수 없거나 "분명하지 못한" 소리가 나기에 어떤 이들은 그 언어가 꼴사납다거나 "원시적 소리"가 난다고 간주한다. 그러한 관점은 자신의 언어가 분명히 특성상 월등하다고 하는 자민족 중심적 태도에 기초한다. 그러나 한 언어 사용자에게 발음이 힘든 단어, 따라서 애매하고 구별이 안가고 심지어 괴상한 단어들이 그 언어의 가장 어린 모국어 사용자에겐 쉽게 습득된다. 영어 사용자에게 '네가 너의 손가락으로 (어떤 것을) 뒤집었구나' 라는 체코 단어 *scvrnkls*는 상당히 이상하게 보이고 발음이 엉뚱하고 심지어 불가능하게 보인다. 왜냐하면 8개의 자음 사이에 모음이 하나도 없기 때문이다. 물론 체코어 사용자에게는 *scvrnkls*는 단지 또 하나의 단어일 따름이다. 어떤 말소리가 취해지고 어떻게 결합되어 단어들과 발화를 형성하는지는 언어마다 상이하다. 어떤 언어의 사용자도 자신의 언어가 다른 언어보다 훌륭한 말소리를 갖추어 결합해 쓰이고 있다고 주장할 수 없다.

또 다른 신화는 문법과 관련 있다. 소속된 사회가 도시화나 산업화되지 않은 곳의 민족들이 사용하는 언어들이 "초라한 문법 little grammar"을 가지고 있다고 혹자는 생각한다. 그 뜻은 그러한 언어들이 학생들이 학교에서 배우는 문법적인 규칙들이 거의 없다는 것이다. 이러한 오해에 근거하여 단순한 사회의 구성원들은 정해진 패턴 없이 중구난방의 양태로 언어생활을 영위한다는 말이다. 다른 식으로 풀면 격(格), 시제(時制), 서법(敍法), 상(相) 등 문법범주를 올바르게 쓸 수 있는 규칙들이라는 관점에서 문법은 "문명화"된 언어만의 특징이라는 틀린 생각이 퍼져있다. 다시 한 번 강조하면 그 생각은 진실에 전혀 부합하지 않는 것이다. 문법적인 복잡성 정도가 한 특정어가 얼마나 효율적인가의 척도는 아니다.

어떤 종류의 문법이 부족사회의 구성원들이 사용하는 언어들을 규정하는가? 부족사회가 사용하는 언어들의 일부는 상당히 크고 복잡한 문법장치를 지닌 반면 다른 것들은 문법적으로 덜 복잡하다—이것은 인도유럽어에서 보이는 다양함과 유사하다. 사피어의 타켈마(Takelma) 형태론은 1906년에 모은 자료에 기초하고 있는데 238쪽이나 된다(Sapir 1922). 오래건 남서부에서 한 때 쓰였던 지금은 사어인 타켈마 동사는 특히 활용을 강하게 보여주는데 접두사, 접미사, 접요사, 모음변이, 자음변이, 중복(단어의 일부를 기능상 반복하는 경우)으로 나타난다. 모든 동사는 6시제가 있어, 가능potential('I can …' or 'I could …'), 추론inferential('it seems tha …' or 'I presume that …'), 현재와 미래 명령(미래 명령은 미래의 어떤 특정 시각이나 함축된 때에 수행되는 요구를 나타냄)이 포함되어 있다. 동사에 표시된 문법범주와 형태 중에 인칭, 수, 태(능동, 수동), 조건, 장소, 도구, 상(계속, 반복, 기타 유형의 시간을 나타내는 행위), 능동과 수동 분사가 있다. 사피어의 동사 형태론은 147쪽 이상이다. 타켈마 문법은 전혀 단순하지 않다는 것을 명확히 보여준다. 형태론적 복잡성을 나타내는 유사하고 좀더 상세한 설명은 소위 말해서 수백의 원시언어를 대신하여 이 언어에서 쉽사리 나타난다.

어휘 (단어) 부분에서 사람들이 추정하듯이 소위 원시언어들의 단어 개수가 너무 적고 불충분하여 그 언어 사용자의 물질적 또 사회적인 세계의 어감들을 설명하는데 힘 드는 것인가? 그 답은 다소 복잡하다. 한 언어의 어휘는 그 언어 사용자가 속하는 사회구성원에게 이바지하기 때문에 물어야 될 질문의 내용은 특정한 어휘가 그 언어를 사용하는 사람들의 사회문화적 요구를 채워주는가(?)가 돼야만 할 것이다. 이와 같이 설명할 때 비교적 단순한 문화에 연관 있는 언어는 복잡한 사회의 언어보다 소규모의 어휘를 지닌다고 해야 할 것이다(상자1.2 보라). 예를 들어 에스키모 사람들이 왜 화학물질인 *염소불화메탄*(chlorofluoromethane), *모래언덕을 달리게 설계된 차*(dune buggy), *람다 입자*(lambda particle), *태권도*(Taekwondo) 같은 단어들이 그들의 문화에 실체, 대상, 개념, 행위를 나타내는 역할이 없는 경우 이러한 어휘를 그들의 언어에 갖고 있어야 하는가? 그렇지만 동일한 비유로 보면 복잡한 사회에는 존재하지 않지만 부족사회의 언어가 문화의 두드러지는 면들을 나타내는 정교한 어휘범주들을 갖추고 있을 수 있다. 예를 들어 필리핀의 아그타(Agta)인들은 물고기 잡는 유형을 나타내는 31개 이상의 상이한 동사형을 쓰고 있다는 보고가 있다(Harris 1989:72).

**상자 1.2 언어적, 문화적 복잡성에 관한 사피어의 견해**

특정한 언어 형태론의 유형과 문화적 발전의 어떠한 단계와 연결시키려는 모든 시도는 헛된 일이다. 옳게 이해한다면 그러한 연결은 허튼 짓이다 … 수많은 언어가 문화의 진보에 따라 단순하고도 또 복잡한 유형을 나타낼 수 있다. 하지만 언어 형식으로 귀결시키면 플라톤이 양돈업자와 길을 걷기도 하고 공자가 아셈(Assam)지역의 사람사냥을 일삼는 야만인과 같이 가기도 하는 것처럼 터무니 없는 것이다.

언어의 단순한 내용이 문화와 친밀하게 연관되어 있음을 말할 필요 없다. 접신론(接神論)에 관한 지식이 없는 사회에서는 그것을 칭하는 이름이 필요 없다. 말(馬)을 보거나 전해 듣지 못한 원시인은 말을 알게 되면 그 동물을 부르는 단어를 만들거나 차용하게끔 된다. 한 언어의 어휘가 그 언어가 담고 있는 문화를 충실히 반영한다는 점에서 언어의 역사와 문화의 역사가 나란히 나아간다는 것은 전적으로 옳다. 그러나 새로운 단어들이 많아지거나 차용되거나 하여 언어의 형식적인 경향에 새로운 조명을 하지 않는 한 이러한 표피적인 종류의 평행선은 언어학자에게 실제 흥미를 유발하지 못한다. 언어학을 공부하는 학생은 하나의 언어와 그 언어의 자전(字典)을 동일시하는 우를 범하여서는 안 된다.

사피어의 *언어*에서 (Language, 1921:234)

아구아르나(Aguarnna)라는 페루 북서지방에서는 마니옥(땅속 감자)을 재배하는 민족들이 쓰는 언어에서 베르린(Brent Berlin 1976)은 그들이 거주하는 열대우림 내에서 식물 속을 나타내는 566개 정도의 이름을 분리하고 있다. 이 식물 속의 많은 부분을 종과 변종으로 구별하기를 아래 단계에서 더욱 구별하고 있다. 예를 들어 *아초테*(achote) 혹은 *아나또*(annatto) '나무 (Bixa orellana)' 라는 속명을 나타내는 단어 *이파크*(ipák)는 '강낭콩 아쵸테(kidney－achiote),' '노란 아쵸테

(yellow achitote),' '벌새 아쵸테 (hummingbird achiote),' '순종 아쵸테 (genuine achiote),' 를 뜻하는 *바엔 이파크*(baeŋ ipák), *짜민 이파크*(čamíŋ ipák), *헴페 이파크*(hémpe ipák), *싱 이파크*(šiŋ ipák)' 라는 단어가 들어 있다. 식물학자, 농부, 자연애호가가 아니면 보통 미국인들은 40개 이상의 식물이름을 알지 못한다.

과학적인 분야가 아니어도 어휘의 세분화는 복잡한 사회에서 역시 찾아볼 수 있다. 뮌헨에 사는 독일인들은 맥주를 즐기는 것으로 알려져 있다. 따라서 지방에서 만드는 맥주의 종류의 용어는 대단히 광범위하다. 하거(Per Hage, 1972)는 강도, 색깔, 거품, 숙성도에 따라 뮌헨맥주에 맞는 열 개의 상이한 "핵심" 용어를 정의하고 있다. 그러나 이 지역의 맥주애호가들은 투명도(탁하고 맑은 정도)를 포함하여 뮌헨의 특별 맥주를 생산하는 양조장을 설명할 때 70개 이상의 용어가 목록에 나온다. 지방에서 나오는 독특한 맥주에 쓰이는 이러한 분류법은 경험이 제일 풍부하고 가장 열정적인 미국 맥주애호가들에게조차 깊은 인상을 심어준다.

오늘날 사용되는 어떤 언어도 원시적이라고 말해져서는 안 됨에도 불구하고 모든 언어가 균등하다고 간주될 수 없다는 믿음을 지닌 언어인류학자들이 있다. 하임스(1961)의 견해에 따르면 언어들이 기능적으로 대등하지 않다는 것이다. 왜냐하면 말의 역할이 사회마다 차이가 있기 때문이다. 하임스가 제시한 예는 멕시코의 건조지역에 거주하는 빈민 부족이 사용하는 메즈키탈 오토미(Mezquital Otomi)라는 언어이다. 하임스가 이 언어를 기록하고 있었을 때 이 부족의 대다수는 그들의 토착어만을 사용하는 단일 언어사용 부족이었다. 부족민들은 부족 밖에서 스페인어보다 자신들의 언어가 열등하다는 평가를 받아들였음에도 불구하고 오토미 언어를 보존하였고 결과적으로 그들의 문화를 유지할 수 있었으나 상당한 대가를 치러야 했다. 스페인어를 모르고 오토미 말만을 알고 있는 것은 국내에서 자신[부족]을 격리시키고 그들의 명운을 개선시키지 못했다. 하임스에 따르면 어떠한 언어도 알려진 것 중에 원시적인 말은 없다. 그리고 모든 언어들이 "[완벽하게 만개된 언어의] 중간 단계는 성취하였으나 세계 언어로서 진보된 지위를 얻지는 못하였다 … [그러나] 모든 언어들이 잠재적 균등함을 지님에도 [불구하고] … 따라서 복잡한 산업 문명의 요구에 적응할 수 있는 능력이 있다." 하지만 단지 몇 언어만이 그러한 과정을 겪었다(Hymes 1961:77). 이러한 언어들은 다른 기타 언어보다 좀더 성공적이다. 왜냐하면 이러한 언어들이 구조적으로 더욱 진보된 것이 아니라 우연히 언어가 문학, 교육, 과학, 상거래의 기초가 되는 그러한 사회와 더욱 우연찮게 연합되어 있기 때문이다.

오토미 예는 멕시코에서 고립적인 경우가 아니다. 한 언어가 성공적으로 남기 위해서 기여하는 중요한 요인 중 하나는 그 언어사용자들의 읽고 쓰는 능력이다. 많은 언어들이 사용되는 나라에서 사람들이 읽고 쓰기 위해 배우는 언어나 언어들은 지식과 묶여 있고 따라서 정치적 경제적 힘과 연관되어 있다. 멕시코에서 스페인어가 공용어이지만 약 80개 정도의 토착언어와 방언이 2000년 현재 쓰이고 있다. 그 안에는 나후아틀(Nahuatl, 우토 - 아즈테칸 언어의 방언들인데)과 유카텍(Yucatec 마야말)이 들어있고 각기 약 100만 명 이상의 인구가 사용하고 있다. 또 1개의 방언이 각기 십만 명 이상에 의해 쓰이고 있다. 그렇지만 지난 70년 동안 단일언어와 이중언어를 쓰는 멕시코 인디언의 숫자가 꾸준히 스페인어로 흡수되며 줄고 있다(1930년 16퍼센트에서 2000년 7퍼센트로). 인디언언어 사용자들이 그들의 언어를 집에서, 밭에서, 전통적인 제식모임과 치유모임에서, 마을시장에서 다른 지역적 상황에서 사용하고 있음에도 불구하고 스페인어의 사용이 학교에서, 농업과 다른 교육장에서, 병원과 의원에서, 주정부나 연방정부의 대표가 개최한 정치적 또 행정부서의 모임에서 늘어나고 있다. 스페인어를 말할 수 있는 지식과 읽고 쓰는 능력은 "문화적 진보"의 표상과 자신감으로 간주되게 되었고; 단지 토착언어를 사용하는 것은 무식함과 시대에 뒤떨어짐과 수동적 태도의 증표로 간주된다. (글자가 없는 것이 결코 한 언어가 열등하다는 것을 함의하지는 않지만 콜럼버스가 도착하기 전에 중미에 살고 있던 많은 숫자의 민족들이 글자체계를 정말 갖고 있었다는 것은 특히 뜻밖의 결과라 할 수 있다.) 오늘날 "스페인어는 … 특히 젊은이들에게 엄청난 압력으로 다가오고 있으며 인디언 언어의 거부가 한 민족집단에서 다른 민족집단으로 '건너뛰는' [유럽인과 아메리칸 인디언의 조상이 섞인] 메스티조(mestizo)의 정체성을 확보하는 첫 단계가 되어 왔다(King 1994:170). 그러나 하위의 언어지위가 외지인들에게 의해서 할당되고 그 언어의 사용자들이 그 지위를 받아들이는 상황에서 실패한 언어(들)에 관해서 혹자는 언급할 수 있겠는가?

그렇지만 어떤 언어(들)가 다른 언어(들)보다 더욱 성공적이라고 간주된다고 말하는 것을 언어적인 측면을 그리는 것으로 받아들여서는 결코 안 된다. 즉, 말투에 근거하여 사람들의 가치를 판단하는 것과 같다. (여러 언어를 포함하여) 두 언어 중 하나의 언어가 지상의 특정지역에서 명성을 좀더 구가한다고 간주될 때마다 이러한 일이 (일어나고) 일어날 수 있다. 그러한 가치판단은 쉽게 언어적 편견에 이르게 되고 그 언어를 사용하는 개인이나 집단 혹은 큰 인구분포를 대상으로 비합리적인 경외감을 나타내는 태도로 귀결된다. 이상스럽게 보일 수 있으나 두 (혹은 더 많은) 언어가 동일하게 긴 역사와 각자의 문어적인 전통을 지닌 경우에도 편견은 존재할 수 있다. 실제의 경우가 미합중국 동부에 사는 일부 백인들이 푸에르토리코 사람들에게 보이는 태도라 하겠다. "훌륭한" 영어의 사용(이 맥락에서 "좋은" 영어가 무엇을 뜻하건 간에)이 바로 이 백인들에 의해서 정치적 경제적 위세와 연합하는 반면 스페인어(영어라도 악센트와 문법적 오류가 들어있는 푸에르토리코 사람들의 제2국어로서 영어)는 가난과 하층계급 지위와 낮은 지적수준 등과 동일시된다. 다른 말로 하면 언어(들), 방언(들), 단어의 선택, 악센트는 사람들이 계층으로 분류되고 그에 따라 대접받는 구성요소가 되고 있다. 언어적 편견과 인종적 편견은 가까운 친인척간이다.

## 종합과 결론

근대적 형태로서 언어인류학은 발전되고 인정받아야 하는 인류학 내 최후의 하위분야였고 주로 북미 인류학자들에 의해서 연구가 실행되었다. 그 시작은 다양한 미 토착민 사회와 그들이 사용하는 여러 언어들에 대한 19세기 학자들의 흥미로 거슬러 올라간다. 언어인류학자들은 언어를 그 자체의 문화적 틀 내에서 판단하고 사회적 효용으로서 규칙들에 관심이 있었으며, 따라서 그 구조를 분석하는 것이 결론을 얻어내는 방편이다. 대조적으로 언어를 연구하는 언어학자들은 언어의 구조와 언어들의 역사적 발달을 강조하고 있다.

인류학의 나머지 분야들처럼 언어인류학의 자료는 대부분 현장에서 수집된다. 언어인류학 프로그램이 있는 상당히 큰 [대학 내] 인류학과는 언어 현장조사 방법론 과목을 개설할 정도로 수십 년 동안 현장조사자들은 기술과 방법론들을 발전시켜 왔다.

## 앞으로 독서를 위한 제언

언어 현장조사를 위한 책 크기의 안내서 사마린(Samarin 1967)과 인류언어학의 연습에 관한 최초의 논문인 것으로 파악된 보그린과 해리스(Voeglelin & Harris 1952)가 있고, 약간 오래된 듯 하나 언어 표본을 취득하고 문자가 없는 언어들을 전사하는 안내지침에 관한 유용한 비평이 보그린과 보그린(Voegelin & Voegelin 1954, 1959)에 있다. 자료를 이끌어 내고 녹음하는 기술이 헤이즈(Hayes 1954)와 예거레너(Yegerlehner 1955)에서 다루어진다. 또 현장에서 언어를 배우는 방법에 대한 특별한 안내서인 벌링(Burling 1984)이 있다.

언어인류학 역사에 기여한 내용들은 하임스(Hymes, 1963)와 그 개정판(1983)이 있고 할로웰(Hallowell 1960), 다넬(Darnell 1992)을 참조하라. 문화와 사회내의 언어와 사회적 맥락 속의 언어에 관한 독본으로는 하임스(1964)와 히그리올리(Giglioli 1972)가 있다. 언어, 종족, 계급에 관한 푸에르토리코인의 상세한 경험에 관한 것은 우르치우올리(Urciuoli 1966)를 보라. *언어인류학회지*(Journal of Linguistic Anthropology) 9권은 "인류학에서 언어문제"에 전문가들이 작성한 2쪽에서 4쪽짜리 소논문이 75편 들어 있다. 토픽은 언어습득에서 글쓰기까지 다양하다. 각 토픽에 가장 두드러진 작업들을 보여주는 간략한 참고문헌은 물론 어떤 독자도 어느 정도 흥미를 갖게 될 것이다. (충분한 참고문헌을 위해서는 듀란티(Duranti1999)를 보라.) 언어인류학을 읽으려면 듀란티 2001을보고; 이 책에 들어 있는 논문들은 언어공동체와 의사소통능력, 행위로서 발화, 언어의 사회화와 언어의 학문적 연습, 언어의 힘에 관한 것들이다.

**토의문제**

정보가 충분하지 못한 사람들은 종종 매우 적은 숫자의 부족사회가 사용하는 언어들에 관하여 특이한 생각을 갖고 있다. 다음 내용을 논점별로 상세히 평가 분석하시오.

미주 인디언이 사용하는 언어 같은 비문자언어들은 충분하게 정의된 소리들과 정돈된 문법과 엄청난 어휘가 결핍되어 있다. 복잡한 산업문명의 무자비한 요구에 종속된 적이 없었기 때문에 이러한 언어들은 훌륭하게 완성된 언어의 기능을 수행한다는 것은 본래부터 불가능하다.

## 2. 의사소통과 말

동물계 내 어떤 종들에게는 의사소통이 넓게 퍼져 있고 대부분의 척추동물들은 정보를 소리신호로써 전달한다는 것이 일반적으로 받아들여진다. 이러한 의사소통 체계의 다양성과 정교함은 동물의 의사소통과 그것을 인간의 언어에 비교하면서 지대한 자극이 되어 왔다. 만일 10억년 이상 살아온 유기체 진화의 최근결과로서 *호모사피엔스*를 인정한다면, 우리는 인간의 말이 동물왕국의 의사소통 행위를 형상화한 매우 장기간의 누적된 진화과정의 최종결과라고 가정해야만 할지도 모른다.

레너버그(Eric H. Lenneburg, 1925-1975)는 언어의 생물학적 기초들을 다루는 1967년 자신의 저서에서 진화와 유전학의 관점에서 언어에 관한 상당량을 토의하면서 지면을 할애하고 있다. 그가 지적하기를 언어발달은 두 가지 뚜렷이 상이한 입장에서 고찰이 가능하다고 쓰고 있다. 하나는 레너버그가 *지속이론*(continuity theory)이라고 부른 것인데 말소리는 하등동물들이 사용한 의사소통의 원시적 형태로부터 궁극적으로 발달되어 왔음에 틀림없으며 그 연구는 언어가 시간적으로 일직선상으로 진화되었음을 밝히는 것이 된다는 주장이다. 이 견해에 따르면 인간의 언어는 동물의 "언어들"과 단지 양적으로 다르다. 즉, 복잡성에서 기인한다는 말이다. 이 이론에 대하여 다른 시각을 지닌 학자들은 인간언어와 동물의사소통 사이의 차이들은 양적인 것이 아니라 질적인 것이라고 주장함에도 불구하고 그들은 또한 동물왕국의 의사소통 상 모든 행동이 단절 없이 단순한 형태에서 좀 더 복잡한 형태로 발전에 기여하면서 일어났다고 믿고 있다.

둘째 이론은 레너버그가 언어진화의 *단절이론*(discontinuity theory)이라고 부르고 선호한 것으로서 인간의 언어를 진화의 전례가 없이 독특한 것으로 인정해야 한다고 주장한다. 언어의 발달은 무작위로 동물 종의 다양한 의사소통 체계를 연구함으로써 또 그 동물들의 의사소통 체계들을 인간의 언어와 비교함으로써 밝힐 수 없다. 그렇지만, 언어가 오랜 세월의 산물이라는 하나의 진술은 확실히 가능하다: 모든 인간은 어떠한 언어도 습득할 수 있는 생물학적 잠재력을 지니고 있기 때문에 언어구사 능력은 인간이 상이한 환경에 적응하고 생리적 (종족적)으로 다양화되기 전 모든 인간의 공통조상들의 특징으로 이어져 왔다.

레너버그는 언어발달의 지속이론을 몇 가지 이유에서 거부한다. 유인원이 인간들과 가장 가깝게 유전적인 위치에 있음에도 불구하고 말소리를 낼 수 있는 어떤 종류의 기능이나 생물학적 전제 조건은 거의 갖추고 있지 않은 것처럼 보인다. 종종 인용되는 동물간의 의사소통의 예가 곤충, 날짐승, 수중 포유류에서 나오지만, 이 동물들이 인간과 지닌 진화론적인 상관관계는 매우 다르다. 대단위 속(屬)이나 과(科) 내에서 단지 몇 종(種)만이 특별하게 태생적인 의사소통을 하는 경향이 있다는 사실은 그러한 종에 국한된 행동이 일반화되지 않았고 따라서 상대적으로 최근의 발달이기 쉽다는 것을 말해 준다. 앞으로 계속되는 토의에서 인간의 말소리와 다른 동물들의 몇몇 대표적인 의사소통 체계들이 진화론적인 지속성을 갖지 않고 있다고 간주해야 한다. 간략하게 말해서 인간의 말소리가 장구한 진화의 여정을 거쳐 독립적인 능력이 축적된 것이라는 증거가 없다. 만일 진화의 결과라면 기본(긴팔원숭이), 침팬지, 오랑우탄, 고릴라가 지금처럼 말 못하는 동물일 수 없다.

### 의사소통과 그 통로

동물 사이의 **의사소통**은 보편적이다. 왜냐하면 그것은 그들의 생존에 중요하기 때문이다. 의사소통은 한 유기체가 다른 유기체로부터 도출된 신호를 받을 때마다 일어난다. (1940년대 혹은 더) 일찍이 의사소통을 설명할 수 있는 모형은 다섯 구성요소를 사용하고 있다. 송출자, 전달 내용, 통로, 수신자, 효과이다. 이 구성요소들은 누가 어떤 방법으로 무엇을 누구에게 어떤 효과를 갖고 정보를 전달하는지 전체적인 과정을 고려하고 있다. 이 모형은 다소 단순하고 직선적으로 보이지만 의사소통이 전혀 균질하지 않으므로 토의를 전개해 보자.

어떤 특정 종의 구성원들 사이에서 의사소통이 예상됨에도 불구하고 종간 의사소통, 즉 타종 사이의 의사소통도 전혀 희귀한 것이 아니다. 경험이 풍부한 기수는 말에게 명령을 보내고 말들이 알아듣고 따르기를 기대한다. 집주인의 바깥문에서 부스럭거리는 개는 그 개가 들어오고 싶어 하는 욕망을 나타내고 있다. 인간과 그들의 애완동물, 혹은 직업상, 농장에서 키우는 동물 사이의 의사소통은 실제로 매우 흔하고 소리에만 제한되지 않는다. 구슬리면서 (두드리거나 쓰다듬고 껴안고 쓸어내리는) 동물에게 신호 보내는 것이 말로 하는 것보다 종종 더 효과적이다. 또한 꼬리치고 주둥이를 사람의 무릎에 격렬히 비벼대는 개는 만족과 쾌감을 나타내고 있는 것이다. 이 두 가지 통로 혹은 의사소통상 선택된 매체가 인간에게 가장 흔히 쓰이는 방법임에도 불구하고 전달내용을 보내는 법은 다양하고 (말)소리나 (책이나 수신호 같은) 시각 신호에 제한되지 않는다.

인간 의사소통의 가장 흔하고 효과적인 통로는 소위 타악기 언어나 휘파람 말소리(11장에서 토의됨)와 함께 상대에게 사람들이 말할 때마다 쓰이는 *음향통로*이다. 글쓰기, 몸짓, 그림신호는 시각에 관련된 *시각통로*를 사용한다. 점자는 두드러진 점들로 특징지어 지는 시각장애자들을 위한 글자체계인데 촉각을 이용하는 *촉각통로*로 의사를 전달하고 있다. *후각통로*는 냄새로 의사소통을 원할 때마다 선택되며, 사람들은 손님을 맞을 때 방에 탈취제를 사용하기도 하고 친근한 사이의 다른 사람들과 시간을 보낼 경우 향수를 뿌리기도 한다. 같은 증표로 대부분의 미국인들은 냄새를 피우는 측이 호의적이지 않음을 반영하는 신호로서 마늘 혹은 양파냄새를 들고 있다.

후각통로는 군집을 이루어 사는 곤충류에 특히 중요한데 곤충들이 분비하는 유인물질로 알려진 특정 종류의 냄새로써 의사소통을 하고 있다. 사용된 통로가 무엇이든 동종의 유기체를 모으기 위해서, 양육해야 하는 것들의 행동들을 통일하기 위해서와 같은 여러 이유에서 동물들은 의사소통을 시도한다. 다른 말로 하면 의사소통은 유기체가 전체로서 그 종에서 도움 될 뿐만 아니라 개별적으로 이득 되는 어떤 관계를 유지하는 것이 가능하게 한다.

어떤 동물의 구성원들도 몇 종류의 신호행위를 사용할 수 있다. 인간에게 친근한 신호는 *뽐내는 것*(displays)의 일종이라고 알려진 행동의 유형이다. 새들의 노래 소리, (개구리의) 울음, (귀뚜라미의) 우는 소리, (물고기의) 지느러미 펼치기 혹은 색 바꾸기, (고릴라의) 가슴치기 등이 있다. 어떤 신호 단위들은 적어도 두 개체 이상이 참여하고 있는 협동적 형태이며, 다른 것들은 다소 형식적인 모습이다. 콩새 종류의 수컷은 암컷의 부리에 맞대면서 나타내고, 호주산 명금류는 짝을 유인하기 위해서 화려한 색으로 장식된 방이나 통로를 만든다. (예를 들어 개나 늑대 등) 어떤 동물들은 자신만의 지역표시로서 화학적 신호를 사용하는데 오줌을 싸고 다닌다. (많은 예 중 두 개만 든다면 스컹크나 폭격기 풍뎅이가 있는데) 이런 종류들은 방어수단으로 화학적 신호를 쓴다. 동물의 의사소통에서 발견된 것 중 약간은 연구를 계속 진행시키도록 자극을 주는 매우 예상 밖에서 발견되어 왔다.

### 군거 곤충들 간의 의사소통

군거 곤충들은 특정한 종의 꿀벌과 장수말벌 또 개미류와 흰개미들이다. 군거 곤충의 많은 종류 중 온대 지방의 꿀벌(apis mellifera)이 매우 정교한 의사소통 행위를 유전적으로 물려받고 있다. 소위 꿀벌 춤언어를 이해하기 위해서 우리는 오스트리아 동물학자인 후리쉬(Karl von Frisch, 1886–1982)에게 특히 의존하고 있는데 그는 이 주제에 수년 동안 각고의 노력을 기울였고 또 노벨 생리학/의학상을 1973년 두 명의 다른 학자들과 함께 공동수상했다.

꿀벌 집단의 여왕벌이 분비하는 여러 페로몬 중 하나는 분주하게 모여들고 짝짓는 꿀벌들이 섭취한다. 이 여왕벌은 일벌들이 난소가 자라는 것을 억제하기 위해서 벌집에 그 페로몬을 계속 퍼뜨리고 그 결과 새로운 여왕벌이 자라나는 것을 막는다. 여왕벌이 죽거나 벌집의 크기가 커져 페로몬의 배분양이 줄어들게 되면 새로운 여왕벌이 길러지고 분봉 준비가 시작된다. 발육을 시작한 여왕벌은 알집 방에서 바로 자신이 분봉을 준비하고 있다는 신호가 꿀벌들에게 전달되는 때 여왕벌의 움직임이 일벌들의 우묵한 다리에 있는 촉수에 감지된다(진동을 꿀벌들은 느끼지 못한다. 왜냐하면 꿀벌들이 귀가 없기 때문이다). 분봉 자체는 일벌 한 마리가 내보내는 음향 신호에 의해서 촉발된다. 첫 번째 새로운 여왕벌은 깨어나자마자 여왕벌이 될 수 있는 잠재력을 지닌 경쟁자 알을 찾아내어 파괴한다. 그 후 짝짓기를 위해 수벌들을 유인하는 다른 종류의 페로몬을 분비하면서 벌집을 떠난다.

가장 흥미 있는 꿀벌의 의사소통 행위는 먹이를 찾는 것과 관련 있다(도형 2.1 참조). 정찰조 꿀벌은 꿀벌 집단 내에서 춤을 추면서 특히 풍부한 먹이가 있는 위치를 일러준다. 꿀이 있는 곳까지의 꿀벌 집단에서의 거리는 벌통의 수직적인 표면에서 추는 정찰조 꿀벌의 춤 형태로 나타난다. 만일 먹이가 꿀벌 집단에서 매우 가까우면 꿀벌은 동그란 형태의 춤을 춘다. 만일 먹이가 약 100미터 정도 떨어져 있으면 정찰조 꿀벌은 8자 형태의 춤을 춘다. 이 춤에서 꿀벌은 배를 양측 면으로 돌리면서 꼬리를 요동치며 원을 가로질러 걷는 행위를 동그란 형태의 춤에 첨가한다. 꼬리를 요동치면서 걷는 시간의 길이가 꿀벌집단에서 먹이까지의 거리를 나타낸다. 먹이까지의 거리가 길수록 걷는 시간이 더 길다. 꼬리를 요동치면서 걷는 선의 방향과 지구의 중력 중심으로 뻗어 나간 가상선 사이의 각도는 꿀벌집단이 참조점으로 삼는 태양과 먹이가 내보내

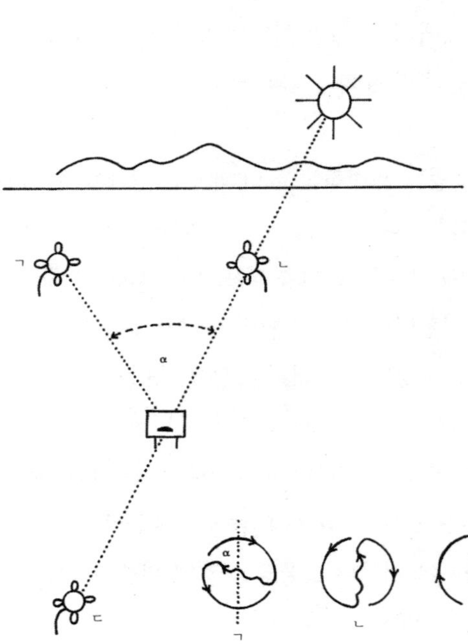


**도형 2.1 꿀벌의 의사소통**

벌집이 중앙에 위치하고 꿀이 있는 곳이 벌집에서 (ㄱ, ㄴ, ㄷ) 세 군데에 나타난다고 하자. 아래에 있는 세 가지 꼬리치면서 나는 춤형태가 태양을 참조점으로 벌집에서 어느 방향으로 먹이가 있는 것을 보여주고 있다.

는 감미로운 냄새 방향과 각도가 일치한다. 만일 태양이 먹이 방향의 위에 때마침 있게 된다면 꼬리는 요동치며 걷는 부분이 수직적이고 정찰조 꿀벌은 상부 방향으로 춤을 춘다. 만일 태양이 먹이 방향에 있지만 꿀벌 집단과 반대 방향에 위치하면, 방향을 나타내는데 중요한 걷기는 수직적이거나 위에서 아래로 행한다. 가끔 흐린 날씨에서도 정찰조 꿀벌들은 태양 빛의 무지개 현상에서 태양의 위치를 추리할 수 있다. 꿀벌집단으로부터의 거리나 방향에 첨가하여 먹이의 풍부함이 춤을 규정하는 쾌활함의 정도에 따라 나타난다. 꿀벌이 만드는 특이한 붕붕거리는 소리의 길이가 꼬리를 요동치며 걷는 동안 거리와 관련 있는 정보에 기여하고 있는 듯 하다. 실험을 통해 알려진 사실은 꿀벌 집단에서 약 10km 떨어진 먹이의 위치를 춤을 통해서 정확하게 전달하는 것으로 알려져 있다.

꿀벌의 의사소통 체계는 생득적이다. 즉 갓 태어난 꿀벌이 의사소통 기술을 어떻게 사용하는지 배울 필요가 없다. 그러나 더욱 경험이 풍부한 꿀벌은 더욱 정확하게 보고한다. 역시 꿀벌들의 춤을 통한 의사소통도 각기 종에 따라 약간의 변화를 보인다. 예를 들어 오스트리아산(産) 검정꿀벌은 이태리산(産) 꿀벌과 조금 상이한 춤을 춘다. 이러한 차이는 인간의 언어에 나타나는 방언의 차이와 유사하다. 하지만 중요한 차이가 있다: 인간언어의 방언들은 습득된 행위이지만 의사소통 행위에 나타나는 춤 형태의 차이는 꿀벌들이 부모에게서 물려받는다.

개미들의 의사소통 행위는 꿀벌의 행위처럼 정교하지 않지만 매우 다양한 신호를 갖고 있다. 상이한 내분비선에서 꼬리로 페로몬을 내뿜어서 다른 개미들을 먹이로 안내하고 또는 경고—방위 행위를 촉발시키는 것은 몇 종에서 공통으로 나타난다. 더욱 자세히 언급하면, 목수개미(carpenter ant) 수놈의 위턱 내에 있는 내분비선에서 나오는 페로몬은 암수의 혼인비행을 시간적으로 동시에 일어나게 만든다. 여왕개미가 페로몬과 더듬이로 수놈을 성적으로 자극하고 혹은 수놈에게 부풀려진 배를 들이민다. 어떤 종류의 개미들은 다른 개미들을 공격하는데 여러 가지 목적으로 페로몬을 분비한다. 그 중에는 공격받고 있는 개미들을 혼란시키고 몇 종류의 일개미들은 더듬이로 흐르는 신호를 보내거나 앞발로 자극하여 일개미들이 같이 먹이를 토하게 둥지로 유인한다.

곤충들은 통상 동물왕국의 저급한 유기체로 간주되지만 군집생활을 하는 곤충들의 의사소통 행위는 고차원적으로 분화되어 있고 효과적이다.

## 유인원과 척추동물들의 의사소통

인간이 아닌 척추동물들의 의사소통 행위에 관한 연구는 상당히 많다. 단지 몇 예들을 이곳에서 간략하고 평이한 술어로 제시해 보자.

조류의 의사전달의 통로 중 소리통로가 인간에게 가장 잘 알려져 있다. 새의 지저귐은 두 부류이다: 노래와 외침. 몇 하위부분으로 구성되어 있는 새의 노래는 수컷들만 전유물이고 노래가 외침보다 길고 더욱 복잡하다. 노래의 주요한 두 가지 기능은 다른 수컷을 물리쳐서 영역을 구축하고 유지하여 번식기에 암컷들을 유인하는 것이다. 종류에 따라서는 노래가 생득적이거나 습득되어야 하며 혹은 부분적으로 생득적이고 부분적으로 습득된다. 수많은 종류의 새들의 습득능력은 태어나 첫 수개월 동안 최고조에 달하지만 자신들의 종을 성격짓는 노래만을 배운다. 대조적으로 새의 외침은 길이가 짧고(단음으로 구성되거나 몇 음정의 짧은 길이이다), 경고, 먹이가 있다는 사실, 고통, 급박한 이착륙과 유사한 상황을 표시하기 위하여 쓰인다. 대부분의 경우에 생득적이지만 몇 종에서는 습득과정이 어느 정도 포함되기도 한다. 방언 같은 차이가 있는데 특히 새소리가 그렇다.

상당 기간 동안 꽤 많은 학문적이고 대중적인 관심이 돌고래와 고래를 포함한 수중 포유류 목(目)인 고래에 속하는 짐승들의 의사소통에 초점을 두어왔다. 병 모양의 코를 지닌 돌고래에 관한 수많은 연구가 행해졌음에도 불구하고 그 고래들의 음향 의사소통에 관한 우리들의 이해는 아직 불충분하다. 이 종류의 돌고래 종족은 흡착음, 짖기, 캥캥거리기, 신음을 휘파람 불기와 끽끽대기와 더불어 소리 낸다. 이렇게 상이한 음향적 발성 기능이 아직 완벽히 이해되지 못하며, 어떤 것들은 감정적 상태를 어떤 것들은 음향탐지와 항해를 위해 사용되고 어떤 것들은 각 돌고래를 식별하는데 쓰인다. 그렇지만, 예를 들어 조류보다 돌고래가 더욱 월등한 정도의 의사소통을 구사하고 있다고 제시할 만한 증거는 없다.

여러 상이한 소리들은 물론 곱사등(humpback)고래는 여러 음을 구성하는 음정을 정해진 순서에 맞춰 한 시간까지 지속되는 "노래"를 부른다. 시간이 지남에 따라 어느 정도 수정되기도 하지만 특정 지역의 모든 고래들은 동일한 노래를 부른다. 고래집단의 노래는 수 시간 지속된 적이 있다고 알려져 있다. 고래의 의사소통에 대하여 우리가 이해하는 바 역시 아직은 충분하지 못하다.

제2차 세계대전 이후 동물의 의사소통에 관한 가장 많은 연구업적은 인간이 아닌 영장류, 특히 침팬지에 집중되었다. 야생의 조건에서 유인원은 시각적이거나 다른 신호이외에 투덜대기, 헉헉대기, 짖기, 훌쩍대기, 소리치기, 비명 지르기, 우우 소리를 포함한 다양한 목청을 사용한다. 소리 지르기는 각각 하나 혹은 여러 경우와 관련되어 있다. 유인원의 대부분과 인간 사이의 형질적 유사성은 관찰자들의 흥미를 끌어왔고 오랜 동안 수세기 이전에 만들어진 유인원들이 말하기를 습득할 수 있다는 제안으로 집약된다. 침팬지가 말할 수 있게 가르치는 여러 종의 실험 중 가장 훌륭하게 기록된 것은 1940년대 후반에 헤이즈와 헤이즈(Keith J. Hayes and Catherine Hayes)가 시작한 실험이다. 그들은 비키(Viki)라는 갓 태어난 침팬지 암컷을 선택하고 그 침팬지가 마치 그들의 아이처럼 그들의 거주지에서 길렀다. 헤이즈 가족의 말을 가르치려는 노력에도 불구하고 비키는 6년 후에 네 단어만을 어림짐작하는 것을 배웠다(엄마, 아빠, 컵, 위쪽; mama, papa, cup and up). 또 불완전한 구사력이었다. 이 경우와 또 비슷한 침팬지를 집에서 기르는 실험들이 실망스러운 결과를 초래한 것에 비추어 말하는 능력은 인간에게 독특한 것이고 유인원에게 주된 의사소통의 통로는 시각적인 것—자세, 얼굴표정, 몸짓이다.

최근 실험에서 와소(Washoe)라는 어린 암컷 침팬지를 미국수화를 기초로 한 몸짓 언어로써 교육시켰다. 이 연구의 2차 연도가 마무리 될 때 와소는 자발적으로 삼십 가지 이상의 몸짓을 사용할 수 있게 되었다. 5년의 훈련 후에 와소는 약 150개의 수신호를 능동적이고 유창하게 사용한다고 일컬어졌고 두 배

이상을 이해할 수 있다고 알려졌으며 몇 수신호를 섞어서 쓸 수 있었다. 비슷한 시기에 사라(Sarah)라는 또 하나의 침팬지가 각각 한 단어를 나타내는 여러 크기, 형태, 색조의 플라스틱 물건을 써서 읽기와 쓰기를 교육받았다. 1972년에 간행된 보고서에 의하면 사라는 75%에서 80% 정도의 신뢰도가 있는 약 130개 술어가 들어 있는 어휘를 습득했다. 사라의 동작은 마치 "만일 사라가 바나나를 먹으면 메리는 사라에게 초콜릿을 주지 않을 거야" 따위의 만일(if–then)구문을 가정으로 나타내는 플라스틱 상징물도 포함되어 있었다(Premack & Premack 1972).

유인원들 사이에서 이뤄지는 의사소통 행위에 관한 연구들은 계속되고 있고 중요하고 새로운 발견들이 계속 보고 되고 있다. 이 연구 중 몇몇은 자이레의 콩고강(江) 남쪽 적도 상 밀림에 사는 피그미침팬지(Pana paniscus)에 관한 것이 있다. 피그미침팬지는 상대적으로 숫자가 적어 멸종 위기에 처해 있다고 보아야 할 것이다. 피그미침팬지의 행동은 다른 보통의 침팬지(Pan troglodytes)의 행동보다 눈에 들어 날 만큼 상이한 것이다. 피그미침팬지는 지능이 높고 더욱 사교적이며 빨리 배우는 것처럼 보이며 또 증거도 있는데 피그미침팬지들이 더 자주 두 발을 사용하고 덜 공격적이고 먹이를 서로 나누려는 경향이 있다. 다 자란 암수는 더욱 절친하게 지내고 우리에 가둔 침팬지들은 인간과의 접촉을 즐기는 것처럼 보인다. 쌔비지 – 럼보(E.S. Savage – Rumbaugh, 1984)가 수행한 최근 연구는 애틀랜타 조지아의 열크스(Yerks)지역 영장류 연구소의 언어연구센터에서 관찰된 두 마리의 피그미침팬지에 근거한 것으로서 흥미를 자아낸다. 그의 연구가 수행될 때 그 연구소는 두 마리의 피그미침팬지가 있었는데 하나는 12살 먹은 암컷으로 야생에서 태어났고 또 하나는 1년 반 된 "수양" 아들 격인 간지(Kanzi)라고 부르는 수컷이다. 간지가 무엇을 하고 싶을 때 의도적으로 연구소 임직원의 주의를 끌기 위해서 몸짓과 소리를 혼성하여 사용한다. 간지의 바람들은 한 곳에서 다른 곳으로 데려가기, 혼자 할 수 없는 것(예를 들어 병마개 따기) 등 도와주기 바라는 것이다. 종종 소리 지르기와 눈으로 살피면서 검지를 사용하여 수상쩍은 물품들을 표시하곤 하며 간지가 마치 말을 가르치는 선생들을 가고 싶은 곳으로 손을 잡고 끌고 가서 선생을 앉게 하려는 듯 손을 당기는 것이다. 종종 간지는 흥흥거리거나 낑낑거리며 좌절을 나타냈다. 만일 우리가 연구소나 다른 곳에 있는 실험 대상인 피그미침팬지의 행동을 판단해 보면 다른 종류의 침팬지보다 사회적인 상황을 더 잘 이해하고 이에 따라서 의사소통도 원활한 것처럼 보인다. 다른 말로 풀면 피그미침팬지의 행위가 다른 종류의 유인원들의 행위보다 더욱 인간의 행위를 반영하고 있다 할 것이다.

또 다른 연구계획에서 연구조교들은 님(Nim)이라는 침팬지를 어린아이처럼 취급하지는 않지만 올바르게 응답하면 보상해주면서 님에게 사물들을 칭하는 신호들을 가르치게 했다. 어린아이와는 대조적으로 님은 의사소통 보다는 몸으로 자신의 사회적 환경에 순응하는 것을 선호했다. 그리고 접촉만을 위하여 신호를 만드는 것에 관심을 거의 보이지 않았다. 수년 후 신호를 사용하는 침팬지의 의사소통 행위에 사교적인 맥락이 영향을 줄 수 있는가 하는 가정에 대한 테스트를 하는 실험이 있었다. 그 실험의 결과는 님이 인간과의 접촉이 사교적인가 혹은 (교육과정처럼) 배우는 학습과 관계를 설정하고 있는가에 따라 그 자신의 의사소통 스타일을 적응하고 있다는 내용이었다. 예를 들어 사교적인 맥락에서는 님은 학습 받은 때보다 4배 많은 자발적인 반응을 나타냈다. 어린아이들처럼 침팬지들도 환경이 더 편할 때 더욱 자발적인 의사소통을 하는 경향이 있는 것이 드러났다. 상황을 파악하면서 침팬지들은 반복하고 모방하지만 상황에 공들여 기여하지 않는다. 만일 침팬지의 의사소통 행위가 맥락에 따라 변한다면 이제껏 발행된 보고서들은 신호를 사용하는 침팬지들의 인지능력에 대한 전체적인 모습을 다 보여주고 있지 못한다 하겠다.

오크라호마대학의 영장류연구소에서 제공된 또 하나의 특기할 만한 발견은 10개월 되었을 때 와소에게 입양된 루리스(Loulis)가 들어 있다. 연구원들은 루리스에게 신호를 사용하지 말도록 혹은 다른 침팬지들에게도 루리스가 함께 있는 경우에는 신호를 사용하지 말도록 요구하였음에도 불구하고 와소와 몇 침팬지들은 인간인 교사들에게 배운 신호를 루리스와 만난 경우 자유롭게 사용했다. 5년 3개월 후에 루리스의 어휘가 51개 되었을 때 연구원들은 신호 감추는 금지령을 해제했다. 그 이후 2년 동안 루리스는 19개 신호를 더 습득했다. 연구과제와 연관 없는 미국수화(ASL)를 알고 있는 관찰자들은 다른 침팬지들로부터 배운 루리스의 신호를 확인 할 수 있었으며 90% 이상 확인할 수 있었다(Fonts, Fonts and Van Cantford 1989; Fonts and Fonts 1989).

유인원의 어떤 부류들은 반응을 일반화시키는데 전념하는 모습이 관찰되었는데 즉, 유인원들은 기왕에 알고 있는 자극에 유사한 경우 반응했고 동일한 자극에 반응하지 않았다. 몇 예를 들어 와소(Washoe)는 "지저분한" 신호로서 자신을 위협한 원숭이나 그를 길러준 로져 폰쓰(Roger Fonts)가 자신의 요구를 거절할 때 로져의 손에 대변과 흙을 발라댔다. 코코(Koko)라는 암컷 고릴라는 "대롱, 빨대"라는 신호를 빨대에서 고무호스, 플라스틱 관, 궐련(卷煉) 또는 비슷한 유형의 다른 물건을 지칭하는 것으로 일반화시켰다. 루씨(Lucy)라는 침팬지는 (먹는) 무를 나타내기 위해서 "cry hurt food"이라는 신호를 만들었다(hill 1978).

이러한 실험들과 기타 여러 실험들의 결과는 자연스럽게 흥미를 촉발시킨다. 그러나 침팬지들이 인공적인 설정에서 의사소통 하는 것을 배웠으며 대부분은 인간들이 조심스럽게 설정한 것이라는 점을 유념해야 한다. 만일 인간이 훈련한 침팬지가 스스로 새로운 신호들을 그 자신의 "어휘"에 첨가할 수 있고, 대화에 나타나는 주고받는 말의 순서를 이해한다면 중요성이 더욱 높을 것이다. 학자들은 적어도 실험동물들 중 상당수는 그 동물들을 연구하는 사람들이 내린 비언어적인 신호에 무의식적인 반응일 것이라고 주장해 왔다. 이것이 사실이라 해도 수많은 연구 조사자들이 기술한 것처럼 유인원들이 의사소통 행위를 습득할 수 있다는 것에 의심의 여지가 거의 없다. 그러나 성장한 침팬지는 여러 주제에 대하여 말로써 의사소통이 가능한 6살짜리 어린아이에 비교할 때 상당히 제한적이다. 간략히 말해서 침팬지가 매우 자유스럽게 몸짓 신호를 능숙한 정도로 사용하는 것은 어린아이부터 모든 인간에게 보편적으로 나타나는 의식적인 언어처리 과정에 비할 때 큰 격차가 있는 이야기다.

## 언어의 [근본적 기능과 연관된]* 특별한 자질들

만일 인간의 언어가 동물왕국에 존재하는 의사소통 체계의 알려진 수많은 체계들 중 유일한 것이라면 다른 체계에서는 발견되지 않는 어떤 특별한 자질이 있음이 틀림없다. 말소리를 특징짓는 기초적 자질들의 목록을 처음 발전시킨 근대적인 시도로는 찰스 하케트(Charles F. Hockett, 1958)에게 우리가 빚진바 크다. 지금 아래 나오는 내용은 하케트가 처음 7개의 특별한 자질로부터 16개의 자질로 숫자를 늘린 최신 확대판에 근거한다(Hockett 1977).

1. *목소리 - 청취 통로* (Vocal - auditory channel)

동물이 내는 어떤 소리는 목소리라 할 수 없거나(예, 귀뚜라미 소리) 혹은 청취할 수 없다(위에서 언급한 것처럼 꿀벌은 귀가 없다). 물론 문자는 정의상 제외된다: 문자 메시지에 사용된 통로는 목소리 - 청취 통로보다 시각적이다. 동물 중에는 목소리 - 청취 통로의 이용이 대단히 일반적이다. 의사소통에 목소리 장치를 이용하는 중요한 이점의 하나는 신체의 나머지가 다른 여러 행위들을 수행할 수 있게 목소리를 쓰는 동시에 자유롭다는 점이다.

2. *전방위 전달과 지향성 수신* (Broadcast Transmission and directional reception)

목소리는 그 근원 발성체로부터 모든 방향으로 이동한다. 그리고 발신자나 수신자가 의사소통을 위해 마주 보아야 할 필요가 없다. 양 귀로 듣는 (두 귀 모두 이용하는) 것은 소리의 근원이 어디인지 결정하는 일을 가능케 한다.

---

* 저자의 의도를 나타내면; "characteristics having to do with the fundamental functioniry" 아니면 "basic structural characteristics".[p.c. with professer Salzmann]

3. *빠른 소멸* (Rapid fading)

말소리는 매우 제한된 거리 내에서 청취가 되고 발화되는 그 시간 동안에만 청취된다. 그 후 말소리는 재구성되지 못하며 소멸된다. (대조적으로 문자는 상대적으로 영구적이다. 어떤 문자기록은 몇 천 년 동안 보존되었다.) 이 자질에는 장단점이 모두 있다. 지혜의 말도 단지 날아가 소멸하는 것이지만 멍청한 말 역시 다행스럽게 소멸한다.

4. *상호교체* (Interchangeability)

이론 상 적어도 인간은 다른 사람들이 말한 것을 언급할 수 있다(물론 사용된 언어가 익숙한 경우에). 많은 동물에서 메시지의 성격이 수컷이나 암컷이나 다른 자연스러운 구별에 따라 변하는 경우에는 위의 상호교체는 해당이 안 된다. 예를 들어 귀뚜라미의 어떤 종류는 단지 수컷만이 앞날개의 일부를 비벼서 소리를 내고 일벌의 (춤)언어를 동일한 벌집에 사는 여왕벌이나 수벌들이 이해도 못하고 춤사위를 쫓아 하지도 못한다.

5. *완벽한 피드백* (Complete feedback)

어떠한 언어 사용자도 자신이 말하는 것을 듣고 있으며 전달하려는 메시지를 감시할 수 있고 필요하다고 생각되면 즉시 수정한다. 대조적으로 큰 가시고기 수컷은 동종의 암컷을 자극하는데 쓰는 눈과 배의 색 변화를 살필 수 없다.

6. *특성화* (Specialization)

인간 언어는 의사소통 이외에 다른 기능이 없다. 대조적으로 개가 헐떡이는 것은 어떤 정보를 갖고 있지만 (개의 위치, 그 불편한 정도) 수분 증발을 통해서 몸을 식히려는 효과가 있다.

7. *의미성* (Semanticity)

동물왕국의 수많은 의사소통 체계는 의미 구성성분이 있다. 예를 들어 꿀벌 춤언어의 상당한 자질들은 벌집에서부터 먹이까지 거리를 나타내고 다른 요소들은 먹이가 발견되는 곳의 방향을 나타낸다. 하지만, 인간언어 이외의 어떠한 의사소통 체계에도 수많은 단어와 가능한 문장들과 인간이 이야기하는 다양한 화제들 사이에 정교한 상관관계 같은 것은 없다.

8. *임의성* (Arbitrariness)

한 언어의 의미단위 형태(예, 단어)와 그 단위가 나타내는 개념 사이에 고유의 본질적인 관계가 없다. 흔한 가축 중에 짖는 동물은—학술적인 라틴[분류] 명칭은 *Canis familiaris*—각국의 단어를 로마자로 쓰면 영어로 *dog*, 독어로 *Hund*, 불어로 *chien*, 서어로 *perro*, 체코어로 *pes*, 루마니아어로 *câine*, 노어로 *sobaka*, 터키어로 *Höpek*, 마자르어로 *kutya*, 나바호어로 *ɣ ééchą́ą́ʔí* 호피(Hopi)어로 *pohko*, 아라파호(Arapaho)어로 *heθ*, 일어로 *inu*이다. 같은 종류의 동물이 (모든 유사변종도 포함하여) 관련된 경우에도 불구하고 각 언어에서 상당히 다르다. 개의 짖는 소리도 (영어사용자에게는 *바우와우*, bowwow) 상이한 민족에 따라 다르게 들린다. *완완*(wanwan)은 일본사람들이, *하프하프*(hafhaf)는 체코사람들이, *와우와우*(wauwau)는 독일사람들이 개 짖는 소리로 사용한다.

9. *불연속성* (Discreteness)

인간 언어내 메시지는(예를 들어 경보음처럼) 계속적인 소리로 구성되어 있지 않다. 그러나 불연속적—즉, 개별적으로 변별적인—분절로 구성되어 있다. 영어 질문 "Would you care for a piece of toast?"와 "Would you care for a piece of roast?" 두 문장의 차이는 한 문장은 *t*로 한 문장은 *r*로 같은 자리에서 두 개의 따로따로 나는 소리에 기인한다. 대조적으로 꿀벌(춤)언어는 연속적이고 춤은 불연속적인 요소들을 이용하지 않는다.

10. *전이* (Displacement)

인간은 의사소통이 일어난 배경보다 시공을 달리하는 어떠한 것에 (쓰는 것도 포함) 관해서 말할 수 있다. 예를 들어, 제2차 퓨닉(Punic)전쟁이 2,000년도 더 전에 다른 대륙에서 일어났음에도 불구하고 고대로마에 대항하여 카르타고 장군 한니발의 군사행동을 생생하고 어느 정도 상세하게 기술할 수 있다. 혹은 사람들은 20-30년 후 미래 은퇴 후 어느 곳에 거주할 계획인가에 관해서 논할 수 있다. 이러한 종류의 전이는 동물의 왕국에서 어느 곳에도 존재하지 않는다.

11. *공개* (Openness; 혹은 생산성Productivity)

인간들은 전혀 전례가 없는 진술을 할 수 있고 듣는 이가 이해하게끔 할 수도 있다. 아마 이러한 일은 일상생활에서 자주 일어나지 않는다. 하지만, 새로운 문장을 생각해내는 것은 어렵지 않다(예를 들어 "우리 두 마리 고양이가 집에 남아 있을 때마다 언어인류학의 접근법에 대하여 논쟁하곤 한다"). 훌륭한 시인들은 아주 규칙적으로 혁신적인 방법을 동원하여 언어를 사용한다.

12. *(유형의) 이중성* (Duality (of patterning))

영어의 구(句)인 *the ir-repar-able type-writ-er-s*에 나오는 8개 단위 같은 대상언어의 최소 의미부는 그 언어만의 특징적인 소리들로 구성되어 있다. 영어에 있는 변별적인 소리 숫자는 상대적으로 적다. 36개에서 48개 사이인데 방언과 분석에 따라 다르다. 그러나 이 숫자의 소리들이 만들어 내는 의미를 포함하는 최소단위 숫자는 수만 개에 이르며 더 이상 분해가 안 되는 모든 단어들을 포함한다 (예, *cat, soup, hammer, elephant*). 한 종류의 언어단위의 제한적인 숫자가 다른 단계에서는 수많은 숫자로 만들어 질 수 있고 마치 90여개의 자연에 존재하는 원자(原子)가 상이한 조합으로 수백만 개의 분자(分子)를 구성하는 것과 유사하다.

13. *문화적 (혹은 전통적) 전달* (Cultural (or traditional) transmission)

개인은 유전적으로 특정 언어를 상속받지 않는다. 어린아이들은 부모나 혹은 아이들과 이야기하고 함께 대화하는 사람에게서 언어를 습득한다. 따라서 특정 언어를 말한다는 것은 개인의 전반적인 문화 행위이다. 즉 학습을 통해서 습득된 행위이다.

14. *얼버무리기* (Prevarication)

한 사람이 말한 이야기가 완벽한 오류일 수 있다(마치 어떤 이가 달이 푸른 치즈로 구성되어 있다든지 바그다드는 서울에서 쉬엄쉬엄 한 시간 걸음 거리라고 주장하는 것처럼). 동물 중에는 미국산(産) 주머니쥐가 죽음을 가장 한다거나(play possum: 관용어구) 약탈자를 새 둥지로부터 쫓아내려고 새가 날개를 부러뜨린 것처럼 가장하기도 한다. 그렇지만 통상 속임수는 동물에게 흔치 않다.

15. *반사* (Reflexiveness)

인간들은 언어나 의사소통 일반을 토의하기 위해서 언어를 사용할 수 있고 또 사용하고 있다. 강의시간에 혹은 커피 한 잔을 마시면서 토의할 수 있다. 인간이 아닌 동물이 자신의 의사소통 체계나 타 동물의 의사소통 체계에 관해서 정보를 전달하는 능력이 있어 보이지 않는다.

16. *학습능력* (Learnability)

어떠한 언어 사용자도 제 2국어나 모국어 이외에 심지어 여러 개의 언어를 습득할 수 있다. 동물 간에 어떠한 의사소통 행위도 역시 학습의 결과인데, 경험이나 인간들로부터 배운다. 그렇지만 어떤 동물도 언어같이 복잡한 의사소통중 하나 혹은 여러 체계를 배우는 능력을 갖고 있지 못한다.

인간의 언어는 위에서 기술한 특별한 자질들을 소유하지만 다른 동물의 의사소통 체계는 오직 부분적으로만 그 자질들을 지닌다. 예를 들어 하케트(1960)에 따르면 긴팔 원숭이(지본) 들이 만드는 호출 신호는 기초 자질 중 1에서 9까지 있음으로 특징 지워지나 전이, 공개 또 유형의 이중성이 (하케트는 전통적인 문화전달에 대하여서는 확신을 지니지 못했다) 결여되어 있다. 인간이 아닌 동물의 의사소통 체계에 적용할 때 원래 특별한 자질의 목록이 지닌 단점은 이 목록은 가부(yes－or－no) 혹은 유무(present－or－absent)를 확정짓는 답을 요구하고 있지 하나의 특정 자질이 있는지에 대한 정도를 요구하지 않는다(Hockett와 Altmann 1969). 자질 접근법 수정안은 어떤 초보적 자질이 사용되는 정도와 또한 사회적 배경, 의사소통 행위의 행동적 전례나 결과, 사용된 통로나 통로들, 의사소통 체계의 연속성과 변화, 특정 체계 내 전달 내용구조와 그 실현 목록이라는 자질들에 연관된 다섯 개의 틀을 이용하기 바라고 있다. 따라서 혹자가 특정 의사소통 체계나 문화 전달성에 관하여 연구하고자 하면 그는 누가 참가자이고 어디에서 어떤 상황 하에 그들이 의사소통하며 어떤 통로나 통로들을 사용하고 전체로서 그들의 메시지나 부호의 구조가 무엇인지 등에 관한 의문들을 포함하여야 한다.

이러한 관심들은 인간 이하 동물의 의사소통을 충분히 이해하는데 필요할 뿐만 아니라 사회와 문화라는 맥락에서 인간의 언어를 연구하고 평가하는데도 똑같이 중요하다.

**언어습득 (Language Acquisition)**

대다수의 학생들이 아주 잘 알고 있는 것처럼 외국어를 말하려면 익숙하지 않은 소리와 소리들의 결합, 자신의 모국어와 상이한 문법 규칙을 숙달하고, 수천 단어의 어휘를 공부하는 등 여러 요구사항이 있다. 그러나 만일 대다수의 성인들이 외국어를 습득하는 것이 주요과제이며 제2국어를 능숙하게 습득하는 사람이 거의 없다면 어떻게 어린아이들은 하나, 둘, 혹은 여러 개의 언어를 특별한 노력 없이 습득하는가?

어린아이들이 말을 시작할 때 특정 언어의 말소리를 만들어 낼 수 있기 위해서 상당히 비슷한 소리를 구별하는 것을 반드시 배워야 한다. 영어단어에서 서로 매우 닮은 소리들은 다음 단어 짝 중 첫째 자음들이다. *bill, pill; thin, sin;* 또 *sin, sing; dose, doze* 에서는 마지막 자음이고 *pet, pat; pen, pin; mill, meal*의 중간 모음이 구별되는 소리들이다. (대조를 보이지 않으면 동일한 것으로 인식하지만) 대조를 나타내는 경우 음향적 차이의 동일한 양을 지닌 소리들을 구별하는 능력을 범주인식(categorical perception)이라 말한다.

얼마나 일찍 또 얼마나 잘 어린아이들이 말소리를 구별하고 범주적으로 말소리를 인식하는가? 어린아이의 소리인식에 예민함을 시험하기 위한 기술 중 하나는 고증폭 빨기이다. 아이가 빨 때 소리를 생성하는 계기에 연결된 장난감 젖꼭지가 빨기 비율을 기록한다. 아이가 소리를 듣기 시작하면 열심히 빨지만 소리가 동일하게 지속되면 흥미를 점차적으로 상실한다. 그러나 소리가 변하면 신나게 빠는 행위가 다시 나타난다. 생후 한달 된 아이는 어두에 *p*와 *b* 자음이 다른 두 자모 음절을 구별하는 능력이 있어 보인다. 아이들은 매우 비슷한 소리들 사이에서도 차이를 구별하는 능력이 있어 보인다. 아이들은 매우 비슷한 소리를 들으며 차이를 구별하는 능력을 갖고 태어난다는 바를 밝히는 실험이 있었지만 모국어에 결정적으로 주요한 차이점만 인식하면서 구별능력은 줄어들고 약 1년 정도 지나면 상실한다. 목소리를 인식하는 민감성이 신생아들이 갖는 능력이라는 것도 실험해 왔다. 여러 여성 목소리 중에서 어머니의 목소리를 구별하는 능력이 태어난 지 삼일 된 신생아가 지니고 있다는 것도 실험했다. 또한 다른 언어보다는 모국어를 신생아들이 듣기 더 좋아하는 것도 밝혀졌었다.

보통 아동들 가운데 언어발달 속도가 다양함에도 불구하고 언어습득을 특징짓는 제 단계를 일반화시킬 수 있다. 단지 (생물학적 기초) 예를 들어 트림, 울기, 기침이 첫 8주에서 10주 동안 반사소음을 만든다. 그 후 다음 12주 남짓 동안 우우 거리고 웃는 것이 첨가된다. 자모음을 구성하는 꽤 넓은 범위의 소리를 생성하는 목소리는 6개월 정도 지나야 알아차릴 수 있다. 생후 첫 해의 후반기는 옹알거리는 것으로 특징적이다. 몇 관찰자에 의하면 이 단계 동안 생성되는 소리들은 덜 다양하고 습득하려고 하는 언어의 말소리에 어림잡아 소리내는 경향이 있다고 한다. 옹알거림은 거의 대부분이 본능적인 것으로 보인다. 왜냐하면 듣지 못하는 아이들조차도 옹알이 단계를 거친다. 일반적으로 옹알거리기 시작 전에도 유아들은 의사소통 하려는 열의를 보이며 여러 통로를 사용하여 그들이 받고 있는 정보를 처리하기 시작한다. 그들이 습득하는 언어에 상관없이 아이들은 다른 모음 전에 그 언어에 가장 변별력 있는 모음(통상 *a, i, u*)들을 습득하고 입 속 뒤편에서 만들어지는 자음을 조음하기 전에(공통적으로 *p, b, m, t, d*) 입술과 치아의 도움으로 조음되는 자음들을 습득한다 (Jakobson 1968). 뒤 이어 나온 연구들이 언어들의 소리를 습득하는 순서가 보편성을 띠지는 않는다는 것이 밝혀졌음에도 불구하고 의미 있는 통계적 성향을 발견한 로만 야콥슨에 반드시 공이 있다 할 것이다.

억양흐름은(예, 의문문의 특성) 태어난 첫해에 나타나기 시작하고 한 단어 사용과 거의 동시에 이루어진다(예, *엄마, 찌찌, 멍멍* 등). 두 살 정도 될 때 이 단계도 여러 단어 사용 단계로 이어진다(예, *멍멍이 봐, 아가 책, 착한 고양이, 아빠 붕붕* 등). 그러나 곧 이러한 구절들이 짧은 문장들로 확장된다. 두 살 된 아이가 이해하는 단어는 몇 배 더 되는데도 불구하고 평균 그 연령의 아이들이 구사하는 어휘는 200단어 정도이다. 단어 첫 자음들은 단어 끝 쪽에서 나오는 자음들보다 이 연령층에서 더 구별되게 발음되는 경향이 있다. 5세 정도에서 전 세계 보통 어린아이들이 의문문, 부정문, 복합문을 만들 수 있고 장소와 시간이 제외된 사건들을 이야기한다. 또 그들이 이해할 수 있는 화제에 관해서 알아들을 수 있는 대화를 일반적으로 수행한다(그러나 그들은 신발 끈 매는 것을 배워야 한다). 아이들이 노출되는 말소리의 대부분이 매우 변화 있고 일상적임에도 불구하고 그들이 여러 개의 소리, 형태소, 규칙들을 아주 잘 구사하여서 전에 들어보지 못한 것들을 말할 수 있고 말하며 이미 말했기도 하는데 이러한 것 모두가 공식적인 교육의 혜택 없이 가능하다.

언어습득 이론은 몇 가지가 있다. 그 중 하나가 자극 - 반응 - 보상 형식에 기초를 둔 행동주의 심리이론인데 언어습득에 대한 대중적 견해와 닮지 않은 것은 아니다. 이 이론에 따르면 인간 환경은 (부모, 형, 누나 등) 아이가 듣고 있는 것을 반복하는 출처로서 아이들이 반응하는 언어 자극들을 제공한다. 아이들의 발음이 받아들일만 하거나 좋다고 여기면 아이들은 (칭찬이나 다른 유형의) 보상을 받는다. 물론 아이들은 흉내 내지만 일반적으로 생각되듯이 일관성 있게 하지 않는다. 그렇지 않다면 아이들이 비슷하지만 비문법적인 형태의 단어들을, 예를 들어 *sheeps, gooses, taked*를 *sheep, geese, took* 대신 쓰지 않을 것이다. *sheeps, gooses, taked* 따위 형태는 사실 다른 사람을 흉내 낸 것이 아니라 아이들이 문법적 규칙성의 가정 하에 이러한 꼴을 구사하고 그것은 "규칙"적인 복수 표지나 정칙의 과거시제 표지가 적용되지 않는 단어들에게까지 확장하여 쓰고 있는 모습이다.

인지주의라고 알려진 또 하나의 이론은 어린이의 지적, 혹은 인지적 발달에 언어습득을 연결시킨다. 스위스 심리학자 장 피아제(1896-1980)의 초기 저작에서 소개한 이 이론은 아이가 환경에 대한 일반적 (비언어적) 지식을 발달시키는 단계까지 이 지식을 언어행위에 적용하지 않고 단어 뜻에 관한 지식이 언어의 문법 구조를 통달하게 하는 전제 조건이다. 유아나 어린아이에 정확하게 보여주기 어려운 것은 인지발달과 언어행위 사이의 관계이다.

언어발달의 최근 이론 중에는 노움 촘스키의 저작에 자극되어 1950년대 후반부터 주목된 생득이론이 있다. 촘스키는 언어발달의 능력을 가지고 태어난다고 믿는다 (2.1 상자를 참조). 그렇지만 언어습득 장치의 성격은 모든 아이들이 지닌 것으로서 현재 특징지을 수 없다. 어떤 이들에 따르면 그 장치는 단지 아이가 어떠한 자연언어를 배우는 법을 발견하게 도와주는 일반적 과정으로만 구성되어 있다 한다. 또 다른 이들은 이 장치가 모든 언어들에 보편적인 자질들을 이해하는 지식을 아이들에게 제공한다고 한다. 촘스키(1986)는 예를 들어 고정규칙에 또한 여러 선택규칙을 포함하는 유전적으로 붙박이인 "핵심문법" (core grammar)을 논하고 있는데; 이러한 선택적 규칙들 중 어느 것을 고르느냐는 아이에 달려 있다 한다. 이것이 "자극의 빈곤"이라 일컬어지는 것으로 어떻게 아이들이 극복해 나가는지 설명하는데 도움을 준다. 즉, 아이들이 듣던 것은 대다수가 거의 조각이거나 되풀이되는 것으로 나타날 지라도 문법적으로 얼마나 복잡함에 관계없이 상대적으로 짧은 시간에 한 언어를 효과적으로 구사하는 법을 배우는 능력이다.

아마 한 이론을 택하고 다른 이론들을 제외한다면 어린아이들이 언어라는 복잡한 기호체계에 대한 지식을 그렇게 빨리 습득할 수 있는 것에 대한 설명으로 너무 단순화한 것일지도 모른다. 어린아이들이 흉내 낸다는 것에 의심의 여지가 없지만 어떤 이들의 주장처럼 그런 정도는 아니다. 또한 언어 학습의 초기 단계가 아이들이 정신 발달과 전적으로 떨어져 있다고는 보기 힘들다.

**상자 2.1 언어습득에 관한 촘스키의 견해**

우리는 보통의 한 인간이 지닌 내재적인 문법을 정말 그가 사용하는 언어 이론이라고 생각할 수 있습니다. 이 이론은 무한정한 개수의 문장에 소리와 의미의 상관관계를 설명하는 것입니다 …

형식을 갖추어 말하면 … 우리는 어린아이의 언어습득을 한 종류의 이론구성이라고 적을 수 있습니다. 아이는 자신의 언어에서 나온 약간의 정보만으로 그 언어가 지닌 이론을 발견합니다 … 정상적인 말은 거의다가 조각들과 실수로 튀어나온 말머리와 뒤죽박죽 섞인 말과 심층적으로 완벽한 형태를 왜곡한 것들로 구성되어 있습니다. 그럼에도 불구하고 완숙한 언어사용 연구에서 명백하게 보여준 것처럼 어린아이가 배우는 것은 심층적으로 더할 나위 없는 이론입니다. 이것은 주목할 만한 사실입니다. 또한 아이들이 뚜렷한 훈련을 받지 않고 이 완벽한 이론을 만들어내고 또 다른 분야에서 복잡하고 지적인 성취를 이룩하지 않은 상태에서 언어지식을 습득하고 있으며 이러한 이론구성을 성취해내는 일은 지능의 정도나 특정경험과 상대적으로 무관한 것입니다. 이런 점들이 언어습득이론이 반드시 대처해야만 하는 사실들입니다 …

… 매우 특수하고 추상적이며 아주 짜임새 있는 언어가 우연히 모든 네 살짜리 아이의 정신세계에 들어온다고 상상하기는 어렵습니다.

노움 촘스키의 "언어와 정신" (1968), 66

하지만 생득이론의 여러 측면들이 매우 신빙성이 있고 그 이론은 꽤 인정받고 있다. 언어가 두뇌 성숙단계 즉 사춘기 전에 눈에 띌 만큼 쉽게 습득된다는 다소 논쟁의 대상이 되는 가정(중요 나이)에 간접적으로 지원 받는다. 이때까지 두뇌는 최대한 발달하고 다양한 기능이 한 부분이나 또 다른 부분에 국소화된다(측화 lateralization). 그럼에도 최근 연구에 따르면 측화는 5세 말에 이미 완성된 것인지 모른다는 것인데 그 연령은 모국어의 문법적 필수부분을 습득한 나이이다.

최근까지 언어습득은 사회 문화적 요인들이 영향을 주지 않는 것처럼 취급되었다. 따라서 어린이들의 문화학습과정은 그 과정 내의 언어 역할에 관심을 두지 않고 통상 연구되어 왔다. 언어학자와 인류학자 중에 두 접근법의 통합을 요청해온 사람들이 엘리노 옥스(Elinor Ochs)와 밤비 쉬퍼린(Bambi B. Schieffelin)이다. 언어습득과 사회화(1982)에 관한 그들의 작업들 중 하나에서 이 주제에 관한 그들의 견해가 다음에 나오는 두 가지 주장에 들어나 있다. "언어습득 과정은 사회의 역량 있는 구성원이 되는 과정인 상당한 정도까지 언어, 그 기능에 지식습득을 … 통하여, … 즉 특정한 사회적 상황에서 언어교환을 통해서 그렇다"(Ochs and Schieffelin 1982:2–3). 이 논문의 본론에서 저자들은 서사모아와 파푸아 뉴기니(Kaluli족)에서 그들이 현장조사 경험을 이용하고 있다. 또 비교의 목적으로 앵글로 혈통 미국백인 중류계층의 어린이들에서 나타나는 의사소통 발달에 연관된 자료를 이용한다. 여기에서 간단히 카룰리 족과 앵글로 미국아이들 사이의 비교만 제시해 본다.

옥스와 쉬퍼린의 연구에 따르면 (약20년 가까이 된 것이나) 앵글로 미국 백인 중류 가정 출신 아이들은 주로 그들이 어머니와 서로 영향을 주고 있다. 이런 양자관계 상호작용은 부분적으로 전형적인 가족형태, 결혼 후 거주지, 중류아파트나 단독주택을 성격 짓는 물리적 환경요소—핵가족, 신혼부부의 독립과정 또 유아를 위한 독립침실의 결과이다. 어머니(돌봐주는 이)는 얼굴을 맞대고 아이를 안으며 사회적 존재와 의사소통 대상자로 취급하고 종종 아이의 불완전하고 알 수 없는 우물거림이 무엇이든 아이의 관점을 취하고 흥미를 표시한다. 어린아이들을 돌봐주고 다치지 않게 하기 위해서 환경을 아이들의 필요에 따라 적용시킨다. 유아용 식료품, 유아용 키 높은 의자, 걷기를 도와주는 기구 또한 특정 나이에 맞게 고안된 책과 장난감은 물론 날카로운 부분은 부드러운 것으로 감싸주고, 층계를 막는 간이 문짝 등을 고려하여 보라. 돌봐주는 이와 아이의 언어구사 능력의 차이는 아이가 우물거리는 내용을 후하게 해석하여 줄인다. 혹은 짧은 답으로 응할 수 있는 질문들을 던져서 아이가 이야기를 끌어내도록 함으로써 가린다. 간단히 말해서 아이가 관심의 초점이고 빈번히 사회 상호작용의 시발점이다.

작은 규모이며 문맹인 칼룰리족의 공동사회 내에서 언어습득과 사회화과정은 상이하다. 이 부족의 유아들은 무력하고 주변의 세상을 이해하지 못한다고 간주된다. 유아들의 알아듣지 못하는 우물거림은 무시되기 일쑤고 해석하려는 시도조차 없다. 유아들의 요구를 물론 들어주지만 어머니가 다른 일에 종사하는 중에도 아이에게 젖을 먹인다. 유아들은 홀로 떨어지는 법이 없다. 땔감을 주울 때, 텃밭을 가꿀 때, 다른 이들과 앉아 대화할 때에도 그물로 짠 주머니 안에 유아들을 어머니가 데리고 다닌다. 하지만 신체적인 접촉이 있음에도 불구하고 유아나 어머니 사이의 의사소통의 상호작용은 거의 일어나지 않는다. 유아는 어머니 편이 아닌 상대방 쪽을 향해서 어머니 등에 매달려 있다. 유아들이 한 살에 다가감에 따라 해서는 안 될 것을 하면 "네가 무엇인데 말썽부려: who are you?" 혹은 "네 것이냐: Is it yours?" 따위의 말로 꾸중 듣는다. 그 내용은 "네가 그런 일을 하면 안돼," "네 것이 아니야"의 뜻이다. *nɔ* '어머니' *bo* '가슴' 이라는 단어를 사용하기 시작할 때까지 "말할 줄 아는 것"이라고 간주하지 않는다. 남녀 어른들이 일을 조직하면서 또 친목관계를 다루면서 의무와 상호 의존성의 깊은 연락망에 관여하고 있기 때문에 아이들이 이야기 할 때 사회화의 주된 목표는 아이들에게 효과적으로 어떻게 말하는가를 지도하는 것이다. 어른들의 통념으로 대화는 가벼운 농담을 피하고 어떤 걸 듣도 보도 못했으며 다른 것들을 바로 인용하면서 정보의 근원을 지적하는 것을 피하는 것이다. 아이들은 이러한 관습을 따를 것이라고 기대한다. 말을 시작하기 전까지 카룰리 아이들에게 거의 아무 것도 지도하지 않는다. 그러나 그들이 자라는 언어적 환경은 풍부하고 다른 이들의 말을 청취하면서 언어적 기교들을 습득한다. 한때 전 주민들이 함께 기거했던 마을 공동주택은 더 이상 널리 쓰이지 않으나 적어도 두세 가정이 함께 모인 대가족이 함께 주거지를 공유한다. 반쯤 칸막이가 설치된 거주형태에서 여남은 명의 가족들이 있으므로 복합적인 상호작용이 빈번하게 이뤄진다. 어른들이 사용하는 카룰리 말을 가르치기 위해서 어머니들은 아이들의 잘못된 발음, 문법, 단어 사용법을 끊임없이 교정하여 그들이 유아말투 단계를 건너뛰도록 한다.

상이한 사회와 하위 문화조직에서 기능적인 아이들의 의사소통 기교에 관해서 가용한 정보를 평가하면서 저자들은 다음을 가정하게 된다. "유아들과 아이들을 돌봐주는 이는 이들만의 '생물학적으로 계획된 한 가지 안무(choreography 지도방법)' 에 의해서만 서로 영향을 주고 받는 것이 아니라 … [하지만] 사회 내와 사회를 가로질러 통하는 계획, 빈도, 중요성에 기여하는 수많은 안무방법이 있다"(Ochs and Schieffelin 1982:44). 예를 들어 이것은 [어머니와 아이]양자간의 서로 영향주기는 상이한 사회 내의 그 중요성에 주어진다: 카룰리족 내 아이들이 [독점적]양자 대화보다 훨씬 더 다자간 대화에 영향을 받게 된다. 저자들은 더 나아가 "백인 중류 가정에서 돌봐주는 사람의 말로 묘사된 단순화된 언어자질들이 아이들의 언어습득에 반드시 필수적인 것이 아니다"라고 설명하고 위의 두 제안에 근거하여 저자들은 "돌봐주는 이와 아이 모두의 언어의 기능적 설명에 문화적 지식과 예상에 관한 정보를 반드시 합하여야 하며 … 돌봐주는 이와 아이들의 행위와 목표 사이의 관계에 연관된 일반화는 사회 집단들 사이에 있는 특정목표들에 있거나 부합되는 중요성을 미리 재단해서는 안 된다"고 제안한다(Ochs and Schieffelin 1982:46, 50).

언어 없이 어떤 아이도 그 자신이 속한 사회의 문화와 세계관이 지닌 모든 면들을 적절히 학습할 수 없을 것이다. 그러면 돌봐주는 이와 어린아이 사이에 정상적인 의사교환을 한 사회의 어른인 구성원들이 예상하는 행동 유형과 어느 정도 연관되어 있음이 틀림없다. 상황이 어린아이에게 적응하는 것인가 혹은 어린아이가 상황에 적응해야만 하는가? 그리고 만일 이 두 방향중 한 쪽에서 다른 편으로 이행이 일어난다면 언제 발생하는가?

저자들은 자신의 모델은 생물학적 성향이 문화적 면을 희생하면서 역할을 보일 수 있다는 것을 배제하지 않고 그들 자신이 사회화를 장기간 고착되거나 개인의 일생을 거쳐 융통성 없는 한 과정으로 간주하지 않는다고 명확하게 밝히고 있다. 그러나 "언어와 문화 사이의 기능적이고 상징적인 "계면"(영향을 서로 끼치는 중간부분 interface)에 대한 우리의 이해는 어린이들이 언어를 사용하기 위해 어떻게 사회화되고 있는 것뿐만 아니라 언어사용을 통해서 어떻게 사회화되는지"를 더욱 연구하여 밝힐 수 있다고 주장한다(Schieffelin and Ochs 1986:184).

**언어와 뇌**

인간의 뇌가 어떻게 작동하는지에 관한 우리의 이해가 꾸준히 증가함에도 불구하고 그 기능에 대한 지식은 완전하게 되려면 아직 아득하다. 여러 이유가 있으나 뇌가 놀랄 만큼 복잡하고 뇌를 실험하는 것은 다소 제한적인 데에 이유가 있다. 알려진 기능들 중 몇은 뇌손상의 위치와 정도에서 얻어졌다. 하지만 최근 상당량의 정보가 새로운 실험기술에서 획득되었다(예를 들어, 신경 - 영상 꾸미기, 순간 주의력 추정장치, 전류를 통한 대뇌피질이나 신경중심을 자극하는 법).

신경언어학—언어와 말소리 처리에 뇌가 담당하는 역할에 관여하는 언어학의 분야—은 언어와 말소리를 뇌의 어느 부분이 통제하는가 하는 의문을, 어떻게 뇌가 말소리를 기호화하고 기호를 해석하는가, 소리, 문법, 의미 같은 언어적 측면에 대한 통제가 신경해부학적으로 구별되어 있는가 연결되어 있는가를 탐구한다.

신체와 연관시켜 인간의 뇌는 동물의 왕국에서 가장 크다. 또한 가장 복잡하게 조직되어 있다. 가장 큰 부분은 뇌의 상부에 위치한 대뇌이고 두 개의 둥근 돌출부(뇌엽)로 구성되어 있는데—그것은 좌우 (뇌)반구이고—또 연결 구조체로 구성되어 있다. 두 뇌엽은 각기 상이한 기능을 하고 있다. 예를 들어 좌뇌는 연상사고, 셈, 분석처리에 전문이고, 우뇌는 시각, 시간 관계, 다른 기능들을 처리한다. 우뇌는 물건의 촉각, 인지, 시공간적 파악, (음악을 포함한) 비언어적인 청각능력을 관장하고, 좌뇌는 시각, 사회적 맥락 내 언어사용, 기타를 관장한다. 오른 손잡이 거의 대부분의 좌뇌는 언어, 말솜씨, 쓰기, 읽기를 통제한다. 왼손잡이들은 언어중추가 우뇌에 위치한다. 대뇌피질이—즉, 대뇌의 회색부의 표면층—아닌 뇌의 몇 개의 다른 부분이 언어처리에 기여한다. 그러한 부분이 왼쪽 간뇌인데 두경부 앞쪽에 위치한 뇌의 뒤편에 가장 크게 차지하는 아래쪽 부분이다.

총상, 종양, 뇌졸중, 염증 따위의 언어가 우세한 뇌엽인 특정한 부분에 난 상처가 상이한 실어증, 혹은 언어능력을 손상시키는 여러 가지 장애를 초래한다. 예를 몇 개 들면 브로카(Broca)의 실어증은 표현 혹은 동작 실어증이라 일컬어지는데 브로카지역이라 알려진 곳에 외상을 입어서 생긴다 (도표 2.2 참조). 그리고 이것은 기능어를 (즉, 관사, 전치사, 지시사, 접속사) 빼먹고 과거형 복수형도 빠뜨린다. 또 바르지 못한 어순과 소리를 찌그리는 것도 물론 들어 있다. 베르니케(Wernicke)의 실어증은 (또한 지각 혹은 수신 실어증이라 알려져 있다) 베르니케 지역의 외상에 의하고 환유법, 글과 말소리를 이해하는 능력이 손상되고 부적절한 단어를 종종 써서 심각한 경우 헛소리로 이어지는 특성을 보인다. 실어증에 걸린 개인은 그들에게 제시된 물건들의 이름을 부르는데 어려움을 겪는다. 이런 유형의 뇌손상은 뇌엽이 각을 이루어 회전하는 회전부(angular gyrus, 모이랑)에 입은 외상과 연관 있고, 그 외상은 뇌엽의 표면에 있는 회색 부분이 지닌 특성 중 하나이기도 하다.

베르니케지역은 문장의 기초구조를 생성하는 듯싶고 브로카지역에서 기호화되며; 소리의 발성은 대뇌 피질의 동작부에 지시를 받는다. 말소리의 이해는 청취 대뇌 피질에 의해서 귀로부터 그곳으로 음향신호가 전달된 후에 베르니케지역에서 일어난다. 일반적으로 말하기와 쓰기는 뇌의 앞부분의 손상에 영향을 더 입는 것 같고, 듣기와 읽기는 뒷부분의 손상에 관련된 듯 하다.

지금 알려져 있는 것으로부터 언어주도 뇌엽 내 상이한 부분의 외상이 각양의 언어, 말하기와 관련된 장애를 일으킨다. 그러나 일반적이고 의사소통의 역할에 관한 인간의 뇌 기능 전체에 대해서 아직 배울 것이 더 많다.

**종합과 결론**

말하기는 인간 의사소통의 여러 수단들 중 하나이다. 그러나 가장 흔하고 효과적이다. 말하기에 사용되는 음향 통로 이외에 사람들은 다른 통로들도 사용하는데 특히 시각으로 몸짓이나 얼굴 표정을 사용하고 물론 글을 쓰기도 한다.

의사소통은 모든 동물에 공통적이고 일벌이 어느 방향과 얼만큼 멀리 벌집으로부터 풍부한 꿀이 찾아질 수 있는지를 신호를 주고받는 것처럼 특정한 경우에 놀랄 만큼 정교하다. 상당한 정도 동물들도 유전적으로 의사소통 능력을 지니고 태어났는데, 즉 배울 필요가 없다.

말하는 능력은 인간 유전적 구성의 한 부분이면서 개인이 말하는 특정 언어나 언어들은 반드시 학습되어야 한다. 타동물의 의사소통 행위와 구별되는 말하기의 특별한 자질들 중 가장 획기적인 것들은 생산성(공개openness), 전이, 반사이다.

외국어를 학습하는 것은 힘든 일이며 대부분의 성인들이 수년 간의 시도 후에라도 능숙함을 성취하지 못한다. 그렇지만 아이들은 학교교육 연령 전에 눈에 띄는 노력이나 교습도 없이 그들의 모국어를 배운다. 언어습득에 관해서 널리 인정되는 이론 중 하나는 뇌에 이미 프로그램 된 추상적인 언어모델을 지

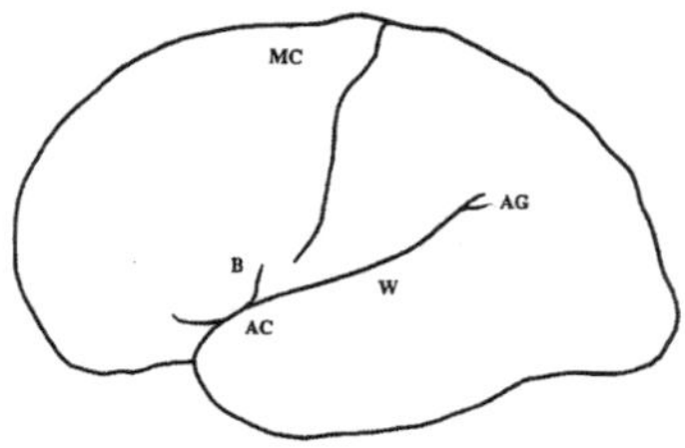


**도형 2. 2 (뇌의 그림)**

인간의 뇌. 좌뇌의 옆 모습인데 왼쪽이 앞이다. 표시된 위치는 다음을 나타낸다.
AC: auditory cortex 청취부, AG: angular gyrus 각진 회전부, B=Broca area 브로카 지역, MC: motor cortex 동작부, W=wernicke' s area 베르니케 지역, 시상부는 여기에 나타나지 않는다.

니고 아이들이 태어난다고 믿는다. 그러한 언어습득 장치와 함께 그들 주위에서 들리는 특정 모국어를 배우면서 적용한다. 언어를 습득하는 것은 상존하는 주변의 사회 문화적 맥락을 고려하지 않고 연구되어서는 안 된다. 모국어를 어떻게 효과적으로 사용하는 법을 아는 것은 한 개인이 자신의 문화에 대처하는 것을 도와주는 일이며, 언어를 적절하게 사용하는 법을 학습하는 것은 문화화(enculturation; 개인이 문화를 학습하는 과정)의 중요한 부분이다.

인간의 뇌가 통제하는 여러 행위들 중에 말하기, 쓰기, 읽기가 있다. 뇌의 작용들을 배우려할 때 많은 것들이 연구대상으로 남아 있음에도 불구하고 뇌의 상이한 여러 부분들이 언어처리의 상이한 측면에 기여한다는 것이 오랫동안 알려져 왔다. 이러한 부분의 부상은 언어와 말하기장애를 야기하게 된다.

## 앞으로 독서를 위한 제언

동물의 의사소통에 관한 정보가 많은 참고도서는 씨비옥(Sebeok 1977), 브라이트(Bright 1984), 로이트브라트 외(Roitblat et al. 1992)가 있다. 일벌의 춤은 후리쉬(Frisch 1967)에 기술되어 있다. 인간이 아닌 영장류의 의사소통은 쉬어(Schier)와 스톨니츠(Stollnitz) 1971인데 그 안에 헤이즈(Keith J. Hayes), 니센(Catherine H. Nissen), 가드너(Beatrice T, Gardner) 가드너(R. Allen Gardner), 프리맥(Premack)이 쓴 논문들이 들어 있는데 그들은 침팬지인 비키(Viki), 와소(Washoe), 사라(Sarah)를 각각 훈련시켰다. 탄자니아의 곰비(Gombe) 국립공원에 있는 침팬지들에 관한 상세하고 풍부한 예를 제시한 최근 보고서는 구달(Goodall 1986)이 있다. 단행본 크기의 침팬지 님(Nim)에 대한 토의는 트레이스(Terrace 1979)를 보라. 새비지 - 럼보(Savage - Rumbaugh 1986)는 침팬지를 의사소통하게 가르치는 여러 프로젝트가 들어 있는데 자신의 것도 들어 있다. 서스만(Susman 1984)은 피그미 침팬지의 진화 생물학과 행위를 다룬다. 1978년 이전의 유인원과 언어에 관한 저술과 참고문헌은 힐(Hill 1978)을 보라.

어린이 언어습득과 언어의 신경학적 기초에 관한 유용한 조사는 크리스탈(Crystall 1987)에 있다. 행동주의 심리학자 스키너(B. F. Skinner)의 영향력 있는 후원에 의한 말(소리) 행위(Verbal behavier)에 관한 상세하고 지금은 고전이 되어버린 비판서로는 촘스키(Chomsky 1959)를 보라. 야콥슨(Jakobson 1968)은 1942년 스웨덴에서 간행된 독어판의 영어번역이다. 카룰리 부족아이들의 언어 사회화에 관한 상세한 설명으로는 쉬퍼린(Schieffelin 1990)을 보라. 언어발달, 언어장애, 언어와 학습에 관한 정보는 메뉴크(Menyak 1988)과 그리아슨(Berko Gleason 1989)에서 찾아 볼 수 있다. (최근 것은 더 이상 아니지만) 언어의 생물학적 근간에 관한 고전적 설명은 레너버그(Lenneberg 1967)를 보라.

### 토의문제

1. 어떤 종류의 증거가 모든 인간에게 말하는 재주를 타고 났다는 견해를 받드는가? 아이들은 부모나 돌보아주는 사람들에게서 수천 개의 언어중 하나를 쉽게 배우도록 유전자에 프로그램 되어 있다는 널리 인정되는 전제가 인종적 혹

은 민족적 편견을 물리치는데 어떻게 도움을 주는가?

2. 아이들은 어떻게 행동하는 것이 옳을 뿐만 아니라 어떤 말이 적당한지 역시 배운다. 즉 여러 상황에 맞추어 어떤 말은 해야 하고 어떤 말은 하지 말아야 하는가를 배운다. 몇 개의 예가 여기에 있다: "입에 음식을 담고 이야기하지 말라", "목소리를 낮추어라", "우물쭈물하지 말라", "고맙다고 말하라" 등이 있다. 적정하게 말하는데 필요한 주의사항 중 다른 것은 기억하는가?

## 3. 언어와 문화

언어와 문화 사이의 관계설정은 인류학 자체가 하나의 학문분야로 인정받기 오래 전부터 고려되었다. 빌헬름 홈볼트(Wilhelm von Humboldt, 1767-1835)는 잘 알려진 독일외교관이고 학자인데 이 문제에 관한 정의에 매우 걸맞은 생각을 지녔던 여러 인물 중 한 사람이었다. 그는 "… 한 국민의 (언어에) 영혼의 자취와 언어구조는 매우 밀접히 연관되어 있어서 둘 중 하나를 알게 됐을 경우 그로부터 다른 쪽을 전적으로 도출할 수 있다 … 언어는 국민의 영혼이 외부에 구현된 것이다. 그들의 언어는 자신의 영혼이고 그들의 영혼은 자신의 언어이다; 따라서 어떤 것들도 이 둘보다 더 동일한 것으로 상정하기 어렵다"고 썼다.

과거에는 언어, 문화, 민족 중 어떤 하나를 선택하면 자동으로 그 하나의 값이 다른 두 개를 함의하는 것처럼 종종 섞여져서 취급되었다. 근대 인류학자들은 홈볼트의 발언이 만들어진 그대로의 모습으로 수긍하기 어렵다고 생각한다. 인류학의 과제이면서 또 그 동안의 성과 중 하나는 문화, 민족, 언어가 역사적으로 분리가능하다는 것을 밝히는 것이었다. 인간의 문화가 자체 복잡성에 미루어 볼 때 언어의 도움 없이 발전해 왔다고 생각할 수조차 없는 것이 사실임에도 불구하고 아직 어떠한 유형의 문화와 언어의 어떤 유형과 상당히 밀접한 관계가 있다는 이론이 성립된 적이 없다. 사실, 매우 유사한 문화적 성향을 공유하지만 서로 의사소통이 되지 않고 전적으로 관련 없으며 구조적으로 다른 언어들을 사용하는 지역사회들이 이 세상에는 존재하였고 지금도 존재한다. 예를 들어 그런 경우로 대평원의 미주 원주민들이 있는데 동일하거나 유사한 문화 특성을 보유하고 있었으나 그들이 쓰는 언어들은 적어도 6개의 다른

어족에 속했다: 알공키(Algonguian)어족(예, Arapaho, Cheyenne), 수우(Siouan)어족(예, Crow, Dakota), 우토 - 아즈텍(Uto - Aztecan)어족(예, Shoshone - Comanche), 애타파스크(Athapaskan)어족(예, Sarcee, Apache), 카도(Caddoan)어족(예, Wichita, Pownee), 키오와 - 타노와(Kiowa - Tanowan)어족(예, Kiowa)이 있다. 역도 역시 성립하는데: 에스토니아(Estonia)족과 랩(Lap)족은 서로 발생적 관계가 있는 언어를 사용하고 (둘 다 우랄어족의 핀 - 위그르 (Finno - Ugric) 소(小)어족 밑에 핀어 계통에 속함) 있으나 그 문화는 상당히 다르다. 한 민족의 형질유형, 문화, 언어가 내재적인 연관성이 없다는 것을 보아즈는 80쪽짜리 *미주인디언언어 총람*(1911)의 첫 번째 권에 부치는 서론에 되풀이하여 천명하고 있다.

언어와 문화사이의 관계라는 주제가 사피어의 작업 내에서 역시 두드러졌다. 보아즈가 일찍이 그랬던 것처럼 사피어는 "언어와 문화가 내재적으로 연합되어 있지 않다"고 믿었지만, 그럼에도 그는 "언어와 우리 사고의 틀이 정교하게 짜여져 있고, 어떤 의미로는 그 둘이 하나이고 동일한 것이다"(Sapir 1921:228, 232)라고 믿었다. 만일 보아즈와 사피어의 견해를 구별하려면 쓸데 없는 일이 되겠지만 여기에서 차이를 밝혀보자. 보아즈와 사피어는 둘다 특정문화와 실제유형(인종), 언어가 본래 주어진 것이 아니라 역사적 우연의 일치라는 것이다. 만일 그렇지 않다면 어떻게 다른 인종들이 같거나 유사한 말을 사용하며 혹은 같거나 유사한 유형의 인종도 역시 다양하고 상호 연관이 없는 언어를 쓰겠는가? 동일한 유형의 임의 결합은 언어와 실제적 유형은 물론 문화와 언어에서도 마찬가지이다. 그러나 보아즈와 사피어는 특정언어가 특정문화에 이바지하고, 언어가 그 사회에 속한 가장 어린 사람도 특정문화 내에서 활동하는 법을 배우는 것을 도와주는 바와 같이 언어와 문화 사이 내 소정의 관계 역시 발전된다고 예상하는 것은 가능하다고 믿었다.

사피어의 저술들은 어떻게 언어가 그 언어 사용자들의 문화에 영향을 주는지에 관한 물음에 상당한 흥미를 불러 일으켰기 때문에 이 주제에 관한 최근의 변천사를 좀 더 상세히 보고 또 금시대의 인류학의 관점에서 이 문제를 살펴보는 것 또한 중요하다.

### 사피어의 저작이 끼친 자극

5세 때 미합중국으로 온 사피어는 대학원 과정 중 컬럼비아대학에서 보아즈와 알게 되었다. 보아즈의 박식함과 현장경험에 감명을 받고 사피어는 독일학에서 인류학으로 전공과정을 바꾸었다. 그때 이후로 그의 정열 대부분을 미원주민 언어연구에 바쳤다. 그는 활발하게 저작활동을 했으며 그의 저술인 *언어*(Language, 1921)는 현재에도 고전으로 남아 있다.

*원시 미국문화의 시간관*(Time Perspective in Aboriginal American Culture)이라는 논문(1916)에서 원주민의 증언과 역사적 혹은 고고학적 기록이 없거나 거의 없거나 도움이 안 될 때마다 원시 미주대륙의 문화적 연대기를 개발하는데 사용될 수 있는 여러 방법들을 사피어는 토의하고 있다. 문화 내의 변화에 비교할 때 언어변화들은 더욱 천천히 그리고 균질하게 나타나고, 개개의 전체로서 문화를 취급하는 것보다 언어는 훨씬 더 짜임새 있고 자체 내용이 알차고, 따라서 그 언어의 사용자 쪽에서 만드는 의식적인 합리에 기초한 설명에서 대부분 자유롭다고 사피어는 보고 있다. 폭력적이건 아니건 간에 주요 혁명들은 통상 그 혁명이 일어나는 사회구조를 심오하게 바꾼다. 하지만 언어들은 어휘 내 상대적으로 미미한 조정을 제외하면 변화하지 않고 남는다.

제시하는 여러 예 중에서 둘이 사피어가 한 사회의 문화적 과거를 푸는 열쇠로 쓰고 있는 언어의 예이다. 북부 캘리포니아의 샤스타 산은 수많은 미주원주민 부족에게 관찰 거리에 있다. 그들 부족 중 후파(Hupa) 부족민이 그 산을 *nin-nis-ʔan-ɬak-gai* '흰 산'이라는 서술적 술어로 지칭했던 반면, 야나(Yana) 부족은 이 산을 *wa'galu·* 라고 부르는데 번역이나 분석이 불가능한 단어이다. 사피어에 따르면 이 야나 단어는 의심할 것 없이 매우 오래된 단어이고 혹자는 샤스타 산마루가 후파 족이 들어오기 전에 야나 부족의 고향이었다는 것을 가정할 수 있다. 북서지역을 돌아보면서 사피어는 누트카 단어 *tło·kwa·na* 라는 부족의 늑대 제식행사(the wolf ceremonial complex)를 나타내는 낱말을 심사숙고한다. 누트카 단어들은 세 음절보다는 한 음절로 구성된 특징을 보이기 때문에 (자음, 모음, 자음 순으로) 그 술어의 형태가 제식행사와 더불어 다른 부족으로부터 빌어 왔던 것이 아닌가하는 제안을 하고 있다. 정말 이웃인 콰기우틀 부족에게는 누트카 단어가 어원으로 추정되는 술어로 언급하는 늑대춤이 있다. 이 경우에 언어자료는 적어도 한 문화복합체의 어떤 면들이 다른 부족으로부터 빌어 왔을 뿐만 아니라 영향의 원천이 될 수 있다는 것을 지적한다.

수많은 학자들의 상상력을 사로잡고 수십 년 동안 활동적인 연구조사를 고취시킨 것은 언어학자들과 인류학자들이 참석한 뉴욕에서 행한 1928년도 학술대회에서 읽은 사피어가 작성한 논문의 한 문단이었다.

> 어떤 의미에서 한 문명의 문화적 패턴이 지닌 네트워크는 그 문명을 표출하는 언어 내에 색인(index)되어 있다 … 언어는 "사회적 실체"에 안내자이다. 언어는 사회과학도의 핵심적 흥미를 유발하는 것으로 보통 간주되지 않을지언정 사회 문제와 과정을 생각하는 우리의 다방면적 사고에 강력하게 영향력을 행사한다. 인간은 객관적인 세계 내에서만 생활하지 않으며 사회행위가 일상으로 이해되는 세계에 홀로 살고 있지 않다. 하지만 인간의 사회를 표현하는 수단인 특정언어에 의해서 좌우된다 … 사실 "진실의 세계"는 상당한 정도까지 그 집단의 언어습관에 무의식적으로 장치된다는 것이다. 어떤 두 언어도 동일한 사회적 실체를 표현하는 것으로 간주될 만큼 비슷한 경우는 없다. 상이한 사회가 상존하는 그 세계는 독자적 세계이다. 즉, 색다른 꼬리표가 붙어있는 동일한 세계가 아니라는 말이다(Sapir 1929:209).

가장 도발적인 발언은 인간들이 우연히 사용하게 된 언어에 좌우된다는 주장이다.

**상자 3.1 단어가 어떻게 행동에 영향을 주는가**

화재보험회사의 업무 중 화재발발이나 폭발이 일어나는 상황들에 대하여 많은 보고서들을 분석하게 되었다. 나의 분석은 물리적인 조건—불안전한 배선, 지붕과 굴뚝 사이의 거리 등—에만 한정되어 있었다 … 하지만 곧 물리적인 조건만이 아니라 사람에게 주어진 상황의 의미가 화재요인으로 작용할 수 있다는 것이 명백해졌다. 이 요인은 상황에 대한 언어기술 또는 명칭에 들어있는 **언어의미**(LINGUISTIC MEANING)인 경우를 보면 최상으로 확연해진다. "가솔린 통"이 있는 창고 근처에선 행동을 매우 조심스럽게 하게 되고 "빈 가솔린 통"이 있는 창고에서는 부주의해져서 심지어 담배를 피우고 꽁초를 버리게 된다. "빈"드럼통은 아직 폭발 가능한 가스로 채워져 있어 위험한데도 그러하다. 실제로 그 상황이 위험한데도 불구하고 통상적인 유추에 따른 언어적 분석에 의거하여 우리는 위험하지 않은 것으로 "빈"이라는 단어를 사용할 수밖에 없다.

벤자민 리 월프의 *생각과 실제* (Thought and Reality, 1956), 135쪽에서

## 언어상대성과 언어결정론의 월프 가설

보아즈와 사피어의 언어와 문화 사이의 관계에 관한 사상이 그들의 학생들과 다른 학자에게 영향을 준 반면, 월프(Benjamin Lee Wholf, 1897-1941)의 저술들은 식자층의 관심을 끌었다. 화학공학도 이었던 월프는 뉴잉글랜드 화재(보험회사)의 화재 검사관이었고 후에 이사가 된 인물이다. 그가 예상 밖으로 일찍 죽을 때까지 회사를 위해서 일을 하였지만 1931년 예일대학에서 그 당시 교수직을 부여받은 사피어 밑에서 대학원과정을 이수하기 위해 강좌에 등록했다. 월프의 수많은 연작 중에서 가장 유명한 것은 사피어와 월프의 가설이라고 칭했

던 것 중 자신이 상세히 주를 첨가한 것이다(상자 3.1참조).

사피어의 사상을 확대하면서 월프는 다음과 같이 썼다.

> 개별언어의 바탕언어체계(다른 말로 하면 문법)는 사고를 드러내는 단순 재생도구일 뿐만 아니라 그 자체로 사고의 모양을 구성한다 … 우리는 자신의 모국어가 설치한 선에 따라서 자연을 분할한다 … 자연을 개념화하고 우리가 해오던 것처럼 중요성을 부여하는데 우리 자신이 주로 이러한 방향으로 자연을 조직하기로 합의를 이룬 당사자들이기 때문이다.—우리의 언어공동체에 걸친 합의이고 우리 언어의 패턴을 따라 성문화 되어있다 … [否定] 모든 관찰자들이 … 그들의 언어적 바탕이 비슷하지 않는 한, 우주의 동일한 모습에 관한 동일한 물적 증거에 따라 인도되지 않는다.(whorf 1940a:231)

더욱 그는 "확연히 다른 문법〔을 지닌 언어〕 사용자들이 다른 유형의 관찰에 관한 문법을 통해 지적되고 … 따라서 관찰자로서 대등하지 않고 다소 상이한 세계관에 도달하게 됨이 틀림없다"고 주장하고 있다(Whorf 1940b:61). 이 단락에서 월프는 이중적 원리를 제창하는데 **언어결정론**의 원리 즉 한사람이 생각하는 방식이 그가 말하는 언어에 의하여 정해진다는 것이고, **언어상대성**의 원리, 언어들 사이에 있는 차이는 반드시 그 언어 사용자들의 세계관에 있는 차이들에 반영되어야 한다는 원리이다.

월프가 그의 논점을 부각하기 위하여 사용한 수많은 예는 애리조나 북동부 푸에블로 지역의 미원주민이 쓰는 말인 호피(Hopi)어에서 나왔다. 1938년 호피부족 마을을 사피어가 잠깐 방문한 적이 있는데 그 언어를 문법적으로 그려낸 자료는 뉴욕 시에 살았던 호피어를 모국어로 사용하는 사람으로부터 얻었다. 호피어 동사의 형태소 내 나타나는 문법적 상(相)을 취급한 논문에서 호피 사람들은 진동에 의해서 야기된 현상들을 취급하는데 우리의 최신 [영어에 있는] 과학적인 술어보다 더욱 잘 구비된 언어를 지니고 있다는 주장을 내세운다(1936:131). 그의 예로서 든 동사는 *wa'la* '그것이 (액체) 물결을 이룬다, 물 튀기다,' *ti" ri'* '그가 갑작스럽게 출발하다,' *ʔi" mi'* '그것이 터지다, 총처럼 튀어 나아가다,' 이런 동사들은 취한 상(相)의 순간적인 시간성으로부터 (매우 짧은 시간에 집중되어 있는 동사 움직임을 일컬을 때 쓰이는 낱말) 단어의 마지막 두 소리를 되풀이 하면서 좀더 지속적인 상으로 바뀌고 또 −ta라는 소리를 더하여 *wala'lata* '물결치는 중이다,' *tïri" rïta* '그는 떠는 중이다, 떤다,' *ʔïmi" mïta* '벼락 치는 중이다' 로 바뀐다. 영어에서는 갑자기 일어난 것과 시간을 두고 되풀이하여 일어난 어떤 것 사이에 나타나는 차이를 그리려면 상이한 구를 사용한 표현들이 필요하게 된다. (예를 들어 "it explodes" 대 "it is thundering" 혹은 "it makes a wave" 대하여 "it is tossing in waves"), 호피 사람들은 이러한 것을 단순 문법장치로 나타내고 있다. 월프의 말을 빌면 예로 제시한 것이 "호피어가 원시 물리학이라 칭할 수 있는 영역을 어떻게 그리고 있는지 … 매우 철저하게 일관성을 지니지만 근대과학적인 정밀성은 조금 결여된" 그리고 "언어가 어떻게 경험을 조직하는지" 나타내고 있다(1936:130-131).

1930년대 중월프가 죽은 지 9년 후에 출판된 논문에서는 저자는 다음과 같이 진술하고 있다. "호피어는 우리가 오늘날 **시제(TIME)**—과거, 현재, 미래—라고 부르는 것을 직접 지칭하는 단어, 문법형식, 구성, 표현법이 없는 것으로 관찰되었다(1950:67). 그 대신 호피 사람들이 경험해온 우주의 거대한 좌표가 명백하게 드러나는데, 하나는 객관적인 경험과 또 하나는 인간존재의 무한하게 펼쳐진 주관적 영역이다.

월프는 영어 문장 "it is a dripping spring" (샘물을 지칭하는) 표현에 해당하는 아파치어의 예를 들면서 언어 상대성의 개념을 나타내고 있다. "아파치어는 동사 *ga* '희다 (맑다, 색이 없다 등을 포함)' 를 언급하면서, *nó*−라는 접두사는 아래편으로 움직임이 포함된 '흰색이 아래편으로 움직인다 whiteness moves downward' 뜻이 되고, 또 접두사 *to*의 뜻은 '물' 과 '샘' 이라는 말이다. 그 결과 우리가 사용하는 'dripping spring' 이라는 것에 해당하지만 종합해 보면 'as water, or springs, whiteness moves downward' 이다. 우리 생각과는 얼마나 전적으로 다른가!"(Whorf 1941a:266, 268).

언어와 또 하나의 문화가 서로 보여주고 있는 거울과 같다는 가정을 좇아 월프는 호피어를 서유럽언어(SAE "Standard Average European")와 비교한다. 호피어와 서유럽언어 사이에 언어 구조상 차이가 "습관적인 사고"와 "습관적인 행동"에 반영되어 있다는 것이다. 예를 들어 "호피 세계의 소우주는 사건 *events* (혹은 eventing '사건발생')이라는 관점에서 실체를 대부분 분석했던 것이며, 방법은 객관적이고 주관적인 두 가지를 말한다"(1941b:84); 강조한 점은 사려 깊은 참여를 통하여 자연의 펼쳐내는 힘과 일치하는 상태이다. 대조적으로 서유럽어 사용자들은 사물들의 관점에서 거의 대부분의 우주를 이해하고 계획표로 시간을 파악한다. 서유럽어는 행동이 일어난 시간을 표하기 위해서 시제를 사용하고 (과거, 현재, 미래 혹은 과거의 특정시각 전에 일어난 행위의 완료를 나타내는 영어 복합시제 'I had eaten') 있다. 따라서 서유럽인들은 "일지, 일기, 부기, 경리 … 달력, 일대기, … 연보, 역사 … 예산세우기"(whorf 1941b:88)에 사로잡혀 있는 경향이 있다.

월프의 언어 상대성과 결정론의 가설이 주는 뜻은 매우 심오하다. 한 국민의 세계관과 행위가 그들이 사용하는 언어구조에 의해서 중대하게 영향을 받는다면 또 만일 언어들이 구조적 차이가 있으면 문화적 차이가 있는 여러 문화간의 의사소통이나 상호이해가 불가능하지 않으나 눈에 띌 만큼 손상되기 쉽다. 이것이 제2차 세계대전 후에 수년 동안 주위와 많은 토론을 이끌어낸 월프의 사상이다. 현재 관점에서 보면 월프는 그의 가설을 강하게 언급한 것처럼 보인다. 이제 어떻게 그러한지 살펴보자.

## 언어, 문화, 세계관: 관계 재고

월프의 글에 대한 비판이 곧 나왔다. 에릭 레너버그는 "상이한 언어가 있지만 그 언어의 존재가 그 상이한 언어들의 사용자들이 심리적인 잠재성을 지닌 각기 상이한 집단으로 나타난다고 증명하는 것은 아니다"라고 지적했고(1953:463), 그 다음 쪽에 레너버그는 월프의 유명한 예인 "빈 통"에 관한 비평을 싣고 있다(3.1상자 참조). "명백히 영어는 폭발성 가스가 가득한 통과 공기만 들어 있는 통과 어떤 것도 들어 있지 않은 통을 구별할 수 있다 … 화재를 낸 사람이 '*빈*' 통의 빈 대신에 '*폭발성 가스가 가득한*' 으로 바꾸어 적을 수 도 있었다."

다른 이들도 상대성 원리를 시험했는데 그중에는 베르린과 케이(Brent Berlin and Paul Kay)가 있다. 그들에 의하면 "미국 언어학자와 인류학자에게 퍼져있는 원칙은… 극심한 언어 상대주의"인데 뜻하는 바는 "각 언어가 의미[와 형태와 연합의] 관점에서 자의적이어서 의미보편을 찾는 것은 [따라서] 원칙적으로 무익한 것이다"라는 설명이다(Berlin and Kay 1969:1–2). 1960년대 후반에 펼쳐진 그들의 연구는 전세계에 분포한 98개의 언어를 조사한 것인데 예상 밖의 발견이 나왔다.

1. 상이한 언어에서 도출된 기초 색상용어에는 보편적으로 적용되는 11개의 기초적인 색상범주가 있다: 그 범주는 하양, 검정, 빨강, 초록, 노랑, 파랑, 갈색, 보라색, 핑크색, 주황, 회색이다.

2. 만일 특정 언어가 11개의 기초적인 색상범주보다 적은 수의 색상용어가 있다면, 색상용어가 기호화되는 순서가 있다: 모든 언어는 하양과 검정을 지니며; 세 번째 색상용어가 빨강이다; 네 번째 용어는 초록이나 노랑이고; 다섯 번째 용어는 네 번째에서 선택되고 남은 것이며; 여섯 번째 용어가 파랑이고; 일

곱 번째 용어는 갈색이다; 나머지 네 용어는 네 색상범주를 가리키거나 나머지 색상범주를 어떤 조합으로 합친 범주를 나타내는데 쓰인다. (기초 색상용어는 하나의 형태소로 구성되어 있는데 다른 색상용어와 합쳐진 모습으로는 쓰일 수 없고 일반적인 용어이다. 따라서 영어에서 *푸르스름하다* 'bluish,' *진홍색* 'crimson,' *금발색* 'blond' 따위는 정의상 제외된다.)

베르린과 케이의 두 번째 결론은 "한 언어의 기초 색상용어가 늘어나면서 그 언어가 반드시 지나쳐야 하는 고정된 진화단계가 있는 듯하다"(1969:14). 더욱 색상용어의 복잡성과 문화적인 복잡성에는 명확한 상관관계가 존재하는 것으로 보인다.

베르린과 케이의 발견은 언어 상대성의 개념을 전적으로 반박하는 것으로 간주해서는 안 되고 그 개념의 극단적인 형태를 반박하는 것으로 보아야 한다. 그렇지만 그들의 결론이 지적하는 바는 색상용어의 영역을 살펴보면 틀림없이 보편성을 지닌 또는 보편성에 가까운 의미자질이 있다는 것이다.

언어와 문화의 관계에 관하여 유용한 토론을 목적으로 하려면, 두 용어가 반드시 신중히 정의되어야 한다. *언어*(language)라는 용어는 우리가 보아온 것처럼 구두전달이라는 보편적인 인간의 잠재성의 복합체를 뜻하거나 그저 말할 수 있는 능력을 뜻한다. 대조적으로 **하나의 언어**는 상이한 인간사회들에서 쓰이고 있는 수천의 구두 의사소통체계 중 단 하나를 지칭하고 있다. 언어는 인간의 유전적 천부의 재질 중 일부분이지만 *하나의* (특정)언어는 특정문화의 비언어적 여러 국면들과 더불어 어린 시절 동안 반드시 습득해야 한다. 게다가 어떤 점에서 하나의 특정 언어는 그 말을 쓰는 사회 구성원이 사용하는 전통적인 습관들과 가치체계가 규정되어 나타나는 것처럼 문화에 꼭 묶여 있다. 더욱 이러한 맥락에서 특정 언어들을 토의할 때 어떠한 언어라도 적어도 두 가지 측면 사이에 있는 렉시콘(어휘)과 그 언어의 구조(전통적으로 문법이라고 칭하는)를 구별하는 것이 편하다.

**문화**라는 용어는 역시 포괄적이다. 포괄적으로 받아들이면 세대를 잇는 인간의 습득행위의 총체적 패턴을 지칭하는 것으로 이해되고 있다. 그러나 **하나의 문화**를 언급할 때 엄밀하게 말해서 언어를 분명하게 언급하는 것은 잉여적이다. 왜냐하면 어떠한 하나의 특정언어도 (자주적 'autonomous' 이지만) 습득된 행동의 한 형태이고, 따라서 그 문화의 일부분이다. 술어 상 겹치는 이 부분을 해결하는 방편은 비(非)구전문화와 대응하는 언어를 구별하는 것이다. 비구전문화는 정신문화(예, 세계관 혹은 가치관), 행위문화(예, 집에 들어가기 전에 발을 발판에 터는 행위, 또는 심장이식수술), —어떤 인류학자들에 의하면—물질문화로 나뉜다. 즉, 물질문화는 행위의 산물(예, 당겨서 따는 맥주깡통 혹은 전자망원경)이다. 물질문화의 내역을 보면 보통 (수작업 기술) 행위와 (지식) 정신문화를 적용한 결과이다.

언어들 사이의 표면적인 차이가 있음에도 불구하고 모든 언어가 어떠한 보편적인 자질들을 공유하고 있다는 것이 진실이라면,—다른 말로 하면 만일 언어구조가 인간의 뇌구조에 의하여 결정된다면—그때 인간경험의 공유기제가 있다고 상상할 수 있게 된다. 그러한 경우 심오한 차원에서 언어와 문화간의 관계에 대한 질문은 더 이상 존재하지 않게 된다.

이 제안의 강력한 주장에 따르면, 한 언어의 문법범주는 그 언어의 사용자가 주변의 세계를 어떻게 인지하는가를 결정한다. 이 제안의 약한 주장에 따르면, 한 언어와 그 언어의 사용자가 지닌 세계관 (한 사회가 지닌 문화의 철학적 차원) 사이에는 단지 어느 정도의 상관관계만 있다는 것이다.

어떤 언어의 어휘부가 비(非)구전문화가 강조하는 것이 무엇이더라도 그것을 비춘다는 사실에는 의문의 여지가 없다. 즉, 사회 구성원에게 중요한 이러한 문화적 측면들이 어휘부에 부합하여 강조되어 있다. 예를 들어 낙타의 수많은 성격들을 나타내는 단어들은 (연령, 혈통, 성, 기능, 조건 등) 영어보다 낙타를 의존하여 살아가는 유목민들의 언어에 의심의 여지없이 많다. 미국영어의 어휘는 그 자체로 자동차 생산회사명과 모델이름으로 가득 차 있다. 매년 수많은 생산업체의 새 모델이름이 첨가된다. 호주 원주민언어인 핀투비(Pintupi)에서 자연과 사람이 만든 물건에 있는 여러 가지 구멍들을 지칭하는 열 개의 낱말이 적어도 있다. *무다라*(mutara)는 창에 있는 특별한 구멍이고 *풀파*(pulpa)는 토끼굴이고 *마가른파*(makarnpa)는 대형 도마뱀굴이고 *가타르타*(katarta)는 동면 후 대형도마뱀이 남긴 부서진 굴 등이 있다. 이러한 예는 한 언어가 다른 언어의 한 낱말에 해당하는 단어가 없을지라도 서술어 구를 사용하여 알맞은 번역을 제공하는 것이 가능하다. (*가타르타* 경우 영어에서 열다섯 개의 단어를 취할 수 있다.) 단어가 늘어지거나 차용어를 피하기 위하여 많은 언어들이 새 단어들을 만들어 낸다. 수년 전에 영어단어 *sibling*(형제, 자매)이라는 낱말을 기초로 미국 인류학자가 조카와 질녀라는 뜻을 포함하는 친족용어가 필요하다고 생각하고 *nibling*이라는 단어를 만들었다. 그렇지만, 상이한 언어의 어휘 간 대등한 단어들이 없다는 것을 [이 두 언어를 사용하는 사람들이] 세계를 인식하는 방법이 다르다는 결론으로 항상 연계하는 것은 너무 억지 주장일 것이다.

호피(Hopi)에서 뽑은 월프의 예들은 역시 비판을 불러일으킨다. 보글린 외 2인(Charles F. Voegelin, Florence M. Voegelin, LaVerne Magayesva Jeanne 1979)에 의하면, 월프가 기술한 것처럼 순간적이고 또 지속적인 (단락이 지어지는) 문법적 상(相)의 관계가 그가 지적한 것처럼 바로 비례적이지 못하다. 예를 들어 －*ta*어미로 끝나지 않는 모든 어귀반복 어간들이 순간을 지칭하는 상(相)을 표출한다고 할 수 없다. 더욱이 호피어의 사용자들이 미래와 미래가 아닌 시제 사이의 차이를 거의 두지 않음에도 불구하고 시제를 나타내는 부사로써 시제를 진술하는데 접미사 －*ni*(미래), 또 격언(일반적으로 진실을 나타내는 뜻)접미사 $-\eta^{w}\text{ɨ}$ 을 사용한다.

아파치(Apache)의 사고방식은 영어 사용자의 것과 "전적으로 이질적이다"라는 것이 월프의 주장이었다. 왜냐하면 "It is a dripping spring"이라는 발화가 아파치어에서 "As water, or springs, whiteness moves downward"로 번역되기 때문이다. 외국어 사용자가 *breakfast*(아침식사)를 "breaking the fast (금식)"로 또 *bonfire*(모닥불)를 "a fire of bones, bone fire(뼈로 된 불)"로 또 *spinster*(노처녀)를 "a woman whose occupation is spinning(베 짜는 여자)"으로 해석한다면 결과적으로 그들 자신의 사고방식과 영어 사용자의 그것 사이에 심오한 차이를 목격하게 된다.

하지만 언어들 사이에 어떠한 어휘적 차이들은 결과적으로 환경의 해당부분을 상이하게 범주화시킨다. 영어 사용자들은 대명사 *you*를 지칭하는 사람이 하나거나, 여러 아이들이나, 어른들, 늙은이들, 부하들, 사회적 신분이 높은 개인들에게도 [지위의 고하를 막론하고] 쓴다. 단지 기도문에서 신을 칭할 때, 매우 제한된 맥락에서 예를 들어 (퀘이커 교도들) 교우들 사이의 언행이나 시(詩)에서 (단수로서) *thou*라는 대명사를 쓴다. 유럽에서 쓰이는 대부분의 언어를 포함하여 대명사의 상황은 더 복잡하다. 화란어, 불어, 독어, 이태리어, 노어, 서어와 다른 언어 사용자들은 어떤 사람을 부를 때 "친한" 인칭대명사 (T형식)와 "겸손"한 인칭대명사 (V형식)에 해당하는 동사 중 알맞은 것을 반드시 골라야 한다. (T.V.라는 상징은 불어의 *tu* '2인칭 친근형,' *vous* '2인칭 존대형'에서 유래한다). 예를 들어 체코어에서 밀접한 관계에 속하는 사람이나 사회적으로 가깝고 오랜 교제를 해온 사람 혹은 사춘기 전의 아이들을 부를 때 통상 인칭대명사 *ty*를 쓴다. 그러나 사사롭게 친한 사람이 아닌 낯선 사람 혹은 존경을 받아야 마땅한 사람을 부를 때 복수형으로도 쓰이는 (인칭)대명사 *vy*를 쓴다. 실제로 어떤 이가 자신이 어린 시절부터 알았던 어른을 지칭할 때 어떤 꼴을 취하는지 궁금할 수 있다. 역시 *ty*를 쓴다. 체코어에서 영어로 혹은 거꾸로 영어에서 체코어로 이러한 대명사를 포함한 번역은 (동사를 골라 써도 역시) 동등한 번역이 될 수 없다. 체코어구 "*ty a já*"와 "*vy a já*"가 영어에서 모두 "you and I"로 번역되는데 첫째 체코어구가 비공식적 표현이고 친근한 관계이며—가까운 경우에 쓰는—대명사이고, 공식적이고 점잖은 대명사의 두 번째 구가 제격인 경우에도 영어 번역으로는 모두 '*너와 나*' 이다. 따라서 영어로 된 번역은 대략적일 뿐 화자와 청자 사이의 설정된 관계가 완벽하게 밝혀질 수 없다.

또 다른 예를 살펴보자. 이 경우에는 좀더 중대한 결과를 지닌다. 대평원의 원주민 부족인 아라파호(Arapaho)부족에는 "내 어머니"라는 용어가 *néinoo*이다. "내 어머니"를 가리키는 이 단어는 미국 친족관계를 나타내는 체계에서 "아주머니"를 나타내는 친족관계의 당사자 즉 어머니의 자매(이모)에게도 이 단어를 사용한다. 그렇지만 내가 그의 어머니의 남자형제를 부르는 용어는 *nési*이다. 대충 "아저씨"에 해당한다. 유사하게 "내 아버지"라는 용어는 *neisónoo*이고 또한 아버지의 남자형제도 칭한다. 반면 아버지의 여자 형제(고모)는 *nehéi*이고 대충 "나의 아주머니"에 해당한다. 내 아버지의 형제(삼촌)가 *neisónoo*라고 불리고 이것이 또한 나의 아버지도 칭한다면 내 아버지의 형제들의 아내(숙모)를 칭하는 용어가 내 아버지의 아내(어머니)를 칭하는 용어로 불릴지도 모른다. 즉, *néinoo*이다. 이것으로 보면 어머니의 자매들과 사는 남편(이모부)을 아라파호어에서는 *neisónoo* '아버지' 라고 부른다. 미국의 친족어 체계에서 생물학적 부모는 아저씨와 아주머니로부터 구별되어지나 아라파호인들이나 다른 부족민들에게 직계친족과 대등한 방계친족은 한꺼번에 취급되어지고 있다. 낳아준(생물학적인) 어머니, 어머니 자매, 아버지 형제의 아내를 한쪽으로 또 낳아준(생물학적) 아버지, 아버지 형제, 그리고 어머니 형제의 남편을 또 다른 한편으로 취급한다(도표 3.1 참조). 그렇다면 나아준 부모에게 적용되는 친족용어로 부모세대에 해당하는 일가친척을 부르면 거꾸로 이 친척들이 자신이 낳은 자녀에게 적용되는 친족용어를 사용하여 나를 부르게 된다.

혹자는 아라파호 친족관계 어휘를 통하여 그들이 생물학적인 어머니 (혹은 아버지)와 그 여자형제 (혹은 남자형제)와 구별 못한다고 결론지을 수 있는가? 물론 아니다. 이것이 뜻하는 바는 아라파호 친족어 *neisónoo*와 *néinoo*가 자신의 생물학적 부모로부터 특별한 친척까지 확대한 것은 마치 직계가족 내에서 해야 하는 행동을 자신을 낳아준 부모와 같은 친족용어로 부르는 모든 친척에게 확대하여 적용한 것을 뜻한다. 모든 아라파호 친족어 "아버지", "어머니"에 해당하는 사람들은 그들이 "아들", "딸" 용어로 부르는 모든 조카(族下)들에게 동일한 의무를 진다. 역도 마찬가지로 성립한다. 그 의무를 채울 기회가 종종 상황에 의해서 제한될지언정 그렇다. "부모"와 "아이들"에 해당하는 사람들의 교류가 거리상 제한되는 경우에 행위보다는 태도를 강조한다. 친척이라고 분류되는 친족어휘가 그들에게 적용되는 행위양식과 태도의 유형 역시 관할한다는 것이 명백하다.

문법자질이 한 언어의 사용자들이 주변에 있는 세계를 어떻게 인식하고 범주화하는지에 영향을 주는가? 경우에 따라 그렇다. 또 어느 정도 영향을 준다. 다른 경우에는 만일 있다면 그 영향을 무시할 만하다. 영어에서 *teacher*라는 단어는 그 지시체가 남녀 불문하고 가르치는 사람을 지칭한다. 한 학생이 "우리 선생님이 너무 엄격하시다"고 말했을 때 계속되는 대화에서 선생님의 이름이나 성이 표시되는 대명사를 (*she*나 *he*) 사용하여 밝혀질 수 있는지는 몰라도 선생님의 남성/여성을 표시하는 말은 없다. 독일어에서는 그러한 애매함이 발생되지 않게 된다. 선생님에 해당하는 독어는 남성형(*Lehrer*)과 여성형(*Lehrerin*)으로 구별한다. 비슷하게 독어에서 접미사 -*in*은 남성형 *Arzt*(남자의사)를 *Ärztin*(여자의사)로, *Professor*(남자교수)를 *Professorin*(여자교수)로 바꾸어 놓는다. 영어는 선택적인 것이 독어에서는 의무적인 것으로 표현되므로 서로 명백히 차이가 있다. 이와 유사한 두 언어 상 차이점이 그 사용자의 사고방식에 영향을 준다는 주장은 입증하기 어렵다. 예를 들어 성의 구별이 자주 보이는 독어를 쓰는 나라에서 성차별은 다소 일반적이라고 주장하지 않을 것이다(대다수 언어에서는 여성형이 독어단어 *Löwe* '숫사자'에서 *Löwin* '암사자'가 나오고, 영어에서 *lion*이 *lioness*가 나온 것처럼 남성형에서 도출된다).

도형 3-1 미국과 아라파호 친족 용어체계의 부분 비교

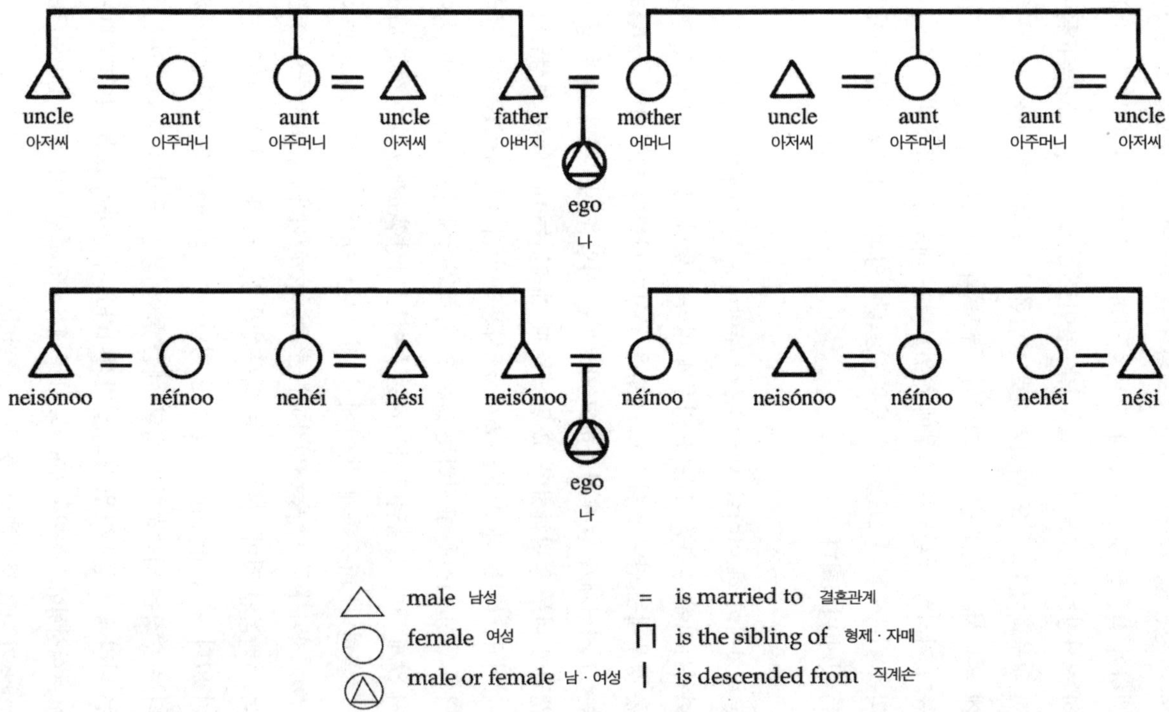

다른 인구어와 같이 독어는 세 가지 성을 지니고 있다—남성, 여성, 중성—대부분의 경우에 생물학적인 남성성과 여성성과 성의 부재와 전혀 관련이 없다. 예를 들어, 독어에서 창문(*das Weib*)은 중성이고, 소녀(*das Mädchen*) 여자(*das Weib*)같이 흑판(*die Tafel*)과, 쇠지레(영어 crowbar 독어 *die Brechstange*)는 여성이고, 봄(春, *der Früling*)과 치마(*der Rock*)처럼 가슴(*der Busen*)은 남성이다. 독어사용자들이 쇠지레와 흑판이 여성이어서 어머니(*die Mutter*)나 사랑에 빠진 여자(*die Geliebte*)와 동일하게 여성이라고 믿는가? 독자 여러분의 상상에 맡긴다.

매우 적은 수의 예외가 있지만 영어에서 명사의 복수형은 해당하는 단어가 단수와 구별된다. *child*가 *children*, *mouse*가 *mice*, *horse*가 *horses*, *book*이 *books*, *pen*이 *pens*와 같다. 중화인민공화국에서 사용하는 많은 언어들과 방언에는 이러한 구별이 없다. 동일한 꼴의 명사가 단수, 복수 모두를 나타낸다. 하지만 명사에 문법적으로 표시하는 단수/복수가 없다는 것과 하나의 실체와 여러 개의 실체를 구별할 필요가 없다는 것이 중국인들이 수학과 과학에서 이룬 성과가 형편없는 것이라는 명백한 근거가 없다. 어떤 언어에는 단수, 복수 외에 양수(兩數)가 있고 상대적으로 매우 희귀하지만 삼수(三數)와 사수(四數)도 있다. 흥미 있게도 대부분의 경우 문법적인 범주표시를 단수, 복수이상 [삼수, 사수 등] 더 구별하는 언어를 사용하는 사회가 수학을 덜 이용한다.

그렇지만 문법자질이 비구전 행위에 어떠한 영향을 끼칠지도 모른다고 몇 연구는 강하게 지적하고 있다. 이러한 유형으로서 가장 잘 알려진 연구는 나바호 아이들과 백인 미국아이들에게 시행된 실험에 근거한 보고서이다(John B. Carroll과 Josep B. Casagrande 1958). 나바호 사용자는 기술하려는 대상물체의 모양과 특징에 따라 취급하는 동사의 여러 형태 중 하나를 골라야 한다. 예를 들어, 단단하고 둥근(바위), 가늘고 휘기 쉬운(밧줄), 평평하고 휘기 쉬운(천), 가늘고 딱딱한(막대기), 촘촘하지 않은(양모), 따위가 있다. 적절한 꼴의 사용이 의무적이지만 동사의 관점에서 보면 의식의 기저부에서 작동하고 있다. 심지어 3-4

세 어린아이들도 틀리지 않고 사용한다. (비슷하게 영어에서 어깨를 으쓱하는 것과 머리를 끄덕이는 것이 있으나 모국어 사용자는 혼동하여 사용하지 않는다.) 연구조사자들이 사용한 가정은 나바호어의 이러한 자질이 사물들을 인식하는데 영향을 주고 결과적으로 사용자들의 행위에 영향을 준다는 내용이다.

목적물로써 열 개의 쌍이 사용되었다. 각 쌍은 두 가지 성질 상 매우 다르다. 135명의 나바호 아이들은 이 실험에 참가하면서 어떤 아이들은 나바호 말을 잘 사용했고, 어떤 아이들은 영어보다 나바호 말을 더 수월하게 구사했고 어떤 아이들은 두 언어를 동등하게 사용하고 있었으며 어떤 아이들은 영어를 우월하게 구사했고 또 어떤 아이들은 영어만 구사할 수 있었다. 이 아이들에게 한 쌍의 물건을 제시하고 그중 하나의 성질에만 유사한 세 째 물건을 보여주었다 (예를 들어, 한 쌍의 물품이 같은 길이의 노란 막대기인 경우 길이가 다른 푸른 끈이 묶여 있는 것과 노란 끈을 세 째 물품으로 제시한 실험에서). 그리고 아이들에게 세 째 물품과 한 쌍의 물품을 견주어 보라고 요구했다. 나바호 말이 월등한 아이들의 비교는 색보다 모양에 근거한 것이 우세하고 이런 경향은 아이의 나이가 많아지면서 늘어났다. 영어가 월등한 아이들은 색이 나이가 어릴수록 더 중요한 것으로 나타났으나 10세가 되면 양쪽 집단은 다같이 모양이 우세한 선택의 기준으로 수렴하였다.

보스턴지역의 백인아이들의 선택은 영어가 우세한 나바호 아이들보다 나바호 말이 우월한 아이들의 선택 패턴과 더 유사하게 나타났다. 캐롤과 케이스그랜드에 따르면 이 결과는 적어도 부분적으로 백인아이들이 끼워맞추기 놀이를 일찍부터 하면서 자랐기 때문일지도 모른다고 적고 있다. 그 놀이는 색보다는 모양에 강조를 두기 때문이다. 나바호 아이들의 영어구사력이 우월한 집단과 나바호 말의 구사력이 우월한 집단간의 차이에 근거를 두고 조사자들은 다음과 같이 결론지었다:

한 아이가 크기와 색보다는 형태나 재질에 근거하여 물품을 맞춰보려는 경향은 나이에 따라 증가한다. 그리고 나바호 말 같은 언어를 배우면서 … 심화될 수 있다. 그 문법구조에 있어서 형태와 재질이 중심적인 역할을 하기 때문에, 그 말을 배우는 것은 나바호 말 같은 언어를 배우는 자신을 이해시키려고 학습 초기에 형태와 언어자료를 학습자가 구별할 줄 알게끔 갖추는 일이다 (Carroll and Casagrande 1958:31).

나바호는 미원주민들 중 가장 광범위하게 연구대상이 된 부족에 속한다. 그 문화에 대한 우리의 이해가 지닌 깊이는 상당한 시간동안 그 문화에 노출된 개인들에 대부분 의존한다. 그런 인물이 인류학자 게리 위더스푼(Gary Witherspoon)이다. 그는 나바호 부족지역에서 10년 이상 살았다. 그가 이룬 학문적 업적 전에는 나바호 지역사회와 교육위원으로서 교육을 위해 일했으며 지역사회의 삶에 흥미와 관심을 지닌 동반자였다. 그는 나바호어를 나바호 부족민들이 하는 말을 듣고 그들과 대화 속에서 배웠다.

*나바호 세계의 언어와 예술*(1977)에서 위더스푼은 그 언어와 문화를 통한 독특한 체험을 우리에게 보여주고 있다. 위더스픈(1977:34)은 "나바호 세계관에 있어서 언어는 실체의 거울이 아니다; 실체는 언어의 거울이다 language is not a mirror of reality; reality is a mirror of language"라고 썼다. 나바호 문화 내 제례에서 사용되는 언어는 강한 힘이 있다. 또한 그 언어의 주목적은 *hózhǫ́*(액센트는 높은 성조이고 /o/아래 꼬리는 비음화된 모음을 나타낸다)를 유지하고 확보하기 위한 것이다. 이 단어가 나바호 세계관과 종교적 사고에 중심 주제를 나타냄에 불구하고 그 사용은 제례 속 맥락에만 제한되지 않는다. 이 단어는 종종 일상 언어생활에서 쓰인다. *hózhǫ́*는 무엇인가? *-zhǫ́*라는 어간은 선, 평화, 질서, 행복, 신의 가호, 건강, (자연적인 주변의) 아름다움, 만족, 완벽, 복락, 신중, 분별, 성공, 다른 사람과의 관계에서 조화로 특징을 드러내는 상태를 지칭한다 (위의 예는 모두 다 나열한 것이 아니지만 충분한 설명이 될 수 있는 양이다). 그 형태

는 심미적일 뿐만 아니라 도덕적이며 감성적이며 지적자질도 나타낸다. 따라서 이 단어를 영어에서 하나의 일체성에 근거를 두고 있고 나바호 부족의 삶의 목표는—*bózbó*의 창조, 유지, 복위—경험의 그러한 일체성을 표현하는 것이다(Witherspoon 1977:154).

예를 들기 위해 위더스푼에게 스스로 이야기 하도록 했다(상자3.2를 보시오).

**상자 3.2 언어를 통한 의사소통을 분류하기**

"소녀가 물을 마셨다" 라는 문장은

| *at' ééd* | *to* | *yoodlą́ą́'* |
|---|---|---|
| (girl) | (water) | (it – it – drank) |

받아들일 수 있으나 "물이 소녀에 의해서 마셔졌다" 라는 문장은

| *To* | *at' ééd* | *boodą́ą́'* |
|---|---|---|
| (water) | (girl) | (it – it – drank) |

나바호의 세계에서 바라보면 받아들일 수 없고 어색하다 …

아래의 것은 자명하다 … 위와 같은 다소 드문 언어패턴을 적절하게 해석하기 위해서는 어느 정도 비언어적인 자료나 정보가 필요하다. 그러한 패턴은 나바호어 문법의 심층구조에서 작동하는 규칙에 의해 생성된 것이 아니라 나바호 사람들이 자명하게 받아들이는 좀더 근본적인 형이상학 명제로부터 궁극적으로 도출된 문화적인 규칙에서 나온 패턴이다.

나바호 문장론에 이러한 패턴을 설명하기 위해 문화적인 접근을 꾀하면서 수년 전에 나는 내 아내에게 "*To at' ééd boodą́ą́'*" '물이 소녀에 의해서 마셔졌다' 라는 문장은 왜 어색한가하고 물었다. 아내는 이 문제를 오랫동

안 곰곰이 생각하더니 그 문장이 왜 나에게 어색하지 않은가를 이해할 수 없다고 했다. 마침내, 아내는 "위의 문장이 물에게 소녀보다 더 많은 지능이 있는 것처럼 본다. 어느 누구도 인간이 물보다 더 똑똑하다는 것은 알고 있다"라고 말했다. 그 후 나는 이 문제를 풀 수 있는 실마리를 얻었지만 무슨 소용이 있는지 확신하지 못했다. 아내는 계속해서 물은 생각할 수 없어요. 따라서 어떻게 소녀에게 물을 마시게 한단 말이요. 그러나 나는 고집했다. 물이 마시거나 생각하는 것이 아니라 그냥 마셔진 것이라고 강변했다. 아내는 내가 만든 문장은 소녀가 아닌, 물이 마시는 행위를 야기시킨 것으로 보인다고 둘러대었다.

나중에 위의 토의로부터 아마도 그 문장이 "물이 소녀로 하여금 마시게 만들었다"라고 번역해야만 한다고 상상했다. 영어를 아는 나바호 사람들에게 이 문장을 후에 들려주었다. 이 문장은 "소녀에 의해 물이 마셔졌다"보다는 더욱 나바호 문장에 근접한다고 말했으나 여전히 불만족스러웠다. 생각을 더하고 토의를 진행한 후에 우리는 "the water let the girl drink it"이라는 문장으로 결론지었다. 여기에서 우리는 영어에서 나바호 문장의 감춰진 의미를 잡아낸 것 뿐만 아니라 그 의미가 표출하는 공공연한 부조리를 잡아낸 것이다.

게리 위더스푼의 *나바호 세계의 언어와 예술* (1977), 65-7.

다음 예는 일본어에서 나온다. 니예가와 하워드(Agnes M. Niyekawa-Howard 1968)에 따르면 일어의 수동태는 두 가지 상이한 문형을 보여준다. 하나는 순수한 수동태이고 의미상 중립을 나타낸다. 반어적 수동태라고 일컬어지는 또 다른 하나는 한 문장의 문법상 주어가 바람직하지 않은 것에 종속한다는 점을 포함한다. 이러한 수동태가 사동태와 결합할 때 그 결과가 지닌 내포적 의미는 그 문장의 주어가 일어난 사건에 책임이 없다는 것을 뜻한다. 왜냐하면 주어인 그(녀)가 주절동사가 나타낸 행위를 취하게 사역되었기 때문이다. 이러한 내포적 의미는 일본어 사용자들이 보통 의식하고 지내지는 않는다.

그 연구의 첫째 부분은 영어 사용자가 번역한 이십여 개의 일본 단편소설 내 수동구문을 조사한 것이고 일본어 사용자가 영어 단편소설 스무 개를 일어로 번역했다. 가정된 것처럼 반어적 수동태의 내포적 의미는 영어번역에서 소실되었지만 일어를 번역한 것에는 나타났고 일어 번역가들은 영어원문으로 그 작품을 읽었다.

그 연구의 둘째 부분은 인간 사이의 갈등을 다루는 만화를 이해하는 일본인과 미국인들 사이에 보인 차이점을 비교하였다. 가정한 것처럼 일본인들이 사건들의 부정적인 결과에 대한 책임을 미국인들보다 월등히 다른 사람들에게 전가한 것으로 밝혀졌다. 그러한 태도에 전통적으로 권위적인 일본문화가 일본어의 구조보다 더 뒷받침한다고 볼 수 있을까? 이 문제의 답을 위해서 니예가와 하워드는 권위적인 전통을 지닌 한 무리의 독일인들을 조사했다. 그들의 응답은 일본인들 것과 다르고 미국인들의 답과 매우 유사했다. 이 연구를 따라서 특정한 문법적인 자질이 적어도 인식습관강화나 문화적 조망에 중요한 영향을 미칠 수 있다는 것을 나타내고 있다.

일반적으로 최근 언어와 문화 사이의 관계를 조사하는 연구자들은 더욱 실험에 들인 열정을 옹호해 왔다. 언어와 문화 사이의 관계에 관한 연구는 반드시 비교조사이어야 하고, 즉, 두 개 이상의 언어 특히 상당히 다른 유형의 언어들을 조사 비교해야 한다고 주장했다. 또한 언어범주와 인지범주의 내용을 비교하는데 결정적인 기준으로 "외부의 비언어적 실체"(자극)를 반드시 이용해야 한다고 주장해 왔다. 또 동일한 자극을 이해하는데 어떻게 언어공동체마다 상이한지를 그 언어공동체가 쓰는 언어를 비교해야 한다고 주장했다. 이들 공동체들의 구성원 사이에 나타나는 생각의 차에 상응하는 언어 차이가 나타내는 암시를 드러내야만 한다(Lucy 1992에서 정리함).

존 루시(John A. Lucy)는 자신이 실증적인 연구에는 적합하다고 간주한 이러한 4가지 필수적인 구성요소를 유카텍 어(마야어의 일종)와 미국영어에 적용했다. 그의 연구의 초점은 수(數)의 문법적 범주를 어떻게 표시하는가에 놓였다(예를 들어 명사의 복수형): 즉, 유카텍어를 사용하는 사람의 문법적인 숫자표시와 습관적인 사고(인지과정)의 관계와 미국영어를 사용하는 사람의 그것과 비교하여 일치하는 것이 있는가?

예를 들어, 영어에서 복수표지는 "사물"을 칭하는 명사들과 셀 수 있는 가산(可算)명사로서 *child, horse, chair* 따위에 붙인다. 단지 예외가 있다면 물질명사나 추상명사나 불가산(不可算)명사에 붙이지 않는데 그 예는 *sand, water, butter, honesty* 등이 있다. 대조적으로 유카텍 사용자들은 복수표지를 선택적으로 붙이고 상대적으로 적은 숫자의 명사에 나타난다. 유카텍과 미국영어는 수사(numerals)를 사용하는데도 근본적으로 차이를 보인다. 영어에서 수사는 명사를 수식하면서 *one candle*과 *two baskets*처럼 나타난다. 유카텍에서는 수사는 반드시 특별한 문장구조가 나올 경우에만 나타나는데 그 특별한 구조가 분류사(classifier)이고, 양초를 칭하는 '*un-tz'iit kib'*', 'one long thin wax' 에서 물건의 속성에 대하여 확인하고자 할 때 쓴다.

비구전 실험에서 영어와 유카텍 사용자들은 각 언어에서 대상 물건이 문법적으로 어떻게 취급되는가에 따라 주어진 물건의 수에 반응했다. 영어 사용자들은 활물과 물건의 수를 알고 있었으나 질량명사로 나타내는 내용물은 알지 못했다. 그러나 유카텍 사용자들은 활물의 수에만 예민하게 반응했다. (작은 포장용 상자, 비슷한 플라스틱 상자, 포장용 종이조각 같이) 세 개중 두 개가 비슷한 물건들을 실험하면서 영어사용자들은 모양에 따라 세 개의 물건을 분류하는 것을 선호하는 반면 유카텍 사용자들은 (포장용 상자와 포장용 종이조각) 물건들의 자질에 따라 분류하기를 선호했다. 루씨가 그의 연구를 자연 상태에서 더 조사되어야 한다고 간주했음에도 불구하고 그가 발견한 것은 "언어패턴이 인지행위에 영향을 준다"는 것이거나 다른 말로 하면 "다양한 언어형태가 사람마다 인지반응을 규정하는 관계를 보인다는 상당량의 예비적인 증거가 있다"라는 것이다(Lucy 1992:156, 158).

어떤 가정들—예를 들어, 공간의 개념(사건발생이나 사물이 있는 3차원 지역과 상대적 방향과 위치)은 보편적이다—은 재검토되어야 한다. 레빈슨(Stephen C. Levinson 1996:353)은 "공간계산체계와 기술은 문화에 따라 실제적으로 매우 다르며 다른 인지경향에 따라 언어적 차이를 보인다"고 말했다. 더 구체적으로 말하면, 언어는 공간개념의 사용에 따라 차이를 보이고 어떤 경우엔 공간개념이 인지범주를 결정한다. 또한 많은 언어사용자들이 신체적인 좌우 전후에 따른 공간적 용어를 쓰지 않는다. 예로 멕시코의 떼네야파 쩰딸(Tenejapa Tzeltal) 지역을 보면 그들의 언어에서 상대적인 (참고할 만한) 틀을 사용하지 않아 좌우전후를 지시하는 [공간지시]용어가 없다. 그렇지만 왼손과 오른손에 대한 용어는 있는데 신체의 다른 부분이나 외부에까지 확장시키지 않는다.

현재 매우 일반적으로 동의한 내용은 문법구조의 차이에 반응하는 사고의 차이는 존재하나 매우 표피적인 것으로 보인다는 것이다. 그러나 민족지나 언어인류학에 종사하는 현장조사자는 "언어, 문화, 의미가 서로 뜯어낼 수 없을 정도로 오염시키고 있다"라는 사실을 반드시 항상 기억해야 한다(Hill and Mannheim 1992:382-383). (언어 상대성에 관한 또 다른 비평은 상자 3.3을 보라.)

**상자 3.3 언어상대성에 관한 캐롤의 견해**

하나의 언어를 사용하는 사람들은 … 다른 언어를 사용하는 사람들이 규칙적으로 알아차리는 차이를 무시하려는 경향이 있다. 물론 그들이 항상 무시하는 것은 아니다. 왜냐하면 정말 이러한 차이는 어떤 언어에서든지 인정되고 이야기될 수 있지만 그 차이는 언어 사용자의 경험에 미루어 항상 두드러지지 않는 차이이다. 어떤 언어가 지닌 범주효과는 언어사용자들에게, 아마도 실수로 유발된 것이나, 그 범주 내에 어떤 종류의 균질성이 있다고 가정하게 만드는 것이다 … 예를 들어 역사학자들은 "중세(中世)"라는 용어가 그 기간 내내 그 시대는 로마시대 이후 이태리 문예부흥기 사이에 다른 시대와는 구별되는 진실로 독특한 시대라는 잘못된 생각으로 몰아갈 수 있다고 지적해 왔다 …

자 여기에서 여러 언어에 나타나는 간단한 예를 들여다보자. 영어에서 "He went to town" '그가 시내에 갔다' 라는 문장이 있다. 이 문장에서 그가 어떤 방법으로 시내에 갔는지에 관한 언급은 없다: 그는 걸어갔을 수도 있고, 뛰어갔을 수도 있고, 말을 타고 갔을 수도, 자동차를 타고 갔을 수도, 버스를 타고 갔거나 심지어 배나 헬리콥터를 타고 갔을 수도 있다. 독어에서는 적어도 여행방법에 관한 정보의 최소한을 적어야 한다는 사실은 잘 알려져 있다. 동사 *geben*(영어의 *to go*와 동일한 어원의 단어이고, 가장 적확한 번역이다)은 걸어가거나 자신이 움직여서 여행한 것을 뜻한다. 동사 *fabren*은 차를 타고 갔다는 뜻이고, 동사 *reiten*은 말을 타고 갔다는 뜻이다. 노어와 나바호 말 역시 여행수단을 구별하는 동사의 긴 목록을 만들 수 있다. 이와 같이 영어사용자들이 동사를 쓰고 싶으면 '걸었다,' '뛰었다,' '운전했다,' '말을 탔다,' '날랐다,' '자전거를 탔다,' '헬리콥터를 탔다' 라는 동사를 집어넣어 위의 문장에 *갔다*를 대신하여 구체적으로 말할 수 있지만 여행방법의 언급 없이 그가 시내 방향으로 갔다는 걸 강조하는 것이 영어에서 가능하다 … 독어사용자와 비교하여 영어사용자는 종종 영어 동사 'go' 가 여행방법을 명시하지 않고 쓸 수 있어서 종종 득을 보기도 하고 해를 입기도 한다.

캐롤(J. B. Carroll)의 "언어 상대성, 비교언어학, 언어학습" (1963), 12-13.

## 민족과학

월프의 언어와 문화간의 상호의존성에 관한 흥미는 1950년대 서로 밀접하게 관련된 문화연구의 몇가지 분석법 발달에 기인한다. 그렇지만, 월프의 주된 초점은 문법적인 범주에 있는 반면 새로운 접근법은 사회적 물리적 환경을 한 언어의 사용자가 단어뭉치(어휘)로써 분류하는가에 초점이 놓였다. 널리 쓰이는 용어인 **민족과학**(ethnoscience)으로 여기에 논의하면서 그들은 인지인류학, 성분분석, 민족의미론, 민속분류학과 소위 최근 대두된 민족지학을 포함시키고 있다. 구디너프(Ward H. Goodenough)는 그의 1957년 저술에서 "우리는 언어형식이 뜻하는 바의 체계를 배우면서 그 문화의 많은 것를 배우게 된다"라고 썼는데 이 접근법을 염두에 두었다. "상당량의 기술주의(descriptive) 민족지가 피할 수 없이 기술주의 의미론의 실현체가 된다 … 한 사회의 구성원들이 서로와 주변의 세계를 어떻게 취급하고 또한 그것들 중 많은 부분은 그들의 언어에 어휘로서 나타난다는 관점에서 개념과 언어형식을 분리하는데 상대적으로 거의 [체계적] 관심을 보이지 않았다(Goodenough 1964:39).

*민족과학*(ethnoscience)이라는 용어는 오해되기 쉽다. 이 용어가 문화연구에 대한 상이한 접근법들이 반드시 비과학적이거나 원주민들의 분류법이—즉, 특정한 사회의 모국어 사용자들이 행한 분류법—서양과학에 의해서 발달한 것들보다 더욱 과학적이라는 것도 아니다. 오히려 이 용어는 특정사회의 모국어 사용자들이 어떻게 어휘를 써서 기호화했는지에 기초하여 하나의 문화의 부분(영역들)을 연구하는 방법을 칭한다. 가정은 대개 한 사회의 구성원들에게 문화적으로 구별되는 것은 그들이 사용하는 언어 내에서도 어휘적로도 역시 구별된다.

민족과학이 무엇인가는 민족과학 연구의 초기에 행한 조사자들 중 한 사람인 스털트밴트(William C. Sturtevant)가 훌륭히 보여주고 있다. 그는 조사보고서 내에서 빅토리아 시대의 민족학자인 로쓰(Walter E. Roth)가 1897년에 간행한 책을 언급하고 있다. 스털트밴트에 따르면 로쓰는 "호주 퀸스랜드 주(州) 원주민 문화에 대한 전공논문의 마지막 장을 '민족 – 포르노그래피' 라고 이름 붙이면서

'다음 장은 일반 독자들이 숙독하기에는 적절하지 못하고' 이 제목 밑에 결혼, 임신과 출산, 월경, '욕설' 또 특히 성기절제와 그 행위의 사회적 제례적 중요성" 같은 논제에 대하여 기술하였다고 전한다(Sturtevant 1964:100). 스털트밴트가 쓴 요지는 오늘날 미합중국과 포르노그래프라고 간주되는 것과는 다른 복잡한 사회에서 지난 일세기 전과 비교하여 근원적인 변화를 겪었다기 보다는 퀸스랜드에 사는 원주민과 호주 내 다른 사회에서는 포르노그래피에 해당하는 개념이 전혀 없을 수도 있고 만일 있다면 인류학자의 문화적 개념과는 다소 다르거나 전적으로 상이할 것이다. 결과적으로 민족과학의 지지자들의 생각으로는 자신의 문화적 경험에 적용하지 못할 범주들을 사용하여 다른 사회를 기술하는 것은 심각한 왜곡에 봉착하기 쉽다는 것이다.

토착적인 범주로 또 다른 문화의 한 측면을 개괄하려는 좋은 예가 후레이크(Charles O. Frake)가 필리핀열도 내 서민다나오 섬에 사는 화전농민인 동수바누(Subanu) 사람들이 어떻게 질병을 진단하는가에 대하여 행한 토론이다(Frake 1961). 이 부족민들에게는 질병이 가장 빈번히 행해지는 대화의 주제들 중 하나인데 따라서 그들의 언어에는 병에 관련된 수많은 용어가 있다. 후레이크의 논문은 186개 병명의 부분적인 분석으로서 수바누어에 있는 몇 개 안되는 용어를 취급하여 분석한 것이다. (아래 나오는 영어번역은 간략하게 설명되어 있으나 수바누 용어들을 정의하지 않고 있다.) 후레이크가 기록한 인간의 질병 명칭 중에는 몇 개는 *meŋbag gatay* '부어오른 간' 처럼 기술적인 구절로 되어 있으나 대다수의 병명은 하나의 수바누 단어로 표현된다. *nuka* '피부병' 이라는 질병은 예를 들어 *samad* '상처' 와 *pasuʔ* '화상' 이라는 단어와 대조적이다. *nuka* '피부병' 에 여러 변이형들이 있다: *pugu* '피부 붉어짐 병,' *meŋbag* '피부감염,' *beldut* '욱신거림,' *buni* '반지벌레증,' 등이 있다. *beldut* '욱신거림' 은 깊이에 따라(얕고 깊고), 원인이나 부착물로부터의 거리(가깝고 멀고), 정도(진하고 약하고), 퍼짐(한 곳, 여러 곳)에 따라 변이형이 있는데 *telemaw glai* '얕고 멀리 있는 궤양(심각한 정도),' *selimbumit* '여러 곳의 욱신거림' 등이 있다. 어느 특정질병의 진단은 무엇보다도 *bagaʔ* '가까이에 있는 궤양' 이 얕은지(*bagaʔ*) 혹은 깊은지(*begwak*) 판단하는 여러 사람으로부터 충언을 요구할 수 있다. 그러나 적절한 진단은 그 자체가 끝이 아니다. 그것은 …

> 질병에 대한 수바누 사람들이 문화적으로 적절한 반응을 선택하는 인지적 분기단계는 724개의 기록된 선택사항들에서 일상적이고 식물에서 뽑아낸(botanically-derived) 의학적 치료법에 관계가 있다. 이 선택결과가 … 진단하고 치료 [질병의 원인과 회복전망의] 결정에 도달하려는 노력에 영향을 미치며 그것은 오히려 병세를 완화하는 약초용어에서 61개의 기초치료법 중 하나를 변이형태로 만들어야 하는 가능성을 부여한다. (Frake 1961:131)

요약하면, 서양의학의 우월한 위치에서 수바누 부족이 고통 받는 질병들을 진단하고 분류하는 것은 의학학술지에 게재될 논문으로는 적절할 수 있다. 그렇지만, 인류학자에게 그러한 기술은 새로운 발견을 못하게 만들 수 있고 적어도 수바누 사람의 병 진단법과 적용 가능한 치료법 사이에 존재하는 것으로 믿는 연관관계를 애매하게 만들 수 있다. 왜냐하면 최종 진단과 적절한 치료의 선택은 수바누 사회의 중요한 사회적 경제적 결과를 초래하기 때문이다.

소위 신(新)민족지학자들이 사용해온 의미 분석법 중 하나가 성분분석이다. 이것은 유형을 선명하게 드러내고 잘 정의된 문화적 영역(색상단어, 병명, 친족어휘, 일상음식 용어, 일상음료 용어)에 속하는 용어(어휘항목)에 적용되는 기술이다. 그 목적은 이러한 용어들이 다른 용어와 대조되는 의미의 차이를 발견하기 위한 것이다. 하나의 의미차원(의미영역)의 값은 이분적인 대비로 표시가 가능하다. 즉, 하나의 자질이 있느냐 (+) 없느냐 (−), 혹은 한 차원을 단순하게 대비한다. 따라서 만일 성별과 노소가 친족어휘를 분석하기 위해 선택된 의미차원 중에 있다면 *할머니*는 여성(+), 나이(+) 인 반면 *손자*는 여성(−), 나이(−) (혹은 다른 조합으로 *손자*는 남성(+), 어림(+)이고 *할머니*는 남성(−), 어림(−)이다) 또는 위의 두 친족어휘는 남성 · 여성, 늙음 · 어림으로 단순대비가 가능하다.

몇 인류학자는 성분분석을 이용하여 심리적 실체를 찾으려고 노력한다—즉, 연구 중인 사회구성원이 사용하는 민속 분류법(folk taxonomies)을 반영하려는 의도가 있다. 후레이크는 수바누 부족민이 병세진단에 자신들의 분석을 행할 때 이 접근법을 본질적인 것으로 받아들였다. 한편 다른 인류학자들은 자신이 연구대상으로 하는 민족들의 인지세계를 발견하는 것보다 가장 효과적이고 우아한 형식을 갖춘 설명법을 찾아내는데 관심이 더 있다. 언어학자(확대하면 인류학자)가 자신의 과제가 하나의 언어나 문화의 내재적인 구조를 발견하는 것이라 믿는 것(절대 진리 입장)인가와 과제가 연구자의 손에 있는 자료와 상충하지 않는 어떤 종류의 구조를 가용한 정보꾸러미에 단지 부과하는 것(요술 · 기만 입장)인가를 믿는 바에 따라 갈리는 언어분석에 대한 태도의 차이 역시 "절대 진리 God' s truth" 입장과 "요술 · 기만 hocus−pocus" 입장으로 어쩌면 평행하다고 하우스홀드(1913-1994)는 언급하고 있다(Household 1952:260).

성분분석 방법을 상세히 의논하는 것은 이 책의 영역을 벗어나지만 몇 예는 적절하다고 생각한다. 미국의 친족어휘에는 성별이 화자들의 변별력 있는 변수가 전혀 아니다. 남성이건 여성이건 화자는 친족을 "내 자매, 내 형제, 내 조카, 내 질녀, 등"으로 칭한다. 대조적으로 아라파호의 친족어휘에서는 화자의 성별이 특정한 친족관계에서 변별력이 있는 변수이다: *neíhʔe*라는 용어는 남자가 자신의 아들을 칭할 뿐만 아니라 자신의 형제가 난 아들과 다른 친족을 지칭하고 자신의 여자형제가 낳은 아들은 ***néθeŋéθe*** '내 조카' 라고 일컫는다. 대조적으로 한 여인이 쓰는 ***neíhʔe***는 자신의 아들을 지칭할 때뿐만 아니라 자신의 자매가 낳은 아들과 다른 친족들을 지칭하고 자신의 남자형제가 낳은 아들은 ***néθeʔéθe*** '내 조카' 라고 일컫는다. 비슷하게 *neyóo* '내 처남' 은 남자들만 사용하고 *notóʔu* '내 처제'는 여성들만 사용한다. *neiθébi*라는 용어는 남녀 모두 사용하는데 영어로 바꾸면 'my sibling-in-law of the opposite gender,' [성별이 반대인 처가 일족]; 즉 남자가 사용할 때는 '내 처제'이고, 여성이 사용할 때는 '내 처남'의 뜻이다.

다른 예로는 미국친족어휘 내 *사촌*(cousin)이라는 용어는 삼촌이나 고모 이모의 아이들을 칭하거나 조부모의 후손이거나 조금 먼 친척을 칭할 때 대상이 남녀성별 구별 없이 사용되고 있다. 다른 말로 하면 성별은 영어단어 사촌의 변별력이 있는 구성성분이 아니다. 체코어의 친족어휘에는 여자사촌과 남자사촌이 용어상 구별된다. 여자사촌은 *sestřenice*이고 남자사촌은 *bratranec*이다.

마지막 예로서 제5장에서 할 의미론의 짧은 토론을 기대해 보자. 가축에 적용되는 용어들의 아래 나오는 목록은 완벽한 것을 의도한 바가 아니지만 하나의 범주에 적용되는 성분분석법을 나타내기에는 충분하다. 용어들과 그 의미는 영어 모국어 사용자들의 대부분이 쓰는 말소리의 특징을 나타낸다. 그러나 어느 정도 상이한 뜻을 지닌 용어를 사용하거나 그 목록을 확대하려는 독자는 자신의 방언에 부응하는 필요한 변화를 만들도록 장려한다. 이것들이 그 용어이다. bitch '암캐', boar '수돼지', buck '수사슴', bull '수소', calf '송아지', cat '고양이', chick '병아리', chicken '암탉', cock '수탉', colt '수망아지', cow '암소', doe '(사슴, 토끼)암컷', dog '수캐', donkey '당나귀', drake '수오리', duck '암오리', duckling '새끼오리', ewe '암말', filly '돼지(거세한)', foal '(말, 나귀)새끼', gander '(거위, 기러기)수컷', gelding '거세된 말', goat '염소', goose '거위', gosling '거위 새끼', hen '암탉', hog '(거세한)돼지', horse '말', jack '수탕나귀', jenny(jennet) '암탕나귀', kid '새끼염소', kit(ten) '새끼고양이', lamb '어린양', mare '암말', ox '황소', piglet '돼지새끼', pup(py) '강아지', rabbit '토끼', ram '거세 안한 숫양', rooster '수탉', sow '암돼지', stallion '수말', swine '멧돼지',

tomcat '수고양이', turkey '칠면조', (대부분 용어가 하나의 어절로 이루어진 단어로 제한되어 있으며 *she-cat, turkey-hen, male dog*같은 구성이나 *wether* '어려서 거세된 양이나 염소' 따위 알려져 있지 못하거나 쓰이지 않는 단어는 포함되어 있지 않다.)

45개 용어로 나타난 가축들의 주요 상이점은 다수(33개)가 네발짐승(포유류)이고 나머지 (12개)는 두발짐승(조류)이다. 양쪽 포유류, 조류 모두 어떤 용어는 특히 어린짐승을 나타내지만(예를 들어 *colt, duckling*), 다른 용어는 다자란 짐승(*mare, ram*)을 나타내고, 몇은 애매하다(*chicken*닭, 병아리, *rabbit*토끼). 성별은 통상적으로 다 자란 짐승의 경우에 구별된다(예, *stallion*수말과 *mare*암말 혹은 *jack*당나귀 수컷과 *jenny*암탕나귀). 그러나 어린 짐승의 경우(*filly*암망아지, *colt*수망아지)에는 훨씬 덜 빈번하다. 따라서 우리는 세 가지 구분을 해 왔다: 네발+(예, 말) 네발-(예, 닭), 다 자란+(예, 거위) 다 자란-(예, 거위새끼), 수컷+(예, 수탉) 수컷-(예, 암탉),가축화된 거위와 오리를 나누는 민간 분류법에 있는 출중한 구별자질은 거위의 크기와 긴 목이다. (거위와 오리는 동일한 날짐승과(科: Anatidae)에 속한다.) 따라서 우리는 대조자질로서 목의 길이를 설정해야 할 것이다. 유사하게 말과 당나귀(가축화된 나귀)는 동일한 속(屬: Equus)에 속하는데 당나귀가 몸집이 작고 말보다 긴 귀와 작은 발굽을 지닌다. 그렇지만 대부분의 가축 종과 그 변종들은 형질적인 특색들의 집합으로 구별된다. 라틴화한 용어인 *bovine*과 *equine* 따위를 피하려면 우리는 *catlike, cattlelike, doglike, fowllike, goatlike, gooselike, horselike, pigletlike, rabbitlike, sheeplike, turkeylike*라는 형용사를 사용할 것이다. 표 3.1에 17개의 의미자질을 놓고 가축을 칭하는 45개 용어가 성분분석으로 정의되어 있다.

3.1 표의 모든 용어들은 많은 영어사용자가 동의어로 간주하는 *cock*과 *rooster* 두 단어만 제외하고 독자적으로 정의되어 있다. *cock*의 의미 중 [남자의 성기를 나타내는] 남사스러운 것이 있다고 간주되어 대부분의 사람들은 *rooster*라는 단어를 선호한다. (이 단어 짝은 절대적인 동의어가 존재하지 않으며 혹은 적어도 매우 희귀하다는 주장을 뒷받침한다.) 모든 자질표시에 -(부정)의 표시가 요구되지 않

는다. 왜냐하면 '개와 유사한 [doglike+]이라는 자질' 은 명백히 고양이, 소, 가금, 염소 또 다른 가축의 의미자질이 없음을 함축한다.

모국어 사용자들이 이미 숙지하고 있는 것 이외에 거의 아무 것도 우리가 방금 마친 영어용어의 합성법에 대한 분석을 적어도 넌지시 나타내는 것이 없다. 그러나 생경한 문화에서 동일 범주들이 용어에 내재하는 의미 차이들을 발견하는 것은 그 대상 사회에서 무엇이 문화적으로 중요하며 그 구성원들은 언어적으로 그 경험을 어떻게 구조화하는지 결정하는데 인류학자들은 도와준다.

민족과학자(혹은 신(新)민족지학자 New Ethnographers)가 연구대상 사회의 구성원들의 시각에서 그 문화를 어떻게 보고 있는가를 발견하는 것의 중요성을 주장한 첫 번째 문화인류학자라는 주장은 올바른 생각이 아닐 것이다. 그러한 견해는 미국 인류학계의 긴 전통이었다. 그럼에도 불구하고 이 최근 접근법의 종사자들이 문화연구에 상당한 가치 있는 기여를 해온 것이다. 그들은 단지 의사소통의 수단보다는 연구대상 집단이 사용하는 언어에 관한 풍부한 정보를 제공하여 유용한 자료를 끌어내왔다. 동시에 1960년대가 민족과학 연구의 절정에 다다른 시기라는 것을 언급해야만 한다. 하지만 민족과학 방법론의 주요오류는 언어를 통한 문화이해가 강조되면서 [언어자료]전문용어 모음집을 통하여 획득되는 범주밖에 있는 문화적 측면들과 비구전 행위를 간과하는 결과를 빚었다.

## 종합과 결론

작금의 언어학자들은 표피적이라 주장하지만, 언어가 각양각색이라는 사실에는 의심의 여지가 없다. 언어는 소리체계와 구조(문법)가 다르고 그 언어를 사용하는 사람의 개념세계를 분류하는 각 어휘가 지닌 방법들이 상이하다. 그러나 언어의 어휘체계 사이에 차이가 있음에도 불구하고 대다수의 언어학자들은 단어를 일대일(word - by - word)대응시켜 항상 사용가능하지는 않지만 어떤 언어로도 비전문적인 발화는 받아들일 수 있을 정도의 정확성을 지키면서 표현이 가능하다는 것에 동의한다. 전문적인 주제를 다룰 때 다른 언어 내 없는 세분화된 전문술어들을 특정언어만이 지니고 있는데, 예를 들어 호피(Hopi)어로 양자 그로모역학(quantum chromodynamics)에 관한 보고서를 작성한다는 것은 거의 억측이다. 그렇지만 호피어도 영어가 따라올 수 없는 특화된 어휘분야가 있다. 일반적으로 어느 정도 상세히 연구된 어떠한 문화적인 측면들을 그 대상 언어의 사용자가 손쉽고 정확히 토의할 수 있기 위해서는 그러한 측면들이 그 언어의 어휘 속에서 어떻게 나오는지 관심을 받는다.

월프는 몇 논문에서 언어 - 문화 의존관계의 중요한 의문점들을 관심 있게 쓰고 있다. 하지만 그는 자신의 연구를 과하게 언급하고 있다. 그의 증거자료 중 약간은 우화적인데, 즉, 간략하고 흥미롭지만 한 특정언어를 전체로 파악한 것으로 반드시 볼 수 없다. 혹자는 월프가 예로 든 호피어 정보제공자의 신뢰도에 의문을 품을 수 있다. 그 호피부족 사람은 뉴욕에 거주했고 거의 완벽한 이중 언어생활자임에 틀림없다. 만일 사용하는 특정언어에 의해 개인의 환경인식이 영향을 받는다면 호피말과 영어에 모두 능통함은 그 두 언어 간에 있는 대척점을 흐릴 수도 있다. 월프에 따르면 "호피말은 **시제**가 명시적으로나 암시적으로도 없다"고 한다 (Whorf 1950:67). 호피말은 영어가 지닌 것처럼 (*I go, I went, I will go, I had gone* 등) 시제가 없을지 모른다. 하지만 호피말 사용자들은 "오늘, 늦은 아침, 정오, 어젯밤, 저녁녘, 어제, 내일, 날마다, 가끔, 내일부터 그 다음 날까지, 내년"같은 시간을 나타내는 형태소나 단어를 이용하여 한 행위가 일어나는 바로 그때의 시제를 언급할 수 있다(Voegelin and Voegelin 1957:24).

특정언어의 사용자는 다른 언어 사용자들이 통상 고려하는 대상이나 사건을 쉽게 무시할 수 있다는 것에 착안한 캐롤은 언어 상대성과 결정론 가설을 좀더 점잖지만 수용 가능한 꼴로 다시 언급하고 있다: "언어들이 객관적 경험

**표 3.1 가축에 행당하는 영어 단어의 성분분석**

| | 4발 | 다자란 | 수컷 | 긴 목 | 긴 귀 | 거세된 | 고양이 | 가축 | 개 | 가금 | 염소 | 거위 | 말 | 돼지 | 토끼 | 양 | 칠면조 |
|---|---|---|---|---|---|---|---|---|---|---|---|---|---|---|---|---|---|
| 암캐 | + | + | − | | | | | | + | | | | | | | | |
| 수퇘지 | + | + | + | | | − | | | | | | | | + | | | |
| 수사슴 | + | + | + | | | − | | | | | | | | | + | | |
| 수소 | + | + | + | | | − | | + | | | | | | | | | |
| 송아지 | + | − | ± | | | | | + | | | | | | | | | |
| 고양이 | + | + | ± | | | ± | + | | | | | | | | | | |
| 병아리 | − | − | ± | | | | | | | + | | | | | | | |
| 암탉 | − | ± | ± | | | | | | | + | | | | | | | |
| 수탉 | − | + | + | | | | | | | + | | | | | | | |
| 수망아지 | + | − | + | | ± | | | | | | | | + | | | | |
| 암소 | + | + | − | | | | | + | | | | | | | | | |
| 암사슴 | + | + | − | | | | | | | | | | | | + | | |
| 수캐 | + | ± | ± | | | ± | | | + | | | | | | | | |
| 당나귀 | + | ± | ± | | + | | | | | | | | + | | | | |
| 수오리 | − | + | + | − | | | | | | | | + | | | | | |
| 암오리 | − | + | ± | − | | | | | | | | + | | | | | |
| 새끼오리 | − | − | ± | − | | | | | | | | + | | | | | |
| 암말 | + | + | − | | | | | | | | | | | | | + | |
| 돼지(거세한) | + | − | − | | − | | | | | | | | + | | | | |
| (말)새끼 | + | − | ± | | ± | | | | | | | | + | | | | |
| 수거위 | − | + | + | + | | | | | | | | + | | | | | |
| 거세된 말 | + | ± | + | | ± | + | | | | | | | + | | | | |
| 염소 | + | + | ± | | | | | | | | + | | | | | | |
| 거위 | − | + | ± | + | | | | | | | | + | | | | | |
| 거위새끼 | − | − | ± | + | | | | | | | | | | | | | |

계속

**표 3.1 (계속)**

| | | | | | | | | | | | | | | | |
|---|---|---|---|---|---|---|---|---|---|---|---|---|---|---|---|
| 암탉 | − | + | − | | | | | | + | | | | | | |
| (거세된)돼지 | + | + | ± | | | | | | | | | + | | | |
| 말 | + | ± | ± | − | ± | | | | | | + | | | | |
| 수탕나귀 | + | + | + | + | | | | | | | + | | | | |
| 암탕나귀 | + | + | − | + | | | | | | | + | | | | |
| 새끼염소 | + | − | ± | | | | | | | + | | | | | |
| 새끼고양이 | + | − | ± | | | + | | | | | | | | | |
| 어린양 | + | − | ± | | | | | | | | | | | + | |
| 암말 | + | + | − | − | − | | | | | | + | | | | |
| 황소 | + | + | + | | + | | + | | | | | | | | |
| 돼지새끼 | + | − | ± | | | | | | | | | + | | | |
| 강아지 | + | − | ± | | | | | + | | | | | | | |
| 토끼 | + | ± | ± | | | | | | | | | | + | | |
| 거세안한 숫양 | + | + | + | | | | | | | | | | | + | |
| 수탉 | − | + | + | | | | | | + | | | | | | |
| 암퇘지 | + | + | − | | − | | | | | | | + | | | |
| 수말 | + | + | + | − | − | | | | | | + | | | | |
| 멧돼지 | + | ± | ± | | | | | | | | | + | | | |
| 수고양이 | + | + | + | | | + | | | | | | | | | |
| 칠면조 | − | ± | ± | | | | | | | | | | | | + |

을 기호화하는 방법들이 상이한 것처럼 언어 사용자들은 개개 언어가 제공하는 범주들에 따라 경험들을 상이하게 분류하고 구별하는 경향이 있다. 이러한 인지작용이 인간의 행동에 상당한 영향을 주는 경향을 보게 된다"(Carroll 1963:12, 상자 3.3 참조).

언어와 문화 사이의 관계는 인지인류학의 주창자들에 의해서 방법론적으로 이용되어 왔다. 그 주창자들은 상이한 문화에 있는 가장 미세한 구조적 차이라도 그 해당언어의 어휘에 기호화되어 있을 가능성이 있다는 사실을 믿는 사람들이다. 이러한 민족과학자가 이룩한 연구결과는 연구대상인 민족들을 좀더 이해하는데 도움을 주었음을 의심하는 사람은 없다. 그러나 그들의 통찰력 있는 연구는 문화 내 특정범주에만 변함없이 국한되고 있다.

## 일러두기와 앞으로 독서를 위한 제언

홈볼트로부터 인용한 내용은 작품집(Wilhelm von Humbolts Werke, 1907:7:42)에 있으며 내 자신의 해석이다. 미주 대평원의 언어 친족관계 여부의 참고서는 보그린(Voegelin and Voegelin 1966)에 따르고 있으며 언어들의 짧은 가로선 연결은 방언의 명칭을 지시한다.

사피어와 월프의 대표적인 선집은 사피어 1949와 월프 1956을 보라. 후파(Hupa)와 누트카(Nootka) 단어에 언급되고 있는 예는 사피어(1949 436-437;446-447)에서 되찾을 수 있다.

핀투비(Pintupi) 예는 크리스탈(Crystal 1987)에서 아라파호(Arapaho) 예는 쌀즈만(Salzmann 1983)에서 나온다. 아라파호 모음 뒤의 강한 악센트 기호는 튀는 강세와 높은 피치를 나타내고 장모음은 이중철자로 되어 있다.

언어와 문화의 제반측면과의 상호연관성을 추가적으로 토의하려면 호이어

(Hoijer 1954)와 휘시맨(Fishman 1960)을 보라. 언어와 세계관에 관한 연구들에 대한 조사는 또 관련 자료는 힐과 만하임(Hill and Mannheim 1992)을 보라.

구디너프의 1957년 주석은 하임스(Hymes 1964) 선집에서 인용되었다. 인지인류학을 읽으려면 타일러(Tyler 1969)를 보라. 타일러의 책은 인지연구와 형식의미분석분야에 헌신적으로 기여한 계간 학술지 미국인류학자 (American Anthropologist) 특별판 두 권을 보충한 것인데, 두 권 중 하나는 롬니와 댄드레이드(Romney and D' Andrade 1964)와 또 하나는 해멀(E.A. Hammel 1965)이 편집하였다.

**토의문제**

1. 미국에서 쓰이는 영어의 친족용어는 사람에 따라 다양하다. 어떤 말은 모든 사람들이 쓰고 있고—예를 들면, *second cousin, third cousin, first cousin once removed* 등. 당신이 쓰고 있는 친족용어를 살펴보고 차이를 나타내보라. (예, 성별, 세대별, 결혼관계)

참고: *cousin*이라는 친족용어는 남 · 여성 모두에게 쓰이며 *niece*는 여성에게만 쓰인다.

2. 과거와 현재의 다양한 관계를 나타내는 영어단어들이 있다. 그 중에는 *father-in-law, step-brother, half sister, ex-husband, god son, god mother, partner* 등이 있다. 이것을 구별하는 기준은 무엇인가? 참고: half brother는 한쪽 부모가 친부모인 형제를 말하고 step brother는 부모 양쪽이 다 다른 형제를 뜻한다. 아마도 이러한 친족용어를 숙달하려면 좋은 사전을 보아야 할 것이다.

3. 친척이 아닌 관계로 확장하여 쓰는 친족용어가 있다. 즉, 결혼이나 혈통과 관계없는 것들이다. 예를 들어 *father*는 흔히 가톨릭 신부를 지칭할 때 쓰이며 *uncle*이라는 단어는 종종 어린이들이 자신 가족이 알고 있는 나이 많은 남자 친구를 부를 때도 쓴다. 이러한 것들과 다른 용례를 설명해 보라.

## 4. 언어의 구조: 음운론

민족지학 현장조사의 성격은 인류학자가 연구하는 연구대상의 언어를 배우는 것이 필수적이며 그 언어의 구조를 배우고 단어, 발화, 전통적 우화를 적을 수 있다. 미국 인류학자들은 오랫동안 언어에 관심을 표해 왔는데 대부분은 다양하고 많은 숫자의 토착민 언어가 바로 자신들의 뒷마당에서 쓰였기 때문이다.

각 언어는 일반적인 언어기호의 특수한 변종을 나타낸다. 다시 말해서 어떤 것들은 구조적으로 유사하나 어떤 것들은 상이하지만 어떤 두 언어도 동일하지 않다. 어떤 외국어로 쓰인 작품들을 이해한다는 것은 단순히 그 언어를 구사할 줄 아는 것과는 다르게 특수한 언어기호가 나타내고 있는 도면에 있는 그대로 익숙해져야 한다. 그러한 익숙함은 영어의 전통적 문법이 지닌 틀이나 학교에서 배우는 다른 언어의 틀을 사용하여 얻어질 수 없다. 좀더 체계적이고 세분화된 접근법이 요구되는 몇 가지 이유가 있다.

주요한 이유 중 하나는 일전에 단지 구어(口語)였던 언어를 문어(文語)로 바꾸는 것에 관련 있다. 이러한 작업을 완성하기 위해서 반드시 음성전사 원리를 배워야 한다. 인류학자가 쓰는 자신만의 철자법은 두말할 필요 없이 불가능하다. 한 언어의 소리가 다른 언어의 소리와는 상이한 것은 예상되는 일일 뿐만 아니라 문법에서 쓰이는 소리와 철자관례는 일대일 상관관계가 없는 듯 하다. 영어철자법은 말할 때 쓰는 영어발음과 상관관계가 없기로 악명 높다. 예를 들어 shy의 "*sh*" 소리는 그 단어에서 나오는 발음뿐만 아니라 12가지 소리로 나타나는데 *chef, conscience, fuchsia, issue, mansion, nauseous, ocean, potion, pshaw, schist, sugar, suspicion* 같이 쓸 수 있다. "The sun's rays meet"과 "The sons raise meat" 같은 두 문장은 상이한 의미와 철자법에도 불구하고 발음이 정확하게 일치한다. 그리고 "what do these lead pipes lead?" 같은 문장에서 lead라고 쓰인 두 단어는 뜻에 따라 [*레*드와 *리*드로] 상이하게 발음된다. 특히 영어 같은, 문학전통이 있는 언어의 철자법 체계는 조심스런 언어학 연구에는 잘 맞지 않은 실정이다.

상세한 접근법의 두 번째 이유는 문법구조와 연관 있다. 영어는 조사자의 언어에 맞추어 분석되고 파악될 수 없는 자체적인 구조가 있다. 예를 들어 많은 언어들이 영어의 *the*, *a(n)*에 해당하는 정관사와 부정관사 형태가 없다. 그리고 영어는 북미 토착민 언어인 알공키(Algonquian)어들 같이 다른 언어에서 흔히 나타나는 복수형태 (제1인칭이 포함되거나 제외되는) 사이의 제일인칭 복수를 구별하지 않는다. 영어에서는 단순하게 *we*, *us*, *our* 같은 대명사 꼴을 말하지만 다른 언어사용자들은 (소년이 누이에게 "우리엄마"하고 말한 때와 같이) 청자(addressee)와 [본인 등] 타인을 포함하거나 청자는 제외하고 타인만을 포함하는 (예를 들어, "우리아이들" 했을 때 **우리**에는 자신과 자신의 남편이 들어 있다) 경우를 구별한다. 종합하면 모든 언어는 자기만의 독특한 구조적 특징을 지닌다. 조사자의 모국어나 모델이 되는 다른 언어에 기초한 문법범주를 원용하여 대상언어의 구조를 설명하면 이러한 특징이 간과되기 쉽다. 인디언 언어보다 [본인들이 사용하는 언어와 비교할 때] 더 이국적인 언어가 있을 수 없음에도 불구하고 세기 초 선의의 선교사들이 작성한 미주 인디언 언어의 많은 문법들은 상당히 라틴어와 희랍어 문법서를 닮았다. 인디언 언어의 문법기술은 저자의 고전 언어에 대한 철저한 준비와 그 결과 습득한 고전 언어구조에 의존한 훌륭한 문법기술이 될 것이라는 예상에 빗나갔다.

하나의 언어체계를 이해하는 것에는 많은 이득이 있다. 외국어 하나를 잘 구사한다는 것뿐만 아니라 기타 교육적 상황이라는 관점에서도 그렇다. 만일 우리가 하나의 언어체계의 일부가 어떻게 작동하는지 이해할 수 있고 어떠한 관계가 작동원리 내 존재하는지 이해한다면 지엽적인 문제임에 틀림없는 것을 암기해야 하거나 적어도 불필요한 관심을 표할 시간을 아낄 수 있다. 이 점을 나타내기 위해 간단한 예를 들어보자.

본톡(Bontok)은 필리핀의 루손 북쪽 산지에 살고 있는 한 민족이 사용하는 언어이다. 영어의 명사와 형용사에 해당하는 많은 낱말 중에 다음과 같은 네 어간이 있다: *fikas* '강하다' *kilad* '붉다' *bato* '돌' *fusul* '적' 어떤 이가 언급된 명사나 형용사가 가리키는 그 무엇이 된다고 표현하기 위해서 본톡사람들은 위의 언급된 4어간에 파생형태인 다음 표현을 쓴다: *fumikas* '그가 강해진다', *kumilad* '그가 붉어진다', *bumato* '그가 돌이 된다 (신화에서)', *fumusul* '그가 적이 된다' 언어학으로 훈련을 받지 못한 이들에게는 위의 파생낱말이 다소 혼동스러울 수 있다. 아마도 영어를 모국어로 사용하는 사람들은 각 경우—강하게 되다, 붉어진다, 돌이 된다, 적이 된다 같은 변화를 겪는 일은 [한 단어로 표현하기 보다는] 몇 단어로 풀어 쓰일 것이라고 예상한다. 본톡 단어를 자세히 살펴보면 '그가 무엇으로 변하다' 라는 뜻을 설명하기 위한 간단한 규칙이 들어 있음을 알 수 있다 (규칙을 말하기 전에 독자에게 친숙하지 않은 용어를 삼가 적는다). (여기서 um이라고 표기된) 소리를 어간의 최초 자음 다음에 집어넣는다. 이 규칙은 *fikas*에서 *f－um－ikas*를 만든다. 이제 우리는 본톡 언어구조에서 나온 이 특수한 소리조각을 아는바 *pukaw* '흰색' 이라는 단어를 알면 '그가 하얗게 된다' 라는 단어를 상상할 수 있는데—소위, *pumukaw*이다. 거꾸로 '그가 까맣게 변한다' 라는 뜻의 *ŋumitad*에서 '까맣다' 라는 단어 *ŋitad*를 찾아낼 수 있다.

한 사회의 구성원들이 지닌 반복되는 행위패턴에 초점을 맞추면—다른 말로 하면, 문화체계의 구조를 발견하려고 노력하는 일은 그 체계가 어떻게 움직이는 가를 이해하는데 도움을 준다. 이것은 우리가 언어라고 부르는 수천의 의사소통 체계에 특히 적용된다.

**말**(Speech)**의 해부와 생리**

말하기와 언어구사력 자체를 너무 당연히 인정하여 어떻게 소리가 만들어지며 그처럼 변화가 많은지를 궁금하게 생각하는 사람들은 매우 적은 숫자이다. 신경을 기울이지 않고 모국어 사용자는 자동으로 모국어를 구사하고 있는 것임에도 불구하고 일초마다 10~20개의 말소리를 내뱉는 것은 상당히 조화가 요구되는 일이고 입술과 횡격막 사이의 발음기관 중 여러 부분을 정확하고 올바른 위치에 놓아야 하는 일이다 (도형 4.1을 보라).

발성기관의 여러 부분이 주요한 기능으로 말소리 만들기가 아닌 점을 상기할 때 정교한 발성기관들의 운동 폭은 더욱 주목할 만하다. 예를 들어 말초신경의 촉각이 풍부한 혀는 미각을 맡고 있고 음식을 삼키며 치아의 주요 목적은 음식을 물어뜯고(앞니, 송곳니) 갈아 댄다(어금니). 간단히 말해서 말하기는 우리가 구강 혹은 발성기관으로 칭하는 것의 두 번째 기능이다.

여타 조직을 포함한 약 100개의 근육이 움직이는 복잡한 과정인 말소리는 정확한 동작의 연합이 필요하다. 말할 때 공기는 여느 때의 들숨보다 급하게 폐로 들어가고 날숨의 경우는 느리고 꾸준한 흐름으로 나온다. 기관지를 거치면서 공기는 허파로부터 나오고 기관지 상부에 위치한 후두부에서 중요한 변형을 거치게 된다. 후두부는 외부로 표시되는 목젖(Adam' s Apple)으로 알 수 있는데 성대(vocal cords)와 성대근(vocal folds)으로 불리는 두 장의 근조직을 갖고 있다. 성대근은 앞에서 뒤로 뻗어 있고 두 장의 성대근 사이의 늘어난 개구를 여닫는데 그것을 성문(聲門: glottis)이라고 칭한다. [음식물을] 마시는 동안 상(上)인두를 닫아서 성대를 보호하는 동시에 성대를 나란히 붙여서 폐에 액체나 음식 찌꺼기가 들어가지 못하게 막는다. 영어단어 *buzz*같은 **유성**음을 만들려면 성대의 (양)근육을 붙여서 그 사이로 공기가 흐르는 동안 진동하게 만들고, 속삭이면 성문이 좁아져서 성대가 닫히게 된다. 영어단어 *ship*의 초 · 종성 같은 **무성**음을 만들려면 성대가 벌어지나 근육이 긴장하고 보통의 숨쉬기 동안에

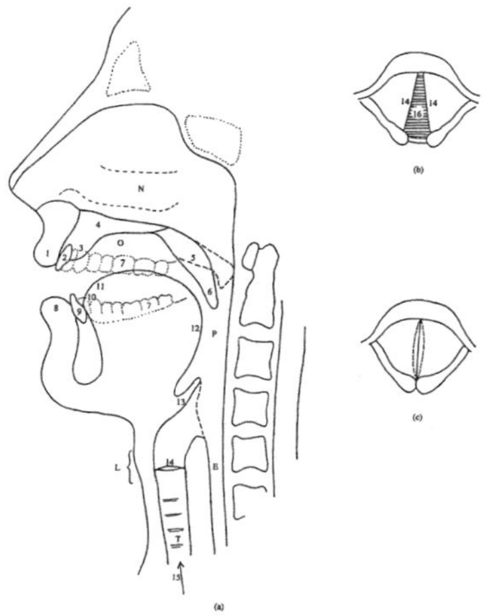


**도형 4.1**

발성기관 (a) 발성기관의 주요부가 잘 들어나게 인간의 두개골을 종단면으로 자른 모습. 폐와 횡격막은 이 그림에서 보이지 않음.

| | | | |
|---|---|---|---|
| E esophagus (gullet) | 식도 | 5 velum (soft palate) | 연구개 |
| L larynx (voice box) | 후두 | 6 uvula | 목젖 |
| N nasal cavity | 비강 | 7 molars | 어금니 |
| O oral cavity | 구강 | 8 lower lip | 아랫입술 |
| P pharynx | 인두 | 9 lower teeth (incisors) | 아랫니 |
| T trachea | 기관지 | 10 tongue tip | 혀끝 |
| 1 upper lip | 윗입술 | 11 tongue blade | 혀날 |
| 2 upper teeth (incisors) | 윗니 | 12 tongue root | 혀뿌리 |
| 3 alveolar ridge | 치경 | 13 epiglottis | 후두개 |
| 4 (hard) palate | 경구개 | 14 vocal cords | 성대 |
| | | 15 direction of outgoing air | 날숨방향 |

(b) 정상적인 숨쉬기 동안에 양 쪽 성대를 지닌 후두개의 모습.

(c) 위와 같은 모습이나 말하는 동안 성대가 떨고 있다. 할라(Bohuslav Hála)의 Uvedení do fonetiky češtiny, 프라하, 1962, p63에서.

는 이완되고 서로 사이가 떨어진다. 성대의 긴장도는 진동수를 결정하고 따라서 강세(pitch)가 결정되고 날숨의 힘은 소리의 크기를 조절한다.

후두를 지나 공기는 구강과 비강을 향해서 인두(pharynx)를 통과한다. 목젖 위의 연구개가 낮아지고 입술이 닫히면 공기는 스페인어의 *mañana* '내일' 의 자음 세 개와 영어단어 *king*에 나오는 종성 같은 비음을 만들면서 비강에서 흩어진다. 만일 연구개가 낮아지나 공기가 코와 입으로 동시에 탈출되면 콧소리가 나오는데 프랑스어의 *bon* '좋다' 같은 것이다. 전세계 언어 중 대부분에 해당하는 소리는 구강 소리이고 입을 통해 공기가 나오는데 왜냐하면 연구개가 완전히 올라가고 인두의 뒷벽에 닿아서 비강으로 [공기가] 흐르는 부분을 완벽히 차단하기 때문이다.

공기가 말소리 경로의 윗부분을 통과하면서 구강 내 연구개, 혀, 입술을 움직여서 수많은 변형을 꾀하면서 세계 언어의 수천가지로 상당히 변화 있는 소리가 만들어 진다. 이러한 소리는 발성법과 조음점에 따라 전형적으로 구별되어 있는데 [ ](꺽쇠괄호) 안에 집어넣고 음성기호로 전사된다.

**말소리의 조음**

말소리의 두 가지 주된 부류는 *모음*과 *자음*이다 (주석 참조). 모음을 만들면서 공기는 (구강모음 경우) 구강에서 (비모음인 경우에는) 코가 상대적으로 막히지는 않지만 흩어진다. 모음은 높여진 혀의 위치에 따라 입술모양이나 혀가 구개부에 어느 정도 닿느냐에 따라 구별된다 (표 4.1 참조). 또 다른 변수는 모음을 발음하는데 쓰이는 근육의 노력과 운동정도에 따른다. 혀의 긴장이 두드러지면 모음은 *긴장*모음이라고 하며 *beat*, *boot*에서 보인다. 만일 혀의 긴장이 없거나 거의 무시할 만 하면 *이완*모음이라고 부르는데 *bit*, *book*에 나온다.

하나의 발화가 개개 소리의 연속으로 간주될 수 있음에도 불구하고 대부분

### 표 4.1 조음점과 조음방법에 따른 모음 유형

| 조음점과 조음 방법 | | 모음 유형 | | | | |
|---|---|---|---|---|---|---|
| 만일 공기가 입을 통해서 나오면 | | 구강모음 | | | | |
| 만일 공기가 입을 통해서 나오고 또한 코를 통해서 나오면 | | 비음(화된)모음 | | | | |
| 혀가 들려진 부분에 따라 | | 전모음 | | 중모음 | 후모음 | |
| 입술의 위치에 따라 | | 평순모음 (펼쳐진) | 원순모음 | 평순모음 | 평순모음 | 원순모음 |
| 입속의 혀가 최고점에 위치함에 따라 (입천장에 혀가 닿아 좁아진 정도에 따라) | 고모음(폐쇄) | i *beat* | ü 독어 *kühl* '서늘하다' | ɨ 노어 бы ть 'to be; 이다, 있다' | ɯ 터키어에 있음 | u *boot* |
| | 중고모음 | ɪ *bit* | | ɨ *just* | | ʊ *book* |
| | 중모음 | e *bait*, 독어 *see* '바다' | ö 독어 *schön* '사랑스럽다' | ə sofa의 둘째 모음 | | o *boat*; 불어 *beau* '아름답다' |
| | 중저모음 | ɛ *bet* | ɔ̈ 불어 *peur* '두려움' | | ʌ *butt* | ɔ *bought* |
| | 저모음(개방) | æ *bat* | | a *body* | | ɒ *pot*, 런던 영어에서 *not* |

영어에서 모든 예를 구하기가 어렵다. 왜냐하면 상당히 다양한 방언 편차 때문이다. 예를들어, 동부 뉴잉글랜드 방언, 대서양 중부 해안 방언, 남부해안방언을 모국어로 쓰는 Mary, marry, merry는 상이하게 발음한다; 반면 미합중국 다른 지역에서는 통산 이 세 단어를 비슷하게 발음한다.

의 화자는 발화를 다소 큰 단위인 음절로 자연스럽게 자르는 경향이 있다. 충분히 쓰일 수 있게 하려면 음절(syllable)이라는 용어는 각 언어에서 개별적으로 정의될 필요가 있다. 그러나 일반적으로 하나의 음절은 하나의 핵으로 구성되는데 보통 모음이나 항상 그런 것은 아니고, 그 핵의 위치에 자음이 나오는 경우도 안나오는 경우도 있는데, 자음이 모음 앞에 혹은 뒤에 나온다. 다음 영어 단어 *a, on, me, pin, spin, drift, strengths* 모두 하나의 음절을 지니며 V, VC, CV, CVC, CCVC, CCVCC, CCCVC(C)CC로 각기 표시할 수 있다. *button*이라는 단어에서 두 번째 음절의 핵은 [n] 비음인데 *o*로 쓴 철자는 발음되지 않기 때문이다. 음절의 핵으로 기능하는 자음이 음절에 핵심을 구성하고 *음절자질*이 있다고 한다.

미국영어 방언들의 모음은 *linguistic anthropology*(언어인류학)이라는 단어에 있는 모음들처럼 [–ɪ–ɪ–ɪ–æ–ə–ɒ–ə–i] 대다수가 단독으로 나타난다. 그렇지만 종종 *bite, bout, boy*같은 단어에서 음절중심인 모음이 변한다. 이 세 단어나 이와 비슷한 낱말들에서 일어난 일은 첫째 음절에서 좀더 (음정이) 두드러진 부분이 둘째 부분으로 움직였고 둘째 소리는 짧고 덜 분별력 있다. 동일한 음절 내 [이러한] 모음변화를 *이중모음*이라고 일컫는다.

자음을 발음하면서 조음점은 후두부부터 입술까지 걸쳐 나오고 바로 입술이 발성기관 중 맨 나중에 소리를 조정하는 것이다(표 4.2). 조음방법은 조음기관에 의한 말소리에 따라 어떤 순간 일어나는 몇 종류의 압축을 칭한다(표 4.3 참조).

이곳에서 취급한 모음, 자음 유형은 단지 기초적 형태이다. 장음화, 비음화는 지나는 것처럼 소리들은 제2차 조음으로 변할 수 있다. 제2차 조음은 순음화, 구개음화, 연구개음화, 성문음화, 다른 방편으로 수정된 소리를 만든다. 어떤 자음들은 유기음이 따라 나오는데, 즉 들릴만한 숨소리가 섞여 나온다는 것이

**표 4.2 조음점에 따른 자음의 유형**

| 조음점 | 설명 | 자음 유형 | 예 |
|---|---|---|---|
| 성문 | 성대근이 마찰을 유도하게 끔 위치함 | 성문음 | 영어의 어떤 방언에서 bottle 같은 단어에 나오는 *t(-tt-)* 소리를 성문정지음이 대신함 |
| 인두 | 인두의 뒷벽이 혀 뿌리와 소리를 냄 | 인두음 | 아랍어에 흔함 |
| 목젖 | 혀의 뒷부분이 목젖(현옹수)과 함께 소리를 냄 | 연구개음 | 독일어에서 종종 듣는 *r* 소리 (유성음), 불어에서는 (무성음) |
| 연구개 | 혀의 뒷부분이 연구개와 함께 소리를 냄 | 연구개음 | *calf*의 첫 소리 |
| (경)구개 | 혀의 앞부분이 경구개와 함께 소리를 냄 | 구개음 | 독일어의 *ich* '나' 의 마지막 소리 |
| 구개와 치경이 만나는 부분 | 혀날(종종 혀끝)이 치경부와 소리를 냄 | 구개 · 치경음 | *ship*의 첫 소리 |
| | 혀끝, 구부러진 뒷부분이 치경부와 소리를 냄 | 설전음 | 인도사람들이 영어사용시 전형적으로 내는 t, d 소리 |
| 치경부 | 혀의 앞부분이 치경부와 소리를 냄 | 치경음 | *sit*의 첫 소리 |
| 치아 | 혀끝이 상부치아와 소리를 냄 | 치음 | 아일랜드 영어의 *t, d* 소리 |
| | 혀끝이 상부 치아와 하부 치아 사이에 위치함 | 치간음 | *thin, this*의 첫 소리 |
| 아래 입술과 상부 치아 | 아래 입술이 상부 치아와 소리를 냄 | 순치음 | *fan, van*의 첫 소리 |
| 입술 | 상부 하부 입술이 소리를 냄 | 양순음 | *bob*의 첫 소리와 마지막 소리 |

## 표 4.3 조음방법에 따른 자음의 유형

| 수축유형 | 수축유형의 하부단위 | 설명 | 자음 유형 | 설명을 첨가한 예 |
|---|---|---|---|---|
| 폐쇄 | 완전폐쇄 | 구강의 어느 부분이 완벽히 닫히고, 연구개가 들림; 갑작스런 공기의 방출 | 파열음 혹은 정지음 | *pick*의 첫 소리; 입술 폐쇄 |
| | 완전폐쇄 | 입의 어떤 부분이 완벽히 닫히고, 연구개가 내려가고 코를 통해 공기가 방출 | 비음 | *mom*의 첫 소리와 마지막 소리 |
| | 완전폐쇄 | 입의 어떤 부분이 완벽히 닫히고, 연구개가 올라가고; 공기가 점차적으로 방출 | 파찰음 | *judge*의 첫 소리와 마지막 소리; 혀날이 경구개의 전반부와 함께 폐쇄된다 |
| | 간헐적 폐쇄 | 조음기관이 느슨하게 펄럭이거나 조음기관 하나가 다른 하나를 두드림 | 떨림음(전동음) | 스코틀랜드 발음의 *r*소리 혹은 스페인어 *perro* '개' 의 *r*소리; 혀가 치경부에서 떨린다 |
| | 간헐적 폐쇄 | 조음기관이 입천장을 한 번 두드림 | 설탄음 | 영국영어 *very*에 나오는 *r*소리, 스페인어의 *pero* '그러나' 의 *r*소리; 혀가 치경부분을 두드린다 |
| | 부분적 폐쇄 | 입이 부분적으로 폐쇄되어 공기가 폐쇄부 한쪽 혹은 양쪽으로 빠져나감 | 설측음 | *law*의 첫 소리; 혀의 중간 부분이 입의 윗 부분을 건드린다 |
| 좁아짐 | | 구강의 어떤 부분이 좁아져서 가청수준의 마찰이 생김 | 마찰음 | *fuss*의 첫 소리와 마지막 소리; 공기가 아랫입술과 윗치아 사이로 나오고 혀 앞부분과 치경부 사이에서 비집고 나온다 |

다. 상대적으로 흡착음(clicks), 날카로운 빨아들이는 소리를 입술이나 혀에서 만드는데, 날숨보다 들숨에서 나오는 소리 역시 그 숫자가 적다. 가장 흔한 말소리와 그 변이형들이 국제음성학회(IPA)의 기호나 특수부호를 사용한 **음성**기호로 나타낼 수 있다. 다양한 기호와 특수부호는 세계의 언어에서 나오는 대다수(모든 소리라고 할 수 없지만)의 소리를 나타내는데 쓰인다. 국제음성 학회가

**상자 4.1 말하기 곡예**

말하는 것을 들을 때나 우리가 말을 할 때 소리는 입술, 혀, 연구개, 후두와 폐가 함께 동작하는 복잡한 체조 운동을 거쳐 나오는 것이다. 해부학적으로 독립적인 이러한 기관들은 가장 능숙한 발레댄서가 부러워할 만큼 정확하게 협력한다; 그러나 이 놀랄만한 운동은 몸이 둔한 사람이 모자를 떨어뜨리는 중간에도 말을 하게 마련이다. 대조적으로 가장 영리한 영장류(primates)조차 집중훈련에도 말소리를 숙달하지 못한다. 이로써 말하기 능력이 유전적으로 주어진 것이며 인간이 다른 포유류와 구별되는 특징 중 하나라는 것을 알 수 있다.

말하기에 관련된 근육운동이 전부는 아니다. 말은 인간이 뱉어내는 단순한 소음이 아니다; 그것은 의미를 전달하는 소리이다. 말이 어떻게 의미를 전달하는가는 수세기 동안 큰 수수께끼가 되어 왔다.

모리스 할레, *언어의 규칙* (1980), 54로부터

사용하는 특별한 글자나 특수부호가 항상 쓸 수 있는 것이 아니어서 경제적인 측면과 편의상 많은 미국 언어학자들은 국제음성학회 음성기호와는 일치하지 않는 기호를 몇 개 사용한다. 이러한 맥락에서 음성기호가 자의적으로 사용되고 있다는 것을 기억해야만 한다. 그러므로 원칙적으로 전사를 위해서 사용되는 하나의 음성기호는 하나의 기호가 하나의 소리를 나타내고 모든 기호가 조

심스럽게 정의되어 다른 음성기호와 동일하게 받아들일 수 있다.

조음음성학(articulatory phonetics)은 조음기관에 의해서 나오는 말소리를 연구하는데 언어 속에 있는 그대로의 자료를 조사하는 단 하나의 길은 아니다. 또한 음성을 물리적 자질들로 조사하는 것도 가능한데, 이것은 즉 음향음성학(acoustic phonetics)적인 관점에서 가능하다. 이러한 접근법은 소리의 자질을 눈으로 보여주는 소리분석기(sound spectrograph)를 사용해야 하는데 그 결과 소리분석사진(spectrogram)이나 소리판화(voiceprint)의 형태로 나온다. 소리분석사진은 소리를 삼차원으로 보여주는데, 시간(Duration)은 수평적으로, 주파수는 수직으로 강세는 명암으로 나타난다. 예를 들어, 각 모음은 훠먼트(formant)라고 부르는 몇 개의 공동 주파수에서 특징적으로 나타나는데 동일한 구강 모양으로 만들어진 모음의 상음(overtone)구조를 보여준다. 상이한 모음이 생산되는 동안 혀의 위치변화 때문에 훠먼트는 이에 따라 변화한다(상자 4.1을 보라)

**운율자질**

모음과 자음은 단어와 문장으로 결합된 분절음, 또는 분절단위로 간주할 수 있다. 즉, 말소리의 흐름에서 확인이 가능하고 (*part*에서 *p*–*a*–*r*–*t*또는 *slept*에서 *s*–*l*–*e*–*p*–*t*처럼) 단어에서 분리가 가능한 구별되는 단위이다. 그러나 한 특정 언어의 규칙에 따라 이러한 분절음들의 순서보다는 말소리에 그 무엇이 더 있다. 첨가되는 자질은 발화가 자연스럽게 들리고 의미를 지니려면 필수적인데 특히 강세(stress)와 운율고저(pitch)는 종종 *액센트*(accent)라는 용어와 합쳐진다.

음절 내에서 강세는 힘의 정도와 두드러짐을 표시한다. *under*라는 단어에는 주된 강세는 처음 음절에 있고 *below*라는 단어에는 둘째 음절에 떨어진다. "Will you permit me to use your permit?"이라는 문장은 동사인 *permit*은 명사인 두 번째 *permit*과는 상이한 강세가 놓인다. 어떤 언어학자들은 무려 4등급의 강세가 필요하고 (1)에서 (4)까지 표시하는데 단어 *dictionary*에는 (1434), 단어

*elevator operator*에는 (1434 2434)라고 표시해야 적정하다고 주장한다. 영어에서 강세 위치는 완벽하게 예상할 수 없다. 반면 체코(Czech)어에서는 주강세가 첫째 음절에 떨어지고 폴란드(Polish)어에서는 끝에서 두 번째 음절이나 마지막 음절에 떨어진다.

음절과 연관되는 변별적인 운율고저 단계를 성조(tone)이라 이른다. 중국 내 여러 방언 중 하나인 관어(官語: Mandarin)는 성조체계의 훌륭한 예이다. [관어는] 중국에 있는 다른 성조어나 방언보다 단순하고, 관어는 [만일 성조가] 없으면 구별이 안 되는 음절을 상대적으로 구별하는 4개의 운율고저 음조곡선(pitch contour)을 사용하여 구별한다(표 4.4를 보라).

대조적으로 영어의 운율고저 사용은 개별적인 음절과 연관되어 있지 않으나 발화할 때 억양유형이 다양하게 나타난다. 어머니에게 건넨 "누가 뛰어나갔어요, 어머니? Who ran off, Mother?" 라는 문장에 나오는 억양은 "네 누이동생이야. Your sister" 이라는 대답을 이끌어 낼 수도 있다. 상이한 억양을 지닌 동일한 질문인 "누가 뛰어 나갔어요—, 어머니야? Who ran off –, Mother?" 를 가족 중 어머니 아닌 다른 이에게 했다면 "그래, 쪽지도 남기지 않고 나가셨어. Yes, without even leaving a note" 라는 답을 끌어낼 수도 있다.

소리의 물리적인 지속시간을 양(quantity) 혹은 길이(length)라고 부른다. 영어에서 단모음 *bit*과 장모음 *beat* 사이의 차이는 그 차이가 단지 주로 길이 차이가 아닌데 그 이유는 두 모음이 다른 측면에서 차이를 보이기 때문이다. 그러나 *cattail* 내에 있는 자음 –*tt*– 는 *cattle* 내에 있는 –tt– 보다 다소 길다. Czech어에서는 그러나 길이가 대조적으로 나타난다. *lak* '사라지다' 라는 단어와 *lák* '식초에 절인 채소, (바닷물)' 은 길이로 인해 의미가 다르다. *dal* '그가 주었다' *dál* '아버지' 의 차이는 두 번째 단어가 위의 것이나 마찬가지로 모음이 길이가 긴 것 이외에는 비슷하다(전통적인 체코어 철자에서 모음 위에 특수부호로 '(콤마)를 찍는다).

**표 4.4 중국어(普通話)의 4가지 변별적 성조**

| 음절 | 성조 번호 | 약술 | 성조 부호 | 피치 | 병음 표기 | 뜻 |
|---|---|---|---|---|---|---|
| ma 媽 | 1 | high and level 높고 평탄 | ˥ | 5–5 | ¯ | mother 어머니 |
| ma 麻 | 2 | rising 상승 | ˧˥ | 3–5 | ´ | hemp 삼(마) |
| ma 馬 | 3 | falling, then rising 떨어 진후 오름 | ˨˩˦ | 2–1–4 | ˇ | horse 말 |
| ma 罵 | 4 | high falling 하강 | ˥˩ | 5–1 | ` | to scold 욕하다 |

성조표시는 보통의 강세에서 각 음절이 지닌 시간적 변화를 간략하게 적은 것이다. 성조표시에 있는 시간 – 강세(time – pitch) 도표는 왼쪽에서 오른쪽으로 그린 것으로 수직선이 강세범위의 참조잣대로 쓰이고 있다. 유사하게 강세변화는 1부터 5가지 숫자로 강세를 나타내는데 5가 가장 높은 강세이다.

어떤 언어학자들은 하나의 문법단위와 또 다른 문법단위를 표시하는 음성자질을 구별하는데—소위 연결점(junctures)이다. 영어의 예는 *nitrate*와 *night rate*, *I scream*과 *ice cream*, *an aim*과 *a name*같은 짝에서 들을 수 있는 차이이다.

## 음성에서 음소로

구별이 가능한 가장 작은 분절음이 **음성**(phone)이다. 하나의 말소리는 물리적(物理的) 사건으로 간주된다. 특정언어에서 소리의 연속체는 말이나 발화를 구성한다. 각 발화는 독특하다. 각각 상이한 상황은 아닐 수 있어도 적어도 상이한 시점에 발화가 이루어진다. 그러나 사람들은 말소리를 매번 들을 때마다 상이한 것으로 반응하지 않는다. 예를 들어 "Where have you been?"이나 "I have no time just now"같은 문장은 남 · 여 어린아이 또한 명쾌한 발음이건 거친 발음이건 개의치 않고 매번 동일한 것으로 취급한다. 객관적으로 상이한 것에도 유사한 것이 있기 때문에 말소리나 음성은 적당한 음성기호로 표시하는 것이 가능하다. 언어인류학자는 계속적인 분석을 위해 말소리의 예를 획득하려할 때마다 단어나 발화를 음성(音聲)전사한다.

*papaya, pepper, pin, spin, up, upon*같은 영어 단어를 보자. *pin*에 있는 *p*소리는 공기를 뿜어내는 동작이 뒤에 이어진다. 그 뿜어내는 동작은 *spin*에서는 전혀 없다. 두 단어 내에 있는 *p* 소리의 차이는 엄지와 검지로 종이를 들고 입술 앞에 약 2인치 정도 띄어놓고 수직으로 세운다음 두 단어를 발음하면 쉽게 나타날 수 있다. 공기를 뿜어냄은 유기음이라 하는데 *pin*에서 *p*소리에는 종이가 출렁이지만 *spin*에서는 종이가 움직이지 않는다. 우리는 동일한 차이를 *pair, peck, peer, pike*에 있는 *p*와 *spare, speck, spear, spike*에 있는 *p*에서 찾아볼 수 있다.

*upon*이라는 단어에서 *p*소리는 *pin*에서의 소리처럼 두드러지게 유기음이 나오지만, *papaya*에서는 단지 둘째 음만이 강하게 유기음화되어 있다면 첫째 *p*는 약하게 유기음으로 바뀐다. *pepper*에서는 그 순서가 뒤바뀐다. *up*이라는 단어에서는 특히 "Let' s go up!" 같은 문장의 끝에서 발음이 방출되지 않고 묶이는데 입술은 다음에 나오는 침묵을 예상하여 그저 닫혀있게 된다.

이와 같은 음성적으로 유사한 분절음을 일반화시키기 위해서 우리는 *p*소리에 적어도 네 가지 변이형태가 있다고 말할 수 있다: *s*가 앞에 오지 않는 강한 강세의 모음 앞에 있는 유기음 [pʰ] (*papaya*의 두 번째 *p*처럼 *pepper, pin, up*에서 첫째 소리), 약한 강세가 있는 모음 (*papaya*의 첫째 *p, pepper*의 둘째 *p*) 앞에서 약하게 유기음화된 [p], *spin*처럼 모음 앞에 동일한 음절 내 *s* 다음에, *p*가 나오는 경우 상대적으로 적은 근육이 움직이나 날숨이 요구되는 무기음 [P], 문장 끝에 방출되지 못한 [p ˺], 물론 따라 나오는 소리에 따라 [pʰ]나 [p] 소리 역시 날 수 있다. (다른 세부적인 잡다한 것은 설명하기 보다는 원리를 밝히기 위해서 영어 *p*의 소리와 그 변이형을 출현정도는 단순하게 처리되었다).

다음 음성적으로 [$p^h$ɪn], [sPɪn], [bɪn]으로 전사되는 *pin, spin, bin*을 보라. *pin*의 *p*와 *bin*의 *b* 사이의 차이는 [$p^h$], [p] 차이나, [$p^h$], [P] 사이의 차이와는 명백히 다른 종류의 차이가 있다. 첫 소리로 *b*나 *p*를 선택하여 화자는 영어어휘 *bin, pin*이 상이한 의미를 갖는 점을 구별하고 있다. 혹자가 *pin, spin*에서 *p*소리를 서로 바꾼다고 할지라도 [Pɪn], [s$p^h$ɪn]으로 의심없이 그 사람을 이해할 수 있고 아마도 청자는 영어가 화자의 모국어가 아니거나 그 사람은 외국인의 악센트를 흉내내려는 것으로 파악할 것이다. 사실 영어를 모국어로 쓰는 자는 [P]와 [$p^h$] 구별은 전혀 의식적으로 하지 않는다. 동일한 음절 내에서 *s*소리가 앞서 나올 때마다 모음 앞에 [P]를 집어넣고, 만일 강하게 강세가 있는 모음은 후자인 [$p^h$]를 집어넣는다.

영어를 참조하여—왜냐하면 모든 언어는 반드시 자신의 용어로 조사되고 분석되어야 하기 때문에—언어학자들은 *bin*의 *b*소리와 *pin*의 *p*소리를 대조적인 두 개의 소리단위로 설정하는데 그것이 **음소**(phoneme)이다. 언어학자들은 *p*소리의 변이형으로서—[$p^h$], [P], [p], [p˺]를 p의 변이음 (allophones)이라고 구별한다. (표시는 사선 내에 있는 기호가 음소라는 것을 나타낸다). 다르게 말하면 영어 음소 /p/를 나타나는 음성적으로 유사한 일군의 소리를 표시하는 기호로 쓰이고 있다. 만일 동일한 음성적 환경에서 전혀 나타나지 않는다면 대상소리들이 상보분포(complementary distribution)를 이룬다고 한다—예를 들어 단순하게 설명하면 [p]는 항상 *s* 다음에 나온다. 그 환경은 [$p^h$]소리가 전혀 나올 수 없다. 만일 하나의 소리가 다른 하나를 대치할 때, 의미변화가 없다면 대상 소리들은 자유변이 내 있다고 한다. 그러나 *bin*의 [b]와 *pin*의 [$p^h$]처럼 두 소리가 만일 대조를 보인다면—즉, 소리 하나를 다른 소리로 대치하여 의미변화를 초래한다면—그 두 소리에 음소라는 지위를 부여할 만 하다 (다시 말하면, 실제로 그 두 소리는 두 음소의 변이음이다).

하나의 특정한 언어에서 음운대조를 이루는 가장 간단한 방법은 소리의 최소 짝을 보면 된다. 그 최소의 짝 내에 각 단어는 상이한 뜻을 지니고 있으나 단 그 변화는 하나만 소리가 바뀌어서 일어난다. *bit, bet, bat, butt*에서 우리는 모음 4개 사이의 음운 대조를 설정하게 된다. 자음의 경우로는 (철자가 아닌) 첫째 소리가 다음 낱말들에서 대조를 이루고 상이한 영어음소로서 지위를 부여할 수 있다: *by, die, fie, guy, high, lie, my, nigh, pie, rye, shy, sigh, thigh, thy, tie, vie, why* 단어에서 다음과 같은 음소가 나온다. /b, d, f, g, h, l, m, n, p, r, š, s, θ, ð, t, v, w/.

음운분석에 놓여 있는 기본적인 원리를 밝히기 위해서 명확한 이유로 우리는 영어를 사용해 왔다. 그러나 언어인류학자들은 전에 기술된 적이 전혀 없는 언어를 사용하는 민족들을 연구하면서 생경한 상황을 전형적으로 맞게 된다. 한 언어의 철저한 음운분석은 그저 최소의 짝을 찾아 적는 것 이상이 들어 있다; 여러 주 동안 수고하여 대조적인 음성을 듣고 단어와 발화를 되풀이 하여 듣고 테입에 녹음한다. 작업의 초기단계에서 상당량을 음성전사하게 된다. 다음과 같은 것들이 설정되는데: 변별적 소리, 음소가 언어 내에 설정되고, 그 발화를 특징짓는 운율자질, 각 음소의 주요 변이음과 변이음이 나타나는 음성적 환경; 음소의 유형—모음, 자음, 그리고 그 하부적인 분류에 의한 단위, 음소 결합의 규칙과 또 좀더 큰 단위의 결합규칙 등이다. 그 후에 언어인류학자를 위한 실질적 과제는 적절한 알파벳을 고안하여 이제는 다시 되돌릴 수 있는 초기 단계의 음성전사 없이 그 언어를 음운적으로 전사할 수 있다. 영어에서 /p/를 쓰면 우리는 이제 이 음소가 어떤 조건에서 다음 4개의 변이음 $[p^h]$, [p], [P], [p˺] 중 하나로 실제 나타나게 되는 것을 알고 있다.

동일한 음소가 영어사용자 모두를 반드시 특징짓는 것은 아니라는 사실을 기억하는 것이 중요하다. 영국영어, 호주영어 등이 미국영어와 다르다는 것은 일반적으로 알려진 사실이다. 특히 모음에 관해서 이러한 차이는 여러 개의 방언으로 존재한다. 일반적으로 각 언어는 변별적 소리의 독특하고 개괄적인 체계를 지닌다. 스페인 어에서 예를 들어 영어단어 *beat*에서 나오는 모음을 개략적으로 그릴 수 있으나 영어 모음 *bit*에 해당하는 스페인어 모음은 없다. 이와 같이 유사한 차이가 "당연한" 실수인데 마치 *mill*을 *meal*같이 발음하면서 영어를 배우는 스페인어를 모국어로 사용하는 사람들이 만든 실수이다. 스페인어 사용자들의 [자국어에 들어있는] 습관이 배우는 말이나 친숙하지 못한 언어에로 옮아간다.

한 언어와 그 언어의 소리변화 또 그 언어나 연관된 서너 개의 언어에서 오랜 동안 나타난 소리변화에 대한 음성학(phonetics)과 음운학(phonemics) 연구를 **음운론**(phonology)이라 칭한다.

**표 4.5 미국영어의 전형적인 모음음소**

| 음운기호 | 예 |
|---|---|
| 단모음 | |
| /i/ | bead |
| /ɪ/ | bid |
| /e/ | bade (*made*와 같은 운율) |
| /ɛ | bed |
| /æ/ | bad |
| /ʌ/ (강세가 없으면=/ə/) | bud |
| /a/ | body |
| /u/ | boot |
| /ʊ/ | book |
| /o/ | bode |
| /ɔ/ | bought |
| 이중모음 | |
| /aɪ/ | bite |
| /aʊ/ | bout |
| /ɔɪ/ | boy |

**표 4.6 미국영어의 자음음소**

| 음운기호 | 예 |
|---|---|
| /p/ | *p*it, su*pp*er, ri*p* |
| /b/ | *b*it, fi*b*er, ri*b* |
| /t/ | *t*ip, mea*t*y, ki*t* |
| /d/ | *d*ip, o*d*or, ki*d* |
| /k/ | *c*ap, lo*ck*er, pi*ck* |
| /g/ | *g*ap, so*gg*y, pi*g* |
| /č/ | *ch*in, it*ch*y, ri*ch* |
| /ǰ/ | *g*in, pu*dg*y, ri*dg*e |
| /f/ | *f*at, go*ph*er, belie*f* |
| /v/ | *v*at, i*v*y, belie*v*e |
| /ɵ/ | *th*in, ei*th*er, brea*th* |
| /ð/ | *th*en, ei*th*er, brea*th*e |
| /s/ | *s*eal, i*c*y, hi*ss* |
| /z/ | *z*eal. co*z*y, hi*s* |
| /š/ | *sh*ow, po*ti*on, ru*sh* |
| /ž/ | –, lei*s*ure, rou*g*e |
| /h/ | *h*asp, a*h*oy, – |
| /m/ | *m*oon, si*mm*er, loo*m* |
| /n/ | *n*oon, si*nn*er, loo*n* |
| /ŋ/ | –, si*ng*er, ki*ng* |
| /l/ | *l*imb, mi*ll*er, ree*l* |
| /r/ | *r*im, mi*rr*or, rea*r* |
| /w/ | *w*et, lo*w*er, – |
| /y/ | *y*et, la*y*er, – |

## 영어의 음소

영어의 방언은 미국 내에서도 모음에 따라 다소 차이가 있다. 표 4.5에 있는 조음 상 음운목록은 전부는 아닐지 모르나 대다수의 미국영어 사용자들의 모음을 보여준다. 이 목록은 이중모음 3개가 들어 있다.

미국영어에 나오는 자음음소의 목록이 표 4.6에 있다 (가능하면 각 음소가 단어의 처음, 중간, 끝에 나오도록 예를 들었다).

## 비교 음운론

영어의 음운체계는 다른 언어의 음운체계들과 어떻게 비교가 가능한가? 분절음의 숫자로 보면 세계언어 대다수에 견주어 볼 때 분절음의 숫자가 중간 정도에 속한다. 317개의 개별언어로 된 음운목록에 기초한 조사에 의하면 (Maddieson 1984) 어떤 언어는 단지 여남은 분절음(소)만 지닌 반면(대부분은 인도-태평양과 호주어족 Indo-Pacific & Austronesian language families인데) 어떤 언어들에는 100개의 음소 이상 넘는 언어도 약간 있다(남아프리카 내 코이사(Khoisa) 어족). 음운목록에 나오는 자음의 평균치는 20에 가깝고(22.8), 모음의 평균치는 9에 가깝다(8.7). 대부분의 언어에서 자음 개수는 모음의 개수보다 2배 이상이다. 가장 흔한 자음체계는 5-11개의 파열음(정지음)인데 파찰음을 포함한 숫자이고 하나에 4개의 마찰음; 2에서 4개 정도의 비음; 다른 유형의 자음은 4개이다. 가장 흔한 모음은 평순전설고모음, 원순후설고모음, 평순전설중모음, 원순후설중모음, 평순중설저모음으로 분류되는 것들이다. 영어에 있는 분절음 목록은 세계 언어중 대다수 언어들의 소리체계와 유사하다. 그렇지만 영어가 전형적인 언어라고 하는 것은 아니다. 모든 언어가—정말 인간의 언어라는—보편적 주제로 볼 때 변별적인 차이가 있음에도 불구하고 각기 독창적 구조를 이루는 특수한 자질을 지닌다.

## 에틱스와 에믹스 (Etics and Emics)

우선 음성학과 음운학 사이의 차이를 간략하게 살펴보자. 한 특정 언어의 음성전사(기술)는 그 언어의 소리 안에 들리거나 인식이 가능한 차이를 설명하려는 시도이다. 예를 들어 영어단어의 pike와 spiked (첫째는 [pʰ]로 유기음화 되어 있고, 두 번째는 [p]로 유기음이 없다)에서 p로 철자된 소리의 차이와 *shoot*와 *sheet*의 첫째 자음인 *sh*(첫째 [š°]인데 원순모음이 따라 나오니 입술이 둥글게 소리 나고, 둘째 [š]

는 평순모음을 예상하여 입술이 퍼져 소리 난다)의 차이도 영어의 음성전사는 기록이 가능하다. 대조적으로 여기의 네 음소를 음운전사하면 단어의 짝으로 맞추어 /p/와 /š/가 되는데 왜냐하면 영어에는 [pʰ]와 [p] 소리와 [š°]와 [š]는 *sin*, *sing*에서 /n/과 /ŋ/ 사이에서 나타난 의미 차이같이 뜻을 가르지 않는다.

*에틱*(etic)과 *에믹*(emic)이라는 용어는 (*에틱스*와 *에믹스*가 명사에 해당하는데) phon*etic*(s)과 phon*emic*(s)에서 나왔고 언어학자 파이크(Kenneth L. Pike, 1912-2000)가 언어연구와 인간행동의 구조이론과 연관지으려는 시도로 한 작품(1954)에서 단어로 만들었다. 파이크(1967)에 따르면 언어와 문화에 관한 에틱/에믹 접근법에는 서너 가지의 중요한 차이가 있다. 예를 들어, (언어를 포함한) 외부의 특별한 체계에서 연구하는 사회과학자는 에틱 방법을 따르는데 왜냐하면 사회과학자가 사용하는 단위는 미리 앞당겨 사용이 가능하기 때문이다. (마치 세상에 있는 수많은 언어에서 나오는 다양한 소리들을 음성기호로 표시하는 것처럼). 대조적으로 에믹 방법은 내부로부터 연구를 수반한다: 에믹의 단위는 하나의 특수한 체계[예, 언어, 신화 등]를 분석하여야만 밝혀진다 (언어학자는 분석의 결과 언어의 음소를 찾아낸다). 게다가 에틱 방법은 잠재적으로 비교문화적이고 자체가 비교적인데 한번에 여러 언어나 문화에 적용할 수 있는 점에서 그렇다; 반면, 에믹 접근법은 언어에 혹은 문화에 개별적인데 왜냐하면 한번에 오직 하나씩 적용할 수 있기 때문이다. 더욱이 에틱 접근법의 기준은 직접계량이 가능하고 절대적이라고 간주 될 수 있다: 예를 들어 영어와 체코어는 음성기호로 [m], [n], [ŋ]으로 표시되는 소리가 있다. 그러나 에믹 기준에서 보면 상대적이다. 영어에는 /m/, /n/, /ŋ/가 sum, sun, sung에서 같이 음운적으로 변별적[의미를 구별하는]인데 체코어에서는 /m/, /n/만이 변별적이다. 왜냐하면 [ŋ] 소리는 체코어에서 (연구개 자음 앞에서만 나오는) /n/의 변이음이다. 물론 한 언어를 모국어로 쓰는 사람은 자신의 모국어 음운체계를 알지 못하고 알아야 할 필요도 없다. 그들은 어린시절 모국어를 배울 때 그 체계를 내재화한다.

에틱과 에믹 사이의 차를 예시하는 또 하나의 방법은 영어를 모국어로 하는 사용자가 자신들의 메시지를 에틱하게 기호화하는 법을 지적하는 것이다. 물론 그들이 어떤 *p*는 강하게 유기음화하고 어떤 것들은 약하게 유기음화하며 (*s* 다음에 동일 음절에서 나올 때) 다른 *p*는 전혀 유기음으로 만들지 않지만 변별자질에만 주의를 기울이면서 에믹하게 그 소리들을 무의식적으로 풀어낸다 (*bunch*, *punch*나 *best*, *pest*에서 /b/와 /p/의 유무성이 구별되는 것처럼).

에틱과 에믹 개념을 문화연구에 파이크가 확장하면서 다른 학자들이 자신의 전문분야에 이 개념을 적용하게끔 자극했다. 고고학자인 디츠(James Deetz, 1967:83-93)는 고고학에서 사실과 사실소(factemes)와 이형사실(forms, formes, affoforms에서도)을 구별하기 바란다고 제안한다. 디츠가 뜻하는 바를 위의 용어로 보여주기 위해서 화살촉에 예를 들어보자. 어떤 것들은 평평한 측면이 있으나 다른 것들은 화살촉 끈 가까이 브이(V) 형 금이 새겨져 있다.

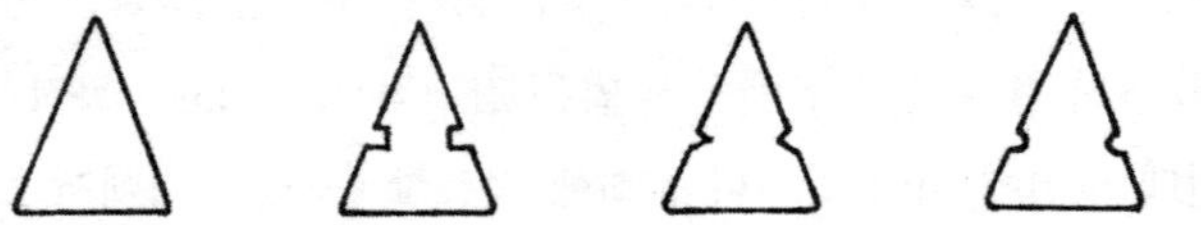

브이(V)형으로 새긴 금이 화살촉을 화살에 매는데 쓰이기 때문에 (음소 개념에 유추하여) 그 금이 기능상 중요하고 하나의 사실소(facteme)를 구성한다고 말할 수 있다. 그러나, V형으로 새긴 금의 형태가 다르게 나타난다. 어떤 것은 네모지고 어떤 것은 삼각꼴이고 어떤 형태는 곡면이다 등. V형으로 새긴 금의 변이형태는 (변이에서 유추하여) 이형사실(allofacts)을 구성한다. 형태와는 무관하게 어떤 개별적인 V형으로 새긴 금이 (음성에서 유추하여) 사실(fact)이라고 부를 수 있다. 이러한 술어에서 사실은 에틱 단위이고 사실소는 에믹 단위이며 이형사실은 에틱 요소가 에믹 단위를 구성하는 하나의 집단을 나타낸다.

유사한 모양으로 민속학자 던디스(Alan Dundes)는 주제(*모티브, motif*)라는 인정받는 용어에 보조하기 위해서 주제소(*모티펨, motifeme*)과 이형주제(*알로모티프, allomotif*)라는 용어를 만들었다. 예를 들어 세계에 산재하는 민속우화는 "주인공이 힘들고 위험한 시험을 당한다" 같이 기술할 수 있는 주제소(모티펨)를 갖고 있다. 이 시험은 상당히 많은 수의 형태를 취하는데 각기는 그 주제소의 이형주제가 될 수 있다. 예를 들어 붉게 달궈진 돌을 삼키기, 남편들과 애인들을 이빨이 달린 여성의 음부(膣)로 죽인 여자 속이기, 삶은 달걀 부화하기, 소매에 물을 담아 옮기기 등 수백 가지 방법으로 주인공을 시험한다. 주인공을 시험에 빠뜨리는 각각의 이야기는 우화에서 하나의 주제가 나타나는 경우를 보여주고 있다 (Dundes 1962).

비구전 행위의 연구는 어떻게 접근하는가—에틱하게, 에믹하게 혹은 양쪽을 다 써서—어떤 접근법이 문화를 기술하는데 이들 중 가장 적절한가? 이와 관계있는 질문들이 인류학자 사이에서 해결되는 것은 아직 거리가 멀다는 사실이 사반세기 이상 지속되어 온 격론에 비추어 볼 때 자명하다. 이 주제에 관한 최근의 토론은 1988년 미국인류학회 연례회에서 있었는데 그때 8명의 학자가 에틱스 - 에믹스 심포지엄에서 발제하면서 서너 분야에서 참여하였다 (그 후 이 논문들은 출간되었는데, Headland, Pike and Harris 1990을 보라).

논쟁의 정점은 에틱스의 지위와 관련 있다. 에틱 기술은 에믹 체계를 발견하기 위한 준비과정에 지나지 않는가? 혹은 둘 다 모두 동일하게 중요한 분석인가? 해리스(Marvin Harris)가 가장 높이 주장하는 인류학에서 문화물질주의 연구전략(cultural materialism research strategy)에 미루어 "에틱 분석은 … [단지] 에틱 구조를 찾아내는데 … 하나의 징검다리이다 … 그 의도는 에틱스를 에믹스로 에믹스를 에틱스로도 바꾸려는 것이 아니라, 양쪽 다 기술하거나 다른 한 쪽의 견지에서 만일 가능하다면 나머지 하나를 설명하려는 것이다" (Harris 1979:36). 그리고 더하여 파이크에게 *에틱스*는 일부가 음성단계에서조차 생경한 소리체계에 부정확하게 적용되는 관찰자의 에믹스이다 … 만일 파이크가 의미하는 *에틱스*가 관찰자의 에믹스에 지나지 않는다면 *에틱스*라는 용어는 무슨 이유로 소개하는 수고를 무릅쓰겠는가? 왜 단순하게 '관찰자의 에믹스' 대 '토착민 참여자의 에믹스' 이라는 대립으로 만족하지 못하는가?"(Harris 1990:49). 해리스에 따르면 훌륭한 인류학적 보고서는 한편으로 관찰자가 그 자신의 객관적인 능력을 최대한 발휘하여 듣고 보아왔던 것(따라서 독자적으로 증명될 수 있는 것)과 또 한편으로 토착 정보제공자가 자신들의 문화에 대한 평가를 내리는데 토착 정보제공자 머리 안에 있는 것 사이의 차이를 구별해낸다고 보았다. 에틱 분석은 따라서 그 자체로 하나의 목적으로 간주하여야 한다.

에틱스 – 에믹스 논쟁의 세부적인 논점은 상당히 기술적인 부분이므로 언어인류학 소개에는 벗어나는 차원의 것이다. 대체적으로 에틱 접근법과 에믹 접근법 사이의 차이는 비구전 문화행위보다는 언어자료에 더 쉽사리 적용할 수 있다.

## 종합과 결론

참여자 관찰로 행해진 민족지학 연구를 위해서 인류학자들은 그들이 연구대상으로 하는 민족이 사용하는 언어를 통달할 만큼 알아야 한다. 언어인류학자에게는 언어 사이에 있는 구조적 차이를 언어분석이나 평가하는 방법론에 익숙한 것은 필수적이다.

말소리는 성대와 입술 사이에서 날숨이 발성부를 지나면서 다양한 변형으로 만들어진다. 말소리의 주요한 두 갈래는 모음과 자음이다. 모음은 주로 액센트(accent)와 유관하며, 강세(stress), 성조(pitch), 혹은 양쪽의 혼합 형태를 취할 수도 있다. 변별적인 성조 높낮이를 이용하는 언어를 성조어(tone languages)라고 하고 가장 잘 알려진 예는 중국에서 쓰이는 언어에서 볼 수 있다.

언어의 소리분석은 어떤 음성 차이가 대조적 (변별적, 의미상 중요한가)인가를 결정하는 것을 포함한다. 즉, (영어의 [b]와 [pʰ]가 *bull*과 *pull*에서 차이를 보이는 것처럼) 음운학적으로 다르고 예측이 가능하며 혹은 (예를 들어 *span*과 *pan*에서 나오는 [p]와 [pʰ]처럼) 변이음이다. 각 언어는 특징적인 음운체계가 있다: 한 언어에서 둘 이상 변별적인 음소라고 할당할 수 있는 소리는 다른 언어에서 한 음소의 변이음이 될 수도 있다. 한 언어의 소리체계에서 최소의 짝으로서 음소가 전통적으로 정의 되어 왔음에도 불구하고 음소는 변별자질로 더욱 분해가 가능하고 그 음소 각각은 하나의 묶음이다. 언어 당 분절음인 음소의 숫자는 상이한데 단지 음소 여남은 개에서 100개 이상일 수도 있다. 그러나 대다수의 언어(70%)에서 보이는 음소목록은 20개에서 37개 분절음 사이에 위치한다.

음성과 음운분석 접근법은 *에틱*과 *에믹*이라는 용어 하에서 언어연구로부터 문화의 비언어적 측면으로 확대되어 왔다. 에틱스와 에믹스 모두 기술적인 면이 수십 년간 채택되어 왔음에도 불구하고 모든 학자들은 에틱스, 에믹스의 지위와 상호관계에 동의하지 않고 있다.

[4장의 부록]

## 변별자질과 음운규칙

음소가 말소리의 가장 작은 단위로서 정의되고 음성전사에 쓰임에도 불구하고—비전문적인 용법으로 원자는 가장 작은 물질입자를 지칭한다—음소를 변별자질의 묶음으로 보는 견해는 1930년대 초기까지 거슬러 올라간다. 그 개념은 어떤 언어이든지 일군의 음소는 언어사용자가 대조적인 소리단위로 구별함에도 불구하고 약간의 음성자질을 공통으로 지니고 있다. 예를 들어 영어에서 /p/, /b/는 모두 양순음(연구개음이 아닌), 구강(비음이 아닌), 파열음(마찰음이 아닌)이나, /p/는 무성음이고 /b/는 유성음이다. 따라서 pin, bin 사이의 차이, pit, bit에서 차이가 나타난다. 변별자질은 통상 하나의 자질이 있으면 양(+)의 값을,

그 자질이 없으면 음(−)의 값으로 매기는 양분(binary) 속성이 있다고 간주한다. 변별자질이 성격이 음성적인 술어인지 조음상의 기준에 의거한 것인지 둘을 결합한 것인지에 대한 일반적인 합의에 이르지 못했다.

영어의 자음음소 중에는 네 개의 파열음, 혹은 정지음이라고 부르는 /p, b, t, d/가 있고 네 개의 마찰음 /f, v, s, z/가 다음과 같은 조음자질로 독특하게 정의되어 있다:

| | /p | b | t | d | f | v | s | z/ |
|---|---|---|---|---|---|---|---|---|
| 유성성(voiced) | − | + | − | + | − | + | − | + |
| 파열성(plosive) | + | + | + | + | − | − | − | − |
| 치경성(alveolar) | − | − | + | + | − | − | + | + |

위에 없는 분절음들을 정의하려면 추가적인 자질들이 소개되어야 할 것이다. 예를 들어 자음성(consonantness)을 넣으면 다른 자음들은 물론 위의 8개 자음에 /n/ 음소를 더하면 8개 자음은 "− 비음성"이므로 "+ 비음"이란 자질이 요구된다.

소리와 소리군 사이에 체계적인 관계를 경제적으로 기술하기 위해서 언어학자들은 음운규칙으로 요약하고 있다. 영어에 적용되는 그러한 규칙 중 하나는 다음과 같이 공식으로 쓸 수 있다:

/p/ → [− 유기음화] / [s] ____________,

화살표는 " ~으로 된다"라고 읽고 사선 "/ "은 " ~조건 하에서"라고 읽는데 즉, 음소 p는 s에 따라 나오면 유기음화되지 못한다가 위의 규칙이다. 다시 바꾸면, 다음과 같다.

$$/p/ \rightarrow [+\text{유기음화}] / \$ \_\_\_ \acute{V}, \text{ 혹은}$$

$$/p/ \rightarrow [p^h] / \$ \_\_\_ \acute{V}$$

$는 음절 경계를 V́는 강세가 있는 모음을 각기 나타낸다. 이 규칙에 따르면 p 음소는 음절경계에 나오나 강세모음을 뒤에 갖고 있으면 유기음화된다. 이러한 규칙은 영어의 /t/와 /k/ 음소 역시 포함시킬 수 있다.

$$\begin{bmatrix} +\text{파열성} \\ -\text{유성성} \end{bmatrix} \rightarrow [+\text{유기음화}] / \$ \_\_\_ V [+\text{강세}]$$

## 일러두기와 앞으로 독서를 위한 제언

언어학 교과서는 상당히 여럿이다. 고전으로서 두 권이 사피어의 언어(Sapir 1921)와 블룸필드의 언어(Bloomfield 1933)이고 전후 그러나 촘스키 전에 나온 두 권의 훌륭한 책은 하케트(Hockett 1958)와 그레아슨(Gleason 1961)이다. 최근이나 현재 쓰이는 교과서로는 꽤 얇은 책부터 상당히 종합적인 책으로는 레흐만(Lehmann 1983); 허드슨(Hudson 1984); 아크마지안, 디멀스, 파머, 하니쉬(Akmajian, Demers, Farmer, Harnish 1990)와; 파커(Parker 1986)가 있다. 일반적 참고서로는 크리스탈(Crystal 1991)을 찾을 수 있고 특히 크리스탈 1987년은 훌륭하다. 좀더 특수한 부분을 다룬 것은 음성학은 래더포게드(Ladefoged 1982), 음운론은 라스(Lass 1984); 영어 음운론은 촘스키와 할레(Chomsky and Halle 1968)가 있다. 브라이트(Bright)의 4권으로 된 백과사전은 언어학의 제반분야를 취급한 훌륭하고 의존할 만한 참고문헌이다.

어떤 언어학자는 한편 음성학적 모음(vocoids)와 모음을 또 한편으로는 음성학적 자음(contoids)과 자음을 구별한다. 이러한 구별이 만들어지면 음성학적 모음과 음성학적 자음(vocoids, contoids)은 음성적 용어로 정의된 말소리를 지칭하고 음성자체로서 간주되는데 반하여 모음 자음은 한 특정 언어의 소리구조라는 관점에서 정의된 분절음을 지칭한다. 즉, 음운론적 실체로서 간주된다.

영어모음체계를 분석하는데 어떻게 하면 가장 나은 방법인가에 대한 합의된 바는 전혀 없다. 예를 들어 광범위하게 받아들이는 분석으로는 *pit*과 *peat*의 모음이 음운적으로 /i/와 /iy/로 각기 표시되나 다른 분석에서는 /ɪ/와 /i/로 해석된다. 아니면 /i/와 /i:/으로 해석된다. 그렇지만 우리의 목표는 색다른 해석이 존재한다는 사실을 주지하는 것으로 족하다.

## 연습문제

독자가 이번 4장에서 나온 표의 내용을 비영어자료에 적용하도록 가능하게 하기 위해서 문제 5개가 아래 나온다. 답은 책 뒤에 참고문헌 후에서 찾아볼 수 있다.

문제 1

원더리 책(Wonderly 1951a, 1951b)에 근거하여 소께(Zoque)어에서 이 문제를 구성했다. 그 언어는 미세 – 소께(Mixe – Zoque) 어군에 속하는 남부 멕시코에서 사용되는 말이다. 소께어의 소리에는 [c] (체체tsetse [파리의 일종]에서 소리 나는 자음) 치경무성 마찰음과 치경유성 마찰음 [ʒ]가 있다. 아래 자료를 통해서 [c]와 [ʒ]가 한 음소의 변이음인가 (즉, 상보분포 속에 있다는 말) 혹은 상이한 두 개의 음소인가? (즉, 대조를 이루는가) 답을 구하고 설명하라.

| | | | |
|---|---|---|---|
| 1. ʔakaʔŋʒʌhk – | '둥글다' | 7. nʒʌhku | '내가 그것을 했다' |
| 2. ʔaŋʒoŋu | '그가 답했다' | 8. nʒima | '내 호리병박' |
| 3. camʒamnayu | '그가 잡담했다' | 9. nʒin | '내 소나무' |
| 4. cap | '하늘' | 10. pac | '스컹크' |
| 5. caʔ | '돌' | 11. puci | '쓰레기' |

6. cima　'호리병박'　　12. wanʒʌʔyu　'그는 노래를 그쳤다'

문제 2

체코어는 인구어족 중 서슬라브어이고 체코공화국에서 쓰인다. 체코어에는 다양한 정지음 (파열음) 중 [t]와 [d]의 두 치경 정지음이 있다. 위 치아와 뒤의 치경 마루에 혀끝이 닿아 소리낸다. 또 구개정지음 2 개 [$t^y$]와 [$d^y$]가 있다. 위의 4개 소리에 몇 개의 음소를 할당하는 것이 좋은가?

1. dej　'줘요!'
2. $d^y$e$d^y$it　'상속하다'
3. $d^y$ej　'행동'
4. $d^y$elo　'대포'
5. kotel　'주전자'
6. ko$t^y$e　'고양이'
7. tedi　'따라서'
8. tele　'송아지 (동물)'
9. $t^y$elo　'몸'
10. teta　'아주머니'
11. tikat　'이름을 부를 정도인 사이이다'
12. titul　'칭호'
13. $t^y$ikat　'째깍거리다 (시계)'
14. vada　'흠, 약점'
15. vana　'목욕통'
16. vata　'물을 빨아들이는 솜'

문제 3

1965년 에체베리아와 콘트레라스(Echeverría and Contreras)의 작업에 의거하여 아르헨티나와 칠레의 미주 토착민들이 사용하는 아로카니아(Araucanian)말의 언어자료가 아래에 있다. [ˈ]표로 주강세를 표시하고 변별적인지 혹은 규칙에 의해 예상이 가능한지 답하라. 결론을 짓고 설명하라.

1. elúmuyu　'우리에게 주시오!'
2. kimúfaluwulay　'그는 알지 못하는 것처럼 꾸몄다'
3. kurám　'달걀'
4. nawél　'호랑이'
5. putún　'생각하다'
6. θuŋúlan　'나는 말하지 않는다'
7. wuyá　'어제'

문제 4

울프(Wolff 1952)에 의거, 이 문제는 지금은 미주리 서부인 지역에서 유래한 미주 토착민 언어 중 수우족 언어인 오세이지(Osage)에 근거한다. [ð]는 치아나 치경에 혀끝을 대어 소리나는 유성마찰음이다; [ĩ], [ã], [õ]는 비음화된 모음이다; [ʔ]는 성문정지음이고; [ˊ]는 강세표시이다. 아래 자료에서 [d]와 [ð]는 한 음소의 변이음인가 혹은 상이한 두 음소로 보아야 하는가? 결론을 설명하라.

| | | | |
|---|---|---|---|
| 1. ðie | '너, 당신' | 8. dáĩi | '좋다' |
| 2.ðĩski | '씻다' | 9. nõpá | '둘' |
| 3. dakʔé | '파다' | 10. cʔéðe | '그는 그것을 죽였다' |
| 4. lóðĩ | '취한' | 11. dacpé | '먹다' |
| 5. ðeze | '혀' | 12. dašstú | '물다' |
| 6. ðuž́á | '닦다' | 13. mãðĩ | '그는 걸어갔다' |
| 7. tapé | 공(장난감)' | 14.˜ítáci | '아버지' |

문제 5

포스탈(Postal 1969)에 의거, 이 문제는 주로 온타리오 남부와 뉴욕주 북부에 살고 있는 미주 토착민 언어인 이로코이부족 중 에 근거한다. 아래 자료를 바탕으로 모음의 길이는 어떤 지위를 점하는가—예측이 가능한가 혹은 변별적인가? 길이는 철자를 두 번 반복하여 나타낸다—즉, éé는 긴 e이고; [ ʔ]는 성문정지음이고; [ˊ]는 강제를 표시하고; [ʌ]는 평순후설중저모음이고, 영어에서는 bud에 있는 모음이고, [ɔ]는 원순후설중저모음이다.

| | | | |
|---|---|---|---|
| 1. ranahéézʌs | '그가 그녀를 믿는다' | 7. wahrehyááraʔne | '그는 기억했다' |
| 2. ragéédas | '그는 긁는다' | 8. ɔwadynizaʔáshege | '그것은 반복적으로 익을 것이다' |
| 3. rayʌ́thos | '그는 씨뿌린다' | | |
| 4. waháágedeʔ | '그는 긁었다' | 9. yékreks | '나는 그것을 민다' |
| 5. wísk | '다섯' | 10. royóʔdeʔ | '그는 일한다' |
| 6. rehyááraʔs | '그는 기억한다' | | |

## 5. 단어구조와 문장의 구조

인류학자들이 현장에서 만나게 되는 많은 언어들이 구어이고 전혀 문자가 없기 때문에 그들은 소리를 전사하기 전에 모든 소리를 적합하게 구별하고 후에 이 언어들을 사용하는 사람들이 무엇을 말했는지 분석할 수 있어야 한다. 정확한 전사는 사람들이 말하는 평소속도에서 쉽사리 완성시킬 수 없기에 녹음기는 현장조사에서 큰 도움을 주는 근대적인 도구가 되었다. (게다가 정확한 음성자질을 연구하는데 필요한 다양한 도구기술이 있다. 예를 자세히 들면 성대가 좁아졌다가 진동하기 시작하는 정도도 잴 수 있다). 민족지학적 보고서가 토착단어와 텍스트가 인용되어 출판되는 경우 그 언어를 적을 수 있는 믿을만한 방법이 반드시 고안되어야 한다. 음운전사는 가장 경제적이고 동시에 간단한 말부터 제식행사에서 쓰는 긴 연설까지 발화를 적는데 적합한 방법이다.

훌륭한 전사는 분석에 필수적이다. 왜냐하면 믿을만한 텍스트가 손에 있을 때만 언어인류학자는 문법구조와 정확한 의미를 결정할 수 있게 된다. 전체적인 이해는 텍스트를 구성하는 가장 작은 의미의 분절음(형태소)조차 구별할 수 있어야 한다. 모든 언어는 각기 형태소의 축적물이고 그것들이 단어, 구, 문장으로 독특하게 배열된다. 또 모든 언어는 고유한 문법범주가 있고 그 문법범주는 언어마다 상이하다.

어떤 언어 단위를 써서 사람들은 의사소통을 영위하는가? 그 답은 어떤 접근법을 언어연구에 택하는가에 달려 있다. 언어분석의 중요한 단위는 문장인데 그 문장은 더 작은 구성성분으로 나눠질 수 있다. 예를 들어 명사구, 동사구, 혹은 주어, 동사, 목적어 등으로 나뉜다. 언어인류학에서 주요한 의사소통 행위의 분석단위는 **담화**(discourse)이다. 담화의 개념을 정의하는 것은 쉽지 않다. 왜냐하면 개개 학자들이 그 개념을 상이하게 사용하기 때문이다. 담화는 인사말처럼 길이가 짧을 수도 있고 논쟁이나 전통적인 설화처럼 길 때도 있다. 또, 계획되거나 즉흥적으로 나올 수도 있고, 시적이거나 시적 감각은 없을 수도 있다. 또한 특정한 문화에서 보여주는 언어행동의 특징을 규정하는 어떠한 하나의 장르로 예시가 가능하다. 어떤 문화도 상당한 부분이 담화에 의해서 전달이 가능하고 담화가 어떤 문화라도 그 문화의 중요한 부분을 구성한다고 말할 수 있다. 셰르저가 쓴 것에 의하면,

> 담화는 언어 형태, 내용, 용례 … 의 가장 넓고 포괄적인 수준이고 담화구조화의 과정은 언어 - 문화 사이 관계가 나타나는 바로 그 현장이다 … 마치 언어 - 문화 - 담화 관계가 가장 날카롭게 드러나고 이 관계 내에서 담화를 조직하는 역할이 주목받는 시(poetry), 마술(magics), 정치(politics), 종교(religion), 존경(respect), 모욕(insult), 흥정(bargaining)에서 빛을 발하는 중심 순간처럼 어떤 종류의 담화에는 말장난과 언어 구사력이 주목을 받는다. (Sherzer 1987:305-306)

언어이론과 방법론은 최근 수십 년 급하게 증가하는 추종자가 있는 변형 - 생성 접근법과 함께 금세기를 지나면서 상당한 변화를 겪어왔다. 언어인류학자는 한편으로는 언어와 또 한편으로는 문화와 사회에 언어구조 자체 내의 문제들보다 더 관심을 지니고 있다. 그럼에도 불구하고 흥미를 갖고 최근 언어연구를 지켜보고 있으며 적용이 가능할 때 자신들의 작업에 그 결과를 이용한다.

### 형태소와 이형태소

음성학 개관과 음운분석의 근본적인 원리가 지난 단락에 예시되었다. 여기에서 인습적으로 문법이라고 칭해온 분석단계로 넘어가자. 영어의 구인 *Shockingly disgraceful acts*라는 구를 생각해 보자. 구는 다음과 같은 의미 있는 분

절음으로 나눌 수 있다(단순하게 표시하기 위해서, 전래의 철자법을 음운전사 대신 아래에 쓰고 있다):

| | |
|---|---|
| shock | "놀라다, 공격하다, 고민하다" |
| -ing | 형용사형 어미 " -를 야기하는" |
| -ly | 부사형 어미 " -하는 양태로" |
| dis- | "부정, -의 반대로서" |
| grace | "재산, 우아함" |
| -ful | "-로 특징짓는" |
| act | "행위" |
| -s | "복수의 의미," 즉, 복수표지 |

세 단어로 구성된 구는 영어의 8개 의미를 갖는 분절로 구성되어 있는데 어떤 것도 더 이상은 원래의 의미를 손상시키지 않고 분해 되지 않는다 (예를 들어, grace라는 단어는 g와 race라는 것으로 구성되었다고 주장할 수 없다). 의미를 지닌 최소의 낱말을 **형태소**(morpheme) 라고 부른다. 다르게 적어보면 형태소는 문법에서 대조를 이루는 가장 작은 단위이다. 특정 언어에서 그러한 단위를 찾아내는 일을 형태분석이라고 부른다. 그리고 단어구조 연구는 형태소 간의 분류와 상호관계를 포함하여 **형태론**(morphology)이라고 일컫는다.

어떤 언어에도 수천 개의 형태소가 있다. 대다수의 형태소는 흔히 자유형태소인데 왜냐하면 다른 형태소에 기대지 않고 나올 수 있기 때문이다. 즉, 독립된 낱말로 홀로 나올 수 있고—예를 들면 위에서 *grace*, *shock*, *act* 따위가 그러한 예가 된다. 어떤 형태소는 보통 상대적으로 몇 개 없는데 의존형태소(bound morphemes)가 그것이다. 왜냐하면 관례대로 스스로 나오지 못하고 다른 형태소와 결합하여 나타난다. —예를 들어, *dis*-, -*ing*, -*ly*, -*s* 따위가 있다. 더 이상 분석될 수 없는 한 단어의 기저형을 어근(root)라고 지칭한다. *disgraceful*에서

*dis*－와 －*ful*을 제거하면 어근 혹은 어근 형태소 *grace*가 남는다.

이 어근과 연관되는 개념은 어간(stem)인데 굴절접사(예, 복수형)가 붙는 단어의 일부분이다. 어간은 어근과 (*bird*같이) 동일한 형을 이룰 수가 있다. 모든 어근이 자유형태소가 아니다: cranberry '산딸기', cranapple '능금'을 예로 들면 [접두사꼴인] cran－은 어근이고 우연히 접두사가 아닌 하나의 의존형태소가 된 것이다.

영어나 다른 언어에서 의존형태소는 한정된 숫자만이 나온다. 그렇지만 대부분의 형태소가 의존형태소인 언어가 있다; 에스키모어가 그러한 언어로 인용된다. 예를 들어 아라파호(Arapaho) 명사는 신체일부, 친족관계, 몇 개의 상이한 지시 대상물을 지칭하는 것이 사실이다. (아라파호 말에서 강세표시 [ˊ]는 높은 강세어조(pitch)와 함께 강세가 놓인 모음을 표시하고, 장모음은 두 기호를 연이어 쓴다.) 의존 명사들의 예는 ***bétee*** '(어떤이의) 심장,' *wonotóno* '(어떤이의) 귀,' *notóone* '내 딸,' ***béíteh?éí*** '(어떤 이의) 친구,' ***betéí*** '이, 벼룩'이다. 왜냐하면 어떤 것도 사람과 동물에서 분리되어 있는 심장과 귀가 없고 부모가 없는 딸이 없고 애정으로 엮어 있지 않는 친구가 없고 숙주로부터 이득을 챙기지 않고 생존하는 이나 벼룩이 없다. ***bétee, wonotóno?, notóone, béíeh?éí, betéí***는 *notóone* 처럼 *n*－ 접두사를 넣어 일인칭 소유격을 쓰든지 부정격 인칭소유격인 *b*－나 *w*－를 넣어 다른 나머지 명사들이 쓰인다. 이들 4개 명사나 혹은 다른 200여개 명사들은 자유롭게 (소유격 없이) 쓰이지 않는다.

한 언어 내 모두는 아니지만 어떤 의존형태소는 접사이다: 다른 형태소에 붙어서 의미를 변화시키고 좀더 복잡한 단어를 만든다. 만일 하나의 접사가 어근이나 어간 앞에 붙게 되면 이를 접두사라고 부르고; 만일 어근이나 어간에 따라 나오면 이를 접미사라고 부르며; 만일 형태소 사이에 위치하면 이를 접요사라고 부른다. 영어에서는 오직 접두 · 접미사의 유형만 나온다. 접두사의 예는 *befriend, debug, inlay, prewash, rewrite, undo* 등에 나온 *be–*, *de–*, *in–*, *pre–*, *re–*, *un–*이 있고; 접미사의 예는 *oxen, smaller, childhood, bookish, equalize, skyward* 등에 나온 *–en, –er, –hood, –ish, –ize, –ward*가 있다. 멕시코의 옥사나(Oaxaca) 남부에 한 민족이 쓰고 있는 촌탈(Chontal)이라는 언어에서 접요사의 예를 들 수 있다. akán'óʔ '여자,' kón'îʔ '손자,' sewîʔ '까치' 등 몇 단어에 나오는 복수형은 –ɬ– (무성설측 연속음)의 형태를 지닌 접요사를 두 번째 자음 앞에 삽입하여 다음을 얻게 된다. akáɬn'óʔ '여자들,' kõɬn'îʔ '손자들,' seɬwíʔ '까치들'이 나오게 된다. 접요사는 미주 토착민 언어, 동남아시아 언어, 아프리카 언어에서 흔히 나온다.

영어의 "불규칙" 복수형인 *feet, geese, men, mice* 따위는 어떻게 된 것인가? *foot, goose, man, mouse*에 접미사를 넣기보다는 어간의 모음을 교체하여 후설모음을 전설모음으로 원순모음을 평순모음으로 바꿔서 *foot*가 *feet*로 *goose*가 *geese*로 되는 것이다. 예를 들어, *foot*→*feet*과 *goose*→*geese*의 경우 전모음과 평모음으로 만들어 복수꼴을 이룬다. 이 경우의 복수형 만들기는 (*cat*에서 *cats* 같이) 접미사를 어간에 붙이는 진행형태소라 부르는 것과는 상당히 다른 과정의 복수형이다.

하나의 특정 형태소는 매번 나올 때마다 동일한 꼴을 지녀야 할 필요는 없다. 영어의 명사에 붙는 복수형은 형태소의 음운적 형태가 낳은 고려할 만한 변이형을 보여주는 훌륭한 예이다. (*s*– 나 *sh*– 비슷한 마찰음) 소위 치찰음으로 끝나는 명사 어간은 *box–es, pass–es, buzz–es, bush–es, garage–s, pitch–es, judge–s*에서 처럼 흔히 [z]로 소리 나는 모음과 자음 *z*를 넣어 복수로 만든다. 유성 비치찰음인 명사어간의 대부분은 유성음인 [əz]를 첨가하여 복수형을 만드나, 무성 비치찰음으로 끝나는 명사어간의 경우는 무성 [s]소리를 붙여서 복수형을 만든다. 전자의 예는 *bear–s, can–s, comma–s, lathe–s, pad–s, pill–s, rib–s, rig–s, song–s*가 있고 후자의 예는 *cat–s, laugh–s, lip–s, tick–s*가 있다. 그러나 많은 숫자의 명사어간이 복수형을 상이하게 만든다—그 중에는 *alumna, alumnus, child,* *crisis, criterion, datum, kibbutz, ox*가 복수형으로 *alumnae, alumni, children, data, kibbutzim, oxen*으로 바뀐다. 또한 상대적으로 적은 숫자의 명사어간이 복수형을 표시하지 않고 즉, 눈에 드러나지 않는 방법을 쓴다, 예는 *sheep, swine* 등. 언어자질이 없는 상태로 제로(zero, ø로 쓴다)가 붙어 복수형을 만든다고 말한다. 하나의 특정형태소의 변이형을 이형태소 (마치 음소의 변종을 변이음이라고 부르는 것처럼)라고 일컫는다.

종합하여 영어에서 복수형은 가장 흔한 /－z/, /－s/, /－əz/부터 차용어와 특히 연관된 불규칙꼴에서 형태변화가 없는 ø형까지 이형태소가 여러 개 있다고 말할 수 있다. 영어단어 *man*을 *men*으로 복수꼴로 만드는 경우 복수표시 이형형태소는 /æ/ → /ɛ/로 바뀐다고 말할 수 있다. 영어에서 복수형태소는 형태소 교체가 있다는 점에 미루어 결코 예외가 아니니다. 예를 들어 *child*라는 어간은 복수형에서 (*children*) 단수와 (*childhood, childish, childlike*처럼) －*hood*, －*ish*, －*like* 같은 접미사가 붙는 경우와는 상이한 음운형태를 지니고 있다.

형태소는 길이 역시 상당히 변한다. 어떤 것은 일음소로 구성되었는데: 예를 들어 영어에서 복수표시, 소유격, 삼인칭 단수를 표시하는 형태소는 (*apes, ape's, [he] apes [someone]*에서 처럼) 각기 여러 개의 이형태소 중 하나로 /s/를 갖고 있다. 또한 *caterpillar, hippopotamus*처럼 여러 개의 음소로 구성된 것도 있다. 영어의 단어 역시 길이가 변하는데: 부정관사 *a*는 가장 짧지만, 가장 긴 단어를 열거하는 일은 불가능하다. 만일 16세기까지 거슬러 올라가는 남자 측 직계 친족을 언급하려면, 친족은영어단어로 *great－great－* …… *great－grandfather*가 된다.

**형태소 과정**

언어들이 음운체계가 상이한 것처럼 형태소도 상이하다. 그렇지만 어떤 형태소 과정은 특정 언어들에 상이한 모양으로 적용될 수 있음에도 불구하고 전세계를 통해 매우 보편적인 모습이다. 그러한 하나의 예가 파생인데 새로운 단어가 기존의 단어에서 나오며, 종종 품사를 바꾼다. 영어에서 이러한 단어형성이 흔히 파생접사를 사용하여 완성된다. 예를 들면 형용사 *modern*을 동사 *modernize*로, 명사 *friend*를 형용사 *friendly*로, 동사 *speak*를 명사 *speaker*로, 형용사 *abrupt*를 부사 *abruptly*같은 단어로 만든다. 또한 *kingdom, outbid, despite*같은 단어도 만든다.

또 하나의 형태소 과정이 굴절인데(수, 격, 인칭, 시제, 등) 문법적 관계를 나타내는데 접사를 사용한다. 영어에서 모든 굴절형태소는 접미사이고 명사에는 복수와 소유격 표시(*mothers*와 *mother's*처럼) 형용사에는 비교급과 최상급 표시(*taller, tallest*), 동사에는 3인칭단수 현재, 과거, 진행, 과거분사 표시(*waits, waited, [is] singing, beaten*)가 접미사로 나타난다.

파생 · 굴절 형태소가 동일한 음운형을 가질 수 있다: 영어에서 *－ing*같은 "*Excessive eating is harmful*" 에서처럼 동사를 명사로 바꾸는 파생접사로 나오는 반면 굴절접미사인 또 하나의 *－ing*는 "*They were eating voraciously*" 처럼 진행 동사형으로 나타난다. 영어에서 굴절접미사는 항상 파생접미사 다음에 나온다: *reader's, orgainizers, friendliest*(*read－er－'s, organ－iz(e)－er－s, friend－li－set*)에서처럼.

언어로 말하면 예를 들어 라틴어와 비교하여 영어는 매우 적은 수의 굴절접사를 갖고 있다. 영어동사(*speak, speaks, speaking, spoke, spoken*)의 몇 가지 상이한 형태와는 달리 라틴어 동사는 다수가 있다. 수에 관해서 영어는 공식적으로 단수와 복수를 구별한다. 어떤 언어는 양수(동일한 종류가 두 개 있는 경우)라는 특별한 형태소를 갖고 있으며, 어떤 언어는 삼수와 사수 형태소가 있다. 고대영어는 인칭대명사에서 양수(兩數)를 표시하였다: *ic* '일인칭 단수,' *w* '일인칭 복수,' *wit* '우리들,' *m* '일인칭 단수여격 (to) me,' s '일인칭 복수여격 (to) us,' *unc* '일인칭 양수여격 (to) the two of us' 등이 있다. 13세기 후반기에 이르러 양수형태소가 점차적으로 사라져서 중세영어 시기에 변화의 반이 진행됐다. 그렇지만 영어의 파생접미사는 상당한 수가 있다: (*reasonable*에) - *able*, (*blockade*에) - *ade*, (*breakage*에) - *age*, (*coastal*에) - al, (*assistance*에) - *ance*, (*servant*에) - *ant*, (*linear*에) - *ar*, (*drunkard*에) - *ard*, (*budgetary*에) - *ary*, (*activate*에) - *ate*, (*problematic*에) - *atic* 등이 있다.

어떤 언어는 몇 개의 문법적인 성에 따라 명사를 구별한다. 각기는 상응하는 대명사, 형용사, 심지어 동사형을 바꿔서 일치해야 한다. 종종 문법적인 성과 자연스러운 생물학적 성별에 상관관계가 없게 나온다. 영어에서 모든 무생물 목적어는 대명사 *it*로 언급한다. 그렇지만 독어에서 *der Löffel* '수저' 는 남성이고 *die Gabel* '포크' 는 여성형이고 *das Weib* '여성' 과 *das Mächen* '소녀' 처럼 *Messer* '칼' 은 중성이다. 고대영어에서 *stān* '돌' , *wīfman* '여인' 은 남성이고, *duru* '문(門)' 과 *sunne* '태양' 은 여성이고 *word* '단어,' *wīf* '여자, 아내,' 는 중성이다. 문법적인 성을 대신하여 자연스러운 생물학적 성으로 대신 쓰는 것이 중세영어 시대에 또한 발생했다.

고대영어가 *stān* '돌' 단수형과 복수형에서 상이한 3개의 격변화를 보임에도 불구하고 (단수: 주격, 대격 *stān*, 속격 *stānes*, 여격 *stānum*) 복수로는 각기 *stānas*, *stāna*, *stānum*이다. 근대영어는 단수 · 복수 stone, stones 두 형태로 남아 있다. 라틴어는 단수 · 복수 모두 6개의 격이 있고 체코어에서는 7개, 핀란드어에서는 12개 이상이 있다. 따라서 수많은 사람들이 세계 도처에서 영어를 배워 그럭저럭 잘 쓰고 있는 것은 놀랄만한 일이 아니다.

또 하나의 형태소 만들기 과정이 동어반복(reduplication)인데 음소 하나와 여러 개를 두 번 반복하거나 되풀이하여 쓴다. 멕시코 동부 미토착민이 쓰는 나후아틀(Nahuatl)의 방언인 이스무스 나후아틀(Isthmus Nahuatl)에서 동사어간이 상이한 종류의 반복되는 행위를 표시하기 위해서 동어반복 과정으로 어근에 형태소가 보인다: -*kakalaki*- '집에 여러 번 들어가다' 가 -*kalaki*- '들어가다'

에서, -*pahpano*- '여러 번 지나가다'는 -*pano*- '지나가다'에서, -*poposteki*- '여러 번 부수다, 혹은 여러 개로 쪼개다'가 -*posteki*- '부수다'에서, -*popaka*- '여러번 닦다' -*pahpaka*- '여러 가지를 닦다'가 -*paka*- '닦다'에서 나오고 있다. *goody-goody, helter-skelter, teeny-weeny, whishy-washy*는 일종의 동어반복인데 영어에서 이러한 과정은 그 수가 매우 제한적이다.

세계 속의 수천 개 언어에서 다양한 (상, 법, 시제, 태 등) 문법범주를 예시할 수 있고 표시되는 과정도 보여줄 수 있으나 여기에서 이제껏 들어온 예로써 충분할 것이다. 그러나, 중요한 점 하나를 반드시 지적해야 한다. 한 언어가 특정한 문법 범주를 공식적으로 표시하건 안 하건 간에 다른 언어에 우월한 것과는 아무런 관계가 없다. 만일 관계가 있다면 고대영어가 근대영어보다 훨씬 우월하다고 하겠는데—이것은 아무도 진지하게 주장하는 바가 못 된다. 모든 언어는 충분히 적합한데 왜냐하면 언어는 모국어 사용자가 살고 있는 사회와 문화에 관해서 언급하고 싶은 모든 것을 표현하게 하기 때문이다.

### 형태음운학 (Morphophonemics)

*knife*와 *knives, life*와 *lives, loaf*와 *loaves, wife*와 *wives* 사이에 나타나는 /f/와 /v/ 사이의 소리변이는 영어와 여타 언어에서 흔하다. 이런 종류의 변이는 형태소의 이형태소가 음운적인 형태상 변화를 보이는 것으로 언어구조에 중요한 과정들을 보여준다. 형태론과 음운론 관계를 연구하는 것으로 다른 말로 하면 동일한 형태소의 이형태소 사이에 나타나는 음운 상의 차이를 연구하는 것으로서 **형태음운학** 혹은 형태음운론이라고 부른다. 또 형태소가 다양한 모양이 출현하는 것에 관한 일반화를 형태음운학적 규칙이라고 부른다. 그러한 규칙을 만들기 위해서 기본형으로서 하나의 이형태소를 선택하고 방금 언급한 형태소에 속한 기타 이형태소가 나타나는 조건을 기술한다. 이 단락에서 일전에 다룬 예를 언급하면 영어의 명사 (특히 불규칙으로 나오는 경우를 제외하고)가 (*leg, legs*처럼) 어간에 /z/를 붙여 복수를 만드는데 만일 어간이 치찰음 (/s/, /z/, /š/, /ž/, /č/,

/ǰ/)으로 끝나면 (*kiss, kisses*처럼) 복수접미사 앞에 /ə/를 집어넣거나 만일 어간이 (*neck, necks*처럼) 무성 치찰음(nonsibilant)이 아닌 경우에는 유성음 /z/를 무성음 /s/로 바꾼다.

어떤 언어가 상당히 복잡함에도 불구하고 형태음운학 규칙은 안정적이다. 예를 들어 와이오밍과 오크라호마에서 토착민들이 사용하는 알공키어에 속하는 아라파호 말에서 ***néíʔibéheʔ*** '나의 할머니' 라는 단어는 규칙적으로 ***hiníʔiiwóhoʔ*** '그의/그 여자의 할머니' 로 바뀐다. (왜 이러한 변화가 일어나는지를 설명하는 것은 꽤 복잡한데, 그러나 궁금증이 있는 사람들을 만족시키기 위해 다음에 적어본다: 소유격['나의' 오 '그의/그 여자의']을 뜻하는 흔한 두 개의 접두사에 더하여 그 두 형태소 사이에 차이는 또한 규칙적이다. ***hiníʔiiwóhoʔ***에 있는 -*oʔ*는 회피접미사(obviative suffix)이고, [두 사람의 삼인칭이 언급되는 경우 소위 제4의 인칭을 표하기 위한 형태소로서, 이곳에서는 할머니와 자신을 할머니라고 주장하는 사람이다]. 회피접미사의 모음 *o*는 그것 앞에 있는 축소접미사의 모음 따위에 영향을 주고 [여기의 *o*모음] 후설모음 앞에서 b는 예외 없이 w로 바뀐다. 명백히 그 단어가 뜻하는 바는 '그의/그 여자의 귀여운 한 분 [어머니]'—할머니를 비교적 점잖게 부르는 방법이다.

모음조화가 있는 터키어에서 또 다른 예가 나오는데 단어 내 나오는 모음들이 어떤 유사성을 지녀야 한다는 요구사항이다. 상대적으로 적은 예외가 있으며 터키어의 접미사는 다음과 같은 고모음을 지니고 있고

| | | |
|---|---|---|
| /i/ | 만일 선행하는 음절이 | /i/ 나 /e/ (평순전설 모음) |
| /ü/ | | /ü/ 나 /ö/ (원순전설 모음) |
| /ɨ/ | | /ɨ/ 나 /a/ (평순후설 모음) |
| /u/ | | /u/ 나 /o/ (원순후설 모음) |

으로 나타나는 반면 저모음을 지닌 접미사는 다음과 같은데

/e/ } 만일 선행하는 모음이 { /i/, /e/, /ü/, /ö/ (전설모음)
/a/ } { /ɨ/, /a/, /u/, /o/ (후설모음)이 나온다.

그렇지만 때에 따라서 형태음운학적 변화는 하나의 형태소에 국한되고 다른 곳에서는 되풀이 되지 않는다는 점에서 불규칙하다. [한국어의 서술조사] —이다, [존재를 칭하는 동사] 있다 (*to*) *be*에서 나온 *am, are, is*나 *가다* (to go) 동사에서 나온 과거형 *went*, 형용사 *좋다*(good)에서 나온 비교급 *better*, 최상급 *best*가 예이다. 한 형태소의 이형태소와는 음운학적으로 관련이 없는 경우가 나타나는 것을 *보충법*(suppletion)이라 일컫고 그 형태소의 특수한 경우를 *보충형*(suppletive forms)이라고 부른다. (인공어에 대비하여) 모든 자연어에서 보충법이 있는 것으로 보인다. 그렇지만 결코 광범위하지 않은데 왜냐하면 대규모로 보충법이 생기면 불규칙 자체가 의사소통을 방해할 수 있기 때문이다.

## 통사론: 문장유형

마치 말소리가 통상 고립되어 나오지 않는 것처럼 낱말도 고립되어 나오지 않는다. 통례로 인간이 만드는 언행은—구와 문장 같은—더 큰 단위로 구성되어 있다. 이 두 용어를 엄격하게 규정하는 것은 쉽지 않다; 우리의 목적을 위해서 문장이 한 언어의 문법에 나타나는 가장 큰 구조단위라고 하고 예를 들어 *tomorrow evening, in the sky, the wicked witch*같은 구를 절보다는 작으나 하나의 단어보다는 큰 구조단위로 보자.

한 언어에서 나올 수 있는 상이한 문장 숫자는 무한하다. 예를 들어 "Whenever the moon is full, bats gather to discuss the state of the local economy" 같은 문장이 전에 쉽사리 쓰인 적이 있다고 말하는 것은 거의 불가능한 일이다. 사

람들은 수천 개의 새로운 문장을 쉽게 만들어 낼 수 있다. 언어 사용자가 말하거나 들어본 적이 없는데도 불구하고 문법규칙에 합당한 문장들을 만들고 이해하는 것이 어떻게 가능한가? 그 답은 상당히 단순하다: 모국어 사용자는 문장 내적구조와 문장요소 간의 내적 관계를 나타내는—**통사론**을 알고 있다.

모든 언어사용자들이 모국어나 정말 능숙하게 사용하는 하나의 언어를 규정하는 문법체계에 관한 대부분의 지식은 그 사용자가 무의식적으로 쓰는 지식이다. 이러한 지식을 언어능력(competence)라고 일컫는다. 그렇지만, 언어사용자가 말하고 이해하는데 이 지식과 실제로 연관된 것은 다소 상이한데 그것을 언어수행(performance)이라고 일컫는다. 한 개인의 언어능력은 오랜 동안 꽤 안정적인 것으로 남는 것이 예상됨에도 언어수행은 언어사용자가 졸리거나 아프거나 정신이 없거나 술의 영향으로 변화가 나타나는 경향이 있다. 언어의 통사규칙에 합당한 문장들이 문법적인 문장들이다. 합당하지 못한 문장들은 비문법적인 문장들이다 (그때는 화자의 언어수행이 두드러지게 변화를 겪는 경우이다). 문법적인 문장들은 때로 "Jabberwocky" 즉 이상한 나라의 앨리스가 Through the Looking-Glass에서 거울을 사용해서 읽을 수 있었던 것처럼 의미가 없을 수 있다:

'Twas brillig, and the slithy toves
Did gyre and gimble in the wabe.

또한 어떤 비문법적인 문장들은 의미를 지닐 수 있다. 외국인이 "*I not speak English good"(*표는 비문법적이거나 받아들일 수 없는 때 표시한다)라고 말하는 경우에 그렇다. 그런데 문법적이기는 하지만 구조가 애매한 문장들이 있다. 즉, 하나 이상의 의미를 지닌 경우이다. 예를 들어 "Visiting in-laws can be very trying": 이 문장은 '사돈을 방문하는 것은 괴로운 일이다'는 의미와 '방문 중인 사돈들이 매우 성가신 사람인가?' 하는 의미가 동시에 있다.

문장구조를 이해하기 위해서 우리는 다음과 같은 문장을 살펴보자 "The stream carries the boat." 이 문장(S)은 두 개의 주된 구성요소로 되어 있다. 하나는 전통적으로 문장의 주어라고 하는 것으로서 명사구(NP)인데 "the stream"이고 또 하나는 전통적으로 서술어라고 부르는 것으로 동사구(VP)인데 "carries the boat"이다. 이 구성성분들은 궁극적으로 어휘범주인 관사(Art), 명사(N), 동사(V)로 구성되어 있다. 문장의 수형도는 (도형 5.1참조) 세 가지 정보를 제공한다: 문장을 구성하는 순서, 각 단어의 어휘범주, 구조적 구성요소로 단어를 묶는 방법이다.

이 문장은 영어의 직설법 문장의 전형을 보여준다 (즉, 직설법 문장은 진술을 표하는데 쓰인다). 그러나 위의 문장에 해당하는 의문문은 "Does the stream carry the boat?"이다. 직설법 문장을 의문형으로 바꾸는 규칙은 일련의 변화를 요한다. 하나의 구조를 다른 구조로 바꾸기 위해 문장요소를 첨가하거나 빼거나 바꾸는 작업을 *변형*(transformation)이라고 일컫는다. 그리고 그러한 작업을 기술하는 일반적인 명제를 *변형규칙*(transformation rule)이라고 한다. 위의 문장에서 동사 *do*의 적합한 꼴이 문두에 쓰여 주절 동사가 적절하게 바뀐다. "Mother knows best" → "Does Mother know best?"

이것은 문장구조연구에 어떻게 접근하는 가를 보여주는 매우 간략한 예이다. 다양한 문형을 영어에서 완벽히 기술하고 그 도출과정을 적으려면 상당한 분량의 책이 쉽게 채울 것이다. 그러한 기술은 명령문, 감탄문, 복문, 종속문, 기타 많은 문형과 관계있는 변형규칙을 포함하고 (하나의 주절과 적어도 하나의 종속절을 지닌), 또 삽입형("The man who suddenly appeared in the door was my first cousin,"에서 "The man suddenly appeared in the door"라는 문장은 "The man was my first cousin"이라는 문장에 삽입되었다)과 여러 형태의 문장이 있다.

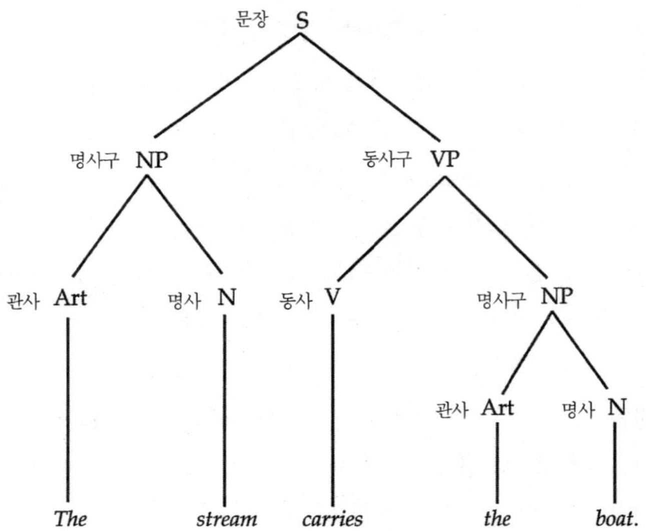


**도형 5.1 수형도로 그린 단문의 예**

도형 5.1에서 보여준 것처럼 분석은 경험적인 증거로 유발되고 관찰(observation)과 질의(inquiry)를 기초로 증명되거나 거부될 수 있다. 모국어 사용자가 비문법적이라고 간주한 발화(문장)를 언어학자들은 거부할 뿐만 아니라 두개의 유사한 발화가 동일한 의미를 지니고 있는지(예를 들어 "Don' t you want some soup?"과 "Don' t you want any soup?" 같이 두 문장의 차이는—많은 화자들이 두 문장을 약간 다르다고 간주하겠지만) 묻거나 혹은 구조적인 중의성을 설명하려면 아래와 같다(예를 들어, "French history professor"가 "a history professor who is French '프랑스인인 역사교수' " 혹은 "a professor who teaches French history '프랑스역사를 가르치는 교수' "인지를 구별하는데 아래 그림처럼 나타낼 수 있겠다.

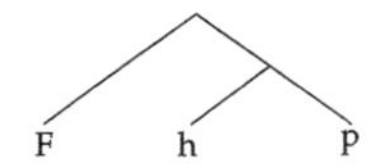


아니면

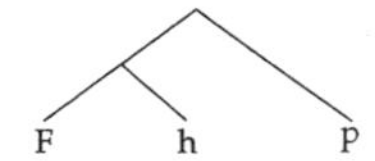


화자의 마음먹은 것이 어느 쪽인가에 따라서 달라진다).

## 의미론

이제껏 우리는 언어구조의 형식적 측면에 주의를 기울여왔다—음소(변이음); 형태소(이형태소); 의미가 있는 언어의 단위(형태소)가 결합하여 단어를 만들고 또 단어가 결합하여 문장을 만드는 법 (통사론)이 그러한 측면이다. 언어연구의 두 번째로 중요한 측면이 그 언어의 사용자의 시각과 관계있다. 이러한 특수한 초점대상을 *화용론*(pragmatics)이라고 부른다. 언어인류학자들은 의사소통의 민족지(제10장을 보라)에서 화용론과 연관된 문제들을 취급한다. 언어연구의 세 번째 측면이 의미와 연관되어 있다.—단어의 뜻(예, *daisy*), 합성어의 뜻(예, *daisy wheel*), 구의 뜻(예, *he is pushing up daisies*)을 취급한다. 의미의 연구를 *의미론*이라고 일컫는다.

아이들이 언어를 습득하는 경우 아이들은 형태소의 음운적 모습과 형태소를 같이 놓아서 단어나 문장을 구성하는 방법뿐만 아니라 이러한 형태소, 단어, 문장이 무슨 의미인지를 역시 배우게 된다. 많은 사람들에게 새로운 단어와 그 의미를 배우는 것은 평생의 일이다. 어떤 언어의 사용자도 동일한 언어의 화자들과 거의 대부분의 의미소를 공유한다. 그렇지 않으면 흔히 오해가 야기되고 의사소통이 상당히 곤란을 맞게 된다. 형태소의 전체와 그 형태소가 구성하는 단어들—한 언어의 어휘부—은 (변화 없이) 매우 크기가 크므로 어떤 화자도 어휘부 전체를 통달하지 못한다. 따라서 문어 사용자들은 쓰는 단어의 뜻이 확실하지 않으면 사전에서 그 단어를 찾아야 한다.

통상적으로 각 단어는 언어 사용자들이 동의하는 의미 속성들을 지니고 있다. 예를 들어 *widow*라는 단어의 속성에는 인간, 여성, 성인이라는 뜻이 있다. 기술적으로 한 단어의 뜻을 구성하는 요소들은 의미자질이라고 부른다. 어떤 언어라도 그 안의 단어 대부분은 상당한 숫자의 의미장(semantic field) 중 하나에 속한다—예를 들어, 색상용어, 친족용어, 새이름, 음식(요리)이름, 음료이름 등. 예를 들어, 영어사용자의 대부분은 *horse, stallion, gelding, mare. colt, filly*—모든 단어가 동일한 의미장에 속하고 다음과 같이 분석이 가능하다.

| | 말(horse) | 숫말(stallion) | *거세한 말*(gelding) | *암말*(mare) | *수컷 망아지*(colt) | *암망아지*(filly) |
|---|---|---|---|---|---|---|
| 완숙 | +/− | + | + | + | − | − |
| 수컷 | +/− | + | + | − | + | − |
| 거세 | +/− | − | + | − | − | − |

+가 있는 곳은 좌측의 의미자질이 있고 −가 있는 곳에는 좌측의 의미자질이 없으며 +/−가 표시된 곳은 의미자질이 있거나 없는 경우이다. 말(통칭 horse)의 경우만 제외하고 각기 예는 독특하게 정의되어 있고, 즉, 선택된 하나는 다른 나머지 네 개를 배제한다. 만일 위의 6개 단어에 *bull, cow, calf, ram, ewe, lamb*을 더하면 의미자질을 더 집어넣어야 한다. 예를 들어, "말 equine"이란 자질을 집어넣어야 한다. 그러면 *cow*와 *ewe*가 "소 bovine" 같은 의미자질로 구별이 가능하다 (*cow*는 −equine이나 +bovine이고; *ewe*는 −equine 이고 −bovine이다).

단어 사이의 의미관계는 매우 상이하고 분석하는 일은 상당히 복잡하다. 그렇지만 의미연구는 민족지학자들에게 도움을 줄 수 있고, 그들 학자들은 자신이 연구하는 사회들의 구성원들이 어떤 것을 문화적으로 중요하게 간주하고 또 문화의 상이한 측면들이 어떻게 서로 관계짓고 나타나는가를 이해하려고 노력하는 사람들이다. 관계를 밝히는 의미관계 중에는 하나의 의미자질 X에 일부분인, X에 관계있는, X를 위해 사용된, X와 상이한, X와 동일한, X의 결과인 관계가 있다. 하나의 의미자질이 다른 자질을 기초로 예상할 수 있는 것은 잉여규칙(redundancy rule)으로서 정형화 될 수 있다. 예를 들어 잉여규칙 [+female] [+animate]는 [+female] 자질을 지닌 어떤 단어도 자동적으로 [+animate] 자질을 갖게 된다. 하나의 단어는 그 기초 의미에 더해서 정보를 포함할 수 있다: 만일 어떤 이나 어떤 것이 날아다닌다면 그 행위는 공중에서 일어난다는 사실을 받아들여야 한다. 이 뜻은 이론으로 공식화 하면 다음과 같은 규칙을 써야 할 것이다.

(x)날다 'flies' → (x) 공중에 'in the air'

동음이의어—의미는 상이하나 발음이나 철자가 유사한 것—는 화자나 청자가 두 의미나 그 이상의 의미가 있어 의도하는 바가 들어 있는 문맥을 확신하지 못하면 어휘적인 중의가 발생할 수 있다. 예를 들어, 영어단어 *bank*는 금융기관을 칭하기도 하고 물막이 둑을 칭하기도 한다. 또, "My mother can no longer bear children"이란 문장은 어머니가 늙어서 더 이상 아이를 생산할 수 없다는 말인지 어머니가 더 이상 아이들을 참고 견딜 수 없다는 말인가? 흥미 있게도 어떤 동음이의어는 동일한 어원을 지닌다. 발이나 신발의 밑바닥이라는 뜻의 *sole*과 *Soleidae* 과(科)에 속하는 넙치인 *sole*은 궁극적으로 라틴어에 동일한 *solea* '샌들' 이라는 어원에서 나온다. 동음이의어의 조건(homonymy)은 다의어의 조건(polysemy)과 구별되어야 한다. 다의어의 조건은 언어의 어휘부에 있는 하나의 단어목록이 지닌 속성이다. 여러 개의 영어단어가 다의어(여러 개의 상이한 의미를 지닌)이며 그러한 단어를 들면 *seat*으로 의자나 장의자를 뜻하기도 하고 엉덩이, 권위의 중심 혹은 수도의 중심, 거주지역, 말 타는 사람의 매너 등을 뜻한다.

동의어는 동일하거나 거의 동일한 뜻을 지닌 한 언어 내 단어들이다. 절대적인 동의어는 드물다: 모든 의미(뜻 senses)가 동일해야 될 뿐만 아니라 또한 모든 맥락에서나 모든 의미의 차원에서 같은 의미를 나타내어야 한다 (여기에서 나는 동의어 하나를 예시하지는 않으려고 한다. 왜냐하면 통상 지역적, 문체적, 고려해야만 할 차이가 있기 때문이다). 거의 유사한 동의어로는 예를 들어 *mist*와 *fog* 또 *stream*과 *brook* 등이 있다. 부분적인 동의어로는 *big*과 *large* 같은 것이 있다. "They put up a large/big tent" 같은 문장에서 *large*의 의미와 *big*의 의미는 동일하다. "I will tell my big brother"와 "I will tell my large brother" 같은 문장에서는 두 단어의 의미는 상이하다. *big*은 '나이가 든' 이란 뜻으로 새겨지고, *large*는 '보통보다 큰, 당당한' 이란 뜻으로 새겨진다. 짐작컨대 다른 형제(들)는 보통 크기의 몸을 지니고 있기 때문이다. 대조적으로 반의어는 뜻이 반대인 경우인데, *good*과 *bad*, *dead*와 *alive*, *buy*와 *sell*이 있다.

글자 그대로의 뜻을 사용하지 않는 예가 은유인데 두 가지 사물이나 생각 사이에 들어있는 유사함이나 유추를 말한다. 은유는 시뿐만 아니라 일상사에서도 흔한데, 어떤 이가 "The car I had before this one was a lemon" '내가 이번 것 전에 몰았던 차는 골치덩이였어' 혹은 "She is drowning in money" '그 여자는 돈방석에 앉았어' 같은 말을 하는 경우이다. 문장구성성분으로 결정되지 않는 의미를 표현하는 방법에는 숙어(idiom)가 있다. "My uncle kicked the bucket last week" 같은 문장은 그가 죽었다는 의미의 숙어가 들어 있다. 또 다른 뜻은 삼촌이 원통형의 그릇을 힘차게 발로 찼다는 것인데 이것은 글자 그대로의 뜻이다.

의미론의 중요한 작업은 이미 됐음에도 불구하고 언어적 의미가 문법에서 가장 적게 이해되는 면이다. 의미구성성분의 이해가 우리에게 부족한 것은 의미의 복잡한 성질과 분석하기가 어려운 점이다. 이것은 놀라운 일이 아니다. 영어(다른 언어에도 물론)에는 여러 가지 뜻이 있는 낱말이 여럿 있다. 각 단어는 언어학적 관계를 상이하게 맺고 있다고 말할 수 있다. 예를 들어 웹스터의 사전 3판 *Webster's Third New International Dictionary* (1966) 내에 동사 *go*는 자동사로 21개의 뜻이 있고 타동사로 9개의 뜻이 있다. 또한 30개 이상의 숙어적 용법으로 *go about, go for broke, go to pieces* 같은 것들이 있다. 게다가 대부분의 뜻과 숙어는 여러 개의 파생적인 뜻이 있다.

하나의 분석층위에서 다른 분석층위로 옮기는 것을 이번 장에서 언급하면서 나는 그 층위들이 서로 떨어져 있거나 구조적으로 관련이 없는 것이라고 암시하려는 뜻은 없었다. 그 층위들은 서로 얽혀있다. 예를 들어 단어의 정의 중 단순하나 받아들일 수 있는 것으로—단어는 소리와 뜻이 임의로 연합되어 있는 것이다—우리는 음운적인 층위와 의미적인 층위의 연결에 강조점을 두고 있다. 하나의 형태소가 얼마나 구체적으로 여러 모습으로 상이한 소리환경에서 변하면서 (예, *childlike*와 *children*에서 *child*라고 쓴 형태소를 고려하라 [어미에 따라 어간의 소리가 다른 형태를 띤다는 것]) 나타나는지를 열거할 때 우리는 형태론에 영향을 주는 음운적 요소를 언급하는 것이다. 고정된 강세 패턴을 지닌 언어—즉, 단어의 특정 모음에 항상 강세가 떨어지고 그래서 예측이 가능한 경우—우리는 이러한 운율자질을 이용하여 단어경계를 결정할 수 있다 (스와힐리어의 예에서 단어의 끝으로부터 두 번째 모음에 규칙적으로 강세가 떨어지니 스와힐리 문장 *kibándakínamilángomiwíli* '그 오두막은 두 개의 문이 있다' 를 (형태소가 아닌) 단어를 따라 다음과 같이 띄워 쓸 수가 있다: *kibánda kína milángo miwíli*). 그렇지만 소위 문법적 층위가 언어의 구조적 조직에 주요한 차원이기 때문에 편의상 보통 분석이 다소 독자적으로 진행된다. 언어학자는 하나의 문법층위에서 문법단위들에 관심을 두고 분석하면서 다른 층위가 필요하면 참고한다.

## 변형생성문법

언어와 언어학 연구는 2,500년 전 고대 그리스에서부터 기록되어져 왔다. 그 당시 가장 초기에 유지되어 있는 과학적인 문법은 인도에서 작성되었다. 그 작업은 산스크리트 어에 대한 파니니의 문법인데 기원 전 5세기에 쓰였고 미국의 유명한 언어학자가 "인류 지혜가 낳은 가장 기념비적인 일 중 하나라고" 일찍이 기술하였다 (블룸필드 1933:11). 중세 동안 언어학의 발달에 관해선 알려진 바가 없으나 교육적이고 철학적인 언어의 연구는 계속되었다. 유럽에서는 여러 민족들이 사용하고 살아 있는 언어보다는 거의 유독 고전 라틴어에만 관심을 표하였다. 대조적으로 아랍 문법학자들은 자신들의 언어에 여러 개의 훌륭한 기술을 해냈다.

근대언어학의 뿌리가 18세기 말에까지 거슬러 올라감에도 불구하고 대부분의 혁명적인 발전은 20세기 초 전에는 시작하지 못했다. 단순하게 말하면 1900년대 초반부는 언어연구에서 구조주의와 기술주의적 접근이 주된 것이라고 성격 지을 수 있다. *구조적*(structural)이라는 말은 언어—어떤 언어라도—가 상호 연관된 요소들의 복잡한 체계이고 연구될 수 있고 분석될 수 있다는 뜻이다; *기술적*(descriptive)이라는 말은 전통주의자들의 관점에 따라 옳바른 [언어]사용이어야 하는 것보다 실제적인 일어나는 [언어]사용을 적는 것이 그 목표였기 때문이다. 1900년대의 후반부는 미국 언어학자 촘스키가 기여한 바 그 결과로 초기 접근법과는 근본적으로 상이하게 언어학이 출발하였는데 그의 이론적인 관점이나 방법론을 **생성적**이다 혹은 **변형적**인(혹은 변형생성) **문법**이라고 일컫는다.

기술주의적인 접근을 사용하여 언어분석은 한 언어의 단어나 구를 음성적으로 기록하기 시작하여 충분한 음성자료가 모아지면 그 언어의 음소를 결정하는 과정으로 이행한다. 일단 음소분석이 끝나고 전사방법을 고안한 후에 분석가는 낱말, 구, 문장, 전체 발화를 음운적으로 기술하게 되는데 상이한 형태소의 뜻은 물론 그 언어의 형태론을 이해하기 위함이다. 통상 문장구조는 단지 부수적인 관심을 받게 된다.

대조적으로 변형생성문법에서 교육받은 언어학자들은 거꾸로 분석을 진행하는데 문장에서 문장의 다양한 구성요소로 이행한다. 다음 한 쌍의 문장을 살펴보자: "Father is eager to please"와 "Father is easy to please" 두 문장 모두 구조는 동일한 것 같이 보인다. 형태소 순서나 배열에 관심을 두고 두 문장은 매우 유사하게 간주될 수 있다. 그렇지만 두 문장은 근본적으로 상이하다. 처음 문장에서 기쁘게 하는 이가 아버지이고 문장의 주어이다. 반면 두 번째 문장에서 아버지는 즐겁게 만드는 대상이고 따라서 심층목적어이다. 만일 혹자가 문장들을 능동에서 수동으로 태를 변화시키면 "Father is easily pleased"는 문법적이고 의미를 지닌 것으로 받아들여진다. 그러나 "Father is eagerly pleased"는 해당 사항이 명백히 없다. 겉으로 보기에 또는 표층구조가 원래 두 문장은 서로 동일하게 보이나 두 문장 사이에는 기초적인 차이가 있고 심층구조 내 차이에서 연유한 결과일 뿐이다. 그렇다면 단지 문장 내에서 형태소의 목록과 배열이 두 문장 사이에 있는 차이점을 설명하는데 충분하지 못한 것으로 보인다.

한 언어의 생성문법을 쓴다는 일은 무한 수의 문법적 문장을 생성해내는 유한한 수의 장치를 개발한다는 것이다. 이것은 직업적인 언어학자에게도 매우 터무니없는 요구이고 이러한 유형의 문법이 우리 책에서 매우 간략한 것도 그 이유 중 하나이다. 주요한 이유로는 이 시점에서 변형생성문법이 대부분의 언어인류학자들이 사용할 수 있거나 이용하여 득을 보는 그러한 도구가 아니기 때문이다. 변형생성문법의 의미부는 아직 충분히 확장되지 못했다. 그렇지만 만일 어휘의미구조가 대응하는 문화구조에 심각하게 연관되어 있으면 이 분야의 미래연구는 언어인류학자들에게 특별한 흥미를 유발할 것이다.

기술 · 구조 언어학의 장점과 생성문법의 장점을 어떻게 비교할 수 있으며 인류언어학에서 어느 정도까지 변형생성문법이 과거의 접근법을 대치하고 있는가? 이 질문에 대한 답 중 하나가 상자 5.1에 나와 있다.

## 종합과 결론

형태론은 단어형성을 연구하고 기술하는 것이다. 형태론의 주된 단위는 형태소이고 언어의 최소의미소이다. 어떤 언어에도 수천의 형태소가 있다. 자체로 사용될 수 있는 것은 자유형태소이고 다른 형태소에 붙어 나오는 것은 의존형태소라는 용어를 쓴다. 많은 형태소가 하나 이상의 음운 형태를 지닌다; 한 형태소의 변이형을 이형태소라고 한다. 한 언어의 작동을 주관하고 그 규칙들이 실행되는 과정을 관장하는 다양한 규칙은 언어마다 상이하다. 어떤 언어들은 (예를 들어, 라틴어) 굴절형태소가 많은 특징이 있고(예, 영어) 어떤 것들은 상대적으로 적은 굴절형태소를 지닌다. 그렇지만 문법의 복잡성이 한 언어의 명성을 높이지 않는다. 동일한 형태소의 이형태소 사이에 음운 차이를 연구하는 분야를 형태음운학(morphophonemics)이라고 한다. 영어 명사의 복수형태소는 여러 이형태소를 지니고 있다. 따라서 영어복수형의 형태음운적 규칙에 관해서 이야기할 수 있다.

문장은 한 언어의 가장 큰 구조적 단위이다. 전통적인 이해범위에서 문장연구를 통사론이라고 부른다. 변형생성문법에서 통사론은 문장구조뿐만 아니라 단어구조 역시 언급한다. 이 접근법에서 통사구성체는 문법의 주요한 세 구성체중 하나이다. 나머지 둘은 음운 구성체와 의미구성체이다. 의미구조와 관계있는 의미구성체는 근대언어학에서 충분히 연구되지 못했고 가장 상세하게 연구되지 못한 분야이다.

전세계에 걸쳐 다양한 언어학 분야에서 구조주의자와 기술문법론자들의 흥미는 언어인류학자들과도 오랜 동안 공유되어 왔다. 그들 중 많은 이들이 잘 알려지지 못한 부족들의 미기록 언어를 취급하곤 한다. 변형문법이 소개되기

**상자 5.1 기술문법과 생성론 접근법을 대조하면서**

휘발유로 가는 자동차를 상정해 보자. 언어처럼 움직이는 자동차는 복잡하게 작동하는 통일체이다. 언어처럼 역시 여러 체계(구동장치, 전기장치, 냉각장치 등)로 구성되어 있는데 각 부분은 특정한 원리에 맞추어 작동한다. 이 예에 촘스키와 그의 추종자들을 적용시키면 기술문법 접근법을 여러 자동차 부품과 기능을 잘 알지만 어떻게 왜 자동차가 가는지에 대하여 진지하게 관심을 두지 못한 기능공의 기술과 작동법에 견줄 수 있다. 자신의 분석을 표층구조에 제한하는 기술문법론 언어학자처럼 차를 좋은 상태로 유지할 수 있음에도 불구하고 기능공은 단지 피상적으로 차에 친숙하다.

촘스키에 따르면 그러한 접근법은 진정으로 과학적이지 못하다. 왜냐하면 설명하려는 노력이 없기 때문이다. 자동차를 달리게 만드는 것을 진정으로 이해하는 일은 폭발, 마찰, 힘의 적용 등 같은 근원적인 원리를 이해하는데서 나온다. 이러한 원리를 파악해야 특정 차생산업체뿐만 아니라 일반적인 차에 관한 중요한 것들을 말할 수 있게 되고(예를 들어, 눈자동차 snowmobiles) 이러한 원리를 이용한 다른 수송수단에 관해서도 말할 수 있게 된다. 결과적으로 문법규칙처럼 기초적인 원리가 우선이고 언어단위나 그 배열처럼 부품과 그 조립은 두 번째로 중요하다고 가정한다 … 그럼에도 불구하고 음운전사로써 토착민 용어를 녹음하는데 주로 관심을 두고 자신이 취급하는 언어의 직관적인 지식을 습득하게 되지 못하는 현장조사 중심의 인류학 기술주의 접근법도 역시 유용하다.

오리올 피 - 수니어 와 제넥 쌀즈만(Oriol Pi – Sunyer & Zdenek Salzmann)

*인간성과 문화*(Humanity and Culture, 1978; 356-357)

전에 언어연구의 접근법은 다소 기계적이었다. 왜냐하면 언어연구의 접근법은 주로 언어항목 (단위들)과 그 배열에 관심을 두었다. 변형생성문법의 창시자인 촘스키는 언어에 관련된 새로운 질문을 던지고 또 그 질문에 답을 달려는 노력을 해 왔다. 그중 많은 것들은 매우 중요하다. 예를 들어 공식적인 교육을 받지 않고 어린 나이에 벌써 모국어에 대한 지식을 갖고 있는 것이 가능한가? 촘스키에 따르면 아이들이 보편문법이라는 용어로 부를 수 있는 지식을 갖고 태어난다고 가정해야만 한다. 다른 말로 하면 보편문법은 우리 인간의 생물학적 천부적 능력의 일부분이다. 하나의 특수한 언어를 사용하는 사람이 반드시 배워야 할 것은 그들이 습득하는 언어의 특수한 것들이다 (예, 어휘부).

언어인류학자들은 문화라는 전반적인 기반 내에서 언어를 이해하는데 흥미를 갖는다. 그리고 말(speech)은 사회적 행동에 불가분의 연결고리로서 흥미를 갖고 있다. 그러나 그들이 그와 같이 언어구조에 관심을 갖지 않는 것에도 불구하고 자신들이 연구하는 사람들이 사용하는 말에 흥미가 있기 때문에 그들은 언어이론과 방법론에서 가장 최근 발전에 의해 명백히 영향을 받고 있다.

### 일러두기와 앞으로 독서를 위한 제언

언어학 교과서에 관한 참고문헌은 제4장의 주석에서 찾아볼 수 있다.

촌탈(Chontal) 말의 예는 워터하우스(Waterhouse 1962)에서 나오고, 이스무스 나휘아트 (Isthmus Nahuat) 예는 로(Law 1958)에서 나오며, 터키어 모음조화 규칙에 관한 종합은 그리아슨(Gleason 1961)에서 나온다.

훌륭하나 읽기 힘든 의미론 입문서로 라이온스(Lyons 1995)가 있다.

근대언어학의 전환점으로 판명된 촘스키의 저술은 *통사구조*(Syntactic Structures, 1965)와 *통사이론의 제측면*(Aspects of the theory of Syntax, 1965)과 *언어와 정신*(Language and Mind , 1972)이 있다. 언어학에 촘스키의 기여도에 관한 훌륭한 소개서가 라이온스 저술(1978)이다.

## 연습문제

독자들이 이번 장에서 토의한 것을 언어자료에 적용하도록 하기 위해서 간단한 문제 4개가 아래에 나온다. 답은 책 뒤편 참고문헌 다음에서 찾아볼 수 있다.

### *문제 1*

랭애커(Langacker 1972)에 기초하여 이 문제는 그 언어자료를 캘리포니아 남서부에서 쓰인 우토 - 아즈테칸 말인 루이세뇨(Luiseño)에서 취하고 있다. [ʔ]는 후두정지음; [q]는 연구개보다 더 뒤에 나오는 무성정지음( [k]와 유사하나 구강 내 더 뒤에서 조음된다)이다; 장모음은 두 개의 모음기호로 나란히 붙여서 쓰고; [ ́]는 강세인데 나란히 붙어 나오는 모음 중 첫 째에 표시한다. 아래 자료에서—그 언어의 대표적인 것으로 간주되는—루이세뇨 형태소를 찾아내고 각 형태소에 주석을 달아라(간략한 해석을 오른편에 제공한다).

| | |
|---|---|
| 1. nóo wukálaq | '나는 걷고 있다' |
| 2. nóo páaʔiq | '나는 마시고 있다' |
| 3. nóo páaʔin | '나는 마실 것이다' |
| 4. temét čáami páaʔivičunin | '태양이 우리가 물을 마시게 만들 것이다' |
| 5. nóo póy wukálavičuniq | '나는 그가 걷고 싶게 만들고 있다' |
| 6. nóo páaʔivičuq | '나는 마시고 싶다' |
| 7. temét póy wukálavičuniq | '태양이 그가 걷고 싶게 만들고 있다' |

### *문제 2*

제페다(Zepeda 1983)를 근거로 이 문제는 토호노 오오드햄(Tohono O' odham, 과거에는 파파고(Papago)라고 칭했음)에서 나온다. 이 언어는 남 아리조나와 부서부 멕시코에서 사용되었던 우토 - 아즈테크(Uto - Aztecan) 말이다. [ʔ]는 성문정지음이고 [ñ]는 영어단어 piñon, 혹은 pinyon으로 쓰이기도 하는 낱말에 ñ처럼 발음한다. (가)칸의 삼인칭단수 동사형태와 (나)칸의 복수형을 근거로 (가)칸의 동사

형태의 복수형이 어떤 과정을 거치는지 일반적인 용어로 기술하라.

| (가) | | (나) |
|---|---|---|
| 1. ñeok | '말하다' | ñeñok |
| 2. ʔul | '튀어나오다' | ʔulʔul |
| 3. helwuin | '미끄러지다' | hehelwuin |
| 4. him | '걷다' | hihim |
| 5. dagkon | '닦다' | dadagkon |

### *문제 3*

영어의 과거형태소는 3개의 이형태소를 지닌다: /－d/는 *begged*에 나오고, /－t/는 *chirped*에 나오며 /－d/는 *guided*에 나온다. 삼인칭단수의 형태소는 역시 3개의 이형태소를 지닌다: /－z/는 *goes*나 *begs*에, /－s/는 *chirps*에 /－əz/는 *houses*에 나온다. 이 두 형태소의 이형태소가 나오는 환경을 기술하라.

### *문제 4*

메리필드와 여러 명이 쓴 책(1967)에 근거하여 멕시코 케라크루스 주에 약 20여 마을과 정착지에서 사용되는 미세 - 소께 Mixe－Zoque어인 시에라 포포르까(Sierra Popoluca)에서 이 문제를 뽑았다. 모음 다음에 위에 붙은 점은 모음길이를 표시하고; [ʌ]는 비원순 중앙모음이고; [ʔ]는 성문정지음; [ŋ]는 연구개 비음; (sing과 king의 －ng 같이); 그리고 [tʸ], [č], [š], [ñ], [y]는 치경구개음으로 각각 무성정지음, 파찰음, 마찰음, 비음, 반모음이다. 아래 자료에서 영어주석 '나의 my' 에 해당하는 형태소의 이형을 열거하라. 그리고 이 접두사의 형태음운 규칙을 기술하라.

| | | | |
|---|---|---|---|
| 1. co · goy | '간' | 21. anco · goy | '내 간' |
| 2. čikši | '가려움증' | 22. añčikši | '내 가려움증' |
| 3. ha · ya | '남편' | 23. anha · ya | '내 남편' |

4. he · pe 　'잔'
5. kawah 　'말 (짐승)'
6. kʌ · pi 　'땔나무'
7. me · me 　나비'
8. me · sah 　'탁자'
9. nʌc 　'아르마디요 – 중남미산 동물'
10. nʌ · yi 　'이름'
11. petkuy 　'비 – 청소도구'
12. piyu 　'암탉'
13. suskuy 　'호루라기'
14. suuŋ 　'냄비'
15. šapun 　'비누'
16. šiʔmpa 　'대나무'
17. tʌk 　'집'
18. tʸaka 　'병아리'
19. wʌčo · mo 　'아내'
20. yemkuy 　'부채 (扇)'

24. anhe · pe 　'내 잔'
25. aŋkawah 　'내 말'
26. aŋkʌ · pi 　'내 땔나무'
27. amme · me 　'내 나비'
28. am · mesah 　'내 탁자'
29. annʌc 　'내 아르마디요'
30. annʌ · yi 　'내 이름'
31. ampetkuy 　'내 비'
32. ampiyu 　'내 암탉'
33. ansuskuy 　'내 호루라기'
34. ansuuŋ 　'내 냄비'
35. añšapun 　'내 비누'
36. añšiʔmpa 　'내 대나무'
37. antʌk 　'내 집'
38. añtʸaka 　'내 병아리'
39. aŋwʌčo · mo 　'내 아내'
40. añyemkuy 　'내 부채

# 6. 언어의 기원

언어(language)는 인간의 근본적인 속성이고 말(speech)은 사회행위에 매우 불가분한 관계로 결합되어 있기 때문에 언어의 성질을 밝히는 일은 인류의 뿌리를 이해하는 하나의 방편으로 더욱 우리를 가까이 안내하게 된다. 이점이 말(speech)의 기원에 관련된 의문이 수천 년 동안 인간들의 호기심에 불을 당겨온 이유이다. 가용한 기록이 이 주장을 충분히 뒷받침한다.

창세기에 따르면 신이 처음에 말(words)을 만드셨다. 후에 신은 첫 번째 사람을 지으시고 그에게 말씀하셨다. 그로 하여금 신이 창조한 여러 동물들의 이름을 짓게 하였다(창세기 2:7, 19-20). 수세대 후에 대 홍수가 있고 나서 "지상에는 하나의 언어와 다른 말은 거의 없었는데"; 창세기는 천상에 도달하려고 바벨 지역에 탑을 세우려고 추진했던 사람들을 벌하려고 신이 하나의 언어를 서로 해독할 수 없는 형태의 여러 말로 갈라놓은 것으로 여긴다. "그리고 신께서 말씀하셨다. '… 우리가 내려가서 거기서 그들의 언어를 혼잡하게 하여 그들로 서로 알아듣지 못하게 하자'"(창세기 11:1-7 개역 한글판 참조). 이러한 성서구절들의 함축된 뜻은 인간의 말이 신으로부터 인간에게 선물로 준 것이며 언어들이 갈라지는 것은 신의 개입에 의한 결과라는 것이다.

기원전 5세기의 희랍 역사가 헤로도투스는 로마인들이 "역사의 아버지"로 부른 자인데 가장 오래된 민족이 지상에서 어떤 족속인지를 결정하는 비범한 실험을 재현한 이집트 통치자 한 사람에 대한 이야기를 적고 있다. 그 통치자의 실험은 태어나자마자 두 아이를 모든 말로부터 격리하여 길렀다. 2년이 지난 때 이 두 아이가 지껄이는 첫 단어가 후리지아(Phrygian)단어인 *빵*을 뜻하는 것으로 판명되자, 우선권을 후리지아 족에 부여했다.

### 초기 이론들

이론적이고 실제적이기도 한 수많은 문법 논문들이 중세와 문예 부흥기에 만들어졌음에도 불구하고 18세기의 계몽주의 시대에 와서야 언어의 기원에 관한 중요한 기여를 하게 됐다. 프랑스 철학자 꽁디악(Étienne Bonnot de Condillac, 1714-1780)에 의하면, "[초기] 인간들은 상당한 개념들을 임의기호에 연결짓는 버릇을 길렀고 자연스럽게 나오는 고함이 새로운 언어를 구성하는 하나의 모델로 사용됐다. 인간들은 새로운 소리들을 구사하고 여러 번 반복함으로써 또 지적하고 싶은 물건들을 가르치는 몸짓과 새로운 소리들을 병치시켜 사물들에 이름을 붙이는 일에 익숙하게 되었다(Condillac 1947:1,61). 장 자끄 루소(Jean Jacques Rouseau, 1712-1778)는 꽁디악의 이론을 대체로 동의하였지만 몸짓에서 소리로의 전이가 사회 구성원들 사이에서 일어나는 사회적 계약이라는 그 자신의 사상에 견줄만한 어떤 종류의 사회구성원 사이에 합의가 있기 때문이라고 그 이유를 삼았다.

아마도 가장 유명한 이 주제에 관한 에세이는 독일 철학자 헤르더(Johann Gottfried von Herder, 1744-1803)가 1772년에 발표했는데 이것은 베를린의 프러시아 학술원이 공포한 경시대회에 응한 작품이었다. 헤르더는 그 이전의 학자들이 증명하려고 시도했던 것처럼 언어는 신에서 그 기원이 있지 않다고 했으며 오히려 언어는 인간성의 가장 내적인 성질에서 솟았으며 사고와 함께 발달하고 사고와 불가분의 관계라고 썼다. 헤르더가 모든 언어들이 그 공통의 근원에서 이어 내려왔다고 믿었음에도 불구하고 그는 말하는 사람들의 사고유형이나 정신을 개개 언어들이 충실하게 반영하고 있다고 확신했다.

18세기 말 이후로 계속 언어의 기원에 관한 추측이 대단히 많았고 종종 기이한 지경이었기에 1865년 창설된 파리 언어학회 정관에 이 주제에 관한 어떠한 의사 개진도 모임에서 허락하지 않는다고 명기하고 있다. 언어 기원에 관한 다양한 설명이 시도되어 알려진 대로 이름을 부여받았고 이러한 일이 1세기 이상 지속됐다.

언어가 어떻게 유래해 왔는가를 설명하는 상당히 기발하나 증명할 수 없는 여러 이론 중에는 바우와우(bowwow)이론이 있는데 이것의 의하면 초기 인간들의 첫 번째 단어들이 자연의 소리를 흉내 내고 특히 동물의 울음을 따라 질렀다. 푸우푸우(pooh-pooh)이론은 말의 기원을 고통이나 다른 강렬한 감각 혹은 느낌을 나타낼 때 동시적으로 내뱉는 소리에서 찾으려 했다. 딩동(dingdong)이론에 따르면 자연에 있는 각 실체가 소유하는 특이한 소리울림을 목소리를 통해 표출하였는데 이것들이 인간의 첫 단어가 되었다는 것이다.

언어의 기원에 관한 질문이 권위 있게 결코 정착될 것 같지는 않음에도 최근 조사들이 좀더 건전한 자세에서 진행되어 오고 있다. 그 이유는 다수의 새로운 발견이 우리의 화석기록에 대한 이해가 더욱 깊어지게 만들었고 또 그 문제가 지금은 인간의 생물학적 문화적 진화에 광범위한 맥락에서 고려되어야 하기 때문이다.

**의사소통 체계가 언제 언어가 되는가?**

언제 언어가 시작되었는가 하는 질문은 언어라는 용어가 무엇을 의미하는지를 우선 명확하게 드러내지 않는 한 역시 너무 애매모호하다. 만일 언어라는 용어가 자체로는 뜻이 없으나 전통적이지만 자의적인 뜻을 부여받은 [논리학적으로] 상위(higer-order)의 단위(낱말들)를 생산하기 위해서 결합체로서 나오거나, 더욱이 그러한 체계가 그 사용자가 공간은 물론 시간을 뛰어넘는 사건들에 선례가 없는 설명을 무한정 그 언어사용자들이 지어낼 수 있다는 것이면 인류가 존재해온 수백만 년의 생존기간은 언어가 없었을 것이다.

모든 생물 종의 구성원은 서로 정보를 전달하는 길이 있다. 인간이 유인원과 인간을 포함한 유인원 속에 속하는 동물—특히 고릴라와 침팬지—에서 분지하기 전인 5-8백만 년 전, 틀림없이 사람들은 자신들과 가장 근접한 영장류 친척의 의사소통 수단과 유사한 의사소통 수단을 소유하였다. 야생에 있는 거대원숭이류(類)의 행위에 관하여 알려져 있는 정보를 통해 판단하면 초기인간들의 의사소통 체계는 후각(냄새)과 촉각(짝짓기 경우)은 물론 시각과 청각신호도 이용했던 것으로 보인다.

시각신호 혹은 몸짓은 얼굴을 포함한 여러 신체부분으로 만들었을 것이며, 청각신호는 틀림없이 여러 모양의 음성화—꿍꿍거림, 으르렁거림, 짖음, 우우대기, 길게 짖기 등으로 구성되어 있고 또 가슴 두드리기와 땅위에서 발 구르기 같은 소리도 들어 있다. 대부분 경우 다소 얌전한 모습인 것이 틀림없고 그들을 성나게 하는 자극이 있을 때만 신호가 사용되었을 것이다. 이러한 신호들의 중요성 혹은 뜻은 급박한 환경 (예, 갑작스런 위험, 음식 발견) 혹은 개인의 감정상태(성가심, 놀람, 고민, 우세의 공포, 두려움 따위)에 관련 있는 매우 기본적인 "어쩌구저쩌구(comments)"에 국한되었을 것임에 틀림없다.

그렇게 제한적인 의사소통 수단—단순한 호출체계(a mere call system call system)—과 근대 인간들이 수천 년 간 사용해온 만개(滿開)한 언어와의 거대한 간격을 메워나갔음이 명백하다. 완숙한(full-fledged) 모습의 언어 전에 선행했던 의사소통 체계를 **선-언어**(prelanguage)라고 일컬을 수 있겠다. 그러나 언어와 선-언어의 차이점조차 너무 거친 표현이다. 왜냐하면 그 단어는 진화중에 있는 사람들에게 인식되기에는 미약하지만 계속 증가하는 셀 수 없이 많은 일련의 변화라기보다는 〔이 표현은〕 한 단계에서 다음 단계로 진화 상 도약을 제시하고 있기 때문이다. 어떤 인류학자들은 조금 자세히 인간 의사소통 진화를 재구성하려고 시도해 왔다. 예를 들어 웨스콧(Roger W. Wescott 1974)은 오스트랄로피테신에게는 손 흔들기와 목소리를 시간적으로 일치시키기

(synchronization), *호모에렉투스*에게는 손으로 지시하기와 성대묘사, 네안데르탈은 손으로 하는 신호와 의미 없는 음절 사용을 포함하는 해독할 수 없는 "말(speech)"을, 후기 *호모사피엔스*에게는 쓰기와 충분히 발전된 언어를 사용했다고 상정하고 있다. 대다수의 인류학자들은 아마 설명에 필요한 이 도식(scheme)이 너무 보수적이라고 생각하고 있지만; 시각과 청각이라는 두 의사소통 통로와 언어발전을 연결시키려는 그의 시도가 강점이다.

## 인간 진화의 이정표

인간이 속한 영장류 목(目)의 출현은 지구상 생명체가 살기 시작한 이후 3–40억년이란 긴 기간 중 단지 약소한 일부에 지나지 않는 약 600–700만 년 전 일이다. 대부분의 초기 영장류는 나무 위에서 살았지만 시간이 지나서 자연 환경의 변화로 영장류 중 약간이 땅위 생존에 적응하게 되었다(도형 6.1을 보라).

영장류의 하위 범주중 하나인 **영장류목**(Hominoidea)은 과(科)보다는 큰 단위(superfamily)인데 3개의 과인 작은 몸집의 유인원(예, 시아망, 긴팔원숭이), 큰 몸집의 유인원(예, 골릴라, 오랑우탄, 침팬지), 호미니드(Hominidae)로 구성되어 있고 세 번째인 호미니드는—바로 인류와 그 직계 조상이다. 현재 나타난 증거로서 최초인간은 탄자니아, 케냐, 에티오피아 내 동아프리카 지역에서 나온 화석 자료로서 3–4백만 년 전으로 거슬러 올라간다. 루씨(Lucy)라고 불리는 화석이 제일 알려져 있고 비슷한 화석 뼈들이 남아프리카 유인원인 오스트랄로피테쿠스(Australopithecus) 속(屬)과 아팔지방(afarensis) 종(種)인데 1974년 이 화석이 발견된 에티오피아 아팔(Afar) 불모지명을 따다가 이름 지었다. 뇌가 소량이고 두개골 용량이 서양식 척관법으로 약 1파인트(473 cc)로 추정되었으며 이 초기호미니드들은 두 다리로 직립했고, 직립이란 뜻은 이들이 이동할 때 단지 아래 두 다리만을 사용했다는 것이다.

대부분의 전문가들이 [화석으로 나타난] *아프리카지방 오스트랄로피테쿠스*

| 현재부터 시간 | 인간진화 단계 | 선사시대 | 문화진화의 이정표 | 언어진화의 가정적인 단계 |
|---|---|---|---|---|
| | 중석기 | 신석기 | 농경 | (인구어) |
| 10,000 | | | | |
| 40,000 | 크로마뇽 (호모사피엔스 사피엔스) | 말기 | 조각과 벽화 | 만개한 언어 |
| | | 중기 | 제식행위 | |
| 100,000 | 네안데르탈 (호모사피엔스) | | 모양이 계획된 석기 조직된 수렵행위 | 패턴의 이중성 |
| 500,000 | | 구석기 초기 | 불의 사용 | 혼합 |
| 백만년 | 직립인 도구인 | | 수렵 | |
| 2백만년 | | | 첫도구, 타제 석기 | |
| 3백만년 | 아프리카 오스트랄로 피테쿠스 | | | 언어사용을 위한 적응 다양한 의사소통 |
| 4백만년 | 아팔지역 오스트랄로 피테쿠스 | | | |
| 5백만년 | 유인원에서 인류조상 분리 원숭이와 유인원 분리 | | | |
| 5천만년 | 영장류 출현 | | | |
| 1억년 | | | | |

**도형 6.1 인류 진화의 주요 단계**

언어진화 단계와 인류진화 단계, 선사시대, 문화진화에 나타나는 이정표들을 가설 상 제 단계와 연결시킨 간추린 시간표이다. 공간에 맞게 도표를 넣으려고 시간축이 (점선에서) 여러 번 축약되었음을 주목하라.

(Australopithecus africanus)이라는 또 다른 **오스트랄로피테신**(Australopithecine)종을 선택함에도 불구하고 *아팔지방 남아프리카 오스트랄로피테쿠스*(Australopithecus afarensis)와 최초 인류속(屬)을 대표하는 화석과 사이의 연결고리에 대한 설명에 있어 연구자들은 완벽한 의견일치를 보지 못하고 있다. 이 인간원숭이(man ape)의 화석이 아프리카 남쪽에 남아있고 3백만 년 전으로 거슬러 올라가는데 **호모하빌리스**(도구인)의 선조 형상과 상당히 유사하며 호모하빌리스와 수십만 년 동안 아프리카 지역의 일부에서 공생하고 있었던 것 같다. 용어가 제시하고 있는 것처럼 *호모하빌리스*는 근대[인류]종과는 매우 떨어져 있으나 첫 번째 인간으로 간주되고 있다. 탄자니아와 케냐에서 발견되고 160-190만 년 된 *호모하빌리스*의 유해는 근대인간이 지닌 뇌 용량의 약 절반 정도 크기인 두개골을 지닌 개체들로부터 나왔다. 이 초기 인간들은 신장이 왜소하지만 그들이 지구상에 있기 전에 존재해 온 오스트랄로피테신(Australopithecines)이 못하는 단순한 도구들을 만들고 사용할 줄 아는 능력이 있었다. 이 종에 속하는 구성원들은 단지 본능에 지배당하는 행위보다 단체행동과 문화적으로 틀을 갖춘 생존수단이 두드러질 정도로 증가추세가 보이며 거기에 의존하기 시작했다.

*호모하빌리스*의 출현으로 인간진화의 보폭(步幅)이 가속되었고 2백만 년쯤 전부터 새로운 종이 나왔는데 호모에렉투스(Homo erectus)이다. 이 종의 구성원은 아프리카에서 아시아와 유럽을 걸쳐 펴져 있었고 지금부터 3-40만 년 전까지 약 100만 년 이상 지탱하였다. *호모에렉투스*가 사용한 가장 잘 알려진 다목적 손도끼 같은 도구는 자르고, 구멍 뚫고, 쳐내고, 가는데 쓰는 변화 있는 도구 사용을 포함하고 있었다. 근대 인간들의 조상인 이들은 큰 사냥감을 능란하게 포획하는데 필요한 기술을 지니고 있었다. 또한 그들은 불을 이용하는 법을 배웠고 몸을 따뜻하게 하고 음식을 준비하고 짐승을 좀더 쉽게 흩어지는 곳으로 몰아가며 잡는 장소를 이용할 줄 알고 있었다. 문화가 더욱 복잡하여 뇌의 크기가 증가함에 따라 호모에렉투스의 뇌의 평균치는 약 1 쿼트(quart 약1,000 cc)에 근접했다.

인간 진화의 마지막 주요 단계가 *호모에렉투스*에서 *호모사피엔스*로 전이되는 30만 년 전쯤에 일어났다. 이 종에 모든 현존인간들이 속한다. 확신을 갖고 한 종에서 다른 종으로 전이가 어떠한 경로로 일어났는지 결정하는 것은 아직도 불가능하다. 하나의 가설은 아프리카의 *호모에렉투스*가 처음 *호모사피엔스*라는 최신의 하위 근대종(種)으로 진화했다는 것이다. 유럽에서 이 근대종의 인간들이 네안데르탈류(類)에 속하는 호모사피엔스(Homo sapiens neantherthalensis)를 대치하였는데, 어떤 인류학자에 따르면 그들은 충분히 변화단계를 완성 짓지 못하였다. 칸(Rebecca L. Cann)과 다른 이들이 실시한 최근 미토콘드리아 핵산(核酸 DNA)분석에 따르면 근대 인간들은 15-20만 년 전까지 거슬러 올라가 아프리카의 한 모집단 인구로 귀속되고—사실 이브(Eve)라고 불리는 화석인 여자에 도달한다. 그러나 다른 과학자들은 화석과 유전적 증거가 근대 인간들이 많은 지역에서 〔동시 다발적으로〕 진화했다는 이론을 지지하고 있다고 주장한다.

이 단계에서 주의가 요청된다. 분류명(分類名, 예: 학명, 분류 집단을 일컫는 공식 이름)은 특히 위에서 보듯이 인간의 진화를 간략한 약어로 설명함으로써 사람의 조상이 해부학적으로 곧바로 일직선을 이루어 근대적 형태로 진행된 것처럼 오해를 불러일으킬 수 있다. 단지 한 묶음의 증거가 제시하는 것 이외의 더 이상은 없다. 인간진화의 각 단계에서 상당한 변이가 있어 왔으며 일반적인 호미니드(hominid) 형태에서—적응방사(adaptive radiation)라고 불리는 과정—적응해온 결과로 좀더 특성 있는 형태로 변했다. 다른 말로 하면 인간진화 상에서 "수형도"의 줄기들은 정말 뒤섞여 있음이 틀림없다. 그렇지만 상이함 속에서도 현재 인간들에게 연결된 인구집단들을 끌어낸 비교적 좁은 통로가 있다. 언어에 나타나는 다양한 변화가 생겼음에 틀림없는데 바로 이 통로를 거친 것이다.

*호모에렉투스*에서 *호모사피엔스*로의 진화는 문화적 복잡성에 획기적인 증

가가 일어나는 지점에 나타났다. 그 중 *호모사피엔스사피엔스*(Homo sapiens sapiens)의 변종으로 크로마뇽인(Cro-Magnons)의 출현이 있기까지 유럽에서 존속했던 네안데르탈류(類) 호모사피엔스는 부장품과 음식을 차려놓고, 시신을 (철분이 함유된) 붉은 황토를 바르고 주위에도 야생화들을 놓고 신중하게 시신을 매장한 최초의 인간으로 보인다. 곰 제례를 표시하는 것으로 간주되는 몇 발굴은 여러 개의 곰 두개골로 구성되어 있는데 어떤 것들은 가지런히 정렬하여 바위 수납함 안에 놓고 나머지는 벽 쪽 후미진 곳에 조심스럽게 놓았다. 이러한 발굴과 여러 증빙 자료들을 네안데르탈인(人)의 제례나 혹은 사후에 있음직한 신앙행위의 증거물로 어떤 이들은 간주한다. 다양하게 특화된 연장들을 만드는 그들의 개성 있는 방법은 미리 사려 깊게 만든 도안을 기초로 돌맹이의 중심을 두들겨서 떼어낸 석편을 이용하고 있었다(도형 6.2를 보라).

기술적으로 팰리오리틱(the Paleolithic)이라고 불리는 구석기 시대는 2백만 년 이상 계속 되었고 지금부터 약 10,000년에서 12,000년 전에 끝났다. 구석기의 가장 최근에 해당하는 하위 구분 시간대는 지금부터 37,000년에서 11,000년 전까지 기간인데 구석기 말기(Upper Paleolithic)라고 일컫는다. 올도완(Oldowan) 전통에서 무스테리안(Mousterian) 문화에 이르기까지 약 200만 년 동안 도구제작의 진척은 매우 느렸다. 구석기 말기 기간 동안에는 창조적 행위들이 폭발적으로 늘었는데 그때 크로마뇽인들은 공들인 물건들을 고안하기 시작했다—조각칼, 코가 있는 갈퀴, 석궁, 뼈바늘, 무엇보다도 정교한 공예품이 나왔다. 돌, 진흙, 뼈, 상아, 사슴뿔 뿐만 아니라 그림에서 그들은 미묘하고 기념비적인 (벽장식이 사냥장면을 그렸는데 약 40피트 정도로 길다) 스타일로 추상적인 것, 기하학적인 것부터 자연주의적이고 혹은 귀여운 스타일까지 총망라되었다. 수많은 물건들은 제작과정이 다소 급작스럽고 빠른 진전을 보이고 있는데 틀림없이 인지과정에서도 유사한 향상이 평행선을 그리고 있었으며 그들이 사용한 완숙상태(full-fledged)의 언어가 있었다는 것을 말하고 있다.

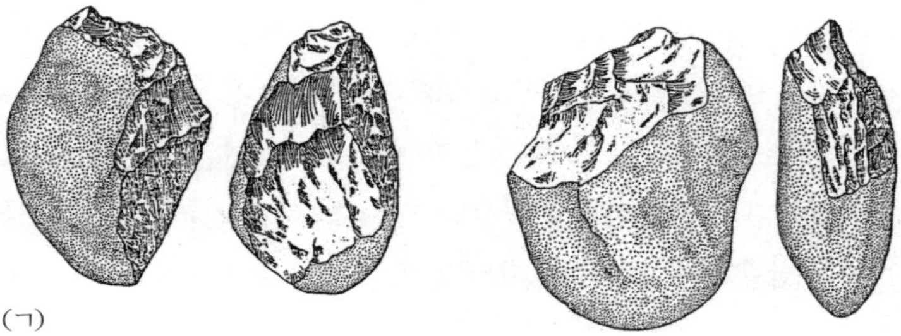

(ㄱ)

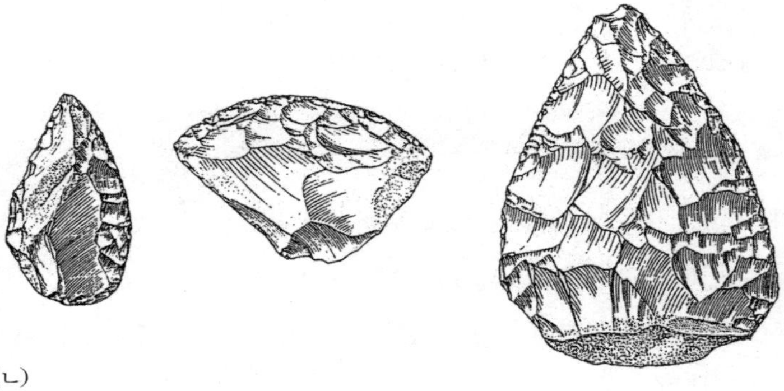

(ㄴ)

**도형 6.2 구석기 시대 동안 문화적 진화**(시간표는 도형 6.1을 보라)

(ㄱ) 구석기 초기의 타제 석기, 전면과 측면(올두바이 계곡, 탄자니아)

*출처* : 화간(Brian M. Fagan), *지구의 사람들*, 6판(Glenview, IL: Scott, Foresman and Company, 1989), 114. 리키(M.D.Leaky)의 올두바이 협곡: *유적층 Ⅰ과 Ⅱ 발굴*(Cambridge, UK: Cambridge University Press, 1971)

(ㄴ) 구석기 중기 긁는 도구, 손도끼(프랑스). *출처* : 프랑스와 보르드, *구석기 시대*(New York: McGraw – Hill, 1968), 99, 100, 104. 맥그로우 – 힐 사의 허락으로 게재함.

(계속)

**도형 6.2** (계속)

(ㄷ) 구석기 말기 예술: 도구나 제기의 끝에 뛰어 오르는 말을 조각함(프랑스); "뛰어 오르는 소" 라스코 동굴 벽(프랑스). *출처* : 국립 고 미술품 박물관, 생제르망 임 레이; 인류 박물관, 파리.

(ㄷ)

오늘날 언어가 구석기 말기(the Upper Paleolithic)를 따라 나오고 신석기(the Neolithic) 시대를 출현시킨 중석기(the Mesolithic) 시대의 상대적으로 짧은 기간에 언어가 잘 형성되었다는 가정에 의문을 던지는 사람은 없다. 분명히 인간이 곡식을 기르고 동물을 가축으로 길들인 결과로서 신석기 동안에 거쳤던 혁명적인 변화는 완숙상태의 언어를 고려하지 않고는 생각할 수도 없다.

**혼합과 유형의 이중성** (Blending and Duality of Patterning)

언어 기원의 근대이론에 주목할 만하게 기여한 인류학자들 중에는 하케트(C. F. Hockett)가 특별히 부각될 만한 학자이다. 닫혀있는 호출체계—즉, 유한하고 상대적으로 적은 단조로운 호출이나 신호를 지닌 체계—에서 완숙상태의 언어로 연결시켜주는 사실적인 발전 줄거리를 바로 하케트가 우리에게 제시한 것이다. 하케트(1973)에 따르면 일어난 일들 중 두 가지 중요한 비약적 발전이 있었다는 것을 상정해야만 한다. 그는 이 두 가지 필수적인 조건 중 첫 째로 혼합을 드는데 그것은 오래된 두 개 호출에서 새로운 호출 신호 하나를 만들어 내는 일이다. (근대적인 유추로서 전적으로 적절하다고 할 수 없어도 *breakfast*와 *lunch*에서 새로운 단어 *brunch*를 혼합(blending)해낸 것과 유사하다.) 혼합은 가용한 호출 개수를 크게 증가시킬 수는 없었다. 왜냐하면 만일 "어휘"가 너무 길어지면 호출들이 서로 유사해져서 쉽게 구별할 수 없게 되기 때문이다. 혼합이 실로 행한 것은 밀폐된 체계를 열어서 선(先) - 언어 단계로 발전시키는 견인차 역할이다(상자 6.1 참조).

두 번째 비약적 발전은 호출의 밀집이 증가되는 것을 제거하는 방편으로 유형의 이중성인데 한 층위의 제한적인 개수의 신호 단위들이 또 다른 층위에서 상당수의 정렬을 이루기 위한 결합하는 과정이다. (위에 있었던 유추를 계속 쓰면 *breakfast*와 *lunch*를 구성하는 철자가 아닌 소리들이 *bench, bunch, chest, fun, less, lust, nest, rough, run, rust, stench, srench* 따위 수많은 소리 조합을 여남은 소리로부터 생성하는데 쓸 수 있다.) 인간의 조상이, 통일적인 혼합이 실로 개별적인 소리들의 상이한 묶음으로

**상자 6.1 혼합에 관한 하케트의 입장**

긴팔원숭이(gibbon) 한 마리가 먹이가 있으며 동시에 위험한 상황에 있는 것을 상정해 보자. 말하자면 그 상황조건을 이룬 요인들이 균형 잡혀있다. 긴팔원숭이에게 보통의 귀결은 한 요인이 혹은 또 다른 요인이 우세하여 단지 호출 하나만 내질러 버린다. 이번엔 대상 긴팔원숭이(gibbon)가 전형적이지 않은 동물로 상상하자. 음식호출이나 위험호출 대신 그 긴팔원숭이는 각 특성을 조금씩 공유한 호출을 내질렀다. 그 긴팔원숭이는 두 호출을 혼합(blend)하여 내지른 경우이다.

이 새로운 호출은 긴팔원숭이가 속한 집단에 다른 긴팔원숭이들의 경험을 벗어나는 일이다. 음향 조건에 따라 긴팔원숭이 몇 마리는 음식호출로 그 혼합된 호출을 들을 수도 있고 다른 긴팔원숭이들은 위험 호출로 또 다른 긴팔원숭이들은 의미 없는 새로운 형태의 호출신호로 들을 수 있다. 두 가지 정보를 동시에 전달하는 새로운 신호로 누군가 듣는다는 것은 있음직하지 않는 일이다. 따라서 그 결과는 무시할 만 하다.

그러나 초기인간들은 다소 복잡한 사회질서에 기능하는 (닫혀있지만) 다소 풍요로운 호출체계를 지녔다고 가정하자. 그때 우리는 또한 이러한 유형의 사건이 종종 일어났다고 하는 가정도 가능하며 다른 무리에 속하는 사람들이 조만간 적절하게 반응했고 따라서 보통보다 더욱 복잡한 상황을 더 효과적으로 처리하게 되었다. 이러한 효과가 강화됨에 힘입어 두 가지 호출을 혼합하여 새로운 신호를 만드는 것에 근거가 있게 된다.

이것이 일어난 일이라고 받아들여야 하는데 왜냐하면 혼합은 폐쇄체계가 언어의 특성인 개방성(openness)으로 옮겨가는 오직 하나의 길이기 때문이다.

하케트(Charles F. Hockett) *자연에서 인간의 위치*(1973), 381

구성되어 있음을 "발견"한 이후부터 유형의 이중성은 성립되었고 선 – 언어는 언어로 진보할 수 있었다. 우리가 아는 한 어떤 종의 다른 동물도 이 자질을 이용하는 의사소통 체계를 보유하고 있지 않다. 우리가 아는 바는 바로 인간언어의 유연함이 다른 동물의 왕국 내에서 비길 곳이 없다는 사실이다.

**일원발생론 대 다원발생론** (Monogenesis vs. Polygenesis)

언어 발달에 필수적인 가능성과 특성들이 상당히 시차를 두고 혹은 거의 같은 시대에(다원론) 여러 곳에서 유래 하는가 혹은 단지 한 번(일원론) 유래했는가? 이 질문에 결론적인 답을 기대하지는 못함에도 불구하고 양자택일의 합리적인 토의가 준비되어 있다.

다원론은 그 함축적인 뜻으로 오늘날 사용되는 언어들이 아주 먼 과거에 여러 개의 서로 연관 없는 원천에서 유래한다는 것으로 방어가 쉽지 않다. 하나의 예로 선 - 언어와 언어로 진행되는 과정이 구조적이면서 기능적인 긴 연쇄 변형으로 구성되었음에 틀림없다. 두 개 이상의 매우 복잡한 발전이 병행되어 서로에게 독립적으로 일어났다는 사실은 당연하게 받아들여질 수 없다. (최근 작업에서 비컬튼(Derek Bickerton)[1990]은 "조어 protolanguage"에서 [여기서는 선 - 언어라고 불리는] 진정한 언어로의 전이가 급작스럽고 단일한 매우 주요한 돌연변이의 결과였다고 가정한다. 그렇지만, 인간언어처럼 독특하고 복잡한 의사소통 체계가 돌연변이 한 번의 결과였다는 사실은 받아들이기 어렵다.) 따라서 민족적인 혈통에 관계없이 보통의 아이들이 동일한 정도의 능숙함과 대략 비슷한 시간표에 의거하여 수천 개의 자연 언어들 중 하나를 습득하는 능력이 보여주는 것은 인류종(種)에게 말이 생득적이고 세상의 모든 언어가 하나의 공통적인 기초구조의 단지 변이들이라는 강한 암시이다.

일원 발생론은 두 형태를 띤다: 강력한(직선)형태와 하케트의 용어를 빌어 흐릿한 형태이다. 두 가지 형태 중 흐릿한 일원발생론 형태의 설명이 더욱 사실적으로 보인다. 이것은 언어에 필수적인 특성들이 하나의 기원에서 나왔다고

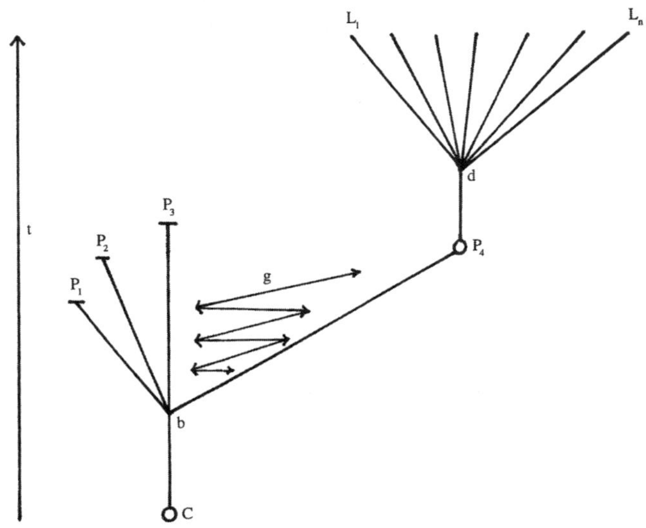


**도형 6.3 일원 발생론의 "퍼지"이론 판의 간략한 도식.**

표 좌측의 (t)는 시간을 가리키며 수백만 년에 해당한다. 시발점은 (c)로서 폐쇄적인 호출체계를 나타낸다. 언어발달에 필수적인 경향은 혼합(b)의 도입으로 정점을 이룬다. 그것은 몇 개의 선언어($P_1 \cdots P_4$)를 낳는다. 이들 중 $P_1$ $P_2$ $P_3$가 사라지고 $P_4$만 남는다. 패턴의 이중성(d)이 소개된 후에 존재하는 모든 언어($L_1 \cdots L_n$)의 근원이 된다.

가정함에도 불구하고 일정지역 내 사람들의 각 집단에서 벌어지는 언어발달을 허용한다. 결과적으로 초래하는 차이는 집단 구성원 내 유전자 이동[족외혼을 통한 사람들의 이동]으로 채워질 수 있고 혹은 의사소통 체계가 가장 효과적인(6.3 도형 참조) 어떤 집단의 궁극적인 우세나 생존으로 그 차이가 종식되었을 수도 있다. 만일 선언어의 변종이 서너 개 존속했다면 지속적으로 발전한 모든 언어들의 조상격인 하나의 "방언(dialect)"보다 더 많은 숫자의 방언이 있었을 것이다.

### 언어의 나이측정: 언어학적 고려

인류학자들은 언어의 나이에 관한 질문에 확실하고 애매하지 않은 답을 구할 수 있을 것으로 기대하지 않지만, 여러 갈래의 간접적인 증거가 인간 진화의 시간표에 비추어 언어발달의 주요단계들에 대략적인 범주를 부여하는데 도움을 줄 수 있기를 정말 바라고 있다. 어떤 증거는 언어학에서 나오고 어떤 것들은 고고학에서 기록으로 나오고 어떤 것들은 아직 영장류의 해부학 연구에서 나올 수 있다.

비교 · 역사언어학에 적극적인 학자들이 먼 과거에 쓰였던 비(非)문자 언어들을 재구하는 믿을 만한 방법을 발전시켜왔음에도 불구하고 선사시대에서 나온 언어증거는 단지 제한적으로 기여한다. 확실하게 말하건대 [내적]재구(internal reconstruction)가 상당히 자세하게 오늘날 언어의 조상이 되는 언어들의 수많은 구조적 자질들을 밝혀냈다. 가장 훌륭한 예가 **인구조어**(祖語)(**Proto-Indo-European**)인데, 처음 유럽대륙과 남아시아 여러 지역으로 퍼진 후에 근세에는 전(全)세계 곳곳에 퍼져나간 수많은 언어의 조상이다. 언어학자 사이에 의견의 일치를 보이는 점은 인구조어 사용자들이 기원전 4000년 남 러시아 관목지대에 해당할 수 있는 동유럽 어떤 곳에서 발견되었던 인간들이라는 가능성이 가장 그럴 법한 일이라는 것이다. 긴 기간을 거슬러 올라감에도 불구하고 인구조어는 그 자신의 여러 후손언어들의 복잡함과 문법적 패턴에서도 일치를 보여주었다. 문법적 성(남, 여, 중성)이 세 가지, (단수, 양수, 복수) 수 형태, 아마 여덟 가지 격을 갖고 있고 비교적 풍부한 동사 활용을 보였다. 어떤 이들은 인구조어를, 또 어떤 이들은 다른 형태의 **조어**(祖語 **proto-language**)를 취하는데—예를 들어 우랄조어, 아프리카 · 아시아 어족의 조어인데, 일군의 언어학자들이 행한 것처럼 조어재구를 더 시도하기도 한다.

이 논제에 관한 사후 출판물에서 스와데시(Morris Swadesh, 1909-1967)는 어족들이 구성하는 조어들 사이의 거리가 [진화하여] 후손이 된 오늘의 언어들 사이의 거리보다 더욱 구조적으로 유사하다고 확신하고 있었던 것으로 보인다. 왜냐하면 "그 당시의 언어들은 오늘보다 그 언어들의 공통기원에 분명히 더욱 가까웠기" 때문이다(Swadesh 1971:116). 스와데시와 다른 학자들의 선구적인 노력에도 불구하고 비교 · 역사언어학을 오늘 연구하는 사람들 중 대다수가 어느 정도 시간을 거슬러 올라간 후에 실시하는 비교방법은 효과나 신뢰도에 의문점이 있다 한다. 폴 키파르스키(1976:97)의 주장은 "조어들을 재구하기 희망하는 시간을 우리가 넉넉히 쳐서 10,000 년이라 하자, 심지어 20,000 년이라 하면 아직도 인간이 사용한 것으로 추정되는 언어시대 전체에 비교하여 매우 짧은 기간이다. 그러므로 조어들이 재구된 상태를 언어의 기원 상태로 동일시 될 수 없다." 키파르스키에 의하면 언어변화의 주어진 변화율로 보아 10,000 년에서 20,000 년 기간 동안 어떠한 언어도 다른 것처럼 되기에 충분하다 한다. 인구조어로 추정된 언어가 근대 후손 언어들보다 문법적으로 더욱 복잡하다하여 한 언어가 오래 될수록 더욱 복잡한 구조를 지닌다는 의미로 받아들일 수 없다. 만일 이것이 사실이라면 최초의 언어가 가장 복잡하다고 결론지어야 하며 그 추정은 긴 기간의 진화과정에서 우리가 알고 있는 바에 역행하는 것이다. 간단히 말해서 오늘날 언어학자들이 재구한 결과인 어떠한 조어가 수천 년간 완전히 발달한 언어에 선행해 온 것임에 틀림없고, 키파르스키의 추산에 반하는 것임에도 불구하고 10,000 년에서 20,000 년이라는 기간이 진정 언어가 존재해온 기간에 비추어 "매우 짧은 기간"이 아니었는지는 몰라도 상당한 기간이었다.

### 언어의 나이측정: 문화적 선사시대부터의 관점

언어의 기원이라는 문제를 유리한 시점에서 접근하면서 일군의 인류학자들은 문화적 선사시대에서 근거를 찾고 있다. 물질적이고 비물질적인 것 모두 문화 속에 내재한 다양한 측면의 발전은 의사소통 행위의 발전들에 의해서 병행되는 것임이 틀림없고 그 둘 사이에 긍정적인 [신호] 되새김(feed－back)이 있어왔음에 틀림없다. 다른 말로 하면, 초기에 사람들의 문화가 더 복잡하게 발전할수록 의사소통 체계가 문화에 적응하기 위해서 더욱 정교해지고 의사소통 체계가 더 많은 것들을 취급하면 할수록 문화가 더욱 정교해진다. 사람의 진화에 있어 초기단계 동안은 진보가 느렸다. 문화적 도약은 네안데르탈인(Homo sapiens neanderthals)에서 크로마뇽인(Homo sapiens sapiens)으로 가는 전이기에 있었다고 추정한다. 하케트는 "진실한 언어는 기술과 사회변화의 강력한 도구인데 만일 우리의 조상이 50만 년 혹은 100만년 전에 진짜 언어를 쓰고 있었다면 우리가 있는 지금까지 도달하는데 왜 그렇게 긴 세월이 흘렀을까?"(1973:413)라고 쓰면서 그런 변화는 비교적 최근에 일어난 가속화에 기인한다고 돌린다.

어떤 이는 원칙적으로 문화적 정교함의 정도와 의사소통 체계의 복잡성 사이에 연결점이 있다는 것에 반대하지 않음에도 불구하고 선사시대에서 나온 증거를 해석하는데 상당히 차이를 보인다. 몬태규(Ashley Montagu, 1976:270)는 탄자니아 올두바이 계곡에서 나온 석기형태의 도구들이 어떤 것들을 보면 약 200만 년 전으로 (도형 6.2 참조) 추정되는데 상당한 정교함과 석기를 완성하기 이전에 돌에 디자인이 요구되어 "언어가 이러한 도구를 만드는 사람들 사이에 이미 확립되어 있었고 언어의 기원을 우리는 더 오래 전의 시점으로 지평을 거슬러 올려야 하며 아마 [도구인 보다] 더 오래된 인간 형태에서 찾아야만 할 것이다"라고 주장한다. 많은 인류학자들이 *호모하빌리스*(Homo habilis)에서 "훌륭히 확립된 말"에 관한 언급을 과하게 하고 있다는 것도 알고 있으나 선언어(prelanguage)에 기여한 어떤 특성들이 있었다는 것에는 기꺼이 동의할 것이다.

그렇지만 선언어를 사용한 것은 *호모에렉투스*(Homo erectus)라는 좀더 최근 형태인 인간에게 부여된 것으로 주장한다. 최초의 사람은 추운 겨울을 포함하는 세계 여러 지역에서 적응하고 살아 간 것처럼 직립원인도 큰 사냥감을 포획하는 능수능란한 사냥꾼이었음에 틀림없다. 이러한 주장은 스페인 북동부

또랄바(Torralba)와 암브로나(Ambrona)에서 발굴된 유적으로 잘 입증되었다. 이들 발굴지에서 여러 종류의 도구들은 물론 다양한 동물들의 뼈가 대량으로 나왔고, 석탄 부스러기가 넓게 분포하고 있었으며 흥미를 자아내는 것은 짐승들을 도살한 자들이 펼쳐놓은 것으로 추정되는 코끼리의 턱과 다리뼈들이 짝을 이루어 정렬되어 있었다. 동시에 발굴지가 동물들의 계절적인 풀 뜯기 사이의 이동통로를 따라 분포되었던 것처럼 보인다. 널리 인정되는 시나리오에 따르면 *호모에렉투스*인 사냥꾼 한 무리나 여러 집단은 20만 년에서 40만 년 전 횃불을 흔들면서 혹은 풀밭에 불을 놓아 코끼리들을 저항 없이 사살하려고 늪지대에 이럭저럭 몰아넣을 수 있었다. 우리가 행한 토의의 맥락에 비추어 이 사냥꾼들의 용맹함보다는 잠재적으로 위험할 수 있는 사냥을 성공리에 마치려면 계획과 협동이 더욱 요구되어 왔음에 틀림없다—바로 이것은 어떤 종류의 선언어가 없이는 이룩될 수 없는 위업이다.

복원된 모습에서 사납고 얼간이 같은 얼굴과는 거리가 먼 네안데르탈인은 그들의 선조가 지녔던 석기 만드는 기술들을 받아들여 훨씬 다양하고 세심하게 제작된 도구들을 만들었고 더욱 능숙한 사냥꾼이 되었다. 그렇지만 이미 언급한 제식 행위를 강력하게 시사하는 부장품들이 더욱 중요하다. 만일 진실로 이 초기인간들이 죽음 후의 내세를 믿었다면 또 동굴에 있는 곰들의 유해가 신화꾸미기와 연관될 수 있거나 제사나 사냥주술의 실행으로 간주할 수 있다면 네안데르탈인은 시간과 공간을 참고해야만 했을 것이며 선언어단계에서 언어단계로 상당한 거리를 이동하게 된 것이다.

네안데르탈인의 의사소통 상 특성은 계속 논의의 대상이지만, 크로마뇽인의 언어사용 유무는 논란의 대상일 수 없다. 근대인의 평균크기와 대동소이한 뇌로 크로마뇽인들은 미주, 호주, 극지방에 이르기까지 기후와 생태학적으로 극단적 환경에 자신을 적응시킬 수 있었다. 그들의 상상력과 손재주를 나타내는 구체적인 증거물은 더 이상 놀라운 것이 아니다: 그들의 물질문화 유산 중 정교하게 장식한 물품 중 많은 양이 그 이후 제작된 최상급의 예술품의 어떤 것들과도 견줄 만 하다(도형 6.2 [ㄷ]). 그들의 문화적인 업적은 완전히 발달된 언어의 도움 없이는 생각할 수 없으며 마치 최근 동시대의 문화적인 성취가 그러하듯이 거의 그러하다.

## 해부학적 증거

보통사람들 모두가 적어도 하나의 특정언어를 능숙하게 쓸 수 있는 것은 학습의 결과이다. 모든 인간이 말하는 능력을 보유하고 이용하는 것은 우리 인간종에게 독특하게 부여된 생물학적 재산의 일부이고 한 뭉치에 해당한다. 따라서 언어기원에 관한 어떠한 질문이라도 언어의 생물학적인 근거를 고려해야 한다. 특히 언어를 작동시키는 인간의 신체기관들, 뇌와 발성기관, 또 수신기관인 귀이다.

영장류에 속한 동물 중 인간은 몸 전체와 비교하여 상대적으로 큰 뇌를 지니고 있다. 인간의 신체적 진화과정에서 두개골의 크기는 상당히 급하게 두 배로 팽창한 듯 하다. 첫 번째는 *호모하빌리스*에서 *호모에렉투스* 사이의 전이기간 동안이고 두 번째는 *호모사피엔스*의 발흥과 때를 같이 한다. 이러한 확장은 두개골이 실질적으로 더 많은 숫자의 뇌세포를 담고 있게 하고 또 뇌세포 사이에 더 조밀한 농도의 통로들을 가능케 하지만 팽창 그 자체가 더 확대된 정신능력을 위한 직접적인 선택의 결과인지는 확실하지 않다.

많은 양의 최근 연구에도 불구하고 아직도 우리는 말하는 것을 통제하는 곳으로 간주되는 인간 뇌의 특정부분 구조에 대한 적절한 지식을 못 갖추고 있다. 언어기능을 담당하는 신경을 기초로 한 가변자질 중 하나는 거의 99%의 오른손잡이 성인에서 나타나는 좌뇌엽(左腦葉)에 보이는 언어기능의 측화(lateralization)이다. 오른손잡이가 *호모에렉투스* 시대 이후에 대다수였던 것으로 보인다. 또 어떤 학자에 따르면 오스트랄로피테신(Australopithecines)까지 거슬러 올라가도 그렇다고 본다. 어느 편 손이 더 익숙한 것과 연관된 측화는 언어능력이 전적으로 없음에도 불구하고 인간과 다른 영장류에 모두는 아니지만 거대 몸집을 지닌 유인원에도 확립되어 있는 듯 하다.

뇌의 일반적인 외형은 인간, 유인원, 원숭이 모두 비슷한데 예외적으로 인간의 뇌에는 회색 부분의 바깥층이 더욱 광범위하게 분포하거나 깊게 접혀 있고 코르텍스가 있고 비교적 작은 지역의 변연계(limbic region)가 있다. 포유류에 있어 "감성을 주관하는 뇌" 같은 역할을 하는 변연계는 감성적이고 동기부여 요인들과 연관 있는 말소리 만들기(vocalization)에 책임을 맡고 있고 외침 같은 정보가 희박한 신호들을 전달한다. 말소리 만들기와 밀접하게 연관되어 보이는 뇌의 몇 부분이(특히, Broca 부위, Wernicke 부위, 모이랑 angular gyrus) 인간뇌의 최근에 생긴 바깥 부분에 위치하고 그것은 우리와 가장 가까운 영장류 친척들이 지닌 유관한 구조보다 더욱 완벽하고 복잡하게 발달되었다. 화석 두개골의 우묵한 부분을 따라 만든 석고본이 뇌의 대략적 모습을 보여주지만 내적 구조를 밝혀 주지 않으니 불행한 일이다.

간략하게 말해서 인간과 다른 영장류(homonoids) 동물들 사이에 뇌 구조 차이가 [언어 아닌] 다른 것들을 잘 습득하는 유인원이 말하기를 배울 수 없는 이유를 충분히 밝혀내는 듯하지만 인간 뇌의 내적 진화에 관한 선사시대 증거는 단속적이거나 쟁점의 대상이다.

발성기관 진화에 관한 연구가 리버만(Philip Lieberman)과 다른 동료들과 함께 진행되어 왔다. 현재 어른 두개골과 새로 태어난 아이, 네안데르탈인, 또 지금 살아 있는 유인원들의 두개골을 비교하여 리버만과 그의 동료들은 어른 두개골이 어떤 면에서 다른 비교대상의 두개골과 차이가 있음을 알아냈다. 중요한 차이는 성대의 위치와 성대 바로 위에 있는 인후부의 크기에 있는 듯하다(4.1 도형 참조). 어른은 성대가 목의 뒷부분에 위치하여 그 결과 성대 상부가 어린

아이나 네안데르탈인과 유인원보다 훨씬 크다. 따라서 그곳에서 나온 소리가 상당히 수정될 수 있으며, 예를 들어 *비*, *부*, *바*에서 [i], [u], [a]같은 발음 위치 상 거리가 먼 모음을 포함한다. 네안데르탈인의 성대 위 인후를 복원한 것에 의하면 이 인류가 위에서 언급한 [모음 사각도에서] 거리가 상당한 세 모음과 자음들을 발음할 수 없었고 적어도 효과적이지 못하고 일관성도 결여했다. 따라서 이 인류가 썼던 말은 많지는 않을지 몰라도 현재 인간의 말소리가 지닌 특성을 결여하고 있다. 리버만(1984:323)은 다음과 같이 결론짓는다.

> 네안데르탈인들의 문화증거는 매우 발달된 도구제작과 경작법, 불사용, 매장 제사법, 나이 먹은 사람과 약자를 돌보았던 사회질서를 보여준다 … 따라서 네안데르탈인이 잘 발달된 언어를 지니지 않았다고 믿기 어렵다 … 오늘날 근대 인간과 비교하여 해부학적으로 고전적인 네안데르탈인의 언어와 인지능력을 구별하는 모든 요소들을 확신 있게 언급할 수 없음에도 불구하고 네안데르탈인의 언어능력은 열등한 것이었다.

1980년대 래트만(Jeffrey T. Laitman)과 그 동료들은 두개골 밑 부분의 모양이 성대 위치에 관련되어 있다는 것을 알았다. 포유류인 여러 동물의 두개골 하부를 자세히 분석한 후 두개골 하부가 상당히 납작하고 성대 위치가 높거나 두개골이 아치 모양이고 성대 위치가 낮게 나타난다. 첫 번째 구성은 모든 포유류의 특징인데 두 살 이상의 인간에서는 예외로 한다. 두 번째 구성은 유아기를 지난 인간에서만 발견된다. 래트만의 그 다음 단계는 다양한 사람화석 유해의 두개골 하부를 평가하고 그 모양에서 어떤 성대 위치였는지 판단할 수 있는가 하는 것이었다. 래트만은 "오스트랄로피테신은 살아 있는 원숭이나 유인원의 성대와 비슷한 구강을 지녔다"고 보고한다. 더욱이 *호모에렉투스* 두개골에 관한 예비자료에 따르면 래트만 연구팀은 "유인원 같은 오스트랄로피테신의 굴곡 없는 조건에서 뇌의 굴곡부가 시작되는 최초의 예와 근대인간에서 보이는 것으로 변화"를 발견했다. "이것은 *호모에렉투스*의 성대가 목으로 하강하기 시작했고 후두부 소리를 내기 위한 공간을 확보한다." 래트만과 그의 동료들이 취한 화석자료는 근대 인간들의 두개골 하부와 비교되는 완전히 굴곡이 나타난 두개골 하부는 "약 30만 년에서 40만 년 전에 *호모사피엔스*의 도래와 시기를 같이 한다"고 덧붙여 제시한다. "그때 근대적인 구강의 통로가 나타났고 우리들의 조상은 완벽히 정교한 말을 구사하기 시작했던 것이 틀림없어 보인다(Laitman 1984:26-27).

다른 실험들은 두개골 움푹한 곳에 석고본을 떠서 뇌의 대략적인 생김새를 나타내려고 한다(Falk 1984). 유인원의 뇌는 전엽 측면에서 표면으로 흐르는 특정한 홈이 있다. 인간의 뇌는 특정한 패턴의 소용돌이가 대신 나타난다. 그러나 *호모하빌리스* 표본들의 두개골 내부 석고본은 어떤 형태의 언어가 아마도 가능했던 인류(hominids)에 속한 것으로 해석되어 왔다. 그렇지만 50만 년쯤 후로 추정된 아마도 오스트랄로피테신으로 보이는 인류표본의 두개골 내부 석고본은 유인원과 비슷한 모습의 뇌를 가졌던 것 같다. 양쪽 속(屬, 즉, *호모* 속과 *오스트랄로피테쿠스* 속)에 속하는 두 표본들이 동아프리카에 상당 기간 동시에 존재했다는 것은 문제를 일으키지 않는다.

종합하면 완숙상태의 언어발달에 필수적인 해부학적 변화는 사람의 뇌뿐만 아니라 발성기관 역시 주요 재구성 과정에 포함하고 있는 것임에 틀림없다. 이러한 변형들의 일반적인 윤곽은 지금까지 상당히 잘 확인되었지만 그 그림 전체를 완성시키는데 필요한 수많은 세밀한 부분들이 아직 알려지지 않고 있다.

## 언어기원의 몸짓이론

인류가 말을 발전시키기 전에 몸짓을 효과적으로 사용하였다는 개념은 두드러질 만한 학문적 계보를 지닌다. 이 개념은 최근 휴즈(Gordon W. Hewes, 1917-1997)에게서 새롭게 지원을 받고 있다. 그에 따르면, "언어 전에 존재한 몸짓언어 체계가 인간을 영장류 목의 특징인 발성의 '감정적' 사용의 노골적인 증가보다는 말언어로 더 쉬운 지름길을 제공하였던 것으로 보인다(1973:12)." 이 몸짓이론을 지원하기 위해서 어떤 종류의 증거를 제시할 수 있는가?

침팬지와 고릴라를 사용한 최근 실험은 이러한 영장류가 목소리로 취한 신호의 개수보다 더 큰 숫자의 몸짓 신호 "어휘"를 습득할 수 있고 종종 어느 정도 독창성을 지닌 채 이 신호들을 사용한다고 밝혔다. 초기 영장류(hominoids)가 의사소통으로 몸짓을 사용하는 능력이 있었고 최초의 사람들에 속하는 화석인(예, australopithecines)은 사실 있었다고 추정하는 것에 타당성이 없지 않다. 몸짓 신호들은 **성상**(聖像 icon)으로 바뀌려는 경향이 있어 즉, 임의의 것이 아니라 그들이 소통하려는 것과 닮은 신호이고 말보다 몸짓에 진화상 우선권을 부여하는 것 또한 일반적으로 받아들여진다. 침입자들로부터 숨으려는 적은 수의 집단 구성원들에게 유리한 것처럼 의사소통의 소리 없는 형태는 초기 사냥꾼들이 사냥감에게 은밀히 접근하는 경우에 현격하게 유리했을 것이다.

그렇지만 말로 하는 의사소통은 힘이 덜 들고 어휘 팽창의 가능성은 실제로 무제한으로 열려있다. 또한 입이 씹고 있거나 귀가 막히는 어쩔 수 없는 경우를 제외하곤 음성 - 청취 통로는 명료하다. (대조적으로 도구를 만들고 옮기고 사용할 때는 효과적인 몸짓 의사소통에 방해가 된다.) 몸짓이론의 주요 문제는 시각, 몸짓으로 하는 의사소통의 모드(mode)에서 음성, 청취의 의사소통 모드로 변화에 믿을 만한 설명을 제공하는가이다. 이것은 지적하고 보여주는 의사소통법에서 말하기로 변화뿐만 아니라 뇌와 구강의 해부학적 정교한 변화도 포함하는 과정이다. 과도기 과정이 입술과 혀의 움직임으로 무의식적인 손동작의 흉내를 통해 촉진되었을 것이라고 휴즈는 제안했다. 그러나 이러한 가설은 둘 사이의 틈새를 메우기에는 역부족이다. 어떤 점에서 몸짓이론은 어떻게 말이 진화하였는지에 대한 질문에 답을 구하는데 만족스럽게 기여하는 바가 적다.

## 종합과 결론

언어기원에 대한 지속적인 흥미와 한 세기 이상 이 문제에 초점을 맞춘 엄청난 양의 학문적 업적은 1975년에 휴즈가 간행한 11,000 점 이상의 참고문헌에서 가장 극렬히 드러나고 있다. 2003년에 적어도 3,000 점 이상의 참고문헌이 첨가될 것이다. 말의 진화에 새로운 해석을 가하려는 최근의 시도조차 추론에 지나지 않으며 어떤 것들은 다른 것보다 조금 더 근거가 있는 정도이다. 이 문제에 관한 불투명한 점은 이번 6장의 모든 단락에서 보여준 조심성 있는 언급에서도 반영되고 있다. 계속되는 언어발달의 주요단계에 대한 짧은 요약은 잠정적이고 가설이라는 점을 반드시 고려해야 하며 이 문제에 관한 의견통일은 이루기가 불가능한 것이다.

오스트랄로피테신 같은 초기인류 사이에 의사소통은 의심 없이 어떤 형식을 포함하는데 (손짓과 얼굴표정을 사용하는) 시각통로, (단순히 발성인) 음성 - 청취통로가 촉각이나 후각보다 탁월했다. 언어를 가능하게 만든 적응들은 인간의 특성이 진화 발달한 약 2-3백만 년 전과 일치했을 가능성이 크다. 그 과정은 정말 느렸으나 시간이 흐르면서 초기 인간들은 음성 - 청취 통로에 주로 의존하게 되었고 아마도 손으로 도구를 제작하고 사용하게 되는 빈도가 늘어난 결과이었다. 호출신호가 꾸준히 증가하여 혼합을 궁극적으로 이끌어 냈으며 그것은 *호모하빌리스* 초기와 맞물려 있었고 *호모에렉투스* 후기에 (先언어) 복잡성이 더 이상 해독 불가능한 지경에 이르렀다. 이 시점에서 패턴의 이중성을 위한 발달이 시작되었고 그것은 네안데르탈인 말기에 살았던 사람들에게 원칙적으로 함께 나타났으나 약 5만 년에서 7만 년 전에 인간이 슬기인간으로 완성될 때까지 완숙상태로서 언어의 효율성을 획득하지 못했다.

필연적으로 이것은 언어가 어떻게 나왔는지를 밝히는 매우 짧고 단순화시킨 설명이다. 독자들은 충분한 인간성에 도달하는데 걸린 시간의 양과 행동양태와 해부학적(유전적) 양쪽에 해당하는 셀 수 없는 많은 변화들을 반드시 고

| 현재부터 시간 | 인간진화 단계 | 가용한 간접 증거 | 언어진화의 가정적 단계 |
|---|---|---|---|
| 10,000 | | | |
| | | 볼만한 휴대품과 장쾌한 동굴 벽화 | |
| 40,000 | 크로-마뇽인 | | |
| | | | 완숙상태로 언어의 최초 단계 |
| | | 후두크기의 변화 | |
| 100,000 | 호모사피엔스사피엔스 | 최초의 매장; 주검의 보존 | 패턴의 이중성 |
| | | 제식 행위? 사후세계의 믿음? | |
| 200,000 | | | |
| 300,000 | 네안데르탈 호모사피엔스 | | |
| 400,000 | | 최초의 거주지 두개골 하부의 만곡 조직화된 수렵 | 명료한 말하기 시발점 |
| 500,000 | 호모사피엔스 고대형 | 불의 통제 | |
| 1 백만년 | 호모에렉투스 | | 선언어 혼합의 초기 단계 |
| | | | 선언어에 기여할 특징 존재 |
| 2 백만년 | 호모하빌리스, 오스트랄로피테신 | 최초 도구의 제작과 사용 | 선언어로 순응 |
| 3 백만년 | | | |
| 4 백만년 | | | 다양한 양태의 간단한 의사소통 |

**도형 6.4 인간 진화의 주요단계들** (도표 6.1을 보충하여)

언어진화의 가정적인 단계들을 위한 가용한 간접적인 증거에 맞추어 인류진화의 단계를 연결시킨 단순한 시간표. 시대의 급변은 점선에서 보인다. 작금의 우리 지식에 비추어 언어진화의 단계들과 시간 배정이 추론이나 합리적이라는 것을 독자는 상기해야 한다.

려해야만 한다(도형 6.4 참조).

## 앞으로 독서를 위한 제언

성서인용은 *옥스퍼드 경외서 포함 주해성서*(주석표준판)(The New Oxford Annotated Bible with the Apocrypha (Revised Standard Version)) 으로 메이와 메츠거 (Herbert G. May and Bruce M. Metzger) 편집 (New York: Oxford Univ. Press, 1977). 꽁디악(Condillac)의 "인간 지식의 근원에 대한 논문(Essai sur l' origine des connoissances humaines)" (1746) 문구의 번역은 르로이(George Le Roy)가 쓴 꽁디악의 철학적 저술 1947판에서 나왔다. 헤르더의 논문(1772)은 "*On the Origin of Language*"라는 제목으로 영어번역본이 가용하다. 루소의 "언어기원에 관하여 Essay on the Origin of Languages" 인용들은 살루스(Salus, 1969)를 보라.

언어기원에 관련된 훌륭한 비판과 최근 작업들의 안내는 하케트(1978)에 의해서 발행되었다. 그는 또한 이 6장의 초고에 너그럽게도 평을 달아 주었다. 이 문제에 대한 책이나 논문들의 상세한 참고도서 목록은 휴즈(1975)가 편집하였다.

말의 진화를 취급하고 있는 많은 책, 책 속의 단락, 논문 중 전문적인 취급이 덜한 것을 찾는 독자는 다음의 참고문헌이 흥미로울 수 있다. 캠벨(Campbell 1979), 하케트와 에셔(Hockett and Ascher 1964), 스트로스(Stross 1976), 잡지(Time – Life Books 1973), 좀더 전문적인 설명은 드 그롤리에(de Grolier 1983); 하나드, 스테크리스, 랭카스터(Harnad, Steklis and Lancaster 1976); 웨스콧(Wescott 1974)이다.

비컬튼(Bickerton, 1990)의 최근 저술은 자극적인 아이디어와 흥미 있는 추측이 가득하다. 그러나 평자들은 비컬튼의 특이한 주장이 방어불가하고 심지어 자가당착적이라고 생각하는 경향이 있다(Parker 1992 and Burling 1992). 근대인류 진화에 관한 대조적인 견해를 보려면 윌슨과 칸(Wilson and Cann 1992)과 쏜과 월포프(Thorne and Wolpoff 1992)를 참조하라.

풍부한 그림과 잘 기술된 연작이 "인류의 새벽" (The Dawn of Humans) 이라는 제목으로 잡지인 *내쇼날지오그래픽*의 1996년 1월호에 연재를 시작했다. 그 연작은 1977년까지 몇 달 동안 계속되었다.

### 토의문제

선사시대의 문화진화와 언어발달 사이에는 상호영향이 있었음에 틀림없다. 즉, 서로가 계속적으로 촉진하고 강화시켰다. 몇 가지 예를 들어 이런 영향을 설명하라.

# 7. 시간 속의 언어

한 언어의 구조는 과거이건 현재이건 (실제로 짧은 기간에) 한 시점에서 분석되고 기술될 수 있다(예를 들어 1380년대 초서의 *캔터베리 이야기*). 아직 기술된 적이 없는 말의 연구를 위해서 자료를 수집하고 분석하는 데는 긴 시간이 걸린다. 보통 적어도 1년 정도, 하지만 언어는 비교적 짧은 기간 내 감지될 만큼 변하지 않는다. 시간은 고정시킨 채 역사적인 선행 형태를 무시하고 언어를 고찰하는 방법을 **공시적**(synchronic) 방법이라 일컫는다. 장기간에 걸쳐 언어에 일어난 변화에 주의를 기울이며 한 언어의 역사적 발전을 연구하는 것도 가능하다. 그러한 분석이나 접근법을 **통시적**(diachronic) 방법이라 부른다. 통시적 언어학을 보편적으로 **역사언어학**(historical linguistics)이라고 부른다. 이번 단원의 목적은 언어를 긴 기간에 걸쳐 살피고 그 검토가 어떻게 인류학자들에게 득을 줄 수 있는가를 보려고 한다.

### 언어의 변화: 천년 전 영어

살아 있는 언어는 시간이 흐르면서 변화한다. 이러한 변화가 언어의 모든 면에 영향을 미친다. 어떤 것들은 발음과 관련 있다. 음성학적 예는 (미국 영어의 *red*에 나오는 *r*) 치조 설전 유음인 /ɪ/이 (스페인어의 전형적인 발음인) 과거의 어두 떨림음 /r/을 거의 모든 영어의 방언에서 대신한다. 다른 변화는 영어음소의 분포에 영향을 주는 음운적인 것이었다. 다음 예는 근대영어와 고대영어(혹은 앵글로 색슨, 서기 1100년경까지 사용) 사이에 대조를 보여준다. 고대영어에 나오는 *ā*는 (요즈음 *father*의 긴 *a*의 발음과 유사한데) 철자 *o*를 발음할 때 들리는 작금의 영어방언에 부합한다. 따라서 고대영어 단어인 *āgan*, *bān*, *hām*, *rāp*, *stān*은 근대영어 단어인 *own*, *bone*, *home*, *rope*, *stone*으로 바뀌었다. (서기 1600년 전후에 사용한)

셰익스피어의 운율 맞추기 중에 다음과 같은 짝이 발견된다. *groin, swine, spear, there, ear, hair, bushes, rushes, proved, loved*[1660년경 당시에는 최소의 짝 같은 동일한 모음이나] 그 후 소리변화의 결과로 위의 짝들은 더 이상 압운을 공통적으로 지니지 않는다.

다른 변화는 형태론적이다. 예를 들어 고대영어 형용사인 *gōd* 'good' 는 (정관사나 유사한 단어가 앞에 나오지 않는 한) 단수 강변화 남녀중성에 같은 꼴을 취한다. 그러나 목적격에는 남성 *gōdne*, 여성 *gōde*, 중성 *gōd*를 쓴다. (정관사나 유사한 단어가 나오면) 단수 약변화에는 남성 *gōda*, 여성과 중성 *gōde*이다. 그러나 목적격이면 남성 여성은 *gōdan*인데 중성은 *gōde*를 취한다(7.1 표에 변화표가 있다). 고대영어의 굴절형태는 영어가 발달하면서 상당히 단순해졌다. 오늘날에는 동일한 꼴로 모든 구에 쓰인다. *good man, the good man, I saw a good man*(직접 목적어를 수식하는 형용사에서), *good men, good woman, good word* 등에 사용된다.

과거 수세기 동안 의미의 변화 역시 다양하다. 희곡 *리어왕*에서 셰익스피어가 에드거(Edgar)에게 "But mice and rats, and such small deer, I have been Tom's food for seven long years" (3막 4장)같은 대사를 줄 때 Tom's food로 지시된 것은 어떤 네발 달린 작은 짐승을 지칭하기에 군침 도는 것은 아니다. 고대 영어에서 *dēor*는 'beast, 보통 4발 달린 동물' 이라는 단어이고 여기에서 근대영어 낱말 *deer*가 나왔다. 사슴(deer)은 사슴과(Cervidae科)에 속하는 동물만 지칭하기 때문에 이 발굽과 뿔을 지닌 동물을 지칭하는 근대적 의미는 고대영어의 의미보다 훨씬 더 특화되어 있다. 반대 방향으로도 역시 변화가 나타나는데 *box*라는 명사는 원래 나무로 된 용기를 지칭하고 보석이나 향료 따위의 귀한 물건들을 보관하는데 사용되었다. 오늘날 이 단어는 어떠한 재료로 만들어도 괜찮은 용기를 지칭하고 가치가 특별히 있지도 않은 물건을 담는데 쓰인다. 게다가 이 단어는 여러 가지 새로운 뜻을 추가했다. 야구 내야수의 위치를 가리키는 것도 되고, 기타(guitar의 속어로), 카세트 녹음기(속어), 텔레비전 세트(속어)도 가리킨다. 오래된 단어 상자(*box*)의 의미는 일반화의 과정을 겪었다. 고대 영어 단어 *sǣlig* '축복받은, 행복한 blessed, happy' 는 근대 영어의 *silly*인데 17세기 초부터 "어리석은 foolish, 천박한 frivolous"의 뜻을 지닌 칭찬하는 말이 아닌 뜻을 갖게 되었다.

고대영어 시대부터 영어가 겪은 변화의 범위는 장편 서사시 *뵈오울프*(Beowulf)의 첫 세 줄을 인용하고 그것을 단어에 단어를 대조시켜서 근대영어 해석을 붙여보면 잘 드러난다.

원본:

Hwæt, wē Gārdena in gēardagum

(*Behold, we of spear[-armed] Danes in former days*

þēodcyninga þrym gefrūnon,

*of people's king's glory we have heard*

hū þā æđelingas ellen fremedon!

*how those princes[with] courage performed!*)

자유해석: Yes, we have heard of the glory of the kings of the people of the spear-armed Danes in the old days, how those princes performed brave action!

*그래 우리가 옛날 창으로 무장한 덴마크인의 왕들이 지녔던 영광에 관해서 들어왔으니 그 왕들이 얼마나 용감했겠어!*

철자법과 문법 일러두기: 근대영어에 대조적으로 고대영어의 발음은 철자법에 밀접히 연루되어 있다. 루닉 문자 þ는 *thin*의 첫 소리를 나타내고 đ는 *this*의 첫 소리를 나타낸다. 글자 g는 *e*앞에서 *yes*의 *y*같이 소리 난다; (þēodcyninga

에서처럼) 글자 *c*는 *keg*의 *k*처럼 소리 났고; 이중자음은 긴 자음으로 발음되었고; 모음 *y*는 독어의 *ü*같이 소리 났다. 두 글자를 합쳐서 쓰는 æ는 *hat*의 *a*처럼 소리 났다; 또한 장모음은 글자 위에 선을 그어서 *ē, ā, ū*로 나타냈다.

아마도 8세기 전반부에 틀을 갖춘 *뵈오울프*는 늦은 10세기부터 기록되어 보존되어 왔다. 오늘날 *뵈오울프*에 사용되는 고대영어는 외국어처럼 들린다.

**내적변화와 외적변화**

언어들은 내적인 것뿐만 아니라 외적인 것들도 통해서 변화하고 있다. 이러한 변화를 내적 외적 변화라고 칭한다. 영어에서 일어난 많은 변화의 어떤 것들은 언어 내적인 변화들이다. 그러한 변화의 이유는 다양하다. 여기에 우리는 동화 이화 음운교체라고 알려진 소리변화를 토의 하려고 하고 불규칙이 정칙이 되는 문법의 변화를 토의하여 보자.

동화는 한 소리가 주변의 소리에 영향을 주어서 그 두 소리는 유사하거나 같게 되는 것을 뜻한다. 예를 들어 라틴어의 접두사 *in*－은 부정을 나타내는데 영어에서 *il*－, *im*－, *ir*－로 쓰인다. 예를 들면 *illegal, immoral, impossible*(*m*과 *p*는 양순음이므로), *irresponsible* 등과 동화하지 않은 *indecent, incompetent*가 있다. 따라 나오는 자음에 의한 접두사 in －의 동화는 라틴어에서 온 것임에도 불구하고, 영어의 예에서 토착적인 단어로 간주되는 경우도 많다. 빠른 말투에서 영어의 모국어사용자들은 *ten bucks*를 발음할 때 마치 **tembucks*처럼 발음하고 *his son*에서 *son*의 무성자음을 예상하여 *his*의 마지막 소리 *s*가 *his daughter*에서 *s*처럼 [z]로 분명하게 발음되지 못한다.

이러한 유형의 다른 소리변화가 이화(異化)인데 동화와는 반대로 소리변화가 일어난다. 동일하거나 유사한 이웃한 두 소리가 변화하거나 생략되는데 왜냐하면 같은 발음기관을 반복하는 것은 빠른 말투에서 어렵기 때문이다. 이것이 바로 *February*라고 쓰고 *Febyuary*로 쓴 것처럼 발음하는 이유가 된다. 단어의 끝에 나오는 [r]소리 때문에 첫 번째 나오는 [r]소리는 [y]로 대치된 것이다. 종종 실수하는가를 보려고 빠른 속도로 발음하기 어려운 말(tongue twister)을 해보라고 하면 알 수 있다(예, 간장공장 공장장; 영어의 예는 The sixth sheik's sixth sheep's sick 따위). 다른 소리변화는 음운도치인데 두 개의 소리거나 더 큰 단위의 소리군이 위치를 바꾸는 것이다. 예를 들어, 근대영어 *bird*는 고대영어의 *bridd* '어린 새' 이다. 스푸너리즘(Spoonerism)은 여러 단어의 초성이 바뀌는 것으로, *the dear old queen*이 *the queer old dean*이 된다.

문법변화의 한 예가 강변화 앵글로 - 색슨 동사(불규칙)들이 규칙화하는 과정이다: 고대영어 *fealdan* '잡다 to hold' 와 *helpan* '돕다 to help' 의 동사변화 중 (전과거 preterite) 단수 일인칭이 *feold*와 *healp*이고 과거분사가 *fealden*과 *holpen*이다. 근대영어에서 이 동사들은 *fold, folded, help, helped*로 정칙이 된다. 의미변화로는 고대영어 *mete*는 동물성 육류만이 아닌 (보통 단단한) 일반적인 음식을 지칭하였다. 그것은 마치 근대영어 *meat*와는 다르다.

언어가 사용되고 있는 한 모든 언어는 시간에 따라 변화한다. 그러나 어떠한 사회구성원도 어떤 언어사용자도 다른 사회구성원이나 타 언어나 방언사용자와 전적으로 고립되어 있지 않다. 다른 언어사용자들 사이의 만남이 야기하는 언어변화는 외적 변화이다. 가장 흔한 외적 변화가 차용이다. 또한 다양한 모습을 지닐 수 있다. 단어 *debt*의 *b*는 중세영어에서 *b*없이 *dette*로 나타남에도 불구하고 이것은 고대불어 *dette* '빚진 것' 인데, 라틴어의 (*dēbitum* '빚' ) 명성을 분명히 빌어 왔다.

철자법상 차용보다 더욱 흔한 것이 어휘차용인데 **차용어**(loan-words)라고 알려져 있다. 모든 언어가 같은 정도의 외국 단어들을 채택하고 있지 않다. 아이슬란드 말도 근대 산업사회에서 쓰임에도 불구하고 지금부터 약 2세기 동안

아이슬란드 사람들은 다른 언어에서 단어를 차용하는 것을 거부해 왔고 다른 문화에서 아이슬란드로 들어온 많은 사물들이나 개념을 토착적인 어원에서 대신 새 단어를 만들곤 하였다. 문법 역시 아이슬란드 말은 매우 보수적이고 고대 스칸디나비아 시대 이후 아주 조금 변해오고 있다. 대조적으로 일본어 어휘는 16세기 중엽을 지나면서 일본인과 유럽인들 사이에 역사적 접촉이 있었던 것을 명백히 반영한다. 일본어는 포르투칼어에서 차용이 많은데(예, *konbisan* '고백' 은 포어 confissão에서, *shabon* '비누' 는 sabão에서), (*biru* '맥주' 는 화란어 bier에서 *garasu* '물컵' 은 glass에서) 최근에는 영어에서 많이 들어왔다 (マスコミ [masukomi] '대중매체' 는 영어의 mass－communication에서, スーパー [suupaa－maaketto] '식품점' 은 supermarket에서, インスタントフード [insutanto fuudo] '즉석요리' 는 instant food에서 カバーガル [kāba－gāru] 표지여성은 'cover－girl에서').

영어는 외국어원의 단어에 매우 호의적이었다. 앵글부족, 쥬트부족, 색슨부족(Angles, Jutes, Saxons)의 어휘는 켈트어(Celtic; 예, 근대 영어 *bin*), 라틴어(*pipe*와 *angel*), 바이킹들의 고대 스칸디나비아어에서(*take*), 앵글로－노르만 프랑스어에서(*journey*) 차용했다. 16세기 이후에 근대영어를 사용하던 시대에 영어어휘는 수많은 세계 언어들로부터 차용해 왔다. 아프리카어에서(*aardvaark* 땅돼지, 개미핥기의 일종: 아프리카산), 체코어에서(*robot*), 이디시어에서(*chutzpa[h]* 뻔뻔스러움, 후안무취), 일본어에서(*kamikaze* 신풍, 특공대), 북미 토착민 말인 다코다에서(*tepee* 천막) 호주 토착민 말에서(*boomerang* 다시 돌아오는 사냥무기), 트위(Twi) 말에 관련 있어 보이는 아프리카 토착단어에서(*okra* 식물인데 그 꼬투리를 수프 따위에 쓰는 오크라) 차용하였다. 영어에 들어온 수천의 차용어는 외국어 사용으로부터 영어를 보호하여야 한다는 맹목적 순수론자에게 영어를 추천하는 것인지도 모른다. 하지만 그러한 차용어가 세계에서 영어를 가장 풍요로운 언어로 확실하게 만들었다.

어떤 언어들은 선택적으로 차용한다. 캘리포니아의 토착 인디안 말을 연구한 브라이트(William Bright)는 백인 정착민들이 소개한 가축들을 지시하는 인디언 단어의 어원을 연구하였다. 스페인어에서 차용이 상당한 수준에 이르나 영어로부터 차용은 거부한 것으로 보인다. 브라이트의 의견은 이러한 차용어 상의 차이는 스페인 선교활동 기간 동안 캘리포니아에 있는 토착민들에 대한 대우가 우호적(아마 생색내려는 것일지라도)인 반면 앵글로 미국인들에게서 받은 대우는 비인간적이었기 때문이라고 한다(Bright 1960:233-234). 그러면 이런 경우 토착민과 정착민 사이에 사회 · 문화적 접촉의 성격이 미주 토착민 언어의 어휘에 반영되어 있다 하겠다.

차용에 더하여 언어는 다른 두 방법을 통해 어휘를 확대한다. 하나의 방법은 토착적 어원으로부터 새 단어를 만들어 내는(coin) 것이다. 새롭게 만들어 낸 낱말들은 영어(와 다른 언어)에 매년 첨가된다. 수천의 그러한 신조어과정 중에 (*breakfast*와 *lunch*가 합쳐서) *brunch* '늦게 먹는 아침식사' 가 있다. *vaporware*는 발표는 되었으나 아직 시장에 나와 있지 않은 컴퓨터 프로그램을 뜻한다. (*want to be*라는 구에서) *wanna-be*라는 말은 다른 사람이 되고 싶거나 다른 사람처럼 행동하거나 보이고 싶은 사람을 말한다.

어휘는 기존의 단어가 지닌 뜻을 새로운 지시체를 포함하는 의미로 확대하여 새로운 발명품이나 사상의 출현에 적응한다. 예를 들어 1930년대 애리조나 중부에서 서(西)아파치부족이 자동차와 트럭을 사용하기 시작했을 때 자동차의 여러 부분을 칭하는 단어가 필요하였다. 그들은 자동차의 여러 부분을 언급하기 위해 인간신체의 해부학적 술어를 확대하여 자동차에 "해당하는" 부품을 불렀다. *byyedaa?*라는 단어는 '턱과 아래턱' 이라는 단어로 '앞범퍼' 로 뜻이 늘어났고, *bigan*이라는 단어는 '손과 팔' 이라는 단어인데 '앞바퀴' 라는 뜻으로 늘어났고, *bizé?*라는 단어는 '입' 인데 '연료파이프 입구' 라는 뜻으로 늘어났고, *bidáá?*라는 단어는 '눈' 인데 '전조등' 이라는 뜻이고, *bita?*는 '앞이마' 인데 '앞 유리창' 이라는 뜻이고, *bizig*는 '간' 인데 '축전지' 라는 뜻이고,

*bijíí*는 '심장' 인데 '배전반' 이라는 뜻 등 여러 단어가 뜻이 늘어났다(Basso 1990: 20-21). 낱말에 적용된 뜻은 틀림없이 자동차라는 맥락에 잘 들어맞는다. 유사한 자동차 부품을 칭하는 해부학 용어의 확장은 다른 토착민 말에서도 기록으로 남아 있다.

네발짐승인 *Equus caballus*에서 기인한 영어단어 말(horse)은 고대영어(12세기 전)에서 근대영어로 바뀌면서 의미가 첨가되었는데 '버팀목 trestle', 'X자형 톱질모탕 sawhorse', '안마 - 체조종목 - pommel horse', 혹은 '도약대 - 체조용 - vaulting horse', '마력 horsepower', '헤로인 - 속어 - heroin' 같은 의미를 말할 때도 이 단어가 쓰이는 것으로 비추어—말장난의 경우를 제외하고—의미가 확대된 단어의 사용이 혼동을 야기하지 않는다.

### 어떻게 또 왜 소리변화가 일어나는가

특징적으로 소리변화는 점진적이다. 방언이나 한 언어의 몇 화자만이 처음에 특정한 혁신적 말투를 받아들이고 나중에 다른 이들도 그 말투를 받아들인다. 다르게 말하면, 자주 쓰이는 낱말들을 처음에 하나의 특정한 소리가 영향을 준다. 그 후에 그 변화가 다른 단어들에게 확장된다. 어떻게 소리가 변화하는가에 대한 근대적 견해는—즉, 한 언어의 단어들(어휘)에 점차적으로 퍼지고 확산되는 것을 어휘의 확산이라고 일컫는다. 라보브(William Labov)와 다른 학자들이 1960년대 선구적인 역할을 한 이 가설은 1870년대 소장문법학자들의 가설과 차이가 있는데 주어진 언어 내에 경계를 건너 작용하는 "음운법칙에는 예외가 없다"라는 견해와 다르다.

위에서 본 (즉, 점잖은 발음을 사용하는 화자에게서 나온) 언어변화의 한 예는 뉴욕시(市) 백화점 세 군데에서 일하는 점원이 사용하는 영어에 관한 라보브의 연구에서 제시되고 있다(1966). 이 연구에 따르면 (9장에 더 자세히 논의되는데)

*car, card, four, fourth* 따위의 모음 뒤에 나오는 [r] 소리가 그 발음이 존경받는 발음과 결부되기만 하면 하층민의 말투를 조심스럽게 하는 경향이 있었다. 낮은 계층으로부터 일어난 언어변화의 한 예는 매사츄세트, 코드만 남쪽으로 7마일 떨어진 섬(Martha' s Vineyard)에서 라보브가 행한 연구를 언급할 수 있다. 이 연구는 *firefly, outhouse* 같은 단어에 이중모음 /ay/와 /aw/의 첫 번째 모음 성질의 점진적인 변화를 취급하고 있다. 뉴잉글랜드 지역 언어지도(Linguistic Atlas of New England)를 위한 자료가 수집된 1930년대 그보다 오래 전에도 /aw/ 이중모음은 모음사각도의 중심으로 약화되지 않았으나 /ay/는 약화되었다. 1960년대 초기 라보브의 현장조사 동안에 31세에서 45세까지 연령의 이 도서지방 촌에 사는 어부들의 말투에서 이중모음 둘 다 약화된 것이 두드러지게 나타난다. 라보브에 따르면 특히 서쪽지방 칠마크(Chilmark)에서 그러하다고 한다(1963:297, 304-304).

> [두 이중모음의] 상당한 약화의 경향은 [7:1의 비율로 넘치는 여름철 피서인파] 여름철 방문객의 유입에 강하게 저항하는 표현과 밀접히 연관되어 있다 … [약화의] 직접적 의미는 'Vineyard 섬사람' 이라는 것이다. 한 사람이 [약화된 이중모음을 사용하면], 그는 무의식적으로 이 섬에 속하고 있다는 것을 형성하고 있는 중이다. [비냐드(Vineyard) 섬의] 영국계 청년층은 … 칠마크 어부들이 독립적이고 많은 도구와 장비에 능숙하고 빠르게 말하고 용기 있고 건장한 신체의 소유자임을 인정한다. 가장 중요하게 그들은 그 섬이 자신들에 속한다는 항상 있었던 믿음을 갖고 있다. 어떤 이가 섬에 거주하려 한다면 이 모델은 그의 마음에 항상 있을 것이다.

소리변화는 무작위적이지도 않고 예외 없이 일어나는 것도 아니다. 소리변화가 일어나는 조건들을 면밀히 연구하면 언어변화의 방향과 변화뿐만 아니라 그 뒤에 있는 동인 역시 밝힐 수 있다.

그러면 언어가 왜 변화하는가? 하나의 이유는 언어조직의 확정적 유형을 유지하려는 언어 내 강한 성향이다. 유추는 또 하나의 요인이 된다. 규칙형은 좀 더 비규칙 형에 영향을 미치는 경향이 있다 예를 들어 많은 라틴 차용어가 −*s* 접미사를 사용하여 원래 라틴어 복수어미보다는(예, auditoria) 거의 예외 없이 (auditoriums 같이) 현재 쓰이는 복수형을 만들고 있다. 적어도 어떤 경우에는 좀 더 쉽게 발음할 수 있는 소리사슬이 더 노력해야 발음할 수 있는 소리들을 대치한다(경제의 원리). (*prof, exam, dorm, math* 등) 약어가 원래 긴 단어를 대리하여 만들어질 뿐만 아니라 종종 단순화는 마치 *th*가 없는 것처럼 보통 발음되는 *clothes*라는 단어에서 같이 음성적이다.

한 언어가 부모로부터 아이들에게 전해질 때 변화가 일어나기도 하고 또 아이들의 말투가 그들의 동년배로부터 영향을 받을 때 변화가 일어나기도 한다. 음운체계나 형태론에서 특히 전형적으로 미약하지만 그러한 변화들은 조부모의 말투가 손자들의 말투와 비교될 때 극에 달해 눈에 띈다.

우리가 본 것처럼 사회문화적 요인들이 역시 언어변화를 부추긴다. 어떤 사람들은 사회적 명망이 있는 사람들이 쓰는 발음, 문법, 단어들을 모방하기 좋아한다. 그러한 모방이 심해지면 과잉교정(hypercorrection)이 나온다. *it is me*보다 *it is I*가 옳다고 배워온 사람은 *between you and me* 보다 *between you and I*로 말할 수도 있다. 음성적 단계에서 *singer*가 *finger*와 압운을 맞추게 되는 때 과잉교정이 일어나는데 왜냐하면 두 단어는 철자법 상 비슷하기 때문이다. 어떠한 언어를 사용하는 사람들은 새로운 발명이나 새로운 개념에 이름을 붙이기 위해서 끊임없이 새 단어들을 만들어내곤 한다. 그 증거로 사용되지 않는 물건이나 더 이상 인용되지 않는 개념을 나타내는 단어들은 점점 낡아져서 궁극적으로 폐물이 된다. 그러면서 살아 있는 언어의 어휘는 항상 변화한다. 글의 경우에 나타나는 변화를 기록하기 위해서 매10여년마다 사전의 새판을 발간할 필요가 있다.

음운론에서 비교방법은 소리변화는 규칙적이고 예측이 가능하다 (이것이 바로 "소리법칙"이라고 부르는 이유이다)는 가정에 의존하고 있다. 그러나 그 규칙성은 절대적이지 않다. 왜냐하면 소리변화가 일어나는 조건들은 동일하지 않기 때문이다. 예를 들어 라틴어 *t*는 영어의 동족어에서 *th*로 철자된 소리에 해당한다 (**동족어** cognate는 같은 조어(祖語)에서 내려온 어원이 같은 말). 라틴어 *tenuis* '얇은' 이 영어 *thin*, 라틴어 *tongēre* '알다' 가 영어 *think*, 라틴어 *trēs* '셋' 이 영어 *three*, 라틴어 *trāns* '가로질러' 가 영어 *through*로 바뀐 것을 비교하라. 그러나 라틴어 동족어에서 *s*가 선행할 때 영어 단어들인 *t*를 유지해 왔다. 라틴어 *stā re* '서다' 영어 *stand*, 라틴어 *stēla* '별' 영어 *star*, 라틴어 *stipāre* '압축하다, 누르다' 영어 *stiff*, 라틴어 *stringenre* '잠그다, 압박하다' 영어 *strain* 등을 살펴라.

역사적인 영어발달에서 소위 소리규칙의 예를 들면 고대영어 (즉 장음 ā)인 *bāt*, *gān*, *māāwan*, *sāwan*, *slāw*, *stān*이 근대영어에서 *boat*, *go*, *mow*, *sow*, *slow*, *stone*으로 나타난다. 그러나 *w*를 동반하는 소리 다음에 *ā*가 나오면 고대영어 단어에서 소리규칙은 다르다. 고대영어 *huā*, *tuā*가 고대영어 *who*와 *two*이다.

종종 예상되는 소리 대응이 나타나지 않는 경우가 있다. 왜냐하면 비교되는 단어들이 영어의 동족어 *t*에 해당하는 라틴어 *d*가 (*two*, *duo*, *ten*, *decem*) *day*에서 *t*로 나타나지 않는다. 그 이유는 *day*라는 단어와 라틴어 단어 *dies* 'day' 는 연관되어 있지 않기 때문이다. 단 하나의 예는 *tooth*의 첫 자음은 라틴어 *dens* '치아' 의 *d*와 대응하는 것을 예상할 수 있으나 *dental*이라는 단어는 대응을 보이지 않는다. 왜냐하면 이것은 16세기 말 중세라틴어에서 차용되었기 때문에 라틴어 *d*와 영어 *t*의 규칙적 변화에 귀속하기에는 차용시기가 너무 늦기 때문이다.

유추 역시 소리변화의 규칙성을 간섭하기도 한다. 고대영어 강변화 동사 *helpan* 'to help' 의 활용은 *hilpst*(2인칭 단수), *healp*(전과거 1,3인칭 단수), *hulpe*(전과거 2인칭 단수), *hulpon*(전과거 복수) *holpen*(과거분사) 등이 있기에 약변화 동사활용의 유추로써 근대영어에서 *help*와 *helped*로 단순화 되었다.

단순하게 말해서 유사한 환경에서 일어나는 한 소리변화가 규칙적이다. 그러나 수세기 동안 사용되었고 언어의 복잡성과 지역적 사회적으로 상이한 영향이 언어에 미쳤다는 점을 고려할 때 소위 소리규칙은 하나의 경향으로 부르는 것이 좀더 적절하다 하겠다. "소리규칙"과 유추 사이의 갈등에 관해서 언급하면서 탁월한 미국 비교언어학자 중 한 사람인 스터트밴트(Edgar H. Sturtevant, 1875-1952)는 "소리법칙은 규칙적이나 불규칙을 만든다. 유추변화는 불규칙적이나 규칙을 만든다"라고 썼다(1947:109).

### 조어의 재구

근대언어학의 시작, 특히 역사 언어학의 시초는 1786년으로 거슬러 올라간다고 일반적으로 알려져 있다. 뱅갈(Bengal)에 있었던 왕립 아시아학회에서 회장[취임] 연설에서 산스크리트어, 그리스어, 라틴어는 "아마도 더 이상 존재하지 않는 공통조어에서 나왔고 *고트어*와 *켈트어* 모두 산스크리트어와 같은 조어를 갖고 있었다는 사실을 지원할만한 비슷한 이유가 있다. 또한 고대 페르시아어도 이 어족에 포함될 수 있다"고 윌리엄 존스(William Jones, 1746-1794)는 관찰하였다(Salus 1969). 일찍이 16세기에 많은 유럽어에 연관되어 있고 그 언어들의 조상이 산스크리트어, 즉 인도의 고대어라는 생각이 있었다. 그렇지만 존스는 더 나아가서, 산스크리트어, 고대 그리스어, 라틴어, 다른 유럽어들이 선사시대 쓰였던 한 언어의 후손들이라고 했다. 19세기 초반에 더 이상 사용되지 않는 고대언어 몇 개 사이에 혈연뿐만 아니라 그 고대언어들과 독어, 슬라브어, 로맨스어, 발트어, 유럽과 서남아시아에서 쓰는 다른 언어들 사이에 관계를 좀더 자세히 밝히는 중요한 연구들이 발표되었다. 같은 기간 동안 문자가 없어 전혀 기록되지 못한 고대언어의 단어들을 재구하기 시작했다. 이 재구들은 매우 급속히 진행되어 1868년 독일 문헌학자 슈라이허(August Schleicher, 1821-1868)는 양과 세 마리 말에 관한 우화를 선사시대 고대언어로 "번역"할 수 있었다.

무엇이 재구될 수 있으며 그러한 재구는 어떻게 성취되는가? 기록되지 않은 상태에서 대상언어의 문법과 통사구조 뿐만 아니라 단어의 소리와 뜻도 재구가 가능하다. 그러나 보통 재구의 궁극적 목표는 동일한 어원에서 나온 모든 언어들의 조어(祖語) 혹은 공통조어를 찾아내는 일이다. 조어의 재구는 역사언어학적 문법과 파생 언어들을 잘 아는 철저한 지식이 요구된다. 그 과정에 내재하는 두 가지 주요한 가정은 설명하기 어렵지 않다. 상이한 언어들 혹은 방언에서 나온 단어들 사이의 유사형이 반복되는 첫 번째 가정은 이러한 언어들과 방언들이 서로 연관되어 있고 따라서 공통의 조상이 되는 언어에서 나왔다는 것이다. 두 번째 가정은 위에서 언급한 것처럼 유사한 조건하에서 소리변화는 규칙적이라는 것이다.

예를 들어 연관된 세 고대언어에서 구름이라는 뜻의 단어형태를 기록 속에서 찾아 알고 있다. 산스크리트어 *nābhas*, 고대 그리스어 *nēphos*, 고대 희랍정교에서 쓴 슬라브어 *nebo* 세 단어 사이에 유사성이 있고 다음과 같은 소리대응이 나타날 수 있다:

| *산스크리트* | *고대그리스어* | *희랍정교슬라브어* |
|---|---|---|
| n | n | n |
| a | e | e |
| bh | ph | b |
| a | o | o |
| s | s | |

만일 '구름' 이라는 세 단어의 모습이 공통조어 PIE(Proto-Indo-European)의 자손 언어들에서 찾을 수 있다면 PIE 단어는 어떠한 모습일까? 첫 소리는 *n* 자음으로 삼는 것에 문제가 많다. 따라서 혹자는 PIE **n* (*은 검토가 가능하지 못하

나 재구형태를 찾은 것을 뜻함)이다. *m을 사용한 다른 형태는 가능성이 없다. 왜냐하면 *m에서 n으로 세 언어가 독자적으로 동일한 소리변화를 겪었다는 가정이기 때문이다. 둘째 소리는 모음인데 산스크리트어에서는 a이고 고대 희랍어와 고대 희랍정교에서 쓴 슬라브어는 e이다. 여기에서 혹자는 PIE 소리를 *e로 재구할 수 있다. 왜냐하면 한 후손 언어가 혁신적인 변화가 발생한 반면 다른 두 언어는 독자적으로 변화를 겪어 같은 형태를 취한다는 것보다 원래의 소리를 보존하고 있다고 본다. 중간에 나오는 자음은 세 언어에서 모두 상이하게 나타나는데 *bh로 재구된다. 왜냐하면 재구된 소리가 전단계의 소리에서 도출된 세 소리와 공통점이 있는 무엇과 연관 있어야 하기 때문이다. 그것은 세 경우 모두 양순음이고 산스크리트어와 고대 희랍정교 슬라브어에서는 유성음이고 산스크리트어와 고대 희랍어에서는 유기음이다. 두 번째 모음과 그 다음 자음은 문제를 야기하지 않는다. 결과적으로 '구름'을 나타내는 재구된 PIE 단어는 *nebhos이다. 그렇지만 이것은 재구된 그 단어가 PIE 시대 실제로 존재하고 있었다는 주장은 아니다. 오히려 산스크리트어, 고대 희랍어, 고대 희랍정교 슬라브어를 검토했으나 세 단어가 도출된 것으로 보아 그러한 단어나 매우 유사한 단어가 있었던 것임에 틀림없다는 말이다.

역사언어학자들은 더 나아가서 PIE가 매우 굴절이 심한 언어이었다고 증언한다. 예를 들어 PIE 명사는 문법적인 성(남 · 여 · 중성)을 지녔고 수(단수, 복수, 양수)가 있었고, 8개 격을 지녔으며 동사는 3개 인칭, 3개의 수, 다양한 시제, 법, 여타 문법적 자질들을 지녔다. 선사시대 언어들의 문법적 체계를 다소 단순했고 원시적이라고 가정하고 있는 사람들은 거의 다 진실과의 거리가 더 멀 수 없는 아주 엉터리 가정을 생각하는 사람들이다. 근대영어의 문법체계는 PIE와 비교할 때 단순한 예이다.

몇 인도 유럽어에서 기록(점토판의 기록을 포함)이 기원전 2,000년까지 거슬러 올라가고 많은 인도 유럽어들은 최고의 기록이 1,000여년 지난 오랜 것이다.

그렇게 오래된 문헌은 세월을 거쳐 일어난 변화에 관한 귀중한 정보를 제공하고 역사언어학자들이 믿을만한 재구를 얻어내는 노력에 도움을 준다. 그러나 다른 언어군에서는 이러한 보존된 기록이 희귀하고 통상 관례가 없는 일이다. 사실 어떤 학자들은 비교재구가 연관 있는 언어의 역사가 적어도 어느 정도 알려진 경우에만 가능하다고 믿고 있다. 대상언어 구조의 믿을만한 스케치가 쓸만하다는 가정 하에 비교재구가 기록되지 않은 언어들에서도 가능하다는 것이 유명한 미국 언어학자 블룸필드(Leonard Bloomfield, 1889-1949)에 의해서 논증되었다. 알공키 언어를 사용하는 미국 토착민의 조상들이 썼던 언어의 소리와 문법을 재구한 블룸필드는 소위 중앙 알공키 언어인—폭스, 크리, 메노미니, 오지브웨(Fox, Cree, Menomini, Ojibwa)에 근거를 두고 있었다. 1920년대 초에 시작한 그의 현장조사에서 취급한 많은 언어 중 블룸필드는 세 언어에 매우 친숙할 수 있었다. 알공키 언어에 대한 친숙함을 판단의 기초로 블룸필드는 "재구형이 대개는 [분지해나간 서쪽의 블랙훗, 샤이안, 아라파호(Blackfoot, Cheyenne, Arapaho)를 포함한] 모든 [알공키] 언어에 적용되고 따라서 알공키 조어(Proto-Algonquian)로 간주할 수 있다"(1946:85)고 믿었다. 그 후 수십 년 간 나온 연구들이 약간의 예외가 있으나 블룸필드가 옳았다고 밝혔다. 근대언어들을 기초로 조어를 재구하는 것은 지금도 흔한 언어학적 과업이다. 북중미의 조어를 재구한 것으로는 아타파스크 조어(Proto-Athapaskan), 믹스텍 조어(Proto-Mixtecan), 오토미 조어(Proto-Otomian), 포포록 조어(Proto-Popolocan), 세일리쉬 조어(Proto-Salishan), 수우 조어(Proto-Siouan), 우토-아즈텍 조어(Proto-Uto-Aztecan), 자포텍 조어(Proto-Zapotecan)가 있다.

## 조상의 고향을 재구성하기

사람들은—개인, 가족, 무리, 좀더 큰 집단 등—항상 태어나고 양육된 곳에서 새로운 지역으로 이주해 왔고 종종 타 대륙까지 이주한다. 그 이주의 주요 이유는 인구압력이다. 한 지역의 자연자원이 그 지역의 인구를 지탱하기에 부족하게 된 때마다 구성원의 일부는 선택의 여지없이 떠나야 했다. 이주는 먹이를 사냥하고 야생채집과 물을 취하러 다니는 수렵경제—hunters and gatherers—의 초기인간들에도 벌써 있었다. 그러나 10,000년 전 중동지방에서 동물을 사육하고 식물을 재배하기 시작하면서 영구정착민이 생겨나고 수렵경제가 세계각처에서 사라지게 되었다. 근대로 넘어와서 다른 상황이 사람들을 이주하게 만들었다. 노예제도가 한 지역에서 타 지역으로 심지어 한 대륙에서 다른 대륙으로 (19세기 중엽 미주 내 노예인구는 400만이 넘어섰다) 강제 이주시킨 대규모 인구에 책임이 있다. 새로운 정착지에 먼저 도착한 아는 사람들과 친척들이 좀더 나은 생활환경에서 살고 있다는 소식에 특정지역과 국가에 자발적인 이동도 있었다(연쇄이민). 1880년에서 1890년 사이 미국에 이주한 유럽의 여러 나라들 출신인 1,700만 이상의 이주민들은 대서양을 건너간 동포들을 뒤쫓았다. 20세기 동안은 정치적인 이유로 대량의 이주가 이루어졌다. 제2차 세계대전 직후 1,000만이 넘는 독일인들이 나치 정권 하의 억압받던 지역에서 축소된 독일영토 내로 움직이거나 자발적으로 그곳에 재정착했다.(1947년) 비슷한 시기에 인도대륙은 인도와 파키스탄으로 분할되었고 1,500만 이상의 힌두인과 모슬렘이 종교적 동질성을 유지하기 위해서 파키스탄과 인도 지역에서 동일 종교지역으로 이주했다. 최근인 2002년 전세계 난민의 숫자가 1,980만으로 추산된다.

기록을 사용한 지역이나 기간에는 역사적인 이주에 관한 자세한 기술을 기초로 한 정보가 가용하다. 그렇지만 그러한 정보는 몇 세기동안만 기록을 사용한 곳에서 특히 미주지역과 호주지역에서 매우 빈약한 실정이다. 예를 들어 약 24개 언어와 주요방언을 사용하는 미주 알공키 어족(물론 다른 어족이나 언어사용자들이 그 내부에 있지만)은 테네시와 북 캘롤라이나 동부에서 북쪽으로 뉴 펀드랜드 북동부와 허드슨 만 남쪽 해안으로 서쪽으로는 콜로라도, 와이오밍, 몬태나, 사스케츄안 남동부 앨버타 지역까지 퍼져 있었다. 과거 수천 년 동안에 역사기록이 없어도 현재 알공키 언어의 조상임에 틀림없는 알공키 조어(祖語)를 사용한 사람들이 원래 어디에 살고 있었는지 밝히는 것이 가능한가? 가능하다. 그리고 북미지역의 자연사에 관한 정보뿐만 아니라 언어자료를 조심스럽게 사용하는 조사방법이 있다. 이러한 재구방법은 "알공키 민족의 본향 The Origin Home of the Proto-Algonquian People"(1967)이라는 유명한 논문에서 씨버트(Frank T. Siebert)가 제시했다.

이러한 종류의 재구는 무엇에 근거하는지 시도된 작업가설을 종합해 보자. 첫째로, 지금 자손언어들이 사용되었거나 사용되는 지역보다 과거의 한 시점에서 보면 조상언어를 사용한 지역이 제한되었다. 유럽 이주민과 처음 접촉이 있었던 시점에 알공키 언어를 사용하는 사람들이 살고 있었던 북미의 상당히 광대한 지역은 그들의 조상들의 근거지가 어느 곳이든지 수세기 동안 이동의 결과였다. 둘째로, 조상언어들의 어휘에는 반드시 주변 환경을 나타내는 주요한 자질들을 지칭하는 단어들을 포함하고 있음에 틀림없다.—그들 중에는 여러 종류의 포유류, 조류, 어류, 목본 등이 있다. 환경의 그러한 자질들을 매우 자세히 지칭할 수 있는 것은 그들의 생존에 필수적 요소이었을 것이다. 조상들의 고향지역에서 떨어져 나온 가족들이나 집단들은 부모가 있는 집안의 말을 사용하면서 독자적인 생활을 시작했다. 그렇지만 시간이 지나면서 떠나온 사람들의 말 습관은 모든 언어가 그러하듯이 피할 수 없는 변화를 보이기 시작했다. 언어적으로 연관된 사람들의 조상이 살았던 지역을 찾아내는 방법은 후손들의 언어에서 조상이 살았던 원래 지역을 발견해내는 어휘의 일정부분을 재구할 수 있다는 타당한 가정에 기초한다.

근대 알공키 언어와 그 방언들 속의 가용한 여남은 단어에서 씨버트는 자연환경을 지칭하는 특수한 자질을 일컫는 53개의 알공키 조어 단어들을 재구했다. 이것들 중 18개는 조류 이름이고 19개는 포유동물 이름이고 12개는 나무이름이고 4개는 물고기 이름이다. 이 모든 재구형 단어는 근대 알공키 언어에 상응하는 단어에서 규칙적으로 도출된다. 예를 들어, PA(Proto-Algonquian) **a·skikwa* '(항구에 사는)물개' (학명 phoca vitalina concolor), 53개 단어 중 하나인

이 단어는 크리(Cree) 단어 *a·hkik* 성요한 몽따네 호수(Lake St. John Montagnais) 방언인 *a·hčok*, 오지브웨(Ojibwa)의 *a·skik*, 아브나기(Abnaki)의 페노브스콧(Penobscot) 방언 *áhkik*ʷ에서 나왔다. 알공키 조어 **aʔšikanwa* 물고기 'small mouth black bass' (학명 *Micropterus dolomien*)는 폭스(Fox) 단어 *ăšikan*, 메노미니 단어 *aʔsekan,* 오지브웨 단어 *aššikan,* 쇼니(Shawnee) 단어 *aʔšika*, 아브나기의 페노브스콧 방언 *ásikan*에서 나왔다. 알공키 조어 **a·kema·xkwa* 'white ash' (학명 Fraxinus Americana)는 알공키 조어 **a·kem*– 'snowshoe' 와 **–a·kw–* '(hard) wood' 의 합성어로 크리(Cree)어의 습지 혹은 우드랜드(swampy or Woodland) 방언, 몽따네의 성요한 방언, 오지브웨(Ojibwa)와 아브나기의 펜노브스콧 방언에서 나왔다. (오지브웨와 펜노브스콧에서는 원래 의미가 유지되고 있는데 반해서 크리(Cree)와 몽따네(Montagnais) 방언에서는 현재 지역인 북쪽에서 이 두 언어의 사용자들이 이주한 이후에 검은 재를 칭하는 단어로 이용되었다.) 50개 정도의 재구된 종을 나타내는 용어에서 20개 정도가 이 문제를 해결하는데 중요하게 기여한 바 있다.

씨버트(Siebert)가 사용한 자료를 다음 같은 자질들을 지칭하는 알공키 조어 단어들의 재구형으로 구성되고 있다: 포유류; 곰, 수달, 북미산(産) 들고양이, 숫사슴(무스 수컷, 사슴, 엘크, 캐리부(Caribou)), 새끼사슴, 날아다니는 다람쥐, 여우, 살쾡이 · 스라소니, 밍크, 무스, 사향뒤쥐, 고슴도치, 너구리, (항구)물개, 스컹크, 다람쥐, 족제비, 마못류(woodchuck · roundhog), 캘리브. 조류: 브루제이, 메추라기, 아비(loon), 황금색 독수리, 부엉이(두 가지 용어), 노랑발도요, 갈매기, 매, 두루미, 백조, 물총새, 비오리, 쑥독새, 바다오리, 붉은 독가머리 딱다구리, 갈가마귀, 뇌조, 장꼬치와 물고기인 검은 베스; 목본으로는 오리나무, 참피나무, 너도밤나무, 상록침엽수, 느릅나무, 사시포플라, 떡갈나무, 미국낙엽송, 양후레나무, 가문비나무, 버드나무, 나무인데 과(科)가 정해지지 않은 종(種)이 있다.

이 모든 동물들과 나무들은—알공키 조어에서 이름을 재구할 수 있는—조상들이 활동했던 환경에서도 반드시 존재했었기에 씨버트에게 부여된 과업은 이 대륙에 단어들의 위치를 선정하는 작업으로 다가 왔다. 그러나 위치를 선정하는 일은 겉보기와는 달리 쉽지 않았다. 동물과 식물의 분포는 구대륙에서 새로 유입된 정착민들이 이 대륙에 급속도로 정착하면서 상당한 변화를 겪었다. 어떤 숲은 밭이나 목초지로 바뀌었고, 어떤 종류의 물고기는 오염으로 사라졌으며 다른 종류의 물고기가 외래종으로 도입되었다. 또 어떤 포유류는(예, 미국들소) 무차별 사냥과 도시화로 대부분 줄어들거나 실제로 사라졌다. 그러므로 씨버트가 입증해야 하는 것은 50여 종의 희귀한 종들이 어느 곳에 최초 시점에 분포한 지역을 알아내는 일이다. 그는 심지어 1625년까지 거슬러 올라가 거의 100여 개의 북미의 자연사에 관한 정보를 찾아냈다. 나무는 특히 그 정보를 찾는 작업에 믿을만한 안내역할을 했다. 왜냐하면 토질, 습기, 긴 기간의 날씨 패턴에 의하여 분포가 결정되기 때문이다. 조류 종은 그 탐색에 정보를 거의 제공하지 못했다. 왜냐하면 계절적인 이동이 새들의 지리적 범위를 확장시키기 때문이다. 지리적인 분포가 한 번 설정되면 씨버트는 대륙 위에 점을 찍어 보았다(예, 7.1, 7.2 도형). 알공키 조어 사용자들의 원래 분포지역은 모든 중요한 동 · 식물의 종이 공통적으로 적어도 흔적이 남은 곳이었음이 틀림없다. 씨버트의 독창적인 알공키안 부족 조상들의 본향(本鄕)의 재구를 우리는 저자의 논문 속 토의내용과 결론에서 참고할 수 있다(7.1 상자와 7.3 도형에 부수적인 정보를 참조).

**상자 7.1 알공키안 조상들의 원래 정착지에 관한 씨버트의 견해**

원시적인 고향은 호수가 풍부한 지역으로 다양한 물고기, 물새, 사냥감이 풍부한 지역이었다. 그 지역은 침엽수림의 북쪽 경계와 활엽수림의 남쪽 경계 사이에 널려져 있었다. 알공키 부족의 조상들이 침엽수림과 활엽수림이 섞여 있는 지역에 살았다는 점은 명사에서 두 종류의 대조적인 꼴이 나타나는데 PA * − *a·ntakw*− '상록수, 침엽수' 와 * − *a·xkw*− '나무, 목판, 활엽수' 라는 어간을 사용했음이 명백하다. 양푸레나무, 떡갈나무, 참피나무, 너도밤나무 같은 활엽수가 남쪽 지역의 수종으로 나타나 알공키안 원래 정착지의 약간 북쪽까지 퍼져 있는 반면 가문비나무, 미국낙엽송 같은 북쪽 침엽수는 정착지의 남쪽 경계를 약간 넘어서까지 나타난다.

원래 정착지는 숲 속에 사는 캐리브의 남쪽경계까지 펼쳐졌고 …

항구에 사는 물개는 미합중국의 동쪽 해안에서 흔히 사는 오직 한 종류의 물개인데 … [그러나] 원시 시대에는 그 출현이 … 세인트로렌스 강(江) 내부 상류와 지류에도 살고 있었다 …

[물고기 4 종류의] 분포는 오대호 지역의 서쪽보다 온타리오 남부를 알공키 부족의 초기 주거지역으로 지목하는 부수적인 이유를 제공한다.

선사시대의 동 · 식물 분포에 확정되지 않은 변화를 예상하고 언어적인 사실들의 색다른 해석을 부분적으로 설명하기 위해서 표 7.3에서 제1단계로서 초기 주거지역이 회화적으로 나타난다 … 그리고 약간 후기에 점유 확장된 지역은 알공키 부족이 초기에 점유했던 지역 모두를 분명히 포함하고 있는데 제2단계에서 특징이 나타난다. 기원전 1,200년과 기원전 900년의 잠정적인 연대가 앞으로의 토의를 위해서 토대를 마련하고 있다.

알공키 조어를 사용한 사람들의 초기 주거지는 중요한 종(種)의 분포선이 여러 개 겹치는 교차선으로 확인되고 있다. 알공키 민족들의 원래 고향은 휴런(Huron)호와 조지아만(Georgian Bay) 사이 지역인 오타와(Otawa)강을 거쳐 북쪽으로 니피싱(Nipissing) 호수와 마타와(Mattawa) 강, 남쪽으로는 온타리오북부 호안(湖岸)과 그랜드(Grand) 강, 소진(Saugeen) 강 상류지역에 퍼졌다.

프랭크 티 씨버트 2세 (Frank T. Siebert, Jr.) "알공키 조어 사용민족의 본향" 에서(1967), 36-40.

## 문화원형의 재구 (Reconstructing a Protoculture)

하나의 조어의 단어들을 재구하고 의미를 되살리는 일은 그 조어를 사용한 사람들의 선사시대 문화의 여러 면을 조망하는 것과 유사하다. 이 논점을 잘 드러내는 방법은 인구조어를 재구할 수 있는 인구어의 친족어휘를 고려하는 것이다. 친족어휘는 혈연관계를 나타내는 *father, mother, brother, sister, son, daughter* 같은 것이 있고 결혼에 의한 관계를 나타내는 *husband's brother, husband's sister, husband's mother, husband's father,* 결혼관계로 인척이 된 여자를 일컫는 조어로 *며느리*(daughter-in-law)가 있다. 예를 들어 친족어휘 며느리에 해당하는 인구어의 동일어원 단어들이 있는데, 산스크리트어는 *snusá*, 그리스어는 *nuós* 노어 *snokhă*, 고대영어 *snoru,* 독어 *Schnur* 등이 있다. 알려진 소리대응의 여러 예를 바탕으로 PIE **snusós* '며느리'의 형태로 재구가 가능하다. *사위*에 해당하는 단어는 재구가 가능하지 않기 때문에, 인구조어가 사용되었던 시기에는 그런 단어가 없었다는 가정이 성립된다. '며느리'를 지칭하는 **snusós*는 있으나 남성형이 없는 것으로 미루어 어린 아낙네는 남편 가족 내 혈연관계의 여성들과 구별하는 특별한 용어로 불리었다는 것이다. 만일 젊은 남자가 아내의 부모와 함께 지내는 관습이 있었다면 며느리보다는 사위를 나타내는 용어의 동일어원을 예상할 수 있다. 조어에 기초한 언어적 증거는 고대 인구어족 내에 부계 전통의 주거지를 지적하고 있는데, 다시 말해서 젊은 부부는 관습적으로 남편의 가족 안이나 근처에서 사는 것을 뜻한다. 그러한 정보는 고고학적인 증거에서는 획득될 수 없다.

언어재구는 고대 인구어족에 관한 많은 것들을 말해주고 있다: 고대 인구어족은 멍에와 어떤 종류의 바퀴 달린 수송수단을 사용했고 말, 소, 개, 양, 돼지, 염소를 먹고 살거나 가축으로 키웠다. 더욱 늑대, 곰, 여우, 독수리, 연어(연어 닮은 송어 steelhead), 수달, 해리와 식물로는 오리나무, 포프라, 너도밤나무, 자작나무, 떡갈나무, 주목은 물론 다른 짐승들과 둘러싸인 환경에서 살았다. 농업에 종사했고 곡식을 키워서 가루를 만들었다. 고대 인구어족은 적어도 100까지

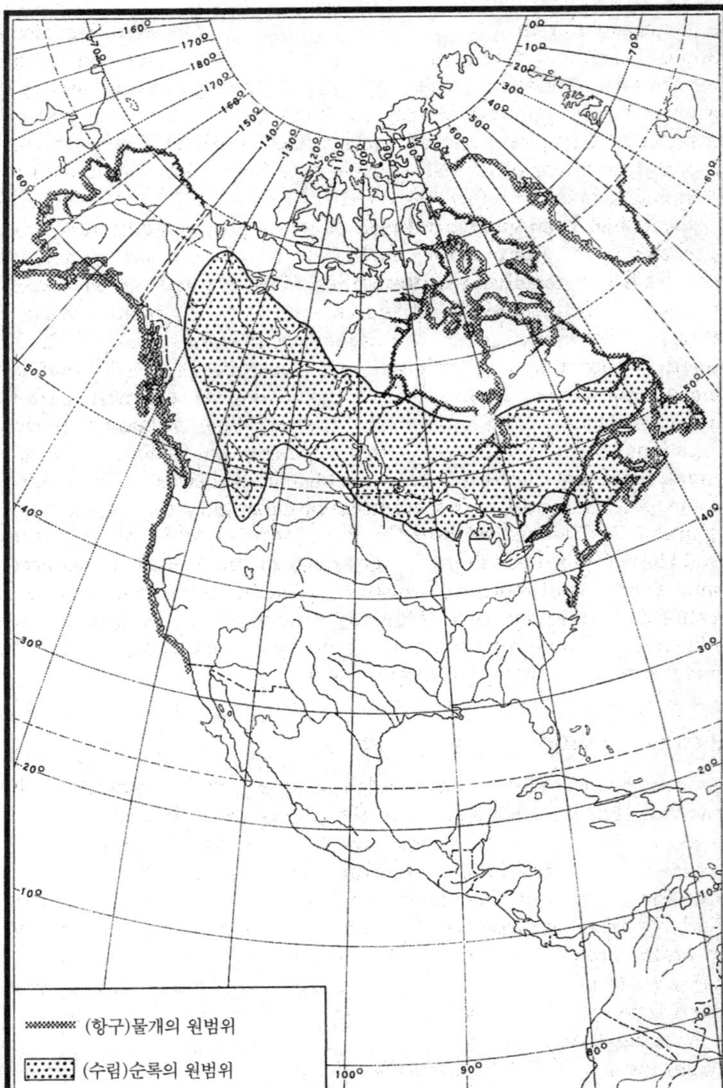


**도형 7.1 항구물개와 수림순록의 원범위.**

출처: 씨버트 2세의 *알공키 조어를 사용하던 민족의 본향*. 캐나다 국립 박물관, 회보 214(오타와, 1967), 20. 캐나다 문명사 박물관 허락으로 재수록됨.

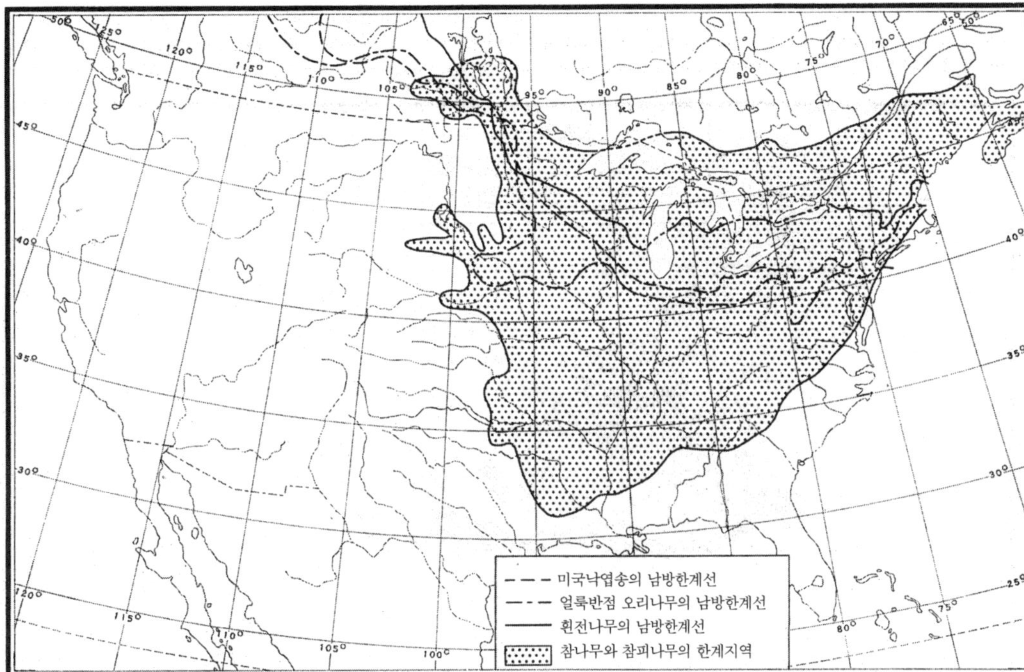


**도형 7.2 세 가지 수종의 남쪽 한계선과 참나무의 원분포도.**

*출처:* 씨버트 2세의 *알공키 조어 사용 민족의 본향,* 캐나다 국립 박물관, 회보 214(오타와, 1967), 28. 캐나다 문명사 박물관의 허락으로 재수록됨.

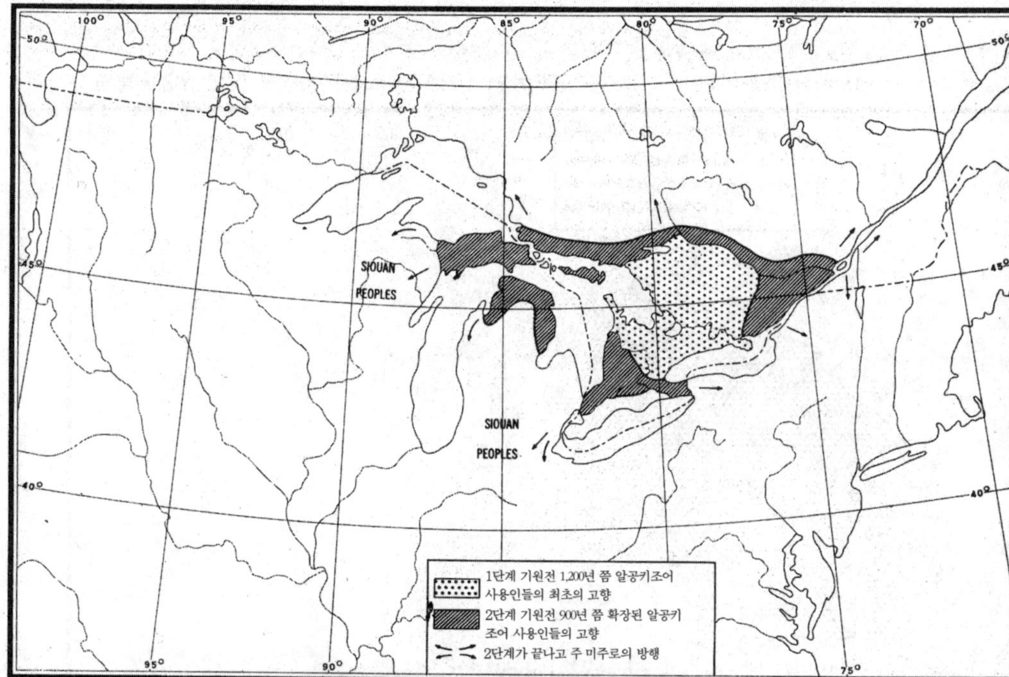


**도형 7.3 알공키 조어를 사용하는 집단의 추정된 2단계 고향과 그 위치**

*출처:* 프랭크 씨버트 2세의 *알공키 조어 사용 민족의 본향,* 캐나다 국립 박물관, 회보 35. 캐나다 문명사 박물관의 허락으로 재수록됨.

숫자를 사용했고 10진법을 채택했다. 부족장이나 왕이 통치했고 재구된 단어로 판단하건데 정교하고 종교적인 의식을 발전시켰다. 눈을 일컫는 단어가 널리 퍼져 있고 '눈(오다 **sneigwh*–)' 이라는 단어를 쉽게 재구할 수 있는 것으로 보아 가능한 인구어족의 조상들이 살았던 정착지는 유럽남부나 서남아시아라는 눈이 없는 곳을 제외시켜야 할 듯 하다.

조상 문화의 재구는 인구어족 사회에만 국한하지 않고 다른 지역에도 확대되어 왔다. 예를 들어 사하라 남부의 아프리카에서 그렇다. 7.2 상자에 반투(Bantu)부족 조상의 역사에 관한 약간의 언어적인 추론을 담고 있다. (반투 어는 니제르－콩고(Niger－Congo) 어족의 대단위 하위 집단이다.)

**과거의 기산: 어휘연대기** (Glottochronology)

한 언어나 동일어족의 언어군이 독자적으로 발전해나간 시간의 길이를 통계적으로 결정하려는 근대적 시도가 북미 북서부 세일리쉬 어족의 내적 연관성에 관한 논문에서 스와데시에 의해서 이루어졌다(Swadesh 1950). 스와데시와 다른 학자들이 계속 추구했던 방법은 어휘 통계적 연대기라는 명칭에서 점수를 받을 만 하다. 왜냐하면 어휘 예를 통계적으로 비교하여 동족어들 사이의 시간관계를 연구하기 때문이다. 간략하게 언급하기 위해 나는 여기에 그것을 어휘연대기(glottochronology)라고 부른다. 소개가 된 후에 그 방법은 곧 논의 대상이 되었지만 반복해서 언어자료에 적용되어 왔고 언급이 언어학 논문에 자주 나타나므로 간단하게 검토될 만 하다.

처음 소개된 때 어휘연대기 분석방법은 고고학자들이 지층 기록에서 획득한 상대적인 연대와 다르지 않은 내용들을 산출했다. 방법론이 후에 수정되어 고고학자들은 발굴현장에서 찾아낸 오래된 유기체의 연대를 탄소14 동위원소를 이용하여 산출한 것과 비슷한 절대적인 연대가 결정될 수 있게 되었다. 어휘연대기적 기산법은 모든 언어에는 긴 시간 동안 변하지 않는 비율로 대치

**상자 7.2 반투(Bantu) 초기역사에 관한 언어적 추론**

지금까지 재구가 가능한 가장 오래된 반투(Bantu) 생활어휘는 반투 조어(祖語)를 사용한 사람들의 원 정착지가 열대우림이었다는 추론과 합치한다. 알곡을 나타내는 단어는 재구가 가능하지 않으나 대신에 야생감자(yam)을 나타내는 단어가 있다. 야자유 나무(oil palm)를 취급하는 두세 개의 상이한 단어가 조어에 있었던 것으로 추정되고 재구가 가능한 알콜류 음료에 해당하는 단어가 특히 야자 술을 지칭했다. 적어도 한 종류의 호리병(cucurbit), 아마도 호리병(bottle gourd), 콩류, 본자이아(Voandzeia) 땅콩 류가 반투 조어에 역시 알려져 있다 … 이 세 종류의 곡식은 반투조어를 사용한 사람들의 원정착지에서 보다는 다른 곳에서 경작되어 왔다. 그러나 이 곡식들은 사바나 우림이나 열대우림에서 효과적으로 재배될 수 있었다 …

두 번째로 나타난 열대우림에 대한 증표는 낚시와 선박용어에서 재구될 수 있었다 … 분명히 반투조어(祖語)를 사용한 사람들은 하천부지를 상당히 이용하였고 연중 계속되는 대하천이 흔한 지역에서 생활하였다.

소와 산양을 뜻하는 두 길들여진 동물에 대한 지식이 재구될 수 있다 … 반투조어 어근 **nyaka*에 관한 반투조어의 소에 관한 지식을 유발한 것이 무엇이든 간에 열대우림으로 퍼져나간 사람들이 잊어버렸고 소가 없는 지역에서 물소에 적용된 숲 속에 사는 사람들의 언어보다 남쪽에서는 발견되지 않는다 …

널리 받아들여진 관점과는 대조적으로 철공에 관한 지식은 언어적으로 반투조어로 재구될 수 없다 … 그렇지만 아프리카 동부의 반투부족의 확장 초기까지 살피고 언어학적 근거에서 기원전 1,000년간을 살피면 금속용어가 아프리카 동부 공동체 내에서 사용되고 있었다.

에흐렛(Christopher Ehret)의, "반투 초기역사에 관한 언어적 추론"(1982), 61–62.

되는 단어들이 있다는 가정에 근거한다. 이 기초 핵심어휘는 사물, 성질, 행위 같은 세상의 모든 언어에 있는 것을 지칭하는 단어들로 구성되어 있다. 이 단어들에는 신체부위, 자연물과 자연현상, 식물과 식물성분 용어, 동물, 색깔, 수, 신체적 감각과 행위, 또 다른 의미범주에 속하는 단어들이 있는데 이중에는 위치, 운동, 인칭, 흔한 성질 등이 들어 있다. 역사를 알고 있는 언어들로부터 200단어목록을 만들어 시험한 결과를 토대로 기초 핵심어휘가 대치되거나 잃어버리는 비율은 100년에 평균 약 20%로 나타나는데 그것은 한 단어가 약 80% 정도 유지될 가능비율이다. 1955년 스와데시는 좀더 소규모의 집중된 100단어목록을 개발했는데 비율은 14%와 86%이다. 어휘 연대기의 지지자들에 따르면 한 언어에서 두 언어로 분지하는데 필요한 시간이 t = (log C) / (2log r)과 같은 공식에서 산출될 수 있다. t는 1,000년 단위의 기간, C는 동일어원 단어의 %, r은 상수; 즉, 분지 이후 1,000년간 그대로 유지된다고 가정한 동일어원 단어들의 백분율(%)이다 (81%는 200 단어목록에서, 86%는 100 단어목록에서).

이 방법을 적용하면서 처음에 기초핵심 어휘를 연관된 두 언어의 상대편으로 구어체 단어를 갖고 번역한다. 그 후에 유사성을 근거로 어떤 짝이 동일어원에서 나왔는지 결정한다. 예를 들어 영어단어 *blood, cloud, hair, san, tree, black* 은 독어단어 *Blut, Wolke, Haar, Sand, Baum, Schwarz*로 번역된다. 6개의 짝에서 단지 3개의 짝이 동일한 어원에서 나왔다고 간주할 수도 있다 (*blood, hair, sand* 와 독어 *Blut, Haar, Sand*). 대조적으로 *deer*와 독어 *Tier* '동물' 은 동일어원이나 같은 의미를 지니지 않는다. 다른 짝들은 동일어원이다 이와 같이 밝혀지지 않을 수 있다. 예를 들어 영어단어 *teo*와 독어 *Zehe* '발톱' 은 동일어원이다. 영어 *beam*과 독어 *Baum* 'tree' , 영어 *swart(hy)*와 독어 *Schwarz* 'black' 으로 동일어원에서 나왔다.

어휘연대기의 발달 이후 그 기초과정은 논의의 대상이었다. 문제들의 약간

을 볼린저(D. Bolinger)는 적절히 요약한다. "우리는 사회적 역사적 변화의 힘이

**표 7.1 100단어 핵심어휘목록**

| | | | | | | | | | |
|---|---|---|---|---|---|---|---|---|---|
| I | 나 | dog | 개 | nose | 코 | die | 죽(다) | smoke | 연기 |
| you | 너 | louse | 이 | mouth | 입 | kill | 죽이(다) | fire | 불 |
| we | 우리 | tree | 나무 | tooth | 이빨 | swim | 헤엄치다 | ash | 재 |
| this | 이것 | seed | 씨 | tongue | 혀 | fly | 날(다) | burn | 타(다) |
| that | 저것 | leaf | 잎 | claw | 발톱 | walk | 걷(다) | path | 통로 |
| who | 누구 | root | 뿌리 | foot | 발 | come | 오(다) | mountain | 산 |
| what | 무엇 | bark | 껍질 | knee | 무릎 | lie | 눕(다) | red | 붉은 |
| not | 아니 | skin | 가죽 | band | 무리 | sit | 앉(다) | green | 푸른 |
| all | 모두 | flesh | 살 | belly | 배 | stand | 서(다) | yellow | 노란 |
| many | 많은 | blood | 피 | neck | 목 | give | 주(다) | white | 흰 |
| one | 하나 | bone | 뼈 | breasts | 젖가슴 | say | 말(하다) | black | 검정 |
| two | 둘 | grease | 유지 | heart | 마음 | sun | 해 | night | 밤 |
| big | 크다 | egg | 계란 | liver | 간 | moon | 달 | hot | 덥다 |
| long | 길다 | horn | 뿔 | drink | 마시(다) | star | 별 | cold | 춥다 |
| small | 작다 | tail | 꼬리 | eat | 먹(다) | water | 물 | full | 가득하다 |
| woman | 여자 | feather | 아버지 | bite | 물다 | rain | 비 | new | 새롭다 |
| man | 남자 | hair | 머리카락 | see | 보(다) | stone | 바위 | good | 선하다 |
| person | 사람 | head | 머리 | hear | 듣(다) | sand | 모래 | round | 둥글다 |
| fish | 물고기 | ear | 귀 | know | 알(다) | earth | 지구 | dry | 마르다 |
| bird | 새 | eye | 눈 | sleep | 자(다) | cloud | 구름 | name | 이름 |

이 단어들의 대부분은 고대영어에서 그 어원을 찾을 수 있다—즉, 매우 오래된 영어단어라는 것을 주목해야 한다. 이 단어들이 나타내는 보편적인 성격이나 지시체의 빈도수에 비추어 다른 언어에서 동일한 단어 역시 오래된 것으로 예상할 수 있다.

한 시대보다 다른 시대에 더욱 강하지 않았다고 확신할 수 없고 또한 기초어휘로 알려진 많은 단어들이 물려받은 것보다는 차용된 것이 아니라고 확신할 수 없다." 라보브의 연구를 언급하면서 그는 계속 요약한다, "마사의 포도원(Martha's Vineyard) 섬에 일년 내내 거주하는 사람들의 현장 조사에서 그들이 혐오하는 여름철 본토 방문객과 구별하려는 욕구가 모음들의 발음을 변화시키는 방향으로 이끌어 가고 있다는 사실을 발견했다. 사회적인 압력이 어휘뿐만 아니라 음성에서도 변화의 일정하지 않은 속도를 창출하고 있다"(Bolinger 1968:132-133). 예를 들어 공식이 나타내는 바와는 상이하게 고대 스칸디나비아 말과 근대 아이슬란드 말 사이에 동일어원 단어 유지율이 훨씬 높다는 것은 잘 알려져 있다. 또 하나의 문제는 기초 핵심어휘 목록이 모든 문화에 동일하게 적용된다는 가정인데, 즉 문화적인 편견이 없다는 것이다. 호이어(Harry Hoijer, 1904-1976)는 예를 들어 나바호 단어로 영어의 *this*, *that*에 해당하는 것은 다섯 형태에서 골라야 하고 *who*와 *what*에 해당하는 단어는 네 형태에서 골라야 하며 *black*의 경우는 두 단어에서 골라야 하는 등을 보여주었다(Hoijer 1956).

절대적인 시간 확정을 받아들일 수 없다는 반론을 제거하기 위해서 오해 소지를 줄이는 상대적인 시간단위를 책정하기 위한 제안이 나왔다. 이 단위가 dip이라고 부른다("degree of lexical relationship"). dip을 산출하기 위해서 절대적인 시간(1,000년 동안에)이 14배 된다. 따라서 2,000년 동안 독자적인 발전을 꾀한 연관된 두 언어는 28dips 만큼 분리되어 있다고 한다.

종합하면 역사가 알려져 있지 않고 기록이 남아 있지 않은 두 대상언어에 적용한다면 어휘 연대기는 두 언어의 친밀성에 초보적인 계산을 제공할 수 있다. 그러나 사려 깊은 언어인류학자들은 어휘연대기 결과가 유효하다고 인정하기 전에 고고학, 비교 민족학, 비교방법을 통한 언어재구에서 나온 증거를 찾으려고 한다.

### 문화에서 시간이라는 관점

문화 역사를 재구하는데 어떻게 언어자료가 도울 수 있는가는 심도 있게 토의되었고 독일 태생의 뛰어난 미국 언어학자이며 인류학자인 에드워드 사피어(Edward Sapir)의 초기 작품 중 하나에 예시되어 있다. *미원주민문화에서 시간관*(*Time Perspective in Aboriginal American Culture*. A Story in Method, 1916)이라는 제목의 작품은 민족학에서 그가 쓴 가장 긴 연구논문이었고 그의 방법론적 훌륭한 솜씨를 증명한다. 아래 나오는 몇 예는 시간이라는 관점에 추론적인 언어증거를 사피어가 토의한 내용이다:

하나의 문화요소가 지닌 상대적인 나이는 그 요소를 지칭하는 토종(차용어가 아닌) 단어의 형태로부터 신빙성 있게 결정될 수 있다. 단순한 형태를 지닌 다시 분해 되지 않는 *bow, plow, spear, wheel* 따위의 단어들은 대개 잘게 쪼개지는 낱말들—예를 들어, *airplane, battleship, railroad, spaceship*—보다 훨씬 더 오래된 것들이다. 불규칙 문법형은 연관되어진 단어들이 오랜 나이를 지니고 또 지칭하는 사물들이 오랜 동안 쓰였다는 것을 말한다. 따라서 불규칙 복수 *geese, kine* (cow의 복수 고대형), *lice, oxen, sheep*이 있고 정칙 복수는 *elephants, lions, parrots, tigers*가 있다.

보통 외국의 문화적 요소들을 지칭하는 차용어는 상이한 음성구조로 확인된다(지금은 "음운적"이라고 쓸 수 있지만). 영어의 토착단어에 /z/와 /ǰ/가 (*frozen, rise, bridges, ridge* 같은) 단어 중간과 끝에 나타나지만 예를 들어 단어 앞에는 나타나지 않고 *zeal*(라틴어와 그리스어에서 변화된), *just*(중세 불어나 궁극적으로는 라틴어에서 변화된) 따위의 차용어에서만 나타난다. 비슷하게 (라틴어) *apse, lapse* 또 (라틴어를 통한 그리스어) *rhapsody*처럼 나타나는 소리의 결합은 외래 어원의 일반적 규칙을 저버리고 있다. 그러나 *lips, sleeps, ship's*에 나오는 어말 /−ps/는 해당하지 않는다. 왜냐하면 /−s/는 다른 형태소인 복수, 삼인칭 단수, 소유격을 나타내기 때문이다. 문자 전통이 긴 사회에서는 언어학적 추론 증거가 이미 알려진 문화역사에 첨가할 내용이 거의 없는지 몰라도 문자가 없는 사회 내에서는 경우가 다르다.

관계있는 언어들을 하나의 어족에 할당하는 일은 그 어족에 속한 근대언어들이 하나의 조상언어에서 나왔다는 그 언어가 일찍이 존재하고 있었다는 사실을 함축한다. 이 근대언어들이 더욱 차이를 보일수록 각 언어들의 발전에 더욱 긴 기간이 흘렀다는 것을 반드시 받아들여야 한다; 그 시간의 길이가 문화역사에 중요한 결과를 초래한다.

언어를 연구하는 학자들은 음성적(음운적), 형태적 유사점이 종종 서로 연관없는 이웃 언어들에 존재하며 우연으로 돌리기에는 어려울 정도로 가깝다는 점을 상당기간 알고 있었다. 그러한 비슷한 모습은 각기 사회 사이에 상당한 기간의 문화적 접촉이 있었다는 것을 암시하고 그 정황은 민족학자가 반드시 설명해야한다.

그의 연구논문을 결론지으면서 사피어는 문화역사와 문화의 흐름을 수립하는 연구에 직접적인 증거가 추론적인 증거보다 더 선호되지만 인류학자들은 자주 직접증거가 불충분하거나 전적으로 부족한 상황에 직면하게 된다고 지적하고 있다. 그러한 경우 추론적인 증거 특히 언어에 나타난 증거는 값으로 매길 수 없게 소중해진다.

### 언어의 분류

현재 세상에 얼마나 많은 언어들이 사용되는지를 정확하게 제시하는 일은 어렵지만 전체 숫자는 6,000개에 달한다(Krauss 1992:5-6). 추측조차 불가능한 것은 선사시대에 얼마나 많은 언어들이 사라졌으며 얼마나 많은 언어들이 상이한 형태로 살아 남았는가이다. 물론 우리는 역사적 기록이 있는 시대 동안에도 많은 수의 언어가 사라졌다는 사실을 알고 있다. 오늘날 대규모 산업국가 내 매우 작은 사회에서 쓰이는 몇 언어는 노인 남 · 여만이 사용한다. 그들의 손자 · 손녀들은 주변의 큰 규모로 움직이는 사회에서 쓰는 언어를 사용하고 그 언어가 역시 학교에서 교육의 도구로 쓰이고, 조부모의 토착언어는 쓸 수 없게 된다. 이 아이들의 부모는 토착언어의 수동적인 지식을 약간 갖고 있지만, 그러나 큰 규모로 움직이는 사회 내에서 쓰이는 언어를 [토착어 대신] 집에서 쓴다. 그러한 경우에 토착언어는 기적적으로 살아남아 있으나 그 언어의 소멸은 한두 세대를 걸치면서 일어나게 될 것이 자명하다.

많은 경우에서 보듯 수천 년 전에 상당히 원기 왕성했던 언어가 있는데—예를 들어 인구어의 경우—흑해 북쪽의 초원지역 어느 곳에서 5,000년쯤 전에 사용되고 있었다고 믿어온 이 언어는 오늘날 더 이상 사용되지 않는다. 왜냐하면 시간이 흐르면서 하나의 조어에서 수많은 자손언어로 발전했기 때문이다. 이들 후손 언어 중 어떤 것들은 서로 이해가 불가능한데 영어와 노어 혹은 알바니아어와 불어가 그런 예이다. 그러나 혈통적으로 연관이 있는데 왜냐하면 후손언어들이 동일한 언어에서 나왔고 그 원천이 공통적인 조상언어이기 때문이다.

세상에 있는 수천의 언어를 분류하게 될 때 혈연적 분류가 우세하다. 역사언어학에서 언어분류에 가장 흔한 용어는 **어족**(language family 혹은 language stock)이다. 한 조상에서 내려온 따라서 연관된 모든 언어를 일컫는 용어이다. 어족이라는 개념은 다소 보수적이다. 일반적으로 조심스러운 비교작업과 신빙성 있는 수의 동일어원 단어가 있는 경우와 상관관계와 소리대응이 확실히 성립되는 경우에 이 개념이 채용된다. 한 어족의 하부구분은 보통 언어줄기(語派 branches)로 불린다. 인구어족은 여남은 줄기로 구성되어 있다. 그 분류명칭은 아직 사용 중인 언어로 불리기도 하는데 알바니아 줄기(Albanian 단일어파), 아르메니아 줄기(Armenian 단일어파), 발토 - 슬라브 줄기(Balto - Slavic, Baltic과 Salvic 하위어파에 속하는 여남은 언어), 독일 줄기(Germanic, 약12개 정도 언어가 있음, 영어포함), 켈트 줄기(Celtic, 4 언어), 헬라 줄기(Hellenic 혹은 Greek, 단일어파), 이태리 줄기(Italic, 약 12개 정도 언어가 있음, 불어, 서어 포함), 인도 - 이란 줄기(Indo-Iranian, 남서 아시아 대부분 지역에서 쓰이는 수백 언어와 방언으로 구성되어 있는 인도어줄기와 이란어 줄기)가 있다. 각 언어는 여러 개 혹은 더 많은 방언을 지닌다. 예를 들어 인도유럽어에 속한 줄기 중에 토캐리아 줄기(Tocharian)와 아나톨리아 줄기(Anatolian)는 더 이상 현재 사용 중인 말이 없다.

하나의 어족을 구성하는 언어의 숫자는 상당히 차이가 있다. 니제르 - 콩고 어족 즉 가장 거대한 아프리카어족은 약 1,000개 언어와 수백의 방언들로 구성되어 있다고 추정한다. 하지만 연관된 언어가 없는 것처럼 보이는 여러 언어가 있다. 이렇게 단독으로 어족을 구성하는 언어를 **고립어**(language isolates)라고 부른다. 미주는 다른 대륙보다 언어적으로 다양하다. 북미 내 토착어가 분포하는 어족의 수는 30개 이상의 고립어를 포함하여 약 70개가 넘는 것으로 판단한다. 남미에는 어족의 수는 심지어 더 많다. 그러나 그것은 단지 추정치이다. 왜냐하면 남미의 언어에 대한 현재 지식은 아직 불충분하기 때문이다. 많은 토착민 미주언어가 고립어이고 많은 구성언어를 지닌 어족(예, 알공키 어족 Algonquian family)도 많은 사람들이 현재 사용하지 못하고 있는 형편이다.

신세계의 두드러진 언어의 다양함을 단순화하려는 시도가 여러 번 있었다. 1929년 사피어는 멕시코 북쪽의 모든 토착민 언어들을 "6개 집단"(superfamilies)으로 할당하여 어족의 숫자를 줄이자는 제안을 했다. 나중에 집단은 대규모 어족(phyla)으로 불린다. 결과적으로 언어분류에서 대규모 어족은 일반적인 어족(language family)에게 부여한 상관관계보다 더 먼 관계를 갖고 있다고 판단되는 모든 언어들을 포함하는 집단이다. 하나의 어족으로 간주된 에스키모 - 알류트(Eskimo-Aleut) "집단"을 제외하고 사피어가 제안한 나머지 5개 집단의 각각은 여러 개의 어족과 하나 혹은 더 많은 고립어를 포함하고 있었다. 1960년 남미의 수백 개 토착어를 3개의 "집단 어족"(superphylum이나 macrophylum이라는 뜻으로 보수적인 용례가 아닌)으로 구별한 제안을 죠셉 그린버그(Joseph H. Greenberg)가 내놓았다. 최근의 분류에서 그린버그(1987)는 신세계의 모든 토착어를 세 "어족"으로 분류 할당하고 있는데 아메린드(Amerind) "어족"은 모든 토착어를 남 · 북미 가리지 않고 포함하는데 나 – 데네(Na – Dene)와 에스키모 – 알류트(Eskimo – Aleut) 집단에 속하는 언어들을 제외하고 전부 집어넣었다 (나 – 데네와 에스키모 – 알류트 이 두 집단은 북미의 북쪽 반에서 사용된다). 대부분의 미주 토착민 언어 전문가들은 그린버그의 광범위 아메린드 혈연 단위나 어족 분류의 가치를 받아들일 준비가 되어 있지 못하다. 아무튼 이러한 대규모 크기의 어족은 과거 어족이라는 보수적 개념과 공통점이 거의 없다. (이 분류의 반대론 대부분이 캠벨이 1988년에 쓴 그린버그 작품의 서평에 장황하게 나와있다). 1964년 소련의 비교언어학자 두 명이 구대륙—인구어(Indo – European), 아프리카 – 아시아(Afro – asiatic), 알타이(Altaic), 드라비드(Dravidian), 우랄(Uralic), 칼트빌리(Kartvelian, 남 코카서스)—의 주요 6개 어족이 희미하게 연관되어 있다는 증거를 제시했다. 노스트라트(Nostratic)이라 부르는 이 거대어족에 다른 학자들이 계속해서 다른 어족과 언어들을 첨가했다. 그 중에는 에스키모 – 알류트(Eskimo – Aleut), 나일 – 사하라(Nilo – Saharan), 수메르(Sumerian) 어족이 있다 (Kaiser and Shevoroshkin 1988). 그리고 또 하나의 제안이 초대형 어족은 신세계와 구대륙에서 나온 많은 언어들을 연결시킨다 (그 중 하나가 북미의 데네어족과 코카스(Dene – Caucasian) 어족을 묶은 초대형 어족이다).

전통적인 10개 대형어족은 20억 사용자에서 약 6천만까지 이르는데 그것들은 인구어족(Indo – European), 중국 – 티벳어족(Sino – Tibetan), 니제르 – 콩고어족(Niger – Congo), 아프리카 – 아시아어족(Afro – Asiatic), 오스트로네시아어족(Austronesian), 드라비드(Dravidian), 일본어(Japanese), 알타이어족(Altaic), 호주아시아어족(Austroasiatic), 한국어(Korean)가 있다(일본어와 한국어는 종종 고립어로 간주되나 서로 먼 옛날에 연관이 있었고 알타이어족에 연결되어 있다고 본다).

좀 흔치 않게 분류에 쓰이는 것이 유형적인 분류인데 역사는 관계없이 언어의 구조적 유사성에 기초한다. 즉, 역사에 관계없다는 것은 혈연적인 관계를 무시한다는 말이다. 유형적 분류는 여러 가지 구조적 자질을 고려한다. 예를 들어, 어떤 학자들은 어떤 자음과 모음이 쓰이고 있으며 몇 개이고 또 성조가 들어있는지에 기초하여 소리체계를 따라 언어를 분류한다. 다른 이들은 언어를 어순(語順)에 따라 분류한다. 즉, 주어, 동사, 목적어가 단순진술문에서 어떤 순서로 나타나는지에 따른다 (영어에서 전형적인 순서는 주어Subject, 동사Verb, 목적어Object 순인 SVO인데 마치 "The dog bit the thief"에서와 같다). 최근에 의미적 유형에 따른 분류가 제안되었는데, 그 지지자들은 예를 들어 한 언어가 요구하는 의미에 얼마나 상세하게 구별하는가에 따라 언어들을 구별한다. 가장 잘 알려진 언어분류는 형태적 특징에 근거한 방법인데, 종종 언어가 한 유형 이상의 자질이 섞여 있음에도 불구하고, 널리 사용되는 것은 언어를—고립어, 굴절어, 교착어, 포합어의 네 가지 유형 중 하나에 할당하는 방법이다.

여러 개의 중국어나 그 방언들 중 하나에 적용한다면 고립어 (혹은 분석적)의 일례로 볼 수 있고—그 언어에는 접사가 (거의) 없거나 문법관계가 어순으로 결정된다. 예를 들어 영어에서 "I like Linda"라는 문장이 베이징 중국어에서 *Wǒ xǐhuan Linda*가 된다. 그리고 "Linda likes me"같은 문장은 *Linda xǐhuan wǒ*가 된다. 두 문장에 있는 단어의 형태는 동일하다. 그러나 누가 누구를 좋아하는지에 따라 순서가 다르다.

우리가 이미 본 것처럼, 영어는 몇 개의 굴절어미가 있는데 *speaks*의 -*s*, *called*의 -*ed*, *son's*의 -*s*, *cups*의 -*s*가 있다. 그러나 어떤 문장들은 고립어 유형인데 왜냐하면 문장 내 단어형태가 "The girl will take the book to school soon"같이 단일형태소로 이루어져 있기 때문이다. 대조적으로 굴절어—구속형태소로 문법관계를 보여주는 언어—에 적절한 예는 라틴어가 있다. 더욱이 라틴어의 어미는 동시에 서너 개의 문법적 의미를 나타낸다. *laudō* '내가 칭찬한다' 에서 –*ō*는 일인칭 단수, 능동태(문법적 주어가 주로 동작주인 경우), 현재시제, 직설법(진술을 나타내는)이라는 문법적 의미를 나타낸다. 한 문장 내 주어와 목적어의 관계를 어떻게 나타내는가는 라틴어 문장 *Magister discipulum vocat* '선생님이 학생을 부른다' 와 *Magistrum discipulus vocat* '학생이 선생님을 부른다 (혹은 학생이 부른 사람이 바로 선생님이다)' 에 잘 보인다. 두 문장의 어순은 동일하나 접미사 –*um*이 어느 단어에 붙는가에 따라 누가 누구를 부르는가가 명확해진다.

교착어에서는 문법적 의미가 각각 독립된 구조(형태소)로 표현된다. 터키어에서 *yazmalɨymɨšɨm* '내가 써야 했어' 에서 어간 *yaz* '쓰다' 에 세 개의 접미사가 붙는다. *malɨy* –*mɨš* –*ɨm*인데 각기 '의무를 나타내는 접미사,' '완료형 접미사,' '일인칭 단수 주어' 를 나타낸다. 핀란드어, 스와힐리어, 일본어가 교착어에 들어간다.

마지막 유형이 포합어인데 많은 언어학자들이 교착어와 굴절어의 자질이 섞여 있다고 간주한다. 포합어의 단어들은 상당히 길고 형태론적으로 복잡하다. 에스키모 단어 하나가 *a:wlisa* – *ut* – *issʔar* – *si* – *niarpu* – *ŋa*인데 그 번역은 '나는 낚시줄로 적절한 무엇을 찾고 있다' 이다(가로줄은 에스키모어의 형태소 경계를 나타내기 위해 쓰이고 있다).

유형적 분류는 혈연적 분류처럼 자주 이용되지 못하는데 그 이유는 전반적으로 언어의 문법체계를 통달해야 하기 때문이다. 뉴기니와 남미의 열대우림과 다른 대륙의 몇 지역에 있는 기록 안 된 언어들에 관한 엄청난 지식은 아직 우리 손에 없다. 여기에 다른 하나의 주석을 첨가해야만 한다: 한 어군의 유형과 그 문화적 본성과는 어떤 인과관계도 존재하지 않는다. 물론 위의 주석은 새삼스러운 것이 아니다. 사피어는 그의 고전인 언어(language)에서 매우 설득력 있게 썼다(오늘날은 아마도 마지막 문장을 좀 다르게 적었을 터이나): "특정한 언어 형태소의 유형과 문화 발달의 어떤 연관된 단계와 결합하려는 모든 시도는 허망하다 … [그리고] 쓸데없는 생각이다 … 언어형태로 귀결된다면 플라톤이 마케도니아에서 돼지들과 걷는 것이나 공자가 아샘지방의 식인 야만인들과 함께 걷는 것이나(1921:234) [아무런 연관관계를 설정할 수 없다].

## 종합과 결론

살아 있는 언어는 천천히 그러나 항상 변화한다. 고대 영어산문시 뵈어울프(Beowulf)는 근대영어 사용자에게 더 이상 이해될 수 없다. 셰익스피어 시대에 압운이 맞았던 단어들이 더 이상 오늘날 운율로 일치를 보이지 않는다. 셰익스피어가 안토니우스(Marcus Antonius)가 로마시민들에게 시저를 암살 후 회당에서 말하게 만든 "This was the most unkindest cut of all"(율리우스 시저, 3장, 2막) 이라는 문장은 더 이상 문법적이지 않다. 그러나 심지어 사어(死語)들이 계속 변할 수도 있다. 수세기 동안 어떤 사회에 속하는 토착어가 아니었던 라틴어를 한 예로 제시할 수 있다. 라틴어 어휘는 계속 커진다. 왜냐하면 라틴어가 로마 카톨릭 교회의 공용어이고 교황은 현대의 문제점들에 대한 모든 성직자들에게 때때로 보내는 회람에서 라틴어를 사용한다.

음성변화가 규칙적이라는 경향은 서로 연관된 언어들의 상정된 조어를 재구하는 것을 가능하게 만든다. 선사시대 사회의 자연환경과 상관있는 재구 가능한 단어들은 그 사회의 구성원들의 원주지가 어느 곳인지 결정하는데 유용하다. 게다가 조어 단어들의 재구는 다른 기타 방법으로 발견할 수 없는 역사 문화의 여러 특질들에 새로운 빛을 비출 수 있다. 예를 들어 혼인 후 성립하는 사돈관계(in-laws) 같은 단어에서 친족용어의 재구 가능성은 그 용어를 썼던 사람들의 혼인 후 주거관행을 설명해주는 근거를 마련할 수 있다.

언어자료를 근거로 조어 사용자들의 원거주지나 다른 문화적 특질을 재구하는 일은 표준과정은 아니지만 고고학적 기록이 불충분하거나 없을 때, 언어

자료가 선사시대를 조사하는 단 하나의 수단이 될 수 있다.

혈통적으로 구별할 때 공통어원으로 연관되는 언어들은 하나의 어족에 할당된다. 한 어족의 구성원이 서로 충분히 가깝고 훌륭한 기록이 보유된 상태의 관계를 요구하는 원래 어족이라는 개념은 보수적이다. 1960년대부터 더욱 희미하게 상관있는 언어들을 묶으려는 경향이 있어왔다. 그러한 언어들이 초대형 규모의 어족(phylum) 혹은 초대형 어족(super phylum, macrophylum)을 구성한다고 일컫는다. 오래된 개념인 어족이라는 보수적 단위와 새로운 초대형 규모의 어족 사이의 차이는 숫자를 비교할 때 가장 잘 나타날 수 있다: 신세계의 수백 개 어족(family)이 단지 세 개의 초대형 어족(phylum)으로 줄어들 수 있다.

## 일러두기와 앞으로 독서를 위한 제언

최근 기술적인 소개서와 역사언어학 조사를 보려면 안틸라(Anttila 1989)를 보라. 이 장에서 다룬 주제의 여러 단락이 크리스탈(Crystal 1987)에 포함되어 있다. 대부분의 일어 예는 이노우에(Inoue 1979)에서 나왔다.

구름에 해당하는 인구조어 단어 재구는 제퍼스와 레히스트(Jeffers & Lehiste) 1979에 근거를 둔다. 재구형 **snusós* 예는 와킨스(Calvert Watkins)의 인구어어휘와 문화라는 헤리티지 사전(*American Heritage Dictionary of the English Language*, 1992)의 부록 중 토의단락에서 간략하게 취했다.

사피어(1916)는 쉽게 구할 수 없다. 하지만 연구논문 전체는 사피어(1949:389-462)에 재수록 되어 있다.

북미어족과 고립어 숫자는 보글린과 보글린(Voeglin & Voeglin 1966)에 근거를 둔다. 사피어가 행한 북미인디언 어족을 6개 "주요어군"으로 축소한 연구는 1929년 브리태니카 백과사전(Encyclopedia Britannica, 14th ed.)에 출판되었고 사피어(1949:169-178)에 재수록 되었다.

## 토의문제

살아 있는 언어의 어휘는 언어사용자의 문화에 나타나는 변화에 맞춰 끊임없이 변화한다. 어휘의 변화율은 모든 사회에 동일할까? 아니면 어떤 사회가 다른 사회보다 빠르다고 볼 수 있을까? 일생동안 새로 쓰게 된 영어단어들을 이용할 수 있겠는가? (예를 들어 *cocooning*은 여가를 밖에서 보다 집에서 보내는 관습을 말한다.) 어떤 문화영역에서 이러한 새 단어가 나타날 수 있겠는가?

## 연습문제

독자들이 직접 간단히 재구할 수 있도록 아래에 몇 문제가 있다. 책 말미에 해제에서 답을 확인할 수 있다.

언어재구란 이전의 또는 초기의 어족이나 어파들 중 하나를 간단히 말하는 것 이상의 것이며 어떤 재구는 추가정보가 있을 때 작은 수정을 필요로 할 것이다.

연습문제들은 단순하게 만들었는데 언어형식을 재구하는 기술을 직접 요구한다. *표는 재구된 형태를 표시하는데 입증되지 않았거나 입증될 수 없는 것들이다.

문제 1

코완과 라쿠산(Cowan & Rakuš an 1988)에 기초하여 이 문제는 다음의 세 가지 인구어에 나오는 동족어를 기초하여 인구조어의 첫 자음을 재구하라는 것이다:

| *영어* | *라틴어* | *고대희랍어* |
|---|---|---|
| father | pater | patēr |
| foot | pēs | pous |
| for | per | peri |
| flat | plānus | platos |

| fathom | patēre | patanē |
|---|---|---|

(모음 위의 가로선은 길이를 나타낸다. 예를 들어 *plānus*에서 *ā*는 *father*의 *a*처럼 들린다.)

빈 곳을 채우시오: 인구조어의 어두음 *__________ 은 근대영어의 __________, 라틴어에서는 __________이고 고대 희랍어에서는 __________이다.

문제 2

랭애커(Langacre 1972)에 기초하여 이 문제는 우토 – 아즈텍(Uto – Azetec)의 하위 어족에 속하는 세 가지 쿠파(Cupa)어에 영향을 준 쿠파 조어*[l]이 나타나는 모습에 관련 있다. (이 경우에 조어의 반영은 [오래 된] 소리에서 나온 소리이다.)

| *카휘야* (Cahuilla) | *쿠페뇨* (Cupeño) | *루이세뇨* (Luiseño) | |
|---|---|---|---|
| haal | hal | hal | '찾다' |
| kiyul | qəyul | kiyuul | '물고기' |
| laʔlaʔ | ləʔəl | laʔla | '거위' |
| qasilʸ | qəṣilʸ | qaaṣil | '쑥' |
| puul | puul | puula | '의사' |
| mukulʸ | mukʔilʸ | muukil | '쓰리다' |
| silʸi | silʸi | s̤iili | '붓다' |

쿠파 조어 *[ l ]은 어떤 조건에서 __________어에서는 ___으로 __________어에서는 ___으로 __________어에서는 ______으로 나타나는가?

문제 3

코완과 라쿠샨(Cowan & Rakušan 1988)에 기초하여 이 문제는 다음의 여러 오스트로네시아 단어들로부터 오스트로네시아 조어를 재구하라.

| *순다어* (Sundanese) | *고대 자바어* (Old Javanese) | *근대 자바어* (Modern Javanese) | *말레이어* (Malay) | *마두라어* (Madurese) | |
|---|---|---|---|---|---|
| manis | manis | manés | manes | manes | '사랑스러운' |
| taman | taman | taman | taman | taman | '정원' |
| kuraŋ | kuraŋ | kuraŋ | kuraŋ | kóraŋ | '수축' |
| damar | damar | damar | damar | dhámar | '등불' |
| bantal | bantal | bantal | bantal | bhántal | '베개' |
| tanjuŋ | tanjuŋ | tanjóŋ | tanjoŋ | tanjhuŋ | '꽃' |
| qupah | qupah | upah | opah | ópa | '보상' |

예: 오스트로네시아 조어로 '사랑스러운' 이라는 낱말은 **manis*로 재구될 수 있다.

문제 4

와킨스(1992)에 의하면 재구가능한 인구조어 낱말은 다음과 같다. *g r̥ə－no－ '곡식,' *bhar(e)s－ '보리,' *yewo－ '곡식,' *mel(ə)－ '갈다,' *sē－ '뿌리다,' *yeug－ '참여하다, 멍에를 얹다,' *$g^w$ou－ '암소, 황소,' *weik－ '마을,' *owi－ '암말, 양,' *ekwo－ '말,' *dem－ '집(집안),' *dhwer－ '문(쪽)' 등이 있다. 고대 인도유럽 사회의 구성원들이 사용한 단어에서 그들의 삶에 관한 어떤 결론을 끌어낼 수 있는가?

## 8. 언어변이

영어가 모국어인 사람들은 다른 언어를 사용하는 사람들에 비해서 월등한 이점을 갖는다. 약 80개 국가에서 영어가 공용어로 또는, 비공식적으로 통용될 뿐만 아니라, 국제회의, 상업적 협상, 과학 학술지, 대중음악, 운동경기, 민간항공, 외교, 기술과 산업 등 세계적인 참여가 포함되는 여러 영역들과 활동에서 선호되고 있다. 해외를 여행하는 미국인들은 외국에서 그들이 영어로 의사소통 하는 것이 매우 익숙하여 그러한 예상이 빗나갔을 때 놀라기도 하고 심지어 (이치에 맞지 않는) 짜증을 낸다. 간략히 말해서 영어는 세계 제일의 제2국어이며 제3세계에서 영어의 확장에 저항하고 있음에도 불구하고 그렇다.

영어의 최고 지위는 상대적으로 최근 이루어진 것인데 정치적, 경제적, 과학적, 기술적인 미합중국의 역할이 제2차 세계대전 후 수십 년 동안 커져왔음에 기초한다. 라틴어가 중세에 걸쳐 어느 사회에서도 제1국어로 쓰이지 않았음에도 불구하고 유럽의 대부분 나라에서 지적인 언중 사이에 담화의 언어로서 역할을 담당했다. 불어는 프랑스의 정치적 지적 영향으로 17세기에서 19세기까지 "[유럽 국가들의]보편(universal)" 언어로 남아 있었다. 또한 불어는 제2차 세계대전까지 외교 분야에서 선호되는 언어이었다.

미국인들은 전세계에 걸쳐 많은 사람들이 적어도 통하는 정도로 영어를 구사한다는 사실에 우쭐거리기도 하고 편리하게 여긴다. 결국 미국인들은 자신의 나라 내에서 수천 마을을 여행하고 대부분의 캐나다 지역에서 역시 언어적 변화 없이 [영어를 사용하면서] 여행하는데 익숙하다.

그렇지만 캐나다의 상황은 사뭇 다르다. 캐나다에 두 개의 공용어가 영어와 불어이다. 1991년 인구조사에 따르면 캐나다 인구의 24.3%가 불어를 모국어라고 주장한다(이들은 주로 퀘벡에 모여 사는 주민이다). 영어가 모국어라고 주장하는 주민은 60.4%이다(15.3% 해당하는 캐나다인들이 다른 언어를 모국어를 사용하고 있다). 그렇지만, 수십 년 동안 영어사용이 집에서도 가장 흔하게 되는 완만한 변이가 있었다(1991년 현재 68.3%는 영어를 23.3%는 불어를, 8.4%는 다른 언어를 사용한다).

미합중국과 같이 캐나다는 다민족 국가이다. 예를 들어 브리티시컬럼비아주에서 7개의 상이한 어족에 속하는 24-5개 되는 미주 토착민 (혹은 캐나다에서 첫 번째 〔민족〕 국가들 First Nations로 불리는) 언어가 영어, 불어, 뿐만 아니라 폴란드어같이 소위 물려받은 언어들에 더해서 사용된다. 그러나 브리티시컬럼비아의 토착민 인구는 작고 단지 3-4개의 부족만이 5,000명에 가까운 인구나 그보다 큰 인구를 보유하고 있다. 따라서 그들의 언어는 살아남지 못할 것으로 간주되고 즉, 모든 세대를 아우르는 충분히 넉넉한 인구를 보유하고 있어야 오랜 기간 언어생존이 보장된다(모든 통계는 에드워드 1998에서 나왔다).

유럽 상황은 놀랄만하게 상이하다; 그곳에서는 단지 100마일만 지나도 두 개 혹은 심지어 세 개의 언어경계를 통과하게 된다. 따라서 유럽의 수많은 젊은이들이 영어를 포함한 외국어를 초등학교와 중등학교에서 열심히 학습하는 것은 놀랄만한 일이 아니다. (독어가 제2차 세계대전 이후 잃었던 명성을 조금 되찾고 있다는 것을 언급해 두어야 한다.)

잘 알려진 체코 격언에 따르면 한 사람이 아는 언어의 숫자 그만큼 더 그 자신이 배가된 인간이라고 한다. 정말 상당한 이득이 모국어 이외의 언어를 구사하기 위해 노력한 사람에게 자연스럽게 생긴다. 그들은 자신의 모국어가 통하는 내용을 더욱 잘 이해할 뿐만 아니라 다른 지역의 문화의 진가를 알고 이해하는 능력이 월등히 뛰어나게 된다. 영어를 사용하는 미국 젊은이들의 다른 언어에 대한 구사력 부족은 대통령 산하 기구인 외국어와 국제학 특별위원회(Commission on Foreign Language and International Studies)가 인정하고 있다. 그 위원회는 최종보고서에서 "소문날 정도로 외국어에 대한 미국인들의 언어구사력 미비는 세계 문제들에 관해서 위험할 만큼 부적합한 우리 자신의 이해부족을 잘 말해주고 있다"라고 썼다(1979:7).

문화 · 언어 인류학자들에게 있어 외국환경에서 현장조사를 진지하게 실시하려는 어떤 시도도 그들이 연구하는 사람들의 언어에 대한 어느 정도의 지식을 갖추지 않고는 생각할 수도 없는 일이다.

### 개인어, 방언, 문체 (어조)

두 사람이 같은 언어를 구사한다 하여도 엄격하게 말해서 개인의 말 패턴은 어느 정도 타인과 다르다. 자신의 신분은 밝히지 않고도 잘 아는 사람을 전화로 통화하여 확인할 수 있는 이유이다. 비슷하게 우리는 화면을 볼 수 없지만 뉴스캐스터들을 친숙하게 알아볼 수 있다. 목소리만으로 개인을 확인하는 것은 가능한데, 음질, 발음, 문법사용, 단어의 선택과 조합이 그들 개개의 독특함으로 표시되기 때문이다. 음질, 음색은 통제력이 없는 구강 발음통로(혀, 비강과 구강, 성대, 후두부, 다른 여러 발성기관)의 해부학적 소견에 의해서 결정된다. 예를 들어 박자, 크기, 심지어 어느 정도의 강세범위 같은 상이한 목소리 자질들은 매우 단순하게 통제될 수 있다. 그러나 개인의 말 패턴을 구성하는 이러한 자질들 중 어느 것도 불변하지는 않는다. 음질은 근육, 섬유질이 퇴화하고 치열이 바뀌면서 나이가 들어감에 따라 변한다. 일생을 거쳐 단어의 선택, 문법, 발음 역시 변화가 일어나는 경향이 있다.

개인의 말소리 변화형을 일컬어 **개인어**(idiolect)라 칭한다. 거의 모든 화자가 의사소통의 주변 환경에 따라서 몇 개의 개인어를 사용한다. 예를 들어 가족들과 서로 이야기 할 때 그들의 말버릇은 소위 장래의 고용주가 면접할 때 사용하는 말투와는 전형적으로 다르다. 개인어 개념은 매우 특정한 현상을 언급하는데—특정 개인이 쓰는 말꼴, 혹은 언어체계이다. 이러한 개인어들은 적어도 공통부분이 겉으로 보기에 상당히 있는 경우 한 방언에 속한다. 그러면 방언(dialect)이라는 용어는 추상적인 개념이다. 이것은 지역, 민족, 사회집단의 구성원들이 사용하는 언어나 말의 한 형태를 지칭한다. 방언은 서로 알아들을 수 있으면 동일한 언어에 속한다. 숫자가 적은 동질의 집단보다는 큰 집단이 쓰는 모든 언어에는 두 개 혹은 그 이상의 방언을 찾을 수 있다.

물론 상호이해 가능성은 정도에 따라 판이하다. 1950년대 초기 뉴욕과 온타리오에 있는 8개 인디언 (이로코이 연합 the Iroquois nations) 보호구역에서 온 남 · 여 여러 명을 특정 방언을 서로 이해하면 한 언어의 방언 사용자들이고 상호이해가 불가능하면 서로 상이한 이로코이 어족에 속하는 개별적인 언어를 사용하는 집단으로 가르기 위한 실험에 투입했다. 조사자들이 이로코이 부족 공동체 중 두 공동체를 선택하여 상호 이해도의 백분율을 산정 하였음에도 불구하고 상호이해와 상호이해 불가능 사이에 놓인 경계가 어디인가를 묻는 물음에 해답이 나오지 않았다. 만일 언어와 방언 사이의 경계를 두고 25%정도 상호이해에서 구별 짓는 선이 있다면 4개의 상이한 언어들이 있을 수 있고 그중 하나는 두 방언으로 이루어져 있고 또 하나는 세 방언으로 이루어져 있다. 만일 경계를 75% 선에서 긋는다면 5개 언어가 있을 수 있고 그 경우 그 중 두 언어는 각기 두 방언을 밑에 깔고 구성되어 있을 것이다.

전세계에 걸쳐 많은 지역에서 영어가 사용되고 있기 때문에 영어는 특히 방언이 다양하다. 영어사용자의 발음이나 낱말을 통해 출신 지역이나 국가를 알 수 있는 것은 그 방언의 특성이 묻어 있기 때문이다. 예를 들어 호주사람들이 쓰는 어휘에는 '게으름뱅이' 라는 뜻의 *bludger*(보통 loafer, shirker), 캐나다 어휘에는 '근무에 들어오지 않았음을 보고하다' 라는 뜻의 *book off*, 아일랜드 어휘에는 '장난꾸러기' 라는 뜻의 *spalpeen*, 스코틀랜드 어휘에는 '속옷' 에 해당하는 *cutty sark*라는 단어가 있고, 잉글랜드 어휘에는 '창문을 두드리는 것처럼 (어떤 이를) 두드려 깨우다' 라는 뜻의 *to knock up*이라는 단어가 있다. 미국영어의 어떤 방언을 쓰는 사람이 런던의 동부에서 쓰는 코크니 (Cockney) 방언을 사용하는 런던 택시 운전사와 대화할 경우 둘 다 동일한 언어를 쓰고 있음에도 불구하고 이해가 매우 어렵다고 생각하기 일쑤이다.

영어는 메인 주에서 조지아 주까지 대서양 해안을 따라 정착한 영국출신 식민지 경영자들에 의해 17세기 북미에 유입되었다. 이 경영자들의 언어는 그들의 고국에서 사회적 계층과 지리적 격리구간을 반영하는 방언들로 구성되어 있다. 오늘날 지리적인 차이가 있음에도 불구하고 (특히 동해안에서 남부에 이르는) 미국영어는 두드러질 만큼 통일성을 나타낸다. 역사적으로 이러한 통일성은 서쪽으로 이주하면서 동부 여러 지방에서 온 정착민들이 서로 섞인 결과였다. 제2차 세계대전 이후 미국인들의 증가추세인 이동(移動)에 기인하고 있다. 오늘날 태어난 곳에서 계속 살고 있는 사람은 그 수가 매우 적다. 직장을 옮기거나 결혼하거나 은퇴하면 살던 곳에서 다른 곳으로 대부분 이사한다. 그럼에도 불구하고 미합중국 내 어떤 방언은 잘 알려져 있고 또 쉽사리 구별가능한데—예를 들어, 보스턴 방언, 버지니아 방언, 텍사스 방언 등이 쉽게 구별된다. 어휘 또한 시골 출신의 노인이 어떤 곳에서 왔는가를 아는데 유용하다. 예를 들어 잠자리는 버지니아에서 *snake doctor*로, 펜실바니아 남서부에서는 *snake feeder*로 북캘롤라이나 동부에서는 *mosquito hawk*으로 뉴잉글랜드에서는 *(devil's) darning needle*로 뉴저지 해안가에서는 *spinder*로 캘리포니아 북부에서는 *ear sewer* 등으로 알려져 있다.

개인들이 말하는 방법은 지역적, 사회적 방언뿐만 아니라 맥락에 따라 변한다. 특정한 상황에서 사람들이 자신을 표출하는 양태를 어조(speech style)라고 일컫는다. 어조는 복식에 비유된다. 혹자는 가벼운 등산에 정장차림으로 간다면 어색하고 불편하며 혹은 전통적인 결혼식 피로연에 운동화 청바지 간편한 차림이면 누구나 격에 맞지 않는다고 느낄 것이다. 비슷하게 예전의 학교친구와는 "나 열 받았어 I'm pissed" 같은 속어 표현을 쓰는 사람도 다른 상황에서는 대화체의 "나 화가 치밀어 I'm mad"로 대치하거나 좀더 공식적인 맥락에서는 "화나다 angry, 성질나다 aggravated" 같은 단어를 쓸 것이다.

어조의 변이는 위의 예에서 같이 어휘뿐만 아니라 운율적인 (예, *butter*의 일상적 발음은 치음 [t] 대신에 오히려 치경을 혀로 찰싹 치는 [ɾ]으로 낸다), 형태적인 (일상적인 문체에서는 "who are you taking to lunch?"가 공식 문체에서는 "whom are you taking to lunch?") 변이를 보인다. 부정적인 반응을 불러일으키지 않는 말의 어조 혹은 방언형은 표준형이라 간주하고 이런 사회적 규범에 미치지 못하는 말꼴을 비표준형 혹은 하위 표준형이라 한다. 표준 영국영어를 Received Standard (발음은 Received Pronunciation)라 부르는데 영국 공립학교 (또 사립 중등과정 기숙학교)에서 쓰고 라디오와 TV 뉴스와 상황이 중대하거나 공식적인 태도가 요구될 때 (설교, 강의 등) 사용한다. 공식적이지 않은 상황에서는 표준형을 변화시키거나 그 기준에 못 미치는 어조를 사용하는 경향이 있었다. 복장과 행동, 말의 비공식적인 태도가 미합중국이건 그 외의 지역이건 모두 비표준형을 사용하는 경우를 나타내는 신호가 된다.

몇 개나 되는 어조를 영어사용자가 쓰는가? 주스(Martin Joos, 1907-1978)에 따르면 그의 미국영어 방언을 (그의 방언은 미국동부의 가운데 지역에서 쓰이는 말인데) 특징짓는 명백한 다섯 가지 어조가 있다고 한다. 그는 굳은(frozen), 공식적(formal), 상의하는(consultative), 일상(casual), 친밀한(intimate) 이라는 용어를 사용했다 (Joos 1962). 오늘날 미국영어 사용자 중 굳은 어조를 사용하는 사람은 거의 없는데 예외는 아마도 공식적인 문체에서 종종 나올 수 있다. 수백만 사용자가 있는 언어에 정확한 숫자의 어조 개수를 결정할 수 있다는 가정은 확언할 수 없는 듯하다. 어떤 두 사람의 영어 사용자도 동일하게 말하지 않는다. 어떤 어조 자질들을 각 개인이 사용하고 있는가는 당당한 공식어조에서부터 친밀한 어조까지 또는 상스러운 비공식적 어조까지 개별 화자에 달려 있다.

## 다중언어, 양층언어현상, 부호교체

특정민족은 통상 특정언어와 연결되어 있고 혈통적 일체성과 독특함으로 그 민족의 인식표 같이 여겨지는 것은 어떤 것보다도 언어이다. 예를 들어 대평원 미원주민 사회는 문화적으로 비슷했지만 그들이 사용했던 언어에 비추어 매우 차별되는데 그것은 마치 영어가 노어로부터 혹은 일본어로부터 다른 것과 같다.

상이한 언어를 사용하는 민족들은 상이한 문화를 지니고 따라서 상이한 사회 사이의 경계는 서로 이해 불가능한 언어의 분리선과 같이 나타난다고 가정되곤 한다. 또한 어느 주어진 언어가 해당사회 구성원들의 의사소통 수단이고 언어, 문화, 의사소통 사이의 관계가 계속 유지된다는 것도 널리 받아들여지고 있었다. 그러한 가정은 하임스(Dell Hymes 1968)가 보여준바 같이 너무 사람들을 단순화시킨다. 하임스에 의하면 인간의 사회인 세계는 구성원들이 사용하는 언어에 의해서 나뉘지 않고 오히려 "기호의 목록과 기호사용 규칙의 합성물인" 의사소통 단위에 의해서 나뉘고 더욱이 이러한 의사소통 단위들이 중복되고 상호이해가 가능한 언어기준은 고려되어야 하는 여러 요인들 중 하나에 지나지 않으며 특정 언어기호와 특정 문화자질들 사이를 연계시키는 성격은 반드시 경우에 따라 즉 [각기 경우] *케이스 바이 케이스*에 따라 인정되어야만 한다 (Hymes 1968:42).

다음의 예는 월프(Hans Wolff, 1967)의 논문에서 취한 것인데 언어, 민족 동질성, 사회변화가 남부 나이지리아에서 어떤 관계를 지니는가에 관심을 둔다. 동부 니제르 삼각주가 동에서 서로 펼쳐 있는 곳에 두 해안민족—칼라바리(Kalabari)족과 넴베(Nembe)족, 해안 후배지에 아부아(Abua)족, 오두알(Odual)족, 오그비아(Ogbia)족이 있어 모두 5개 상이한 민족이 있다. 이 다섯 단위부족 경계는 언어 상황과 일치하지 않는다. 해안에 거주하는 두 민족은 니제르 - 콩고(Niger - Congo)부족의 이요(Ijo) 어파(branch)에 밀접한 방언을 사용한다. 후배지에 사는 민족들은 다른 어족 분파에 속하는 방언을 사용한다. 아부아족과 오두알족은 같은 언어에 속하나 상호 이해도가 매우 낮은 방언들을 사용한다. 그렇지만 오두알족의 4개 마을은 연관이 있으나 상이한 쿠그보(Kugbo)라는 언어를 사용한다. 문제를 더 복잡하게 만드는 것은 오그비아 동쪽 방언들은 서쪽 방언들과 상호 이해가 불가능하나 쿠그보와 의사소통이 가능하다. 후배지 3개 집단들은 언어학적으로 친밀한 관계에 있음에도 불구하고 그 세 집단 구성원 사이에는 의사소통이 거의 이루어지지 못한다. 왜냐하면 어업권과 경작권을 둘러싼 오랜 기간의 분규, 과거의 이질적인 무역거래 때문이다. 최근까지 아부아족과 오두알족의 많은 사람들 특히 남자들이 제2국어로 칼라바리 말을 썼다. 반면 서부 오그비아의 대다수는 제2국어로 넴베(Nembe)말을 썼다. 해안언어들은 마을모임이나 해안 민족출신의 아프리카 목회자가 진행하는 예배 같은 매우 중요한 경우에 내륙에서 사용되었다. 그러나 후배지 민족들 사이에서 보이는 이중국어주의(bilingualism)는 상호 호혜적이지 못하다. 해안거주 민족들은 오그비아(Ogbia), 오두알(Odual), 아부아(Abua) 사람들이 쓰는 제2국어를 배우지도 사용하지도 않았다. 울프가 1960년대 중반에 그 지역을 방문한 때 언어 상황은 변화하고 있었다. 이중국어현상은 이그보(Igbo)어가 아부아족에게 제2국어가 되면서 계속되고 있었다. 또 하나의 언어는 공공교육을 받은 식자층의 사용이 증가하고 있는 영어였다. 동시에 후배지 민족들이 보여준 합치된 노력이 있는데 지역 사투리(vernacular)를 사용함에 있어 구별되는 민족단위로서 정치적 승인을 획득하기 위해서 의사소통의 주요 수단(유일한 것이 아니라면)으로 쓰는 것이다.

상황을 이처럼 단순화하여 설명하긴 했어도 이들 민족 집단의 구성원들이 쓰는 언어나 방언들로 상호이해가 가능하다는 점은 그들의 민족적 유래나 의사소통의 특성과 그 양이라는 관점에서는 중요하게 보이지 않는다.

두 번째 예는 중부 유럽에서 나온다. 동시대 살았던 체코족과 슬로박족의 조상은 모라비아 대제국 기간 동안 동일한 정치체제(polity) 내의 구성원이었다. 10세기 초 제국이 몰락한 후 체코어를 사용하는 서부는 천년 간 지속되는 분리된 역사를 이루었고 그 반면 오늘날 슬로바키아는 헝가리의 빠뜨릴 수 없는 부분이 되었다. 체코인과 슬로박인들은 제1차 세계대전 후 1918년 체코슬로바키아 공화국이 수립된 때까지 정치적으로 재결합하지 않았다. 이 두 민족들에게 하나의 공동체 국가를 부여한 여러 이유들 중 하나는 언어였다. 체코인들과 슬로박인들은 상호이해가 가능한 언어를 사용하고 있다. 하지만 새로운 공동체 국가 내에서 훨씬 도시화되지 못한 슬로박인들에 대한 체코인들의 태도는 은인인체 하는 것이었고 두 민족 사이의 관계는 1969년까지 대등한 것이 아닌 상태로 남았는데 그 해 공화국이 연방이 되어 어느 정도 균형을 이루는데 도움을 주었다.

20세기가 지나면서 유럽 내 민족주의 운동은 그 힘을 대다수 잃었다. 민족주의의 침체는 한 지역이 또 다른 지역에 대한 경제적 의존도 증가에 기인하였고, 동유럽 내 공산주의 지배의 국제주의적인 성격의 결과이기도 했다. 1980년대 말 동유럽에 대한 소비에트의 지배가 몰락한 후 체코슬로바키아 내 민족간 긴장이 다시 표면으로 떠오르고 슬로박인들은 체코인들과 함께하는 공동국가 내 자치권이나 아니면 완전한 독립을 추구하였다. 체코인과 슬로박인이 두 언어를 사용하여 서로 대화할 수 있다는 것은 70년 이상 공동 국가체제에서 공존하였음에도 불구하고 숫자적으로 열세인 슬로박 민족의 역사적 경험과 독특한 민족성을 강조하는 욕구를 누르기에는 역부족이었다. 체코슬로바키아였던 지역의 남동부인 곳, 이전의 유고슬라비아였던 지역 내 대부분 지역에서 동일한 언어나 상호이해 가능한 언어 혹은 방언을 쓰지만 상이한 문화적 종교적 배경을 지닌 민족들은 조상들이 수세기 동안 거주했던 지역사회로부터 수천에 해당하는 생명을 잃고 대단위 가족이주를 야기하는 무장격돌에 의존할 정도로 갈등 국면으로 치달았다. (세르비아와 크로아티아인들이 쓰는 말 사이에는 몇 개의 어휘 차이만 있다. 주된 차이는 철자법인데 세르비아인들은 끼릴 철자법, 크로아티아인들은 라틴 철자법을 사용한다.)

사회정치적 단위와 언어 사이의 일치는 국가, 즉 각기 언어를 지닌 몇 개 혹은 다수의 민족 집단들을 포함하고 있는 정치적으로 중앙 중심적 사회와 일치하지 않는다. 역사적으로 또 근대국가들의 다중언어 사용이라는 특성은 희미해졌다. 왜냐하면 한 국가는 통상 대다수 시민들이 쓰는 공용어나 준공용어와 관련지어 판단되기 때문이다. 예를 들어 예전 소련에서 구별되었던 민족들이 약100여 개나 되고 그 언어들이 대부분 능동적으로 사용됨에도 불구하고 러시아말이 연방의 광활한 지역 내 보편적으로 통용되는 언어구실을 했다. 인도에서는 구소련보다는 약 세 배 더 인구밀집도가 높지만 점유면적은 약7분의 1에 지나지 않으나 상이한 언어들이 거의 200개 보고 되고 있다. 영국 내에서 소수민족 언어는 현재 100개를 넘고 미합중국 내에서 8%에 가까운 인구가 영어 이외의 언어를 일상적으로 쓰고 있다. 하나의 공용어를 갖고 있는 몇 아프리카 나라들 내에서 열명 중 아홉에 이르는 다수의 사람들이 한 언어 이상 많은 언어들을 일상적으로 사용한다.

만일 상이한 민족들의 구성원들이 옆에 거주하고 자주 접촉하고 있다면 적어도 그들 중 약간은 모국어 이외에 한 언어나 또 다른 언어를 말할 수 있는 기회와 배우게 되고 다중언어 사용자가 된다. 다중언어(국어)주의(multi-lingualism)는 두 개 혹은 더 많은 언어들을 사용하거나 사용하는 능력을 일컫는다. 가장 흔한 다중언어주의의 예가 이중언어(국어)주의(bilingualism)이다. 두 언어를 사용할 줄 아는 능력이 특징이다. 모든 이들이 용어의 정의에 동의하지는 않는다. 엄격하게 말해서 이중언어 사용자는 모든 경우에 완벽하고 동급의 두 언어 구사력을 지닌 개인들이다. 다른 말로 하면, 양쪽 언어를 모두 모국어로 간주하고 있는 두 언어 사용자(ambilingual)들이다. 그렇지만 실제로 이 용어는 제1국어 이외에 다른 언어에서 자발적이고 의미 있는 담소를 즐기는 사람들에까지 확대되어 느슨하게 적용되고 있다.

비교적 안정적인 이중국어의 특징을 보이는 곳이 스위스 상황인데 4개 언어가 공식어의 위치를 부여받고 있다.—독어, 불어, 이태리어, 로만스어인데 이중국어사용이 보편적이고 삼중국어사용도 희귀하지 않다. 동시에 언어 사용자들의 분포가 상당히 격차가 있음에도 불구하고 다른 언어를 희생하면서 어떤 한 언어를 번성하게 하려는 일이 없다 (독어 65% 이상, 로만스어 1% 미만). 캐나다에서는 1968년 불어와 영어가 모두 공용어의 지위를 부여받았는데 대부분의 이중국어 사용자들은 퀘벡 주에 거주하고, 상당수 (38%)가 두 언어를 사용하고 있음에도 불구하고 대부분 (1968년 81% 이상) 자신들을 프랑스계 캐나다인으로 간주하고 불어를 희생시키며 영어가 확산되는 것에 경계심을 보인다. 다중언어 사용 중 유달리 흥미 있는 경우가 브라질 북서부와 컬럼비아 인접지역의 미주 원주민들 사이에 나타난다 (Sorensen 1967). 문화적으로 균일한 지역 내 적어도 20개 이상 상이한 부족들의 모든 구성원들이 서너 개 더 되는 수의 지역어를 능숙하게 구사한다. 이 현상의 근원은 엄격한 족외혼인데 이 관습은 배우자를 족내가 아닌 족외에서 얻어야 하며 다중언어사용을 예외가 아닌 문화적 기준으로 만들어 간다. 어린이들은 처음 부모의 언어를 습득하고 청소년기에 두 개 이상 언어를 습득하며 종종 어른이 되어 또한 다른 언어들을 배운다.

하지만 보편적으로 다중언어주의(multilingualism)는 과도기적이고 비대칭적인 현상이다. 19세기 후반부에 유럽대륙에서 미주대륙으로 이민 온 노동계층은 새롭게 선택한 나라의 언어를 어느 정도라도 배우려는 사람들이 거의 없었다. 그들의 아이들 다수가 학교에서 배운 언어를 제2국어로 사용함에도 불구하고 이중언어 사용자나 비슷한 형태로 되려하지 않았다. 그렇지만 그 다음 세대에 가서는 선대들이 쓰던 말이 쓰이지 않아 심지어 수동적이고 제한된 지식을 보유한 사람도 약간만 남게 되었다. 같은 일이 미합중국의 원주민 부족에서도 일어났다. 중간 단계의 이중언어 사용을 거쳐 원주민어에서 영어로 과도기적 변화는 많은 경우 금세기가 지나면서 완성에 이르렀고 단지 최고령 부족민들만이 오늘 아직도 원주민 언어를 통해 쓸만한 지식을 보유하고 있다. 이민으로 인구집중이 높은 수준으로 유지되는 곳에서는 이중국어주의가 오래 동안 지속되는 경향이 있다. 미합중국에 소수민족언어를 사용하는 사람들은 항상 많았다. 그로센(Grosjean 1982)에 따르면 1976년 4개 주(캘리포니아, 뉴욕, 텍사스, 플로리다)에서 영어가 아닌 다른 언어를 사용하는 사람이 2백만이 넘었으며 19개 주에선 소수민족언어를 사용하는 사람들이 10%에 육박했다. 미합중국의 많은 라틴계 이주민들이 집에서나 또 같은 지역출신과는 스페인어를 사용하지만 영어는 단지 그 외의 사회적 접촉에서 의사소통의 수단으로 하고 있기 때문에 스페인어는 수백만이 계속 사용하고 있으며 미합중국 내에서 영어 다음으로 널리 쓰이는 언어이다.

두 개의 다른 체계의 언어를 사용하는 이중언어 사용자에 대한 요구는 첫째 언어나 둘째 언어에 다양한 단순화 형태를 초래한다. 멕시코 출신의 미국인들이 살고 있는 1980년대 로스앤젤레스의 스페인어 우세지역에서 그들이 사용하는 언어의 단순화가 스페인어에 상당한 영향을 미쳤다. 예를 들어 스페인어의 강세일부가 없어졌는데; *estar*(있다)의 사용이 전에는 *ser*(있다)로 제한되었던 문맥까지 확장되었고; 어떤 단어들은 영어에서 빌어 왔다 (예, *lonche* 'lunch' ; *troca* 혹은 *troque* 'truck' ); 번역을 차용하기도 하는데 관용어인 días de trabjo (주말) 대신에 días de semana가 쓰였다 (Silva－Corvalán 1994).

최근 몇 년 동안 미합중국에서 영어를 공용어로 만들려는 노력이 있었다(그래서 50개 주의 절반이 그렇게 하였다. 그렇지만 이 법들은 다분히 상징적이다). 영어를 공용어로 하려는 노력을 헌법수정안으로 흡수하도록 제안되고 있다. 투표용지와 선거홍보물을 여러 언어로 인쇄하는 법안이 폐지되고 이중언어교육에 대한 지원은 단기간의 전환 프로그램에 한정시키려는 것이다. 영어를 공용어로 하는데 긍정적인 사람들은 최근 이민 온 사람이거나 다른 민족배경을 지니고 문화변용이 안 되는 어른들이 집에서 다른 언어를 사용하는 것을 말리는 것은 아니라고 주장한다. 그들은 공용어를 통한 결속이 세계 각지에서 이민 온 국민들로 구성된 나라의 단합을 높여줄 것으로 단순하게 믿는다.

다른 편의 주장은 헌법수정안 1조(the First Amendment to the Constitution)의 언론 자유를 지적한다. 그들은 미합중국의 시민은 그들이 가장 익숙한 언어를 사용할 권리를 가지고 있다고 주장한다. 인류학적 관점에서 유연하지 못한 법의 규제로 공통의 문화를 만들려고 노력하는 것보다는 다양성의 가치와 점차적이고 자발적인 동화를 선호한다.

한 정치사회적 단위(政體)의 구성원들에게 가용한 언어범주나 언어변종의 범위가 작게는 단합된 언어공동체로부터 인도나 과거의 소련이나 미합중국같이 다중언어 국가들에서 나타나는 상당한 언어들을 보유하고 있는 언어공동체까지 다양하다. 극단적인 두 경우의 사이에 있는 언어공동체들에는 쓰임에 따라 상이한 언어형태를 마음대로 쓰는 언어형태가 있는데 하나는 일상대화체(하위) 또 하나는 공식문체(상위)이다. 위에 설명한 한 언어의 두 변종을 한 언어공동체 구성원이 구별되는 기능 때문에 동시에 사용하는 것을 **양층언어현상**(diglossia)이라고 일컫는다. 두 언어 변종 가운데 전형적으로 일상 대화체의 것이 우선 습득되고, 그것은 친척이나 친구나 하인 노무자의 일상 대화에서 쓰이고 만화, 대중적인 라디오 방송과 텔레비전 프로그램, 농담, 전통적인 이야기 등에 쓰인다. 명성을 지닌 공식문체 (언어)변종은 학교에서 학습언어로, 문학, 행정, 법률, 종교적 기능의 대부분을 차지하는 형태이다.

양층언어현상의 경우는 상당히 보편적이다. 표준 독어를 자신의 공식어로 사용하는 스위스 사람들은 그들이 배웠을지도 모르는 다른 공용어 이외에 하위 변종인 스위스 독일어 방언(Schwyzertütsch)에 능숙하다. 비슷하게 쿠란의 표준어법에 기초한 고전 아랍어는 많은 나라에서 지역이나 지리적으로 분리된 대화체 아랍어 방언에 보충적인 역할을 담당한다. 그리스에서 대화체 그리스어는 고전 그리스어에서 대부분 유래한 문어체와 나란히 쓰이고 있다. 그렇지만 실제 언어생활에서 이중국어 공동체의 언어들이나 양층언어현상을 보이는 변종들이 엄격히 구별되지 않는다. 미합중국에 거주하는 두 체코인이 체코어로 대화하면서 영어단어, 구, 혹은 문장들을 쓰고자 하는 마음이 내킬 때마다 쓰고 있다. 마치 "*Víšco? Popovídáme si pěkně doma u piva, Ale než si vlezeme do subwaye, let's buy some pastrami and potato chips!* [Here's an idea! Let's talk over beer at my place. But before we get on the subway, let's buy some pastrami and potato chips!]" 이와 같은 한 언어나 언어변종에서 다른 언어나 언어변종으로 옮기는 것을 **부호교체**(code-switching)이라고 부른다.

## 피진

서로 알지 못하는 언어들을 사용하는 사람들이 의사소통을 하려는 경우 다양한 수단들을 이용할 수 있다. 그들의 언어적 차이를 메울 광범위한 방법은 국제통용어(lingua franca)이 사용인데 제1국어가 상이한 언어를 사용하는 사람들이 의사소통의 수단으로 동의한 언어를 말한다. 오늘날 인도에서 영국식 제국주의와 함께 퍼진 영어가 대륙 내 원주민어 사용자들 사이에 국제통용어로 역할을 담당하고 있다. 미합중국에서는 매우 다양한 원주민 부족 구성원들과 의사소통을 위한 언어가 영어였다. 그것은 지배사회의 말이다. 쿠프와르(Kupwar)라는 인도 남부에는 네 언어를 사용하는 마을이 있는데 그 언어들은 마라티, 우르두, 간나다, 텔르구(Marathi, Urdu, Kannada, Telugu)인데 그곳의 모든 남성들은 거의 다 이중언어 사용자들이거나 다중언어 사용자들이고 위에 열거한 첫 세 개 언어 사용자들이 오랫동안 그들 사이에서 부호체계 전환을 해 왔기에 이 언어들의 지역변종들은 서로 매우 유사해져 의사소통을 보다 용이하게 만들고 있다 (Gumperz and Wilson 1971).

또한 개인과 집단이 언어 경계를 넘어서 상호작용을 하는 또 하나의 방법은 피진언어 혹은 **피진**(Pidgin)을 이용하는 것이다. 전형적으로 두 개 이상의 서로 알지 못하는 언어들을 사용하는 사람들이 특수하거나 제한적인 목표 때문에 특히 교역을 위해 의사소통의 필요가 드러날 때 피진이 생긴다. 피진이 대신한 언어들보다 훨씬 협소한 기능을 지니기 때문에 제한적인 어휘를 보유한다. 또 효율적인 문제로 급히 학습되어야 하기 때문에 사실상 줄어든 문법적 구조를 취하고 있다. 사회문화적 관점에서 피진의 중요한 특성은 어떠한 특정 집단의 토착언어나 제1국어 역할을 하지 못한다.

피진은 올바른 언어들이 종속하는 동일한 종류의 발달의 결과는 아니다. 필요에 따라 갑자기 나타나는 경향이 있고 원래 기능이 수행에 대한 요구가 더 이상 없을 때 사라진다. 10여 년간 지속되는 수도 있지만 일세기 이상 지속되는 것은 드문 일이다. 피진의 음운체계와 형태체계는 피진 사용자들의 제1국어보다 비교 안 되게 단순하고 어휘는 접촉하고 있는 언어중 하나에 근거하거나 그것에 연유한다.

통상적으로 유럽 식민주의와 연관되어 있음에도 불구하고 피진들은 서로 상이한 언어 사용자들이 규칙적이지만 제한된 접촉을 유지할 때마다 발달되어 왔다. 많은 예 중에서 영어를 기초로 한 중국해안 피진은 일찍이 17세기에 기원을 두고 있을 수 있지만 특히 19세기를 거치면서 널리 퍼졌다. 영어를 기초로 한 마오리족(Maori)의 피진은 뉴질랜드의 영국 식민초기에 통용되었다. 교역에 쓰이는 나바호어는 북미 남서부의 교역 종사자(Trader－Navajo)들이 쓰던 나바호에 기초한 피진이고 다양한 콩고 피진들은 콩고강 유역 내 아프리카어(들)의 변종을 사용하는 사람들 사이에 접촉을 원활하게 하기 위한 것이다. 18-9세기 동안 유럽 식민주의의 충격을 반영하듯이 아직 남아 있는 것은 물론 많은 피진들이 영어, 불어, 서어, 포어, 화란어를 기초로 한다.

피진의 기원과 계승과 사멸의 좋은 예가 최근 베트남 역사에서 찾아낼 수 있다. 베트남이 인도차이나의 일부로 프랑스인들에게 지배되었을 때 불어를 기초로 한 피진을 서로의 언어를 이해 못하는 프랑스인들과 베트남인들이 사용하였다. 1954년 디엔 비엔 푸(Dien Bien Phu)에서 프랑스인들이 패퇴하고 2년 후 프랑스군이 이 지역에서 철수한 이후 그 피진은 더 이상 필요하지 않게 되어 거의 사라졌다. 1960년대 초기 미합중국 전투부대가 베트남 공화국에 진주한 이후 영어를 기초로 한 피진이 불어를 기초로 한 피진 역할을 떠맡기 위해 급속히 발전했다. 1973년 미군 병사들이 철수하고 1975년 정치적 사건들이 베트남 내 미합중국의 영향력을 뜻밖에 마감시켰을 때 이 새로운 피진 역시 사라지고 말았다.

피진은 문법적으로 굴절이 없고 제한적인 어휘를 지님에도 불구하고 자신들만의 구조를 갖추고 변화하고 환경에 기꺼이 적응한다. 피진의 구조적인 단순함이 최소한의 노력으로 다른 문화간의 의사소통을 쉽게 하는 장점이 된다. 굴절어미를 줄이거나 완전히 없애고 또 강세를 나타내기 위한 형태소 반복이나 단순화 과정을 거친 문장구문이 발달하여 지리적으로 먼 피진들을 상당히 유사한 모습으로 만들어 놓았다. 상당히 모습들이 유사하여 지난 세기와 최근에 쓰이는 피진들은 기초적 구조로 미루어 사비르(Sabir)같은 피진조어에까지 거슬러 올라간다고 주장한다. 그 조어는 금세기 초까지 사용되고 지중해 항구도시에서 로맨스어에 기초한 중세 피진인 국제통용어(lingua franca)이다. 구조적으로 피진들이 유사함에도 불구하고 어휘를 취한 언어(들)에 따라 차이를 보인다 (즉, 그 언어들에서 단어뭉치를 제공받고 있다).

### 피진에서 크레올로

영어나 나바호(Navajo)어 같은 언어가 문법과 어휘의 축소과정으로 피진이 되는 것은 피진화(pidginization)라고 일컬으며 그 피진의 역할이 기대되는 기능에 제한을 나타낸다. 그러나 피진이 언어생활에서 하는 역할이 여전히 미미하다고 가정하는 것은 잘못일 수 있다. 많은 경우에 넓은 지역에 걸쳐 증가하는 숫자의 사람들이 피진을 사용하게 되었다. 특히 원주민 언어들 중 어느 것도 사용인구의 크기나 문자전통의 명성에 힘입어 우위를 주장하지 않을 때 증가한다. 간단히 말해서 피진은 널리 인정받게 되었고 민족 간의 의사소통에 필수불가결한 수단으로서 의지될 수 있다. 그와 같은 경우 피진에 대한 요구가 증가하게 되어 피진화와 반대방향의 어휘 확장과 통사구조를 정교하게 하는 과정이 진행된다. 그 과정은 문자가 첨가되고 대중매체에서 사용될 수도 있으며 준공용어의 위치를 획득할 수 있고 또 심지어 가정에서 습관적으로 쓰는 어린이들에게 모국어가 될 수 있다. 이렇게 피진이 다른 언어 기능들로 충족되도록 확대되는 과정을 크레올화(creolization)이라고 부르며 그 결실을 명하여 **크레올**(creole)이라 한다. 크레올은 한 언어공동체의 제1국어가 된 피진인 것이다.

세계의 수많은 지역 중 이 과정이 일어난 곳이 파푸아 뉴기니이다. 그곳에서 한때 영어를 기초로 한 피진이 제한된 용도에서 과거 수십 년 동안 상승하여 독립국가의 공식언어 중 하나가 되었다(표 8.1 참조). 신(新)멜라네시아어(Neo–Melanesian) 혹은 톡피진(Tok Pisin, *talk pidgin*에서 연유)은 파푸아 뉴기니에 사는 700여 개의 토착어를 사용하는 약100만여 명에게 국제통용어가 되었고 약2만 가정의 제1국어가 되었다(Mühlhäuser 1987:178). 톡피진은 영어보다 피진으로 더 자주 의회에서 의사진행에 사용되는 명성을 얻게 되었고 가장 최근에는 이 나라의 대학 강의실에서조차 들을 수 있게 되었다.

적어도 톡피진의 3/4에 해당하는 어휘가 영어에서 도출되고 약15%는 뉴기니 토착어들에서 나오는데 특히 톨로이(Toloi, Kauanna)에서 나온다. 나머지는 독일어를 기초로 한 여러 다른 언어들에서 생겼다. 단수에서 톡피진 인칭대명사 *mi*(I, me), *yu*(you)와 *em*(he, him; she, her; it)가 주어이건 목적어이건 격변화에 관계없이 동일한 형태로 남아 있는데 일인칭 복수에서 구별은 *yumi*라는 포함형 'we, us,' (청자포함)과 불포함형 *mipela* 'we, us,' (청자제외)가 있고 복수이며

## Namaliu tok orait long ol opisa go bek wok

**OL SENIA** pablik sevan na ol plis opisa husat i gat nem long ripot bilong piksa nogut bai kisim bek wok bilong ol.

Praim Minista Rabbie Namaliu i em moa gutpela nau bikos mejistret i askim pinis long kirapim wanpela wok painimaut long dispela ol muvi.

Em i tok dispela wok painimaut em bai nupela wok. Em i no wankain olsem ol plisman i wokim. Minista bilong Jastis, Bernard Narakobi i wok long skelim yet ripot. Mista Narakobi i lukim pinis ripot orait bai tokim Praim Minista long wanem kain ol samting ol i ken mekim.

Mista Namaliu i tok ol wokman bai wok inap dispela wok painim i redi bai ol i kamap gen long kot.

**도형 8.1 파푸아 뉴기니의 톡피진.**

완톡(Wantok)은 파푸아뉴기니의 주간지인데 거의 톡피진 만으로 발간되고 있다.

삼수인 경우 정확한 숫자가 통상 표기되는데 *yutupela* 'you two' 혹은 *yutripela* 'you three' 이고 삼인칭 복수에 해당하는 *ol*형은 위의 형태에 더해진다. 소유는 *bilong*으로 표시하는데 서술어는 보편적으로 *i*이라는 불변사로 타동사는 *–im* 이라는 접미사로 표하는데 이 접미사는 형용사들을 사동동사 형태로 전환시키는데 역시 쓰인다. 따라서 *Mi kukim kaika bilong me*가 "I cook my food: 내가 내 음식을 요리해"라고 번역되고, *Wanepla lek bilong mi I brak*은 "One of my legs is broken: 내 발 중 하나가 부러졌어"이며 *Em I korsim mi*는 "He scolded me: 그가 나를 야단쳤어"로 *Ol i kapsaitim bensin*은 "They spilled the gasoline: 그들이 휘발유를 엎질렀어"로 번역된다.

뉴기니의 도로교통안전 소책자(*Rot Sefti Long Niuagini*)는 세 언어로 독자들에게 읽히는데 다음과 같은 영어구절과 톡피진 대응구절이 있다.

If you have an accident, get the other driver' s number, if possible, get his name and address too, and report it to the police. Don' t fight or abuse him.

Sapos you kisim bagarap, kisim namba bilong narapela draiva, sapos yu ken, kisim naim bilong em na adres tu, na tokim polis long em. Noken paitim em o tok nogut long em.

크레올이 그 자체로 언어이고 또 초등학교 교육에서는 물론 대중매체에서도 찾아볼 수 있음에도 불구하고 어휘뭉치를 빌려준 온 유럽 표준어(들)보다 명성이 떨어지는 경향이 있다. 결과적으로 어떤 크레올 사용자들은 특히 도시에서 살거나 준 전문직 종사자들은 표준어를 모델로 그들의 말솜씨를 "향상"시키려는 경향이 있다. 이러한 일이 일어날 때 크레올은 변화를 겪게 되고 반크레올화(decreolization)로 알려진 과정에서 표준어의 방향으로 옮아가게 된다. 예를 들어 그러한 변화가 지금 일어나고 있는 것이 영어를 기초로 한 자메이카 크레올이며 그 변화의 폭은 표준어와 가장 상이하고 농촌 노무자 계층이 사용하는 변종인 하급어(basilect)에서부터 표준어에 접근하고 있어 더욱 명성을 누리는 도회지 변종인 상급어(acrolect)까지 연속적으로 나타난다.

대다수의 피진과 크레올은 이전의 유럽 식민주의 국가들의 국민들을 포함하는 상이한 언어 사용자들 사이에 교역으로 인한 빈번한 접촉을 해온 적도 지역의 해안 지방에서 찾아볼 수 있다. 그렇지만 최근 피진들은 다른 조건하에서 발달하고 있는데,—예를 들어 '손님으로 온 노동자'들이 쓰는 독어(Gastarbeiter Deutsch)는 독일 연방공화국에서 남부 혹은 남동부 유럽 출신은 수백만 이주 노동자들이 쓰는 말이다.

피진과 크레올은 지난 4반세기 동안에만 마땅히 받아야 하는 진지한 관심을 받아왔다. 가장 자극적인 (동시에 물의를 일으키는) 피진 크레올 연구에의 기여는 비컬톤(Bickerton)에 의해서 이루어졌다. 크레올 연구에 기초한 하나의 중요한 개념이 비컬톤의 생물학적 프로그램(bioprogram) 가설(1981)이다. 즉 그 가정은 인류가 언어에 대한 생물학적 생득능력을 지니고 있음에 틀림없다는 내용이다. (이 가정은 제2장에서 토의한 초기 생득이론—innatist theory—과 유사하다). 이

가정을 지지하려고 비컬톤은 피진과 크레올을 어린아이들의 언어습득과 언어기원과 연관짓는다. 비컬톤이 아주 잘 아는 하와이 크레올 영어의 통사모습이 다른 크레올 언어들과 공통적으로 다수의 자질들을 공유하기 때문에 피진에서 크레올로 도출시키는 인지 전략들이 인류만이 갖는 특정 재능의 일부와 너무 유사하다는 내용이다. 더욱이 어린이들이 모국어를 학습하게 하는 생득적인 능력이 피진이 크레올로 확대시키는 능력처럼 아이들에게 역시 도움을 준다는 것이다. 비컬톤에 따르면 (특정 대 일반; 정적상태 대 동적과정 같은) 어떤 종류의 기초적 인지 구별력은 사람이 되는 과정 전에 성취되었음이 틀림없고 언어습득의 최초단계들뿐만 아니라 크레올 구조 내에서도 이러한 구별은 명백하다고 한다.

피진과 크레올에 관련된 최근 연구 중 일부는 이러한 두 형태의 용어 경계가 "불분명"하게 되는 결과를 초래했다(Jourdan 1991). 지금은 한 언어의 피진과 크레올 변종들이 나란히 존재할 수 있고 크레올이 모국어가 되지 않고도 한 언어공동체의 주로 쓰이는 언어가 될 수 있다는 것이 인정된다. 그렇지만 다른 측면에서 살펴봄으로써 피진과 크레올을 우리가 더 잘 이해하게 되었는데 왜냐하면 피진과 크레올이 쓰이게 역사적 사회경제적 맥락들에 우리의 지대한 관심을 두었기 때문이다.

## 흑인영어: 그 쓰임과 특성

흑인영어(African－American English: AAE)는 북미흑인들의 상당한 숫자에 연관되고 사용하는 발음 통사구조 어휘로 특징지어진다. 흑인영어를 쓰는 어떤 이들은 평소에 흑인영어만을 말하고; 어떤 이들은 특정한 상황에서는 흑인영어를 다른 상황에서는 표준영어를 말한다. 그 말의 사용자가 대륙 크기의 지역에 널리 거주하는 인구의 상당한 숫자이기에 흑인영어는 미국인의 영어가 단일형이 아닌 것처럼 통일된 모습이 아니다. 흑인영어는 표준영어와 서로 다르다고 할 수 있을 만큼 발음과 형태에서 큰 변화 폭을 보인다. 흑인영어 발음은 더 자주 심하게 흑인영어에서 나타나기 쉽지만 일부형태의 흑인영어 발음은 일반적으로 남부말의 특징을 보인다.

**상자 8.1 톡피진의 크레올화(化)**

제2차 세계대전은 뉴기니 내에서 톡피진(Tok Pisin)의 확산을 가속시켰다. 다양한 외국군대의 강압적 복무를 요구받은 뉴기니 남자들은 공통언어로서 톡피진만을 갖고 있었다. 게다가 전쟁기간 동안 토착민들이 광범위하게 이동했고 톡피진은 그들과 함께 퍼졌다. 전쟁 후에 파푸아 뉴기니의 토착집단들 사이에 있었던 전통적인 전쟁이나 적대관계가 선교사들의 계속적인 노력과 다양한 외국정부의 평화계획의 결과로 거의 완벽히 제거되었다. 이것이 사람들로 하여금 살해되는 두려움 없이 원주민 집단을 떠날 수 있게 만들었다. 이동수단이 개선되면서 사람들의 기동력이 매우 증가하고 있다. 또 많은 사람들이 도회지에서 직업과 여흥을 즐기려고 고향마을을 떠나고 있다. 이와 같이 집단들이 섞이는 때 톡피진은 히리 모투(Hiri Motu)와 혹은 영어가 사용되는 곳을 제외하고 의사소통의 통상 하나 뿐인 수단이 되었다. 따라서 톡피진은 뉴기니의 도회지 생활에서 보편적으로 사용된다. 상이한 언어집단들 출신인 남녀사이에 결혼이 증가 일로에 있다. 양측 고향 집단거주지에서 떨어져 도시에 이러한 부부가 거주하는 경우 일반적으로 그들은 가정에서 톡피진을 말하고 그들의 아이들은 톡피진을 모국어로 습득한다. 그러한 젊은 원주민인 톡피진 사용자가 지금 수천 명을 헤아린다.

울포드(Ellen B. Woolford)의 *톡피진 문법의 제양상*(*Aspects of Tok Pisin grammar*, 1979) 3에서

문어(흑인영어에 나타나는 그들의 성격을 충실히 대변하려고 시도하는 작가를 제외하고)보다는 구어로써 흑인영어는 종교지도자와 시민운동가로부터 흑인 빈민

가에서 시간을 거의 다 보내는 중등학교 중퇴자들에 이르기까지 흑인들에 의해서 대단히 효과적으로 이용되고 있다. 미주흑인들의 말을 연구하면서 구사력에 부과되는 중요성은 반복적으로 확인해 왔다. 일상적인 의사소통 기능에 매우 못 미치는 흑인영어는 소위 토우스츠(toasts)라고 부르는 대화체의 시로부터 "허풍과 속임수 shucking(it) and jiving"의 융통성 있는 문어체에 이르기까지 또 한편으로는 "서로 악담을 늘어놓기 signifying"라고 일컫는 공격적인 언동까지 다양한 변화폭을 보인다.

흑인영어에 있는 방언차이 때문에 가장 두드러지고 보편적인 성격들 중 몇 개만 아래에 언급한다. 모든 흑인들의 말에 이와 같은 자질들이 있을 것이라고 기대해서는 안 된다. 특히 수세대 동안 북부에 거주해온 흑인들의 일부는 이 말투를 사용하는 집단에 해당되지 않는다. 대부분 이러한 자질들은 미합중국 북부와 다른 지역을 포함하여 도회지 빈민촌 내 빈곤층 흑인들이 사용하는 비표준 변종을 특징짓는다. 그 변종을 **흑인사투리 영어**(African－American Vernacular English)라고 부른다.

발음상 흑인사투리 영어모음들이 자음들보다 더 변이형을 보이는 경향이 있다. 표준영어에 대조되는 가장 흔한 모음은 쉽게 상실되는데 *pride, proud, find, found*는 물론 *pride, prod, find, fond*가 흑인사투리에서 비슷하게 발음된다. 이와 비슷한 단어 짝에서 대조점이 사라지는 것은 *b, d, g, m, n, r, l*자음 앞에서 제한된 위치에 보통 나타난다. 흑인사투리에서 *oil, all*이나 비슷한 단어의 짝들이 유사하게 발음된다. 특히 모음들이 *l*자음 앞에 나올 때 그렇다. *pin*과 *pen*의 모음과 비슷한 짝들이 콧소리 *n*자음 앞에서 대조가 사라진다. 마지막으로 *fear, fair*나 *sure, shore*같은 단어는 비슷하게 발음할 수 있다. 이러한 경우에 모음의 대조가 상실되는 것은 따라 나오는 자음이 *r*이라는 조건이 갖추어진 경우이다.

흑인사투리에 가장 안정되지 못한 자음들은 단어 끝에서 발견된다. *th*라고 철자되는 소리는 어말 위치에서 *f*로 들려 *both*와 *with*같은 단어가 *loaf*나 *sniff*와 각운이 맞게 들린다. *r*, *l*자음들은 약해지는 경향이 있고 완전히 사라진다. 모음을 따라 나오는 약화된 *r*이 *sure*, *shoe*, *show*와 *your*, *you*같은 어군들은 비슷한 소리나 거의 그렇게 만든다. 모음 사이의 r이 완전히 사라질 수도 있어 *inte' nstin'*, *pass*, *tess*가 *interesting*, *Paris*, *terrace*같은 단어에 해당한다. *help*, *wolf*같은 단어 내에서 자음 앞의 *l*이 약화되어 들릴 수 있고 완전히 소실되는 때 *fooled*가 *food*, *toll*이 *toe*, *bolt*가 *boat*와 비슷하게 들린다.

*t*, *d*같은 정지음은 다른 자음 뒤에서 매우 보편적으로 상실되거나 수정된다: 따라서 *last*가 *lass*, *mend*가 *men*, *rift*가 *riff*, *told*가 *toll*같이 소리난다. 다른 어말 자음군들이 유사한 소리 줄이기를 거쳐 *dess*가 *desk*를 대신하고, *liss*가 *lisp*를 대신하는 소리가 된다. 다른 변화는 표준영어에 비교하여 일반적이지 않다. 예를 들어 흑인사투리 사용자들이 *ask* 대신 *axe*를 *electric* 대신에 *'lectric*으로 말하기도 한다.

문법적 차이가 보통 발음과 어휘의 차이보다 더 두드러지게 나온다. 이것은 왜냐하면 "올바른" 문법사용은 바로 명성을 구가하고 따라하면 품위가 있는 말솜씨와 연관되기 때문이다. 언어인류학적 관점에서 어떤 언어변종의 모국어 사용자가 쓰는 문법은 다른 방언이나 표준어의 문법과 다를지언정 올바르지 않다고 언급할 수 없다. 흑인영어는 표준영어에서 구별 짓는 몇 자질들을 미주에 거주하는 흑인이 아닌 이들의 말에서도 찾을 수 있다.

다른 유럽언어와 비교할 때 영어는 매우 적은 굴절어미를 지니고 있다. 흑인사투리 내의 경향은 이 적은 수의 굴절어미 조차 약화되거나 사라진다. 흑인사투리에서 –*s*삼인칭 단수가 마치 "Johnny run"이나 "He eat meat"처럼 종종 사라진다. ("I hates this" 같은 용법을 조종 쓰는 것은 관계없는 –*s*어미를 실수로 포함시키는 시도인데—과도수정(hypercorrection)이다). 소유를 나타내는 –*s*(실제로 's라고 쓰는)가 "Hand me that man coat"에서 사라지고 "They come back in they car"에서 삼인칭 단수의 소유 대명사가 모음 바로 뒤에 나오는 *r*같이 사라진다. 복수명사의 -*s*가 desks 대신 *desses*같이 어말 -*sk*같은 자음군의 단수명사가 단순하게 변한 후에 유지된다. 그러나 불규칙 복수들을 규칙으로 만드는 경향이 있는데 즉 *foots, mens, childrens*가 *feet, men, children*을 대신하고 있다.

동사의 과거시제가 *gave, brung*(*brought* 대신)같이 남아 있거나 *kep*(kept 대신)나 *tol*(*told* 대신)에서 같이 약화되어, "He pay me yesterday"에서처럼 사라진다. 표준영어에서 축약될 수 있는 선택의 여지가 있는 경우 "He is going"이 "he's going"같이 간편한 꼴로 되는 경우 흑인사투리에서는 "He going"처럼 *be*동사의 완전 삭제가 또 다시 선택적으로 적용된다. 표준영어에서 축약하는 선택이 쓰이지 않는 경우 "That's the way it is here"(어느 누구도 That's the way it's here라고 쓰지 않는다)의 후반부처럼 흑인영어에서 *be*동사를 없애는 꼴이 나타나지 않는다. "That the way it is [or be] here"로 나타난다. 문장이나 구를 끌어들이는 *there is*라는 구는 흑인사투리에서 *it is*나 *it's* 혹은 '*s*만으로 대치되고 있다.

표준영어와 비교하여 흑인사투리는 의문문보다 평서문으로 이해되어야 마땅한 다음 문장들에서 이중부정이 특징적으로 나타나있다. "Didn't nobody see it"; "Wasn't nobody home"; "Ain't nobody complainin' but you, man"; "I don't got none" 등이 있다.

"She be busy"처럼 *be*동사의 기본형으로 활용한 문장이 "She busy"처럼 생략한 꼴과 대조된다. "She busy"라는 문장은 이 문장이 쓰이는 순간 문장 속에 언급된 여자가 바쁘다는 뜻이다. "She be busy"는 표준영어에서 "She is always busy," 또는 "She keeps busy" 혹은 "She is often busy"에서 나올 수 있는 것을 표시하는 습관적이고 반복적인 바쁜 상태를 뜻한다.

선택적인 시제에 관해서 흑인사투리의 한 변종의 실제 상황이 다음과 같이 기술되어 있다.:

> *I do see him* is just anterior to the present and intrudes upon it, and is therefore the *past inceptive tense. I did see him* is slightly longer ago, or the *pre-present tense. I done seen him* is still further ago, as the *recent past. I been seen him* is even farther ago and designated as the *pre-recent past.* Moving ahead from the present, if some one says. *I' m a-do-it,* he will do it in approximately 30 seconds, or in the *immediate future.* If someone says *I' m a-gonna do it,* he will do it soon, that is, in the *post-immediate future.* If he says *I gonna do it,* however, the execution may be indefinitely delayed. (Fickett 1972:19)

흑인사투리는 특별한 어휘나 특정 단어들에 놓이는 강세패턴 상 차이에서 표준영어와 더욱 상이한 모습을 보인다. 그렇지만 두 영어변종을 갈라놓는 이런 저런 자질들이 있음에도 불구하고 흑인사투리 사용자가 아닌 사람이 이것을 이해하려고 노력해야 하는 적응훈련은 코크니 방언(cockney)을 이해하는데 필요한 노력에 못지않다.

학자들은 흑인사투리의 현재 발달 경향에 대하여 의견일치를 갖고 있지 않다. 어떤 이들은 오래 지속되지만 느린 탈크레올화(de-creolization)가 계속되고 있다고 믿어 즉, 흑인들의 말이 흑인이 아닌 사람들이 사용하는 영어를 수렴한다고 확신한다. 라보브를 포함한 다른 이들은 주류사회에서부터 도회지 흑인들의 늘어가는 분리와 고립을 보고하고 있고 또 이질적인 언어에 대한 대중매체가 만드는 동질화 작업에도 불구하고 흑인사투리는 표준영어로부터는 물론 지역적인 토착 백인방언으로부터도 역시 멀어지고 있는 것이 여전하다고 보고하였다. 만일 사실이라면 흑인사투리를 사용하는 아이들이 엄청나게 상이한 부호체계(code)를 사용하는 언어적 환경을 6세에 접하게 되면 더욱 어려움에 봉착하게 될 것이다.

## 흑인영어 어떻게 나왔나

이 질문은 흑인영어의 변종들이 일반적인 미국영어와 어떻게 관계 맺고 있는가하는 질문에 밀접히 묶여있다. 이 주제에 관한 학자들의 의견은 각양각색이다. 어떤 이들은 흑인영어가 미주영어의 또 하나의 방언일 뿐이라고 주장해 왔다. 그들은 흑인영어의 자질들 중 어느 것도 다른 영어방언들에서 찾아지는 자질들이나 전체적으로 영어의 역사적 발달로부터 의미 있으리만큼 멀어져 있지 않다고 지적하면서 위 해석의 당위성을 부여하려고 노력한다. 예를 들어 통상 이중부정이라고 부르는 다중부정은 "훌륭한 영어문법"에 반하는 주요해악들 중 하나로 얼굴 찌푸리게 되는 말솜씨인데 엘리자베스 시대에는 널리 이용되었고 흑인영어에 그 자취가 남아 있는 것은 보수적인 자질로 볼 수 있다. 대조적으로 3인칭 단수에 *-s*접미사가 소실되는 것은 영어발달사를 통한 영어동사의 특징인 단순화 과정에 이르는 경향이 계속되고 있는 것으로 비춰질 수 있다. 흑인영어가 해낸 것은 현재시제의 동사변화에서 최후까지 남아 있는 접미사를 제거하는 일인데 앞으로 수백 년 내 표준영어에서도 일어남직한 일이다. (표준영어의 단순화는 "between you and I"에서 볼 수 있듯이 목적격 *me* 대신에 *I*를 쓰는 것이 점점 더 자주 눈에 띄고 그러한 용례가 주요 TV 방송사회자나 미합중국 의회의원으로부터 들을 수 있다.)

방언 해석에 상반되는 주장은 흑인영어가 영어를 기초로 한 크레올이라고 하는 것이 더 낳을 정도로 충분히 표준영어와 다르고 독립적이다. 그러한 견해에서 흑인영어는 자메이카 크레올과 굴라(Gullah, 남 캘롤라이나와 조지아 해안에서 약간 벗어난 섬 지방에 남아 있는 크레올을 말한다)와 나란히 놓을 수 있다. 오늘날 흑인영어가 자메이카 크레올이나 굴라보다 표준영어와 동떨어지지 않으나 흑인영어와 두 크레올 사이에 있는 수많은 유사점들은 지적할 만한 가치가 있다. 예를 들어 발음의 상당한 패턴들, 삼인칭 단수 -s와 소유격 -*'s*, 다중부정, 제로 계사(zero copula; He rich에서와 같이 *be*동사의 활용형이 사라지는 형태), 아프리카어의 잔재이다. 결과적으로 크레올화의 과정이 흑인영어 형성에 기여했다는 진정한 가능성이 존재한다.

흑인영어의 형성은 17세기로 거슬러 올라간다. 브르스톨, 리버플, 또 다른 영국항구들에서 값싼 재화를 싣고 서아프리카 해안을 따라 흑인들과 바꾸려고 출항한 때 그 흑인들을 대농장에서 일 시키려고 캐리비안 지역과 북미의 남부에서 노예로 판 때이다. 그 배들은 영국으로 설탕, 담배, 면화, 기타 생필품을 싣고 돌아왔으며 그 순환 교역은 되풀이되었다. 조직적인 봉기의 위험을 최소화하기 위해서 미래 노예들을 싣고 갈 배는 상이한 언어들을 쓰는 여러 부족에서 노예들을 끌어모았다. 1974년 스미스(William Smith)선장이 상세히 밝히는 증언에 따르면,

> *감비아*(Gambia)의 언어에 관해서 말할 때 그 언어들이 매우 숫자가 많고 상이하여 강의 양안에서 온 원주민들이 서로 이해하지 못하고 만일 올바로 판단한다면 서로 이해하지 못하는 것은 노예무역으로 그곳에 간 *유럽인*들에게 작은 기쁨이 아니다; … 가장 안전한 방법이 다른 부족국가들과 교역하는 것이고 … 또 각양각색의 노예들을 배에 실어 나르는 일은 바벨탑을 완성시키는 것이 봉기하는 것보다 더 쉬울 만큼 안전을 확보해주었다.(1974:28)

노예선이 아프리카 해안을 출발하기 전에 피진 하나 혹은 여러 개가 필요했다는 것을 이해할 만하다. 포획당한 자들은 서로 간의 의사소통뿐만 아니라 노예주인들이나 해외에 사는 사람들과 의사전달 수단이 있어야 했고 적어도 기본적인 문제들을 해결하려면 더욱 필요했다. 노예들이 신세계 노예시장에서 팔린 후에도 처음과 마찬가지로 여러 이유 때문에 피진이 계속 필요했다. 루이지애나 지역에서는 피진이 프랑스어를 기초로 하고 남부 기타지역에서는 영어를 기초로 한다. 딜라드(J. L. Dillard)에 의하면 크레올 가설의 여러 설명들 중 하나는 "피진만 사용하는 새로운 세대가 성숙된 때 피진은 크레올화 되었고 … 그것이 대농장의 크레올로 변했다"(1972:22).

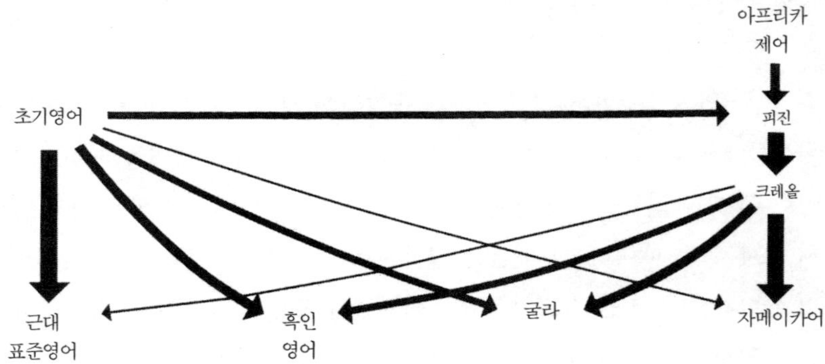


**도형 8.2 아프리카출신 (흑인) 미국인영어**

위의 표에서 화살표가 보여주는 농도는 후기의 언어발달에 초기의 언어들이 어떻게 영향을 끼쳤는가를 말한다. *출처*: 로빈스 버르링, *흑백속의 영어* (English in Black and White), 122. 판권ⓒ1073 Holt, Rinehart and Winston, Inc. 허가 후 게재함.

두 해석 중 어느 편이 더 그럴 듯한가 방언학자의 것인가 크레올 전문가의 것인가? 버르링(Burling 1973)에 따르면 증거는 양쪽 다 지지하는 것처럼 나타난다고 한다. 흑인영어는 표준영어와 어떤 자질들을 공유하고 다른 것들에는 굴라나 자메이카 크레올의 자질들과 유사한 것들이 있다. 도형 8.2는 흑인영어에 기여해 왔음직한 여러 형태의 말소리 가운데 존재했던 것으로 버르링이 믿고 있는 복잡한 상호관계를 보여준다.

## 흑인영어: 그 신화와 진실

의문의 여지없이 흑인영어는 심한 오명을 지닌 언어변종이다. 민족배경에 관계없이 수많은 사람들이 흑인영어를 매우 타락하고 비효율적인 형태이며 이 영어를 사용하는 대부분이 평균보다 떨어지는 지능을 지니고 있다고 간주한다. 만일 여러 영어방언을 사회적 명망에 따라 배치한다면 표준영어가 최상의 자리에 흑인영어가 가장 덜 존중되는 것 중 하나가 된다. 미합중국 사회 내에서 흑인영어에 대한 부정적인 태도는 지속적인 종족간의 차별 결과가 나은 것으로 흑인들의 낮은 사회경제적 처지가 부분적으로 심화시키고 있다.

많은 이들이 심지어 몇 교육가나 교육심리학자 조차 도시 빈민굴 출신 흑인 아이들은 특히 (언어적으로) 구사력이 박탈당한 상태라고 주장해 왔다. 이런 아이들은 단어들을 제대로 발음하지 못하고 단어 끝을 끌고 웅얼거리고 단음절이나 문법적 오점이 많은 완벽하지 못한 문장으로 답하고 매우 제한된 어휘를 이용하며 일반적으로 영어를 난잡하게 비논리적으로 사용한다고 알려져 있다. 더욱 비표준 사투리를 사용하여 학습에 심각한 장애가 되고 있다는 믿음이 널리 퍼져 있으며 학문종사자들 몇 명이 유전적인 열등함의 증거로 상황을 조사하는데 빈민 학생들의 말솜씨를 사용하기도 했다. 하지만 흑인영어에 무슨 잘못이 있는가? 증거로 낸 것들을 살펴보자.

표준영어의 희귀하고 타락한 형태로 단순히 치부하기보다는 흑인영어는 다른 형태의 영어와 마찬가지로 규칙이 통제하지만 예상처럼 그 용법을 규정하는 규칙들이 다소 상이하다. 어떤 점에서는 흑인영어가 (이중부정) 더욱 보수적이나 다른 점에서는 더욱 진보적이다 (동사에 삼인칭 단수표지 –*s*를 떨어뜨리므로). 주어와 서술어 사이에 계사 (연결사)의 결여는 "He tired"에서처럼 흑인들이 초래한 타락한 말솜씨나 게으름의 표시가 아니다. 동일한 문법적 문형은 세계의 여러 말에서 나오며, 러시아어도 그 중 하나이다.

물론, 단어 끝을 끌어서 발음하는 것은 특정 방언이나 언어 사용자들에게 제한적인 것이 아니고 말솜씨의 빠르기나 사회문화적 배경을 나타내는 하나의 기능이다. 유사하게 "어디에 다람쥐가 있니?" 하는 질문에 대하여 "그 다람쥐는 나무에 있어" 대신에 "나무에" 라는 대답은 현학적인 형태의 답을 줄인 것에 지나지 않는다(Labov 1970:5). 흑인영어의 상용자가 쓰는 어휘가 표준영어를 쓰는 사람의 어휘와 일치하기를 기대할 수 없고 흑인들의 구사력을 특징짓는 표현력을 인정하지 않는 것은 편견이나 무시를 드러내는 일이다.

널리 알려지고 종종 다시 출판되는 논문에서 라보브(Labov, 1970)는 흑인영어의 성격에 관한 잘못된 이해의 주된 근원들을 확실하게 확인시키고 있다. 정말 흑인 아이들은 (심지어 인터뷰하는 사람이 친절해도) 낯선 백인에게 방어적으로 대하며 만일 상황이나 경험에 비추어 익숙하지 않고 위협적이면 단음절의 대답만 내놓는다. 이러한 내재적으로 비균형인 상황에서 사회언어학적 요소들이 제거되자마자 같은 아이들이 흑인영어가 갖고 있는 다양한 문체를 사용하면서 효과적으로 이어지는 대화를 구사하게 된다.

이 소논문에서 라보브는 할렘 출신의 15세 흑인소년인 래리(Larry H.)와의 면담을 인용하고 있다. 11학년에서 9학년으로 또 학사징계로 계속 위협에 노출되며 지내온 학생이었던 래리가 정확하게 생각하고 논리적으로 주장하는 놀라운 능력을 보인다(상자 8.2 참조).

흑인영어가 대다수의 미국인 사이에서 낮게 평가되고 있는 것과 흑인영어를 사용하는 자들이 특수한 환경에서 사회적으로 더욱 용인되는 방언을 사용하는 자들과 비교할 때 불리하다는 사실은 별개의 것이다. 그러나 흑인영어가 어휘나 문체가 빈약함은 물론 구조에 있어서도 불량한 말이라는 주장도 또 하나의 별개의 것이다. 후자는 전혀 진실이 아니다.

그럼에도 불구하고 흑인영어가 존재하고 사용되는 것에 대한 사회적 교육적 함축된 의미는 앞으로 지역적인 관심은 물론 국가적 관심이 될 것이다. 이러한 의미는 논쟁을 부를 수 있다. 가장 최근의 경우는 1996년 12월 18일에 만장일치로 통과시킨 오크랜드 (캘리포니아) 교육청의 안건이다.

이 결의의 "전제조건"은 "상당수의 유효한 학문적 연구는 아프리카 민족이 소유하는 문화와 역사의 일부로서 아프리카출신 미국학생들이 '에보닉스'(Ebonics, 문자 그대로는 '흑인소리')라고 하는 언어를 사용한다는 사실을 밝히고 있다"와 "이러한 학술적 연구들은 또한 아프리카 언어 체계들이 혈통적으로 기초하고 있으며 [에보닉스가] 하나의 영어방언이 아닌 사실도 밝히고 있다." 따라서 (무엇보다도) "그녀의 스태프와 함께 장학사는 '에보닉스' [혹은] '아프리카 언어체계'로 알려져 있건 간에 그런 언어의 합법성과 풍요로움을 유지하는 복합적 목적에 부합하는 아프리카 출신 학생들이 그들의 언어로 교육받을 수 있게 가장 훌륭한 교육프로그램을 즉시 고안하고 실시해야만 할 것이다 … 또한 그 학생들의 영어구사력을 향상시키고 통달하게 해야 한다 … "

**상자 8.2 실제 경우의 흑인영어: 15세 아이의 말**

면담자: 죽은 후에 무슨 일이 일어나니? 너 알아?

래리: 그럼, 알아.

면담자: 무어라고?

래리: 땅에 묻은 후에 너의 몸이 뼈로 변해, 염병.

면담자: 네 영혼은 어떻게 돼?

래리: 죽으면, 곧 영혼이 떠나게 되지.

면담자: 영혼이 어디로 가니?

래리: 음, 경우에 따라 다르지 …

면담자: 어떤 경우에 따라?

래리: 알잖아, 사람들이 말하기를 만일 네가 선하다면 염병, 네 영혼은 천당행이고, 만일 네가 악하다면 네 영혼은 지옥행이야. 음, 제기랄. 네가 선하건 악하건 네 영혼은 좌우간 지옥행이야.

면담자: 왜?

래리: 왜냐고? 이유를 말해주지. 왜냐하면 아무도 정말 이것이 신(神)인지

모르는 거야. 왜냐하면 말하려는 것은 내가 검정 신, 핑크빛 신, 하얀 신, 모든 색깔의 신을 보았거든 그렇지만 아무도 이것이 신인지 모른단 말이야. 사람들이 말하기를 네가 선하다고 하면 네가 천당에 간다는 것은 정말 개똥같은 말이지. 왜냐하면 너는 천당에 가지 않기 때문이고 또 네가 갈 천당이 아니기 때문이야.

면담자: 그렇다면 만일 천당이 없으니 어떻게 지옥이 있겠어?

래리: 그렇지 내가 뜻하는 바는. 자 들어봐 그것은 지옥이 아니야 왜냐하면 바로 여기가 지옥이기 때문이야 알아!

면담자: 이곳이 지옥이야?

래리: 그럼, 여기가 바로 지옥이야.

면담자: … 그러나 방금 신이 있다고 했잖아, 그는 무슨 색이야? 흰색이야 검정색이야?

래리: 음, 만일 신이 있다면 … 나는 무슨 색인지 몰라, 말할 수 없지,—어떤 이도 신이 무슨 색인지 혹은 정말 어떤 색일지 말할 수 없어.

면담자: 그렇지만 그냥 신이 있다고 가정해봐—

래리: 사람들이 말하지 않으면 …

면담자: 아냐, 나는 그냥 신이 있다고 가정해 보라는 거야, 그가 흰색이야 검정색이야?

래리: … 신은 아마도 흰색일걸, 저런.

면담자: 왜?

래리: 왜냐구? 이유를 말하지. 여기 사는 평균 백인들은 모든 것을 다 지니고 있어, 찾아봐. 그리고 깜둥이들은 개똥도 갖고 살지 못하지, 알아? 알기나 해? 그래서, 그으런 일이 벌어진다는 것은, 알아, 그런 개판이 벌어지게 하는 검정 신(神)은 없다는 것이야.

윌리엄 라보브, "*비표준영어의 논리*" (1970), 12–15

해결안의 어떤 부분은 옳지 않다 (언어체계가 혈통적으로 기초하고 있다는 부분), 그리고 사람들에게 오해의 소지가 있다 (오클랜드 통합 교육청은 아프리카출신 미국학생들을 교육하는데 에보닉스를 교육의 언어로써 사용하여 여러 과목을 지도할 수 [혹은 해야만] 하는 프로그램을 실행하라는 부분). 하워드(Howard) 대학교 문리과대학원장은 자신이 아프리카 출신의 미국인인데 다음과 같이 말하고 있었다. "표준영어를 구사하고 쓸 줄 모르는 아프리카 출신 미국학생들을 졸업시키는 일은 범죄에 해당한다."

에보닉스 문제를 여기서 모두 다 전개할 수 없어 줄이는 것이 필요하다. 그러나 다음의 요점을 적어보는 것은 도움이 될 것이다: (1) 소위 에보닉스가 영어의 한 변종이라는 것은 의문의 여지가 없다. 특히 흑인영어(AAE: African American English)의 일종이다; (2) 아프리카 출신 미국학생들이 표준영어를 구사할 수 있게 도와주지 않는 것은 사회경제적으로 냉대하는 일이다; (3) 표준영어를 배우는데 도움이 될 수 있다면 에보닉스를 사용하는 학생들과 어느 정도 에보닉스를 사용하는 것이 도움이 될 수 있다; (4) 하나 이상의 언어나 방언을 구사할 수 있는 것은 가치 있는 일이다.

**화술가** (Men-of-words)

화술과 웅변의 전통이 미주 흑인들 사이에서 아주 오래된 것이지만 그들의 화술과 그에 따르는 다양한 장르에 대한 적절한 연구들은 상대적으로 최근의 일이다. 미주 흑인들의 화술에 관해서 통찰력 있는 논문들을 많이 써온 한 학자가 아브라함스(Roger D. Abrahams)이다. 아브라함스가 기억하는 1950년대 후반의 거리 행위예술가는 매우 훌륭한 이야기꾼이어서 그들의 재주를 인정할 수 있고 그들을 지칭하는 하나의 용어가 있어야 한다고 생각했다. 아브라함스는 그들을 화술가(men-of-words)라고 불렀다.

원래 아브라함스는 미합중국의 도회지 지역에서만 이러한 화술가가 있는 것으로 믿고 있었다. 1960년대와 1970년대 미국남부와 네비스 섬(Nevis), 세인트 킷츠 섬(St. Kitts), 세인트 빈센트 섬(St. Vincent), 서인도의 토바고(Tobago) 지역사회에서 현장조사를 하면서 화술가들이 대부분의 미주 흑인 공동체 사회에서 발견된다고 믿게 된다.

아브라함스가 논의하여 예시하는 아프리카출신 미국인의 화술의 장르와 문체 중에는 "상대방 모친을 욕하기 playing the dozens", "악담시합 sounding" (보통 서인도제도에서는 "rhyming"이라고 일컬음), "호평하기 good talking", "달콤하게 말하기 talking sweet", "폭넓게 말하기 broad talking", "깎아내리기 talking bad", "잡담 늘어놓기 rapping" 혹은 "악담하기 signifying" ("놀리기 giving rag", "조롱하기 making mock", "성가시게 만들기 giving fatigue"가 서인도 제도에서 쓰인다), 이야기하기(storytelling)와 농담주고 받기(gossiping)가 있다. 위의 것들과 색다른 장르가 사용되는 경우로는 크리스마스, 카니발, 철야잔치, 구애, 송별연, 혼인잔치, 명명식, 차(마시는) 모임(버라이티 쇼와 교회사교모임), 예배가 있다. 서인도제도 토착민들은 두 가지 기본적인 신호체계가 있는데—상위와 하위이고, 각기 다른 상황에 적합하다고 본다. 상위체계는 ("talking good" 혹은 "sweet") 공식적인 표준영어에 해당하고 점잖고 치장을 갖추고 있다. 하위체계는 ("talking broken", "bad" 혹은 "broad") 서인도제도 크레올을 이용한다. 이것은 애매하고 동음이의어의 재담이고; 조롱, 익살이 풍부하고 또 매우 빠른 속도의 말투로서 특징이 있다 (아브라함스 1983).

### 언어의 세계

아무도 오늘날 세계에서 얼마나 많은 언어들이 사용되는지를 정확하게 알지 못한다는 것은 놀랄만한 일이다. 제6장에서 언급한 것처럼 대략적으로 5,000개 내지 6,000개 사이에서 답이 나올 것이다. 이 숫자는 역사와 선사시대의 뒤안길로 흔적 없이 사라진 것이 틀림없는 수천의 언어를 포함하고 있고 크레올도 들어갔으나 피진은 제외한 것이다. 언어의 다양성을 측정하는데 정확성이 결여되는 몇 가지 이유가 있다. 몇 언어들은 아직도 부분적으로 탐험된 지역에서 발견될 수 있는데 특히 남미, 아프리카, 뉴기니의 열대우림에서 찾아진다. 어떠한 언어는 소멸될 지경에 처해 있고 당장 열 손가락으로 꼽을 정도 밖에 안 되는 모국어 사용자를 유지하는 언어와 심지어는 통상 쓰지도 않는 언어도 있다. 또한 방언 두 개가 서로 충분히 상이하게 분리되어 상호이해가 불가능하게 되어 독립적인 두 언어의 지위를 갖고 있는지 결정하는 것도 항상 쉽지 않다. 이러한 점에서 종종 사회문화적인 숙고가 언어학적 기준인 상호이해 가능성을 무시하게 된다. 예를 들어 체코어와 슬로바키아어는 사전과 교과서는 물론 표준어와 문학적 전통도 갖고 있는데도 불구하고 체코인과 슬로바키아인은 어떤 불편함도 없이 서로의 언어를 통해서 의사소통을 하고 있다. 만일 이 두 언어가 뉴기니의 인접한 두 마을에서 쓰이는 언어라면 의심 없이 한 언어의 두 방언으로 분류될 것임에 틀림없다. 현재 사용되는 언어들의 방언 숫자는 합계가 수만에 이를 것이다.

5,000(이상)개 언어는 각 언어가 화자의 문화세계를 기술하는데 고유한 구조나 독특한 방법을 이용하여 의사소통하는 변별적인 수단이라고 간주할 때 놀랄만한 숫자에 해당한다. 그렇지만 숫자를 놓고 볼 때 오늘날 상당수의 인구가 상대적으로 몇 안 되는 수의 언어를 사용하고 있다. 인간사의 현 시점에서 어떤 언어들의 사용자가 다른 언어 사용자들보다 더욱 성공적인데 그 이유는 정복이나, 역사적 사건 혹은 다른 조건에 기인하는 것이 명백하다. 세계의 언어를 사용하는 인구분포가 고르지 못하나 도형 8.3에 있다.

만일 국제적인 의사소통을 원활하게 하기 위한 인공언어나 보조언어의 존재를 간과한다면 자연언어만을 포함하는 위의 언어조사표는 다소 미완성임에 틀림없다. 과거 이삼 세기 동안 고안되어 온 인공언어들이 수백 개는 되지만 서너 개의 보조언어만이 인정되어 사용되고 있고 그 중 에스페란토는 벌써 100년이 넘어 가장 널리 퍼졌다. 에스페란토를 국제적 공용어로 만들려는 노력에도 불구하고 3억5천만 인구의 모국어이며 세계 10억 인구의 공용어와 반공용어의 역할을 담당하는 영어는 오늘날 거의 경쟁상대가 없는 형국이다.

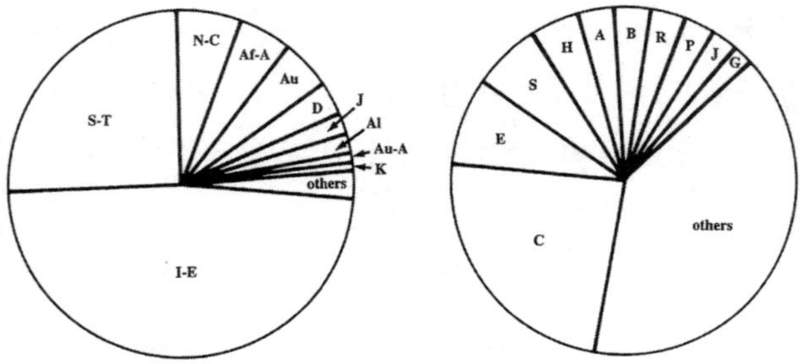


(a) (b)

**도형 8.3 세계의 언어와 그 사용자.**

(a)도표에는 상위 10개 언어군(어족)에 속하는 추정치 사용자의 분포를 보여준다. 다음 약어가 사용되었다.

I−E　인구어: 유럽에서 쓰이는 대부분의 언어인데, 몇 개는 세계 도처에서 쓰이고 어떤 것들은 인도와 서남아시아에서 쓰인다.

S−T　중국 − 티벳어: 동남아시아에서 쓰이는 다양한 티벳어, 버마어, 중국어

N−C　니제르 − 콩고어: 아프리카 서부 · 중부 · 남부에서 쓰이는 언어로 반투어도 포함한다.

Af−A　아프리카 − 아시아어: 사라진(고대)이집트어를 비롯하여 아프리카 북부와 서남아시아에서 사용되는 다양한 셈어, 버버어, 쿠쉬트어, 챠드어

A−u　오스트로네시아어: 마다가스카르부터 동쪽으로 말레이반도를 지나 하와이와 그 섬들에서 쓰이는 언어

D　드라비드어: 남부 인도와 스리랑카 일부에서 쓰이는 언어들

J　일본어: 일본어의 언어, 어떤 학자들은 알타이 어족에 오래 전에 연관되어 있다고 간주함

Al　알타이어: 터키부터 서아시아를 거쳐 시베리아에서 쓰이는 언어

Au−A　오스트로아시아어: 동남아시아(라오스, 베트남, 캄보디아)와 인도의 약간에서 쓰이는 언어

K　한국어: 양분된 두 한국에서 쓰이는 언어, 몇 학자들은 일본어와 알타이제어에 오래 전에 연관되어 있다고 간주함

Others　신대륙은 물론 유라시아, 아프리카, 호주에서 쓰이는 다양한 어족 언어들— 적어도 3,000개 이상이고, 전체 언어의 절반을 차지함

상위 10개 모국어 사용자의 추정치가 (b)도표에 내림차순으로 나온다. 다음 약어가 쓰이고 있다. C=중국어(언어, 방언 포함); E=영어; S=서어; H=힌두어; A=아랍어; B=벵갈어; R=노어; P=포어; J=일어; G=독어; 기타 언어는 5,000내지 6,000개의 세계 언어이다.

상위 10개의 공용어들은 반 공용어로 내림차순으로 쓰면 :영어, 중국어, 힌두어, 서어, 노어, 불어, 아랍어, 포어, 말레이어(인도네시아 포함), 벵갈어.

통계는 크리스탈의 *캠브리지 언어 백과사전*(Cambridge, UK:Cambridge University Press,1991)에서 나왔다.

## 위기에 처한 언어들과 언어의 사멸

현재 1,500여종 이상의 동식물이 사라질 위기에 처해있고 적어도 심각한 위험에 닿아 있으며 미국과 다른 여러 나라에 사는 사람들은 이러한 사실을 대중매체를 통해 종종 들어왔다. 그렇지만 한편 지구상에 있는 언어 중 상당수가 유사한 위험에 처해있으며 더욱 빠른 속도로 사멸하고 있다는 사실을 아는 사람은 거의 없다. 데이빗 크리스탈(2000:14-15)이 제공한 최근 통계를 살펴보면 세상에 존재하는 언어 중 96%가 세계인구의 4%에 해당하는 사용자가 쓰고 있고 1,500개 이상의 언어가 단지 기껏해야 1,000명의 사용자가 있다. 크리스탈이 21세기에는 한달에 평균 2개의 언어가 사라질 위기에 놓여 있다고 추정할 때 통계치는 점점 놀랄만한 것이다. 즉, 언어가 사라진다는 것은 더 이상 모국어 사용자가 없다는 말이다. 오늘날 세계에 사용되는 6,000여개 (이 책을 읽는 순간에도 수십 개의 언어가 사라진다는 것을 기억하라)이상의 언어 중 단지 약 600여개의 언어가 "안전"하다고 간주되며 그 뜻은 해당언어의 사용자의 수가 상당하여 적어도 "결정적인 수준의 언중"(critical mass)으로 남아 있다는 말이다. (이론적으로 매우 적은 수의 인구를 지닌 사회가 가능하다면 조그만 사회를 둘러싼 거대사회에서 유리되어 그들의 언어를 유지할 수도 있다; 그러나 그러한 격리는 점점 불가능하고 만일 뉴기니와 아마존 유역에 그러한 사회가 아직 있다하더라도 그들의 고립은 얼마 지속되지 못할 것이다.)

왜 언어가 사멸하는가? 과거엔 상당히 보편적 이유로서 저항력이 없는 돌림병에 소규모 사회가 생존할 수 없었다는 것과 전쟁이나 지진, 홍수, 화산분출, 기근 등 자연재난에 의해 멸종되었다. 20세기에 와서 가장 흔한 이유는 부족국가 형태를 둘러싸고 있는 거대 민족국가들의 경제적 문화적 영향이었다. 전통적인 섭생의 방법으로 생존이 불가능해진 소규모 사회의 구성원들은 주류사회에 의존하게 되고 주류사회의 언어로 의사소통을 위해 그 언어를 반드시 배워야 한다. 흔히 소규모 사회의 구성원이 양쪽 언어를 모두 구사하는 이중 언어 사용 기간이 있다. 그러나 많은 경우 이런 이중 언어사용 양상은 오래가지 못하고 다음 세대에는 주류사회의 언어를 사용하는 단일 언어사용자가 된다.

위의 내용이 미합중국에서 벌어진 많은 미주토착민의 언어가 처한 경우이었다. 예를 들어, 19세기 후반 및 20세기 초반 서부 인디언 보호구역 내 토착민의 아이들에게 영어를 가르치려는 적극적인 노력이 공립학교와 기독교학교에서 있었다. 학교당국은 아이들이 만일 깜박하여 토착어로 이야기하면 주말에 부모와 함께 보내지 못하게 벌주었다. 100년이 채 못 되어 상황은 실제로 역전되었다: 미합중국 정부는 사라질 위험에 처해있는 언어를 보존하기 위해 재정적으로 지원해 왔다. 불행하게도 대부분의 경우 언어의 사멸은 만일 가능하다면 한 세대를 늦추는 정도에 그칠 것이다.

"[만일 언어가 없어지면] 무슨 상관이랴?" 하고 크리스탈은 묻는다. 크리스탈은 그의 저서(2000:27-67)에서 왜 우리가 관심을 가져야 하는지 5가지 이유를 논의하면서 한 장의 지면을 할애하고 있다; 왜냐하면 우리의 전통적 문화유산을 지키기 위해서 다양성이 필요하고; 언어는 민족정체성의 주된 상징이며; 기록이 있건 없건 언어는 역사의 보고이고; 언어는 인간의 지식에 보탬이 되고; 언어 자체로서 매혹적이기 때문이다. 현장조사자가 관찰한 대로 "소규모의 문화와 언어를 보존하려고 노력하는 일은 역사의 흙투성이 속에서 종국을 맞이하기 전에 우리를 인간으로 만드는 가장 고귀한 것을 보존하는 투쟁이 될 수도 있다"(크리스탈 2000:67에서 인용). 그리고 소규모 부족의 언어를 보존하는 일에 헌신한 엠아이티(MIT) 공대의 언어학자 케네스 헤일은 "언어 하나를 잃어버릴 때 마치 박물관에 폭탄을 투척하는 것과 같다"고 일전에 말했다.

## 종합과 결론

수백 언어군(어족)으로 나눌 수 있는 5~6천 개의 언어를 지금 사용하고 있음에도 불구하고 막대한 다수는 인도 · 유럽어를 필두로 하는 여남은 어족에 속하는 언어들을 사용한다. 영어와 다양한 유럽어들이 세계에 퍼진 것은 15세기 중엽 발견의 시대(the Age of Discovery) 초기로 본다.

모국어로서 영어를 쓰는 대부분의 미국인들처럼 한 언어에만 능통한 것은 전세계에 흔한 일이 아니다. 수억의 인구가 몇 개의 언어 혹은 언어변종을 사용할 수 있고 즉, 그들은 다언어 사용자이거나 양층언어현상에 익숙하다. 매우 다양한 언어 중에 피진은 특별한 위치를 점한다. 의사소통의 수단으로 구조적이고 효율적임에도 피진의 어휘는 제한되어 있다. 왜냐하면 피진은 만개한 언어들이 보이는 광범위한 기능 수행을 요구받지 않기 때문이다.

많은 사람들이 언어 하나만 사용해도 그들은 능동적으로 혹은 적어도 수동적으로 그 언어의 여러 방언들과 말투를 알고 있다. 약간씩이나마 그들 자신의 말투는 다른 사람들과 구별된다. 모든 언어 사용자는 개인적인 말투(idiolects)를 갖고 있다. 미합중국에서 쓰이는 영어의 한 형태는 흑인사투리인데 주로 대도시 중신의 빈민가에서 흑인들이 쓰고 있다. 결함이 있다거나 사용자가 어법의 혜택을 받지 못한 것이 아니라 영어의 다른 변종들과 관계있으나 독특한 지위를 지니고 있고 매우 표현력이 풍부한 자신만의 구조를 갖는다. 흑인사투리에 붙어 있는 오명은 잘못이다. 왜냐하면 사용하는 흑인들의 낮은 사회 · 경제적 지위와 그들의 말을 혼동하기 때문이고 차별에 지나지 않는 편견을 키우는 무지함의 좋은 예이다.

오늘날 세상에서 쓰이는 언어의 숫자는 빠른 속도로 줄고 있다. 어떤 예측에 따르면 6,000여개의 언어 중 단지 600개가 21세기를 지나면서 사라질 위험으로부터 안전하다는 것이다. 적은 수의 인구를 지닌 사회가 사용하는 언어가 사라지는 주요 원인으로는 생존하기 위해서 적은 수의 부족들은 둘러싸고 있는 민족국가로부터 경제적 문화적 영향력에 적응해야만 하고 생명유지에 필요한 적응과정 중 하나가 주류사회의 언어를 사용하는 일이다.

### 일러두기와 앞으로 독자를 위한 제언

이로코이(Iroquois) 언어들의 상호이해 가능성을 가늠할 수 있는 방법은 히컬슨(Hickerson), 터너(Turner), 히컬슨(Hickerson) 1952년 논문에 기록되어 있다. 양층언어현상(Diglossia)이라는 용어는 훠거슨(Ferguson 1959)에 의해서 만들어졌다.

피진이라는 단어의 기원은 보통 영어 단어 비지니스(business)의 중국어 발음을 잘못하여 된 것이라는 통념이 있음에도 불구하고 확실하지 않다. 최근 조사에서 세계에 100개 넘는 피진과 크레올이 있다고 확인되고 있으며 몇 개는 사멸하였다. 많은 피진이 기록도 없이 사라졌고 과거의 크레올도 더 이상 확인할 수 없으니 이 숫자는 신중하게 추측한 결과이다.

피진과 크레올을 연구하기 위한 최근의 출중한 안내서는 로메인(Romaine 1988)이고 피진에 관한 간략하고 더 대중적인 소개서는 홀(Hall 1959)이며, 피진과 크레올의 이론과 구조는 홀름(Holm 1988)의 주제이다. 피진과 크레올 연구의 1970년대 중반까지 조사는 참고목록을 포함한 비컬튼(Bickerton 1976)이고 최신판은 조르단(Jourdan 1991)을 보면 된다. 간략하고 좀더 평이하게 쓰인 크레올에 관한 논문은 비컬튼(Bickerton 1983)을 보라. 비컬튼의 생물학적프로그램(bioprogram) 가설을 부분적으로 부정하고 있고 비판적 견해는 뮬해우저(Mühlhäuser 1986)와 로메인(Romaine 1988)에서 볼 수 있다.

톡피진(Tok Pisin)의 예는 울포드(Wollford 1979)에서 짧은 텍스트는 토드(Todd 1984:65)에서 나왔다.

흑인영어에 관한 내용은 버르링(Burling 1973)에서 집중적으로 의존하고 있다. 흑인사투리와 표준영어를 비교하면서 언어학자들은 전문적인 언어학의 의미로 입각하여 *결핍된* 혹은 *빈약한* 이라는 표현을 사용하곤 하는데 부정적인 의미를 함축하는 것으로서 받아들일 수 없다. 고대 영어에서 현재까지 영어굴절의 역사적 특징을 나타내는 것이 약화(weakening)이고 탈락(loses)이다. 아무도 약화되고 탈락된 근대영어가 형편없다고 주장해온 적이 없다. 미주 흑인영어에에 관한 문헌을 찾아보거나 기원과 관련된 여러 화제를 찾으려면 모건(Morgan 1944)을 보고, 에보닉스 문제는 필스(Fields 1977)를 보라.

## 토의문제

1. 집에서 비공식적으로 사용할 때 아래 물건을 나타내는 단어로 상이한 단어를 씁니까?

baby carriage
cottage cheese
doughnut
dragonfly
dry streambed
earthworm (fishermen' s term)
pancake
trough along the eaves to catch and carry off rainwater

2. 미국영어의 지역 방언에 따라 발음상 차이는 미국인들의 이동습성 때문이고 약화이다, 그 차이는 아직도 있다. 다음 단어들을 적어 각 지역에서 온 개인들에게 발음하도록 청하라. (당신의 발음이 조사대상자에게 영향을 줄 수 있으므

로 발음하지 마시오.)

| | | |
|---|---|---|
| apple | greasy | merry |
| aunt | half | soot |
| bird | house | third |
| caught | laugh | which |
| cot | marry | witch |
| envelope | Mary | with |

# 9. 사회적 맥락 속의 언어

한 민족의 말에 성격을 부여하는 변화의 정도는 각 사회마다 차이가 있다. 매우 격리된 지역에 거주하는 소규모로 잘 짜여진 부족집단의 구성원이 사용하는 말은 넓은 지역에 분포하는 (인구)조밀한 사회의 시민들이 쓰는 말에 비해 차이가 덜하다. 그러나 말에 나타나는 것이 지역적 차이만은 아니다. 말에 나타나는 변화는 종교, 사회경제적 배경, 교육, 성별, 다른 요인에 의존할 수 있다. 이 장에서는 말 혹은 언어와 사회간에 존재하는 관계를 강조하려 한다. 우리는 여기서 언어와 문화간의 관계가 아니라—좀더 상세하게 세계관과 한 민족의 보편가치가 아닌—언어와 사회—즉, 공통적인 사회의 틀 내에 개인과 집단을 각기 서로 이어주고 분리하는 연결고리와 그물망을 말한다—에 관심을 둔다. 사회와 언어간의 관계가 지닌 다양한 면을 연구하는 언어학의 분과가 사회언어학(sociolinguistics)이다. 수잔 필립스는 사회언어학을 간략하면서도 적절하게 정의하고 있다. "한 개인의 말이 사회정보를 전달하는 방법들을 연구하는 것"이라고 한다(Philips 1980:523).

말은 한 사회가 기능하는데 필수적인 윤활류이기 때문에 말의 차이는 훌륭한 지표이고 종종 사회적 변별력을 이끌어내기도 한다. 사회적 변별력은 인도나 나이지리아 같은 다종족 국가에 특히 두드러지게 나타나는 경향이 있다. 그곳에서 상이한 언어변종 중 하나가 사용된다. (전에 버마였던) 미얀마 고지대의 카친(Kachins) 부족의 사회구조를 기술하면서 리치(E. R. Leach 1954:49)는 "한 남자가 다른 언어도 있는데 하나의 언어를 사용하는 것은 하나의 제식행위이기 때문에 개인의 지위를 밝히는 일이 된다. 이웃과 동일한 언어를 사용하면서 동질성, 유대감을 표시하고, 이웃과 상이한 언어를 사용하면서 사회적 거리감이나 심지어 적개심을 나타낸다"라고 관찰하고 있다. 간단히 말해서 언어와 말투(styles of speech)는 종족과 사회적 동일성의 두드러진 표상이고 인류학자나 다른 사회과학자들은 이런 것들을 신중히 고려해야만 한다.

### 금기어, 공손(하게 말)하기, 경어법

*터부*(로마자로 쓰면 taboo, tabu로 표기하기도 함)라는 용어는 제임스 쿡선장이 처음 1777년 그의 일기에 사용하였다. 그는 폴리네시아 말인 통가(Tonga)어를 사용하는 사람에게서 그 단어를 들었다. 그 단어는 원래 인물, (말을 포함한) 행위, 사물들이 금지된 경우를 일컬었다. 영어로 차용된 후에 '위험하다'와 '성스럽다'라는 의미 위에 '도덕과 고상한 취미라는 기초 위에 사회적 관습으로 피하거나 금지된'이라는 뜻을 갖게 되었다. 여기에서 우리의 관심사는 터부어로 불리는 것의 예가 어떤 것인가에 있다.

어떤 말이 터부인가에 관한 주제는 문화에 따라 다양하다. 전세계에 걸쳐서도 또 특히 북미에서도 역시 죽은 이의 이름을 언급하는 것은 피하거나 금하게 되어 있다. (오래건 동부, 네바다 서부, 캘리포니아 북동부에 걸쳐 살고 있는 토착민 부족 중) 북 파이유트(Paiute) 부족에게는 죽은 자의 이름을 언급하는 것은 영원히 금지되는 일이다. (캐나다 남서부에 거주하는) 캐리어(Carriers) 부족에서는 한 세대가 지나는 동안에는 금지되고, (캘리포니아 북동부에 거주하는) 마이두(Maidu) 부족에게는 약 일년간 금지되고, (현재 오크라호마에 거주하는) 파우니(Pawnees) 부족에게는 애도기간 중에만 금지된다. 이러한 죽은 이의 이름을 금기시했던(아직도 하는) 것은 정보제공자에 따르면 죽은 자를 존경하거나 겁내는 것에 기인한다고 한다. 결과적으로 죽은 자의 이름을 써서는 안 되는 금기를 어긴 것은 벌 받아야 마땅한 공격적인 행위로 간주되었다. 어떤 경우에는 이름을 피하는 문제를 매우 심각하게 받아들여서 우연히 죽은 이의 이름을 산 자가 갖게 되면 [살아 있는] 그는 이름을 바꿀 것으로 기대되었다(왈라파이(Walapai) 부족, 와소(Washo) 부족, 벨라벨라(Bella Bella) 부족 등도 그렇다). 그리고 다른 토착민 부족(누트카(Nootka), 위쉬램(Wishram), 후파(Hupa), 메스카렐로 아파치(Mescalero Apache) 부족 등)에게는 죽은 이의 이름과 같거나 유사한 보통 단어들도 일상적으로 사용이 금해졌다.

슬라브 어에서 **곰**(bear)에 해당하는 단어는 고대 인구어의 동물에 해당하는 단어에서 발전해온 낱말을 완곡하게 대치하는 낱말이고, 재구하면 * tko – 이다 (규칙적인 단어형성이 그리스어에서는 [arktos]로 라틴어에서는 [ursus]로 발전했다). 예를 들어 체코어에서는 *곰*에 해당하는 단어가 ***medvěd*** '꿀 (훔쳐)먹는 동물' 이라는 말인데, 러시아어(*medved'*)와 다른 슬라브어에서도 같다. 명백하게도 슬라브어를 사용했던 고대인들은 곰의 마력이 나타날까 두려워 곰이라는 이름을 큰 소리로 부르기를 겁냈다. 영어와 독어에서 *곰*에 해당하는 단어는 '갈색' 이라는 뜻을 지닌 오래된 단어에서 도출되었다. 독일계 민족들은 존경과 두려움으로 곰을 간접적으로 불렀는데 "갈색 그것(동물) the brown one" 이라고 불렀다.

세월을 두고 한 언어에 속한 어휘도 변화를 겪는다. 금기에 해당하는 단어들은 영구히 혹은 일정 기간동안 사라지고 완곡어법이 그 금기어를 채운다. 종종 이런 경우의 예가 선사시대에 사람들에게 중요한 그 무엇이 있었다는 믿음에 관한 정보를 인류학자들에게 제공한다—곰에 해당하는 단어는 적절한 예이다. 그러나 오늘날까지도 금기어가 있다. 우선 욕설을 피하기 위한 것으로: *자지*(cock 남성性器)에 해당하는 단어를 *수탉*(rooster), *엉덩이*—여성의 음부—(ass)에 해당하는 단어는 *당나귀*(donkey), *지옥*(hell)에 해당하는 단어는 *지옥*(heck, hell의 완곡어)로 *염병할*(shit)에 해당하는 단어는 *아이쿠*(shoot; shit의 완곡어)로 바꿔 쓴다.

또한 욕도 있다—성스러운 이름의 불경스러운 사용과 외설스러운 말, 소위 4자로 된 영어단어도 있다. 복잡한 근대사회 내에서 그러한 욕설은 통상 모든 사회구성원이 모든 상황에서 금기로 간주하지는 않는다. 특히 미합중국의 중류층 대부분은 욕설을 피하는 경향이 있다. 특히, 공식적이거나 남녀가 합석한 자리에서는 그러나 남자만 참가한 야영이나 총각파티 같은 행사에서는 모든 금지사항이 사라지는 경향이 있다. 일반적으로 외설스럽거나 금기로 간주되는 영어단어의 수가 빠르게 감소하고 있다. 로렌스(D.H. Lawrence)의 악명 높은 챠터레이부인의 연인 (Lady Chatterley' s Lover) 경우, 처음에는 피렌체에서 1928년 출판되었는데, 미합중국에서 구입이 가능하기까지 거의 30년이 걸렸다. 그렇지만 과거 수십 년 동안 그 소설에 사용된 모욕적인 단어들은 수백만이 능동적으로 사용하는 단어의 일부가 됨은 물론 모든 이에게 수동적으로 쓰이는 단어들의 일부가 되었다. 그리고 그 용어들은 오늘날 좀더 규모가 큰 사전에 모두 등재되어 있다. 처음에는 간간이 쓰이는 금기어가 후에 자주 쓰이면서 금기성질이 줄어든다. 이러한 금기어가 더 이상 단속되지 않으면 과거 금기어의 사용은 단순히 취향이나 말씨의 문제로 바뀐다.

과거 수십 년 동안 여러 개의 연구가 언어에서 공손함이 어떻게 표시되는지 누가 누구에게 공손한지 왜 그러한지에 관해서 초점을 맞추었다. 이제껏 수행돼온 몇 연구는 여자가 남자보다 더욱 공손하나 물론 예외도 있다는 것을 밝히고 있다: 마다가스카르의 말라가시 부족에는 여자의 말투가 급하고 직설적이고, 문화적 기준을—비대결적이며 자신을 낮추는—깨뜨리는 것이 특징이고 대조적으로 남자는 조심스럽고 점잖게 말하도록 노력하고 남자들의 웅변적인 말투, 시적인 말솜씨가 높게 평가받는다.

공손함에 관한 연구에 흥미가 유발되는 좋은 이유는 검퍼스(John J. Gumperz)가 공손함 연구에 바쳐진 한 연구서에 붙인 서문에서 다음과 같이 요약하고 있다: "공손함은 사회질서를 만드는 기초이고 인간협동의 선행조건이며 따라서 동시에 이러한 현상에 이해를 넓히는 어떤 이론도 인간의 사회생활의 기초로 돌아가게 된다." (브라운과 레빈슨 1987:xiii) 주어진 맥락에서 무엇이 공손하고 무엇이 공손하지 않는가 또 어떤 말로 하는 공손함의 형태는 사회마다 언어마다 다양한가? 어떤 화자는 직접적인 말투("문을 닫아주시겠어요?")를 선호하고; 어떤 화자는 간접적인 말투("여기 조금씩 추워지는군, 안 그래요?")를 선호한다. 페네로프 브라운과 스티븐 레빈슨의 기여는 여러 언어와 문화에 걸친 보편적인 자질들을 찾으려 애썼다는 것이다. 예를 들어, 그들은 상이한 언어들의 용례에 대응하는 표현들이 어떻게 자존심과 존엄성에 관한 가정에서 도출되었는지(체면, "그는 체면 깎일까 두려워한다")를 보여주고자 시도했다. 또 그들은 공손함의 세 가지 주요 전략을 구별하고 있다: 일체성의 표현을 위한 긍정적인 공손함, 통제를 표하기 위한 부정적인 공손함, 애매모호함과 (부정을 포함한) 협상을 위한 비공식적 (off-record) 공손함이 있다. 이러한 전략의 묶음들이 화자와 청자 사이의 관계에 연관되어 있다. 긍정적인 공손함의 예 중에는 내부집단 소속임을 확인하는 언어사용이 있는데 ("이 가방 좀 들어주게, 그래줘, 친구야") 혹은 긍정적인 표현("자, 나는 자네 타자기를 빌려도 괘념치 않을 것으로 확신하네")이 있다. 부정적인 공손함은 질문이나 빠질 구멍을 염두에 둔 언변("부탁 들어주겠어, 그렇지" Do me a favor, will you?)이나 혹은 사과("내가 방해하고 싶지 않으나, …" I don't want to bother you, but … )—이런 방식으로 구사된 요청은 대화상대방이 협조를 회피할 수 있기 쉽게 만든다. 비공식적인 공손한 말투를 모순과 애매함으로 꼬집어서 사용할 수 있다("누군가 너무 많이 마신 것 같아"). 다른 언어에서 해당되는 예를 보여주기 위해서 저자들은 (멕시코 치아파스 지역에서 사용되는) 젤딸(Tzeltal)어와 (남부 인도와 스리랑카에서 사용되는) 타밀어를 들고 있다.

"체면 살리기 접근법"이 보편적으로 적용이 가능한 지에 관한 것은 브라운과 레빈슨이 지녀왔던 질문으로 계속 되었다. 그렇다면 공손함과 (체면)유지는 상당부분 문화를 넘어서도 동일하고 또 둘 사이의 관계는 겉으로 보기보다는 매우 덜 복잡하다. 나이와 성별 같은 요소들은 모든 사회에서 동일하게 무게가 나가지 않는다는 것과 종종 동일한 사회 내에서도 구성원들 사이에 동일한 중요성을 지니지 않는다는 것도 인정되어 왔다. 예를 들어 나이는 미합중국보다 아시아 여러 나라들에서 더 중요하고 미국 내에서는 젊은이들보다 나이든 사람들이 여성에게 더욱 존경과 예의를 갖춘다. 그리고 끝으로 브라운과 레빈슨이 제공한 예는 삽입된 담화(맥락)에서 분리된 독립적 언행이고 저자의 이론은 따라서 구체적인 상황에 사용되는 전략보다는 (연구대상의) 도구목록이다.

공손함—즉, 고려, 예의, 재치—은 나이와 사회적 지위에 관계없이 많은 사회에 속하는 모든 구성원들 사이에 기대되는 것이다. *존경*(deference)이라는 용어는 더욱 완곡하게 쓰이는데: 나이와 사회적 지위의 높음으로 인한 알맞은 사람에게 더해지는 경외감을 일컫는다. *존대법*(honorific)이라는 용어는 청자나 상대방에게 존경을 표하기 위해서 사용되는 언어학적인 형식을 말한다. 따라서 존대법은 문화적으로 요구되는 청자나 상대방을 위한 존경심을 표하는 용어이다. 존대법은 모든 언어에서 쓰이지는 않으나 특히 아시아 언어—예를 들어, 타이어, 일본어, 한국어—에서 발달되어 있다. 가장 기초적이고 널리 퍼져 있는 존대법의 형태가 인사말에 나타난다. 영어에서는 씨, 부인, 양, 선생님(*Mr., Mrs., Ms., Doctor*)과 추기경에 대한 존대로 *예하*(Your Eminence)와, 성직자에 대한 존대로 신부님(*Reverend Father*)과, 판사에 대한 존대로 *각하* (Your Honor)와, 외국인 여자대사에 대한 존대로 여대사님(*Madame Ambassador*) 등이 있다.

일본어는 존경어가 매우 발달한 좋은 예이다. 이름을 부를 때 이름에 상(さん '씨')을 붙인다. 스즈끼상 혹은 스즈끼 지로상(지로가 이름인 경우)으로 사용한다. 사마(－さま)로 표시되는 공식적이고 존경을 더하는 표현이 있고, 아이들의 이름에 애정의 표현으로 종종 붙는 것이 짱(－ちゃん)이고, 선생님이나 의사나 정치가나 어떤 직업에 속하는 구성원에게 센세이(－せんせい '선생님')를 붙여서 표시한다.

다양한 인칭대명사가 일본어에서 쓰이는데 어떤 것은 남녀 모두 사용하고 어떤 것은 남자만 사용한다. 예를 들어 이인칭 대명사는 아나타(あなた '당신, 너'—정중한 표준형으로 높은 사람에게는 사용하지 않는다), 비공식적인 안타(あん

た), 매우 공식적이고 공손한 형태인 소찌라(そちら), (남자가 같거나 낮은 지위의 다른 남자에게 쓰는) 기미(きみ '君'), (경멸적인) 기사마(きさま) 등이 있다. 일본어에서 어떤 이를 높이기 위해서는 가장 적절한 존대법을 사용함은 물론 자신이 매우 중요하지 않다는 것을 밝힘으로써 상대방을 높이는 겸양법을 사용한다.

여기 방금 기술한 것은 일어의 존대법에 대한 간략한 소개이다. 존대법의 모든 체계는 매우 복잡해서 심지어 일본인들조차 종종 적절한 형태를 쓰는 것이 힘들 정도이다. 부분적으로는 화자가 순간적으로 상대방과 관계설정을 세울 준비가 항상 되어 있는 것이 아니기 때문이고 또 화자의 지위가 살면서 변하고 또 상대방도 마찬가지이다. 끝으로 젊은이들의 말투에는 부모나 조부모의 말투보다 훨씬 더 존경심을 표시하지 않는 경향이 모든 곳에서 보인다.

말에 외경과 존경심이 어떻게 나타나는지에 대한 간략하고 일반적인 토의 후에 심지어 간단한 말을 하기 전에도 자바(Java)인들이 고려해야만 하는 대화와 인사법 외 많은 요소들을 자세히 살펴보자.

### 호칭과 인사말 형태

앞장에서 본 것처럼 어떤 언어에서는 개인의 사회적 지위가 인칭대명사나 동사꼴 혹은 양쪽 모두를 사용하여 표시된다. 그렇지만 어떤 언어에서는 개인의 사회적 지위가 그 사람이 다른 사람들과 직접 의사소통 할 때 사용되는 호칭이나 인사말에서 나타나기도 한다.

*호칭의 형태*(form of address)라는 용어는 불려지거나 글을 받는 어떤 사람을 일컫는 단어나 단어들을 지칭한다. 대부분의 경우에 미국영어를 사용하는 사람들은 서로 이름, (지위) 직함과 가족명, 혹은 친족어휘로 서로를 부른다. 이름을 사용하는 경우는 "빌, 이리 와서 우리와 합석하자" 또 직함과 가족 이름을 부르는 경우는 "스미스선생님, 다음 신체검사가 언제입니까?"나 "브라운부인,

내가 없는 동안 누가 전화하지 않았어요?" 같은 예가 있고, 친족어휘로는 "어머니, 저녁으로 무엇을 먹나요?" 따위가 있다. 호칭의 형태는 종종 생략된다. 특히 가까운 친구나 친척 사이에서 ("바가지 긁지 마, 알았어?") 혹은 낯선 이에게 말할 때 (옆자리에 앉은 비행기 승객에게 말할 때 "모두 보신 후에 제가 그 잡지를 봐도 될까요?") 그렇다.

일반적으로 이름 부르는 호칭은 두 사람이 비슷한 나이거나 사회적 지위가 비슷하면 미국영어 사용자들 사이에서 서로 쓰인다. 직함과 가족이름 형태는 공식적인 사이인 경우에 특징적으로 보인다. 상호 동등하지 못한 유형, 즉 어떤 이가 이름을 부르는데 반해 상대방은 직함과 성을 부르는 경우는 나이나 직업상의 지위가 매우 차이를 보이는 경우다. 그러나 이러한 일반적인 규칙에서 일탈하는 경우는 개인적이나 지역적인 상황에서 보인다.

사회에 계층이 존재하지 않기 때문에 모든 시민이 동등하다고 하는 국가 내에서도 심지어 직함이 포함된 호칭의 형태는 그 중요성을 유지한다. 동무(comrade)라는 용어는 공산당 당원에게 뿐만 아니라 노동조합원이나 다른 조직원에게도 부분적으로 적용되는데 빈번하게 부서 내 위계를 나타내는 직함이(의장동무, 부장동무) 앞에 나온다. 어떤 나라에서는 남자의 직함이 통상적으로 아내의 호칭에도 확대되어 쓰인다. 그러나, 역은 성립하지 않는다. 예를 들어 체코에서 의사나 부장의 아내는 흔히 *paní doktorová* "의사부인" 혹은 *paní ř editelová* "부장부인"으로 불린다. 이러한 보편적인 관습은 몇 년 전에 *paní vrchní krotitelová* "사자조련 부장부인"이라는 엉뚱한 단어조합이 나올 때도 계속 사용되어 왔다. 그것은 이론상 우두머리 사자조련사의 부인이라는 것을 일컫는 말로도 쓰인다.

미합중국 같이 거대하고 민족적으로 복합민족으로 구성된 국가는 단 하나의 호칭이 경계를 넘어 쓰이지 않는다. 따라서 어떤 대상이 불려지며 어떤 상황에서 어떤 호칭이 기대되는가를 명시해야 한다. 얼바인 - 츄립(Susan Ervin-Tripp, 1969)에 따르면 "미국서부의 학교사회에서 성인 한사람"을 위한 호칭체계의 형태가 유효한 모습은 흐름도에 나타난 선택에 따라 표시될 수 있다.(도형 9.1을 보라.)

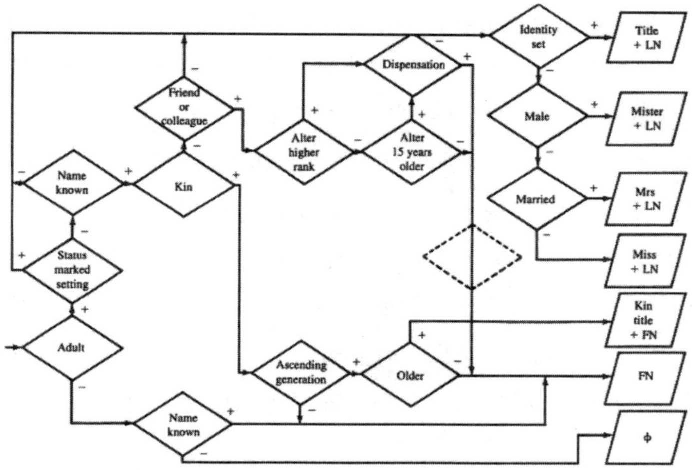


**도형 9.1 미합중국 서부에서 학문적인 공동체에 속하는 성인 구성원들이 사용하는 호칭의 형태.**

시발점은 좌측 하부에 있는 화살표이다. 마름모꼴은 조건이 맞는가 맞지 않는가에 따라 +, -로 표시한다. 예를 들어 이공동체의 교수요원은 "Dean Black 박학장님", "Mr. White 백선생님", "Ms. Brown 갈 교수" 등으로 직업명이나 전통적인 호칭명을(LN) 이름 앞에 붙이도록 기대선다. *실험 사회심리학의 진척*(Advances in Experimental Social Psychology, vol 4) 4선, 편집 레나드 버코비치(NY: Academic Press, 1969), 95중 수잔 어번-츄립 "사회언어학"에서.

흐름도에 나온 호칭의 꼴이 구성하는 체계가 다른 사람을 부르는 사고과정을 나타내는 것처럼 나와 있지 않을 것이다. 흐름도가 나타내는 것은 적절하거나 적어도 용인되는 태도로 주어진 언어공동체에서 구성원들을 부르기 위하여 고려해야 할 필요가 있는 관련정보이다. 오늘날 쓰이도록 개정된 동일한 흐름도는 가장 오른편에 있는 칸에서 Ms+LN 하나의 상자가 삽입되는데 그것은 혼인관계가 알려지지 않거나 관계없는 여자를 부를 때 쓰이는 형태이다. 대개 하나의 언어공동체 구성원들은 알아야 하는 호칭들을 잘 숙지하고 있고 그 어휘나 뜻을 생각할 필요 없이 모국어를 사용하는 것처럼 무의식적으로 사용한다. 그렇지만 말하면서 적용되는 호칭의 꼴의 다소 상습적인 모습이나 창조적으로도 파격적인 모습으로 쓰일 수 있다. 예를 들어 만일 한 남자가 성(姓)보다 자신의 이름(名)으로 불리기 좋아한다고 아주 젊은이에게 알려주려면 느닷없이 그 젊은이에게 하나의 직함과 성으로 부르면서 간접적으로 그럴 수 있다 (그 의미는 "만일 네가 나를 공식적으로 호칭하기를 주장한다면, 나는 네게 말할 때 똑같이 부르겠어" 하는 것이다). 아프리카 출신 미국인 정신과 의사 푸산트(Aliva Poussant)가 백인경찰에게 "boy '이놈아'" 라는 호칭을 들었을 때 계속해서 푸산트가 자신의 신분을 밝혔는데도 이름을 불러대는 경찰의 부적절한 호칭은 명백히 인종차별적 표현이고 또한 일부러 모욕적인 언사를 사용한 것이다.

도형 9.1에서 화자와 청자의 성별이 두드러진 자질이 아님에도 불구하고 자주 호칭의 꼴을 선택하는 요인이다. 미국영어를 쓰는 여자들은 남자보다 호칭의 변화 폭이 적은 경향이 있다. 대조적으로 몇 지방에서 한 세대 전에 쓰였던 *hon(ey)*, *dear*같은 사용하면 친근감을 나타내는 용어들은 여자들이 다른 여자를 부를 때만 사용되었고 유사한 형태의 호칭이 남자들에게는 적용되지 않는다. 비슷하게 *Mac*은 동부의 도회지에서 남자들이 흔히 사용하는 비공식적 호칭으로 이름이 알려지지 않은 경우에 쓰인다. 일반적으로 남자와 여자 사이의 호칭체계에 나타난 비대칭성은 양측에 적용되는 호칭형태의 체계를 반영하는 경향이 있고 사람들이 어떻게 한 사회 내에서 서로 부르는가에 관한 연구는 그 사회의 구조를 상당부분 드러낼 수 있다 (Wolfson and Manes 1979; Kramer 1975).

호칭이 서로 간의 사회적 지위를 어떻게 평가하는지에 상당 부분 의존하는 것처럼 인사도 마찬가지이다. 미합중국에서 일반적인 인사말로는 "안녕하세요, Hello," "어떻게 지내세요? How are you" 단순히 줄여서 "안녕 Hi"가 있다. 어떤 인사말은 당사자가 만나는 시각을 언급하기도 한다. "안녕하세요? Good morning," 혹은 "안녕하세요? Good evening." 어떤 형태의 인사말이건 간에 전형적인 답변은 훨거슨(Ferguson)이 칭한 단순히 "반복하기나 조금 덧붙이기" 정도의 원리에 입각한다 하겠다(1976:143). 예를 들어 시리아에서 쓰는 아랍어에서는 "안녕하세요(아침인사)?"에 해당하는 두 가지 흔한 답변이 있는데 *미트 싸바하*(mīt ṣṣbāh '백만 아침')이나 *싸바하 르헤라트*( ṣabāh lxērāt - 복수형)로 답한다.

다음에 나오는 간략한 기술은 울로프(Wolof) 마을사람들이 어떻게 서로 인사를 나누는지 얼바인(Judith T. Irvine)이 1970년과 1971년에 작성한 세네갈에서 행한 현장조사 속에서 설명한 것에 기초하고 있다. 마을사람 둘이서 (심지어 먼 거리에서도) 서로 마주할 때마다 심지어 인사하는 것이 양측 중 어느 하나가 움직여야 되는 경우에 있어서도 인사를 주고받아야만 한다. 몸짓과 눈빛 교환이 인사의 중요한 측면이지만 구두로 주고받는 인사는 필수적인 구성요소이다. 높은 지위의 사람은—나이, 성별, 특권계급, 명성 따위에 의하는데—인사를 받고 그 후에 응답한다. 인사 나누는 과정은 매우 중요하여 만일 저녁회합에서 잠시 자리를 뜬 후에 돌아와 보니 화제가 의미심장하게 바뀌었을 때도 반드시 되풀이되어야 한다. 이 다시 행하는 인사는 다하는데 적지 않은 시간이 걸리는데 왜냐하면 모여 있는 집단을 하나로 간주하는 것보다는 개인에게 인사를 주고받아야 하기 때문이다.

전형적인 울로프 인사법은 다음과 같은 상황이다: 모르는 경우에는 이름을 주고받고, 적어도 다른 사람의 안부를 물으며 다른 사람들의 가족과 그 친구들의 안부와 근황을 덧붙여 물어본다. 그리고 끝으로 신을 칭송하면서 맺는다. 사회적으로 낮은 지위인 사람은 먼저 인사를 건네고 건넨 대상은 후에 답하는 순서이다.

그렇지만 상대적인 지위가 순서를 강요하기보다는 무시하게 되는 어떤 기준도 있는데 예를 들어 젊은 남자가 나이든 여자를 만나는 경우(울로프(Wolof) 부족의 남자들은 여자들보다 높은 지위를 지니며 늙은 사람들은 젊은이들보다 높은 지위를 점한다)에 그렇다. 그렇지만 사람들이 항상 높은 지위를 주장하지 않는다. 왜냐하면 그러한 주장은 높은 지위의 사람들이 낮은 지위의 사람들에게 선물을 준비하거나 어떤 도움을 제공해야 하는 잠재적인 돈 지출이 동반되는 책임이 포함된 주장이기 때문이다. 두 사람이 서로 만나서 사회적 위치가 확실치 않거나 특정한 지위를 어떤 이유에서 주장하고자 한다면 할 수 있는 두 가지 방법 중 하나를 선택할 수 있다: 자신을 낮추거나 자신을 높이는 일이다. 자신을 낮추는 전략은 인사를 나눌 때 시작하거나 질문을 던지는 것으로 달성된다. 낮은 사회적 지위를 주장할 수 있는 기회를 초기에 놓친 응답자는 신을 칭송하는 단계에 도달하자마자 인사를 건넨 사람에게 모범적인 질문들을 던져서 상황을 고칠 수 있다.

인사를 나누는 양측이 모두 다 높은 사회적 지위를 주장하는 경우는 흔치 않다. 어느 편도 인사를 먼저 건네려는 마음이 없는데도 불구하고 인사는 건네야 한다. 왜냐하면 만난 경우 침묵을 지킨다는 것은 생각할 수 없으므로 어려움이 이런 경우에 닥칠 수 있다. 그러한 상황을 처리할 수 있는 방법은 가능하면 간단하게 인사를 건넨 후에 "왜 인사하지 않는가?"라는 것으로 모면할 수 있다.

인사를 건네거나 질문자인 경우에 더하여 혹은 응답자의 역할을 받아들이면서 음성적 효과는 선택된 역할을 확인하는데 적용될 수 있다: 낮은 목소리로 조용히 천천히 또 간략하게 하는 말투는 울로프 귀족들의 특징이고 반대의 경우는 낮은 부류의 사람들의 말을 특징짓고 있다. 종합하면 울로프 사람들 사이에 인사하는 것은 인사 나누는 이의 사회적 신분에 밀접히 연결되어 있거나 혹은 울로프 격언이 나타내는 것처럼 "두 사람이 인사 나눌 때 한 사람은 부끄러워하고 상대방은 명예를 얻게 된다"(Irvine 1974:175).

### 자바사람들의 언어예절

어떤 말에서는 서로 이야기하는 개인들 간에 사회적 관계의 성격은 적절한 인칭대명사, 동사형태, 호칭의 꼴의 사용보다 더욱 포괄적으로 나타난다. 그러한 언어가 자바어인데 연령, 성별, 친족관계, 집안배경, 재산, 교육, 직업, 친숙도, 다른 여러 특징들이 대화 당사자들이 쓸 방언이나 특정 어휘를 선택한다. 단어들이 나타내는 친숙의 정도나 지위에 따라서 많은 단어들이 변화하지는 않음에도 불구하고 이 몇 안 되는 단어들이 실제 대화에 자주 쓰인다.

자바사람들의 "언어예절"의 좋은 예로는 기어츠(Clifford Geertz)의 *자바의 종교*(1960)에 나오는 부분인데 하나의 단락에 의거하여 적는다. 기어츠에 따르면 "지금 밥과 카사바를 먹을 것인가?"라는 문장이 모조쿠토(Modjokuto, 동부 자바의 한 마을)에 사는 자바인들이 쓸 때 6개의 상이한 등급의 말투로 바꿀 수 있으며 대회에 참여하는 사람들에 내재한 사회적 관계와 기타 요소에 의거한다. 최상급의 말투로는—이것은 정확한 말투의 표본으로 간주하는데—"*Menapa pandjenengan badḛ ḍahar sekul kalijan kaspé samenika?*" 이다. 최하위 단계의 말투는 "*Apa koué arep mangan sega lan kaspé saiki?*" 이다. 두 문장이 동일한 뜻을 지니지만 단지 한 단어 *kaspé* '카사바' 만 같고 나머지는 상이하다. 중간 단계의 말투는 "*Napa sampé jan adjeng neḍa sekul lan kaspé saniki?*" 이다. 삼단계의 말투에는 각기 높고 낮은 말투가 있어서 같은 의미이나 내포적인 뜻은 상이한 6개의 색다른 문장이 나온다. 이런 문장들에 어휘적인 변화에 더하여 표현법 역시 상이하다: 등급이 높을수록 더욱 천천히 부드러운 말투가 된다. 특정한 등급을 선택하는데 기여하는 요소들 중에는 사회적인 경우 (길에서 만나는 경우보다 결혼식에서 쓰는 말투가 상급이다), 청중에 따라서 다른 경우(청중이 있는 경우가 상급이다)가 있다.

영어에서도 요구를 나타내는 청유형은 무례한 정도의 말투부터 과장되게 정중한 정도까지 상이한 용어를 사용하여 표현할 수 있다. 예를 들어 "문 닫아 Shut the door!" 와 비교하여 "문을 닫아 주시겠습니까? Would you mind if I asked you to please shut the door?" 그렇지만 문을 닫는 동작은 양쪽 요청에서 모두 동일한 단어로 쓰이고 있음에 유의하여야한다(Shut the door 부분). 전자는 가장 간단한 문장이고 명령으로 이해된다. 후자는 9단어가 덧붙여지고 매우 정중한 용어를 쓰고 있다.

대조적으로 자바어에서 영어단어 going '가다' 에 해당하는 낱말은 *바데* (*baḍe*)가 가장 높은 등급이고(자바어로 *krama*라는 등급이다), 중급에는 *아젱* (*adjeng*)(자바어로 *madya*라는 등급이다), 하급에는 *아레프*(*arep*)(자바어로 *ngoko*라는 등급)라는 단어가 쓰인다. 공통적으로 쓰이는 단어는 *kaspé* 'cassava 음식이름' 인데 모든 등급에서와 각 등급의 변이형이 차등급에서 쓰인다. 영어로 "*Are, you, to eat, rice, and, now*" 같은 지시어들은 자바 사람들이 말하는 사람과 말을 듣는 사람 (話者와 聽者) 사이에 사회적 지위나 친근한 정도라는 관점에서 적어도 두 가지 어휘에서 선택하여야 한다. 응고코(ngoko)라는 말투가 기본적이다. 어떤 사람이 억압받지 않는다고 생각될 때 사용되는데 이 말투로 생각하고 친구나 낮은 지위의 사람들을 위협할 때 쓰고 또 화가 났음을 표할 때 사용한다.

### 말투와 성(性)

성(gender)이라는 용어는 어떤 단어군(품사)으로 형식에 따라 분류되는 것에 의거 언어학에서 취급하는 하나의 문법적 범주를 말한다. 예를 들어 라틴어에서 명사의 성은 문법적 경우가 대부분이다. 즉, 이것은 남성, 여성의 생물학적 성과는 관계가 없다. *pēs* '발' 은 남성이고, *manus* '손' 은 여성이고, *caput* '머리' 는 중성이다. 대조적으로 영어의 성은 대체적으로 자연스럽다. 남성은 대명사 *he*

로 지칭하고 여성은 대명사 *she*로 대부분은 대명사 *it*으로 칭한다. 예외는 매우 드물다. 어떤 사람들은 배와 자동차는 여성대명사로 말하고 중성대명사 *it*는 동물의 수컷, 암컷 구별 없이 사용한다. 다른 언어에서는 명사가 성별을 생명이 붙어 있는가 없는가(의미자질 활성[+/−animate]의 유무)에 따라 결정된다. 그러한 구별은 예상하는 것처럼 명백하지 않다. 아라파호(Arapaho)어에서 ***hinén*** '남자', ***hísei*** '여자', *wox* '곰', ***héénî?*** '개미' 는 [+활물]로 생명체로 예상되나 ***hokóóx*** '천막기둥' ***híii*** '눈 雪', ***hotíi*** '바퀴' 등도 활물로 취급한다. Arapaho의 활물 명사와 다른 알공키 언어들은 비활성 명사보다는 문법적인 규칙에 종속되고 있다 (Salzmann 1983).

그렇지만 이 단락의 목표는 문법적인 용어로서 성별을 논하는 것이 아니라 언어와 남 · 여 성의 구별이라는 점에서 문법적인 성별 사이의 관계를 간략하게 조사하는 것이다. 다른 말로 쓰면 남성 · 여성의 자연스러운 구별이 언어와 말투에 어떻게 반영되어 있는가에 있다.

사춘기에 두드러진 목소리의 변화는 가장 눈에 띄는 생리적인 차이점이다. 소년들의 성대가 상당히 늘어나는 결과로 남성의 목소리 범위는 넓어지고 낮아지는데 약 1옥타브(성조)인 반면, 여성의 목소리는 커지고 그 색조가 변한다. 즉, "음색"이 상위음(overtone) 때문에 변화한다.

색조나 상대적인 고저 이외에 여성의 말이 남성과 상이한가? 물론 본질적으로 상이하지 않다. 특정 사회의 남 · 여성의 위치 사이에 있을지도 모르는 차이와는 관계없이 남성과 여성이 효과적으로 의사소통 할 수 있음이 틀림없기 때문이다. 그러나 모든 언어에서는 아니지만 남성과 여성의 말에는 미세한 차이가 있다. 남 · 여성에 따라서 상이한 음운형태가 있는 형태소를 지닌 언어 중에는 루이지애나 남서부에서 쓰이는 무스코기 어족의 하나인 코아사티(Koasati)가 있다. 하스(Haas, 1944)에 따르면 1930년대 후반에 살았던 코아사티 노인과 중년 여성의 말을 직설법과 명령법 동사의 어떤 형태가 남성들의 말투와 상이했다. 몇 경우에 여자들의 말이 오래된 것이고 좀더 기초적이기 때문에 하스는 남성의 말투가 여성의 말투에서 나온 것으로 기술했다. 예를 들어 *lakawuą̂* [여자가 말하는 투로서] "그가 이것을 들 것이다"의 *ą*· 같은 비음으로 끝나는 모음이 어말인 동사형태는 구강만을 이용한 모음 *á*· 에 s를 첨가하여 *lakawuá*·s '그가 그것을 들 것이다 [남자가 말하는 경우]' 가 된다. 비슷하게 여자들이 쓰는 *lakawhôl* '[2인칭 복수에게 말하는 경우] 그것을 들어라' 라는 단어는 남자들이 쓰면 *kakawhós*가 된다. 다른 경우에도 모음이 늘어나고 어말 *n*은 *s*로 되며 또 여성들의 말에 단지 *s*를 첨가하여 남성들의 말을 만드는 경우도 있다. 코아사티 동사 형태의 변화를 정리해 보면 다음과 같다. (W=여성형, M=남성형, V=모음, V́=강세가 올라가는 모음, V̂=강세가 떨어지는 모음, V̨=비음화된 모음, C=자음, (·)=장, 단음):

| W | M |
|---|---|
| V̨(·) | V(·)s |
| V̂l | V́s |
| V̂n | V̂·s |
| V(·)C | V(·)Cs |
| V(·)CC | V(·)CCs |

하스는 전통적인 이야기에서 코아사티 여자가 남성 인물을 인용할 때 남성형의 단어를 쓰기도 거꾸로도 단어 표기를 한다.

아프리카 북부에서 불어를 제2국어로 쓰는 아랍인들은 화자의 성질에 따라서 불어 (r)을 구사한다. 남성 말에서는 불어의 (r)은 (혀의 맨 끝으로 소리 낸) 설첨자음으로 쓰이고; 여성 말에서는 불어의 (r)은 연구개음 (혀의 뒷부분을 목젖의 도움으로 내는 소리) 자음으로 쓰인다. 이 두 (r) 소리가 이 지역에서 모국어로 쓰는 아랍어에서 나오고 의미가 다르기 때문에 이 두 변이음은 남 · 여 모두 쉽게 발음하고 있다. 월터(Henriette Walter. 1988)가 행한 최근의 불어 방언조사에 따르면 아프리카 북부의 남자들은 현재의 불어발음 기준에 합치하는 소리를 선호하는데 그것은 연구개음 *r*[R]이다. 아프리카 북부의 불어에서 *r*의 연구개음 발음이 여성 특유의 말투이므로 연구개음을 쓰는 것은 가로막는 것은 매우 엄격한 관습이다.

이러한 종류의 남 · 여 사이의 말 차이는 결코 드물지 않다. 차이는 아시아뿐만 아니라 남 · 북 아메리카의 언어에서도 기록되고 있으며 다른 대륙에서도 역시 발견된다. 어떤 경우에는 언어학에서 훈련받지 않은 사람들은 심지어 차이를 모르고 있다. 예를 들어 존 피셔(John L. Fischer, 1958)가 조사한 절반농촌 마을인 뉴잉글랜드 지역의 어린이들에서 나타나는데 소녀들은 현재분사인 –*ing* 접미사를 발음하는데 소년들이 주로 자주 쓰는 형태의 –*IN*[ɪn] 보다는 –*ing*[ɪŋ] 꼴로 발음하는 경우가 많다. –*ing*와 –*IN*'의 선택은 성별뿐만 아니라 성격 (적극적 대 협조적), 분위기 (긴장 대 이완)에 맞춘 화자, 대화의 성격 (공식적 대 비공식적), 집안의 사회경제적 환경 (평균값 이상 대 이하), 사용된 동사의 형태 (예를 들어, *correcting* 대 *chewin'*)에 따라 다르다.

더글러스 테일러(Douglas Taylor 1951)는 중미카리브 해안의 카리브섬 (Island Carib) 방언에서 좀더 복잡한 상황에 관해서 보고하고 있다. 이 방언은 남 · 여성을 구별한다. (살아 있는 물건에 생물학적 성별에 따라 규칙을 두는) 문법적 성별은 부분적으로 생물학적이고 또 부분적으로 문법적인데 예를 들어 *sun*'태양', *milk*'우유', *river*'강', *maize*'곡식'은 남성인 반면 *star*'별', *liver*'간', *knife*'칼', *snake*'뱀'에 해당하는 단어는 여성이다. 그렇지만 성질, 상태, 행동, 영어의 비인칭 *it* '예: it is raining' 경우에는 남성들에 의해서 여성을 할당받는 경향이고 여성들에 의해서는 남성을 할당받는 경향이 있다. 예를 들어 '그날 the other day'는 여자들이 말하는 경우 *ligíra buga*인데 남성들이 쓸 때는 *tugúra buga*이다 (*buga*는 과거시제 분사이다).

남성과 여성들이 사용하는 단어들의 선택은 각 경우, 청중의 유형, 기타 여러 상황에 따라 변화한다. 아이들이나 가청범위 내 존경하는 사람들이 있다면 외설적이고 거친 말투를 적게 쓸 것이고 가까운 사이의 친구들이 하는 일상적인 대화보다는 구직면담이 더욱 심사숙고된 어휘를 요한다. 그럼에도 불구하고 남 · 여성의 말투에 나오는 어휘적인 몇 개의 차이는 상당히 보편적이고 미국영어에서도 나온다. 어떤 낱말들은 남자보다는 여자가 매우 흔히 쓰고 있다. 그러한 단어들은 시인이나 감탄을 나타내는 표현에 쓰이는 형용사인데, 예를 들어 *adorable*'사랑스럽다', *charming*'매력 있다', *cute* 귀엽다', *divine*'성스럽다', *lovely*'애정을 느낀다', *sweet*'달콤하다' 등이 있고, 색조를 나타내는 단어로는 예를 들어 *beige*'베이지 색', *chartreuse*'연두색', *ecru* '담갈색', *fuchsia*'담홍색', *magenta*'자홍색', *mauve*'엷은 자주색' 등이다. 남성들은 자신의 인정이나 선호도를 *fire, good, great*'좋다' 등으로 확인하는 단어사용이 두드러지는데 필요하다면 부사로서 *damn* 같은 단어가 "That was a damn good show" 같은 문장에서 처럼 쓰인다. 남성들의 색상 용어는 통상 여성보다 구별이 확실하지 못하고 따라서 풍요로운 모습이 아니다. 그렇지만 미합중국과 다른 나라들에서도 남 · 여성의 단어 선택 상의 차이는 꾸준히 줄어들고 있다. 어머니와 할머니가 사용하리라고 시도도 안 했고 들었을 때는 당황했을 것임에 틀림없는 상스러운 말도 젊은 여성들이 요즈음은 쓰고 있다. 그렇지만 일반적으로 몇 작가들이 지적한 대로 신중한 말에서는 여성들이 남성들보다 상스럽거나 눈 밖에 나는 말투를 적게 사용하는 경향이 있다.

문장의 수준에서 여성의 말투를 특징짓는 것으로 가장 자주 인용되는 습관은 특정한 맥락에서 부가의문문을 사용하는 것이다. 부가의문문이라는 용어는 "That was a stupid thing for them to do, wasn't it?" 에서처럼 청자의 동의를 획득하기 위해서 하나의 문장에 의문문을 붙이는 것을 뜻한다. 진술의 확인이나 유효함을 찾는 것은 화자가 단언을 피하는 욕구를 지니고 있다는 것을 지적한다. 부가의문문의 또 다른 목적은 "It' s a nice day today, isn' t it?" 에서처럼 청자가 대답할 수 있는 기회를 부여하려는 친근한 대화에서 행해진다는 것도 들어 있다. 또한 젊은 여성들이 나이 먹은 여성들보다 부가의문문을 덜 쓰는 것같이 보인다. 그렇지만 부가의문문에 관해서 어떤 학자들은 "언어학적이고 사회학적인 행위에 모두가 섞인 복잡함에 관한 좀더 세련된 관점이 요구된다"고 주장했다 (Cameron, McAlinder and O' Leary 1988:92).

마지막으로 남 · 여성 간의 억양 유형에 나타나는 다소간의 차이 역시 주목받아 왔다. 미국영어를 네 가지 상대적인 억양의 윤곽으로 분석해 보면 남성들은 세 가지 억양만을 쓰고 가장 고조억양인 것은 거의 쓰지 않는다. 억양윤곽에서 놀람, 흥분 따위를 나타내는 아래 표시처럼 가장 높은 억양에서 가장 낮은 억양으로 네 가지 모두 사용하는 일은 매우 드물다:

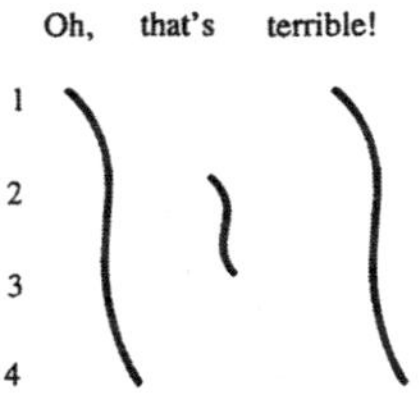


일반적으로 여성들의 말투는 좀더 역동적이고 준언어적인 (몸짓 따위) 자질들을 상당히 쓰고 있으며 광범위한 음의 고저를 이용한다.

종합하면 미국영어에서 남자 혹은 여자만이 사용하는 발음, 문법적인 형태, 단어, 문장구문은 없다. 오히려 남 · 여성의 말투에서 나타나는 차이는 한 쪽이 사용하는 용법에 빈도상의 차이와 관계가 있다고 본다. 이러한 차이가 유지되기보다는 줄어드는 것은 남 · 여성 사이의 유구한 세월 유지되었던 사회적인 차이가 무너져 가고 있다는 표시이다.

동성애자 남녀의 말을 특징적으로 만드는 자질이 있다고 할 수 있을까? 동성애 남자들이 사용하는 말의 특징은 *귀여운*(adorable) *놀라운*(marvelous)으로 성질을 나타내는 형용사를 쓰고 보통의 경우보다 강세(pitch)의 폭이 넓은 억양을 사용하고, ("maarvelous" 처럼) 모음을 길게 만들고 (*can't*나 *we're* 같은) 축약형은 피하는 경향이 있다. 또한 팔과 손의 제스처를 보통이상 이용한다. 동성애 여자들의 말은 종종 정중한 형식을 쓰고 *so*를 강하게 사용하고 방어적인 말(hedges: *well, kind of*)을 많이 쓰며 좁은 강세폭을 둔다. 그러나 이러한 말의 특징들이 어떤 사람의 성적 성향이나 선호도를 규정하는 것으로 설명될 수는 없다는 걸 강조해야 할 것이다.

일반적으로 어떤 사회나 저마다 이러한 심사숙고할 것들이 있다. 어떤 환경에서 남녀가 동등하게 교류하는가? 또 어떤 환경에서 동등하지 못하나? 하는 것들이다. 담화에서 어떤 것이 (화자순서) 말의 *순서*를 바꾸는 표현으로 간주되는가, 말 순서 바꾸기와 끼어들기가 어떻게 처리되고 어느 정도까지 문화특성상 성별차이가 문화적인 사회경제적 계급이나 다른 위계질서로 무시되는가? 남녀화자가 말의 순서를 바꿀 때 사용하는 단서는 무엇인가? 간단히 말해서 남녀구별은 특정한 사회에서 중요할 수 있지만 그것이 의사소통의 다양한 측면을 선택하고 활용하는 유일하고 또 주된 기준이라고 결코 가정해서는 안 된다.

### 언어 내 성(性)편견

위에서 언급한 몇 예들은 남 · 여성이 동일한 언어를 사용하면서도 어느 정도 차이 나게 사용함을 보여준다. 그러나 남 · 여성 중 한편을 선호하는 언어 상의 성별을 가르는 용어들이나 용법들이 있는가? 확실히 있으며 영어에서 쉽게 그 예를 들 수 있다. 그것은 남성 중심적이다. 남 · 여성의 비가 미합중국과 다른 나라에서 49:51 정도임에도 불구하고 대부분의 언어에서 남성용어가 기초적이다. 즉, 여성형이 보통 남성형에서 파생된다(*goddess, lioness, aviatrix, usherette*는 *god* '신', *lion* '사자', *aviator* '조종사', *usher* '안내인' 에서 나온다). 더욱이 남성용어가 종종 여성을 포함한다. 가장 흔한 경우가 (9.1 상자를 보라) *man*이라는 단어의 경우인데 직업을 일컫는 복합명사에서 흔히 쓰인다. 이 단어는 원래 남 · 여성 모두를 지칭하는 낱말이었으나 근대영어에서 이 단어는 성인남성만을 특히 지칭하고 있다. 금세기에 대부분의 기간 동안 인류학은 남성에 관한 연구(the study of mankind)라고 정의되어 왔다. 하지만 오늘날 인류학을 인류(mankind)의 연구나 인간(human beings)의 연구로 정의하는 것이 상례처럼 되어 있다 (*human*이라는 단어는 man에서 파생된 것이 아니라 라틴어로 *hūmānus*에서 나온 것이다). 남성을 지칭하는 낱말들이 남 · 여성 모두를 포함하여 쓰이고 있지만 요즈음은 성별이 중립적인 낱말들과 구(句)들로 대치되고 있는 중이다. 따라서 *manpower* '인력', *man-made* '인공의', *to man* (*a boat*) '배치하다', *mailman* '우체부', *fireman* '소방수', *man of good will* '선의의 사람' 이 *human energy, manufactured, to operate, mail carrier, fire fighter, people of good will* 등으로 바뀌고 있다.

유사하게 남 · 여성 모두를 지칭하는 경우 남성이나 여성의 대명사를 사용하여서는 안 된다. "Each applicant must include a vita with his application" 이나 "A full-time secretary is entitled to her own desk" 같은 문장은 쉽게 다음과 같이 고쳐 쓴다. "All applicant must include vitas with their applications" or "Each applicant must submit a vita" 또 "A full-time secretary should be given a separate desk" 로 바뀐다.

19세기부터 수많은 시도가 있었는데 남 · 여성 모두 포함되는 대명사는 단수보다는 복수로 사용하여 성별 차이가 드러나지 않는 *they, them, their*로 고쳐 쓰는 것이다. 하지만 어떤 것도 성공적이지 못했다. 심지어 최근의 (*s*)*he, his/her* 따위도 마찬가지이다. 성별에 중립적인 대명사 꼴이 없더라도 언어적인 성적 차별을 제거시키는 일은 특별히 어려운 일이 아니다. 출판업자나 사려 깊은 작가들은 모두 최근에 민족 차별적인 언행뿐만 아니라 언어적 성적 차별을 제거하는데 강한 노력을 기울이고 있다. 성적차별이나 민족차별을 지니지 않은 형태로 자신들의 사상을 취급하려는데 도움 주는 지침서들이 최근 매우 많이 나와 있다.

**복합민족 사회 내의 언어적 변이**

인도(공화국)는 복합민족 사회의 훌륭한 예이다. 미합중국의 삼분의 일에 해당하는 면적을 차지하지만 약 10억 이상의 인구를 지닌 인도는 세계에서 가장 다중언어사용 국가 중 하나이다. 1961년 인구조사에 의하면 1,019 모국어가 보고 되었는데 이 언어들은 199개의 상이한 언어로 할당되며 모두 네 개의 어족에 속한다. 530개의 모국어가 친족관계를 확인하지 못하였고 100개 이상의 언어가 외국에서 유래하였다. 이 나라의 헌법은 14개의 언어와 고대 산스크리트어를 국어(national languages)로 인정하고 국어말고 또 3개의 언어가 행정부에서 사용하는 언어인데 영어가 이들 중 하나이다.

수백만의 인구가 사용하는 많은 언어를 지닌 인도 연방공화국은 행정적으로 어떻게 수많은 변종 언어들을 취급하는가? 지역을 기반으로 동인도 지역은 세 개의 인구어가 주를 이룬다 (벵갈어, 오리야어, 아셈어). 서인도 지역은 두 개의 언어가 주를 이룬다 (마라티어, 구자라티어). 북인도 지역은 네 개의 언어가 주를 이룬다 (힌두어, 우르두어, 펀잡어, 캐시미르어). 남인도 지역은 네 개의 드라비드(Dravidian)어족이 주를 이룬다 (데르구(Telugu)어, 타밀(Tamil)어, 간나다(Kannada)어, 말레야람(Malayalam)어). 연방단위의 공용어일 뿐만 아니라 인도라는 공화국 내 25개 주중 여섯 개의 주에서 최상의 위치를 차지하는 공용어가 힌두어이다. 그렇지만 힌두어를 사용하지 않는 수많은 시민들이 공용어로서 위치를 인정하기 꺼리는 이상, 약 1세기동안 영국의 왕실 식민지로서 대부분의 인도대륙을 지배한 영국인들의 언어인 영어가 국어를 돕는 언어로서 봉사하고 있으며 북부 힌디 사용인구와 남부 드라비드 어족 사용인구 모두 [영어를] 통용어(lingua franca)로 받아들인다.

많은 언어들이 사용되고 있지만 그 언어가 동등한 명성을 누리지 못하는 나라에서는 이중국어사용, 다국어사용, 양층언어현상이 흔히 일어난다.

비공식적인 성격인 민족간의 구두 의사소통에는 힌두어나 우르두어가 온 나라에 걸쳐 다양한 정도에 맞게 사용된다 (두 언어는 대화체가 매우 유사하나 힌두어는 드브나가리 (Devanagari) 철자법을 쓰고, 우르두어는 아랍식 철자법의 수정된 형태를 사용한다). 문화적 명성 때문에 드라비드 어족 사용지역과 벵갈에서 힌두어를 사용하는 것을 꺼리는 경향이 있다. 공식적이고 문서상의 의사소통에는 영어(남아시어에서 쓰이는 변종으로서)가 상당한 정도로 쓰인다. 영어의 중요성은 쉽사리 노정된다. 1977년 인도 내 신문과 정기 간행물이 약 70개의 언어로 간행되었지만 힌두어와 영어로 된 신문과 정기 간행물이 각각 26%와 20%를 점하고 있고 영어로 된 것들이 최대 발행부수를 차지한다. 1947년에 인도가 독립된 때 영어의 공용어 사용이 단지 잠정적이라는 의도가 있었다. 그러나 영어의 수요는 계속되었고 어떤 점에서는 증가된 부분도 있다. 예를 들어 기술적이고 과학적인 업적은 힌두어로 번역하는 것이 거의 불가능한 일이다. 힌두어가 독립을 취한지 약 반세기가 지난 이후 오늘날 영어를 구사하는 것은 행정부의 고위직을 얻는데 필수적이고 매우 적은 숫자의 인구가 영어를 구사하고 쓸 줄 앎에도 불구하고 영어를 아는 인도인들이 문화적, 경제적, 정치적 지도자가 되는 경향이 있다.

굽찬다니(Lachman Khubchandani 1983:26)에 따르면 "인도사회는 전체적으로 … 정체성과 의사소통의 목적으로 말의 변이를 보이고 있다"고 한다. 그 예로서 다음과 같은 것들이 있다: 인도 북동부의 비하르주에 있는 여러 공동체에서는 어떤 사투리(혹은 방언)가 장년층과 대화에 쓰이지만 서힌두어의 특정 방언이 동년배나 나이어린 사람과의 대화에 쓰인다. 브라만(카스트제도의 최고 계층)과

**상자 9.1 사람(*man*)이라는 낱말은 무엇을 뜻하는가?**

*man*이라는 낱말은 "사람은 영장류이다 *man is a primate*"에서 같이 이 용법이 성별의 구별이 없고 같은 종의 모든 구성원을 지칭하며 동일한 종의 남성 구성원만을 지칭하는 낱말과 일치하는 것은 단지 어원적인 우연의 일치라고 주장되어 왔다. 확실히 종 전체와 종의 절반을 지칭하는 낱말을 동일한 형태를 쓰는 것은 혼동을 야기한다. 마치 "모든 사람은 동등하게 창조되었다 All men are created equal"라는 문장에서 사람이라는 낱말 *man*에 자신도 포함된다는 것을 성급하게 알아버린 영국 식민시대 미국여성처럼 혼동을 불러일으킨다. *early man* '고대인간' 이라는 구에서 더욱 혼동이 일어나기도 한다. 이 단어가 인류라는 종을 아마 지칭함에도 불구하고 *early man and his wife* '고대인간과 그 아내' 라는 표현을 얼마나 쉽게 사용하고 *man is the only animal that menstruates* '인간은 월경을 치루는 단 하나의 동물이다' 라든가 *early woman and her husband* '고대여성과 그 남편' 이라는 표현은 얼마나 사용하기 어려운 표현인가 … 이런 표현들을 가로지르는 공통된 주제는 남성이 기준으로 취급되고 남성형 낱말들이 남 · 여성 모두와 종 전체를 지칭하는 반면 여성들은 예외이고 보통 남성에게 흡수되나 두드러지게 쓰일 때는 특별한 용어가 필요하다.

만일 위의 예들이 *man*이라는 낱말을 총칭적 단어로 쓰는 것이 믿어지지 않거나 기껏해야 혼란스럽다면 그래함(Alma Graham)에서 인용된 다음을 고려하라 … :

> 만일 한 여성이 배에서 물로 떨어지면 "Man overboard!; 사람이 떨어졌어"라고 외친다. 만일 한 여성이 뺑소니 운전자에게 치어 죽었다면 기소내용은 살인 'manslaughter' 이다. 만일 한 여성이 작업 중 다쳤다면 보상은 workmen's compensation '노무자보상' 이다. 만일 한 여성이 문지방에서 "Men Only" '남성만 들어오시오' 라는 팻말을 보았다면 그

> 경고가 동물이나 식물 혹은 무생물을 금지하려는 것은 아니라는 것을 이해하고 있다. 그것은 그녀를 지칭하는 것이다.
>
> 플랭크와 앤센(Francin Frank & Frank Anshen)의 *언어와 성*(Language and the Sexes, 1983:71-72)에서

비브라만 언어의 변동들은 화자의 카스트에 의존하여 드라비드 어족 언어들에서 공통적으로 쓰인다. 힌두어와 우르두의 고급형은 공식적인 상황에서 쓰이고 소위 시장통 힌두어(bazaar Hindustani)는 비공식적 환경에서 쓰인다. 산스크리트어로 된 연극에서 왕족 남성역을 맡은 배우들은 자연스러우면서 대화체의 표준형을 쓰나 평민들은 "혼탁한 contaminated" 언어를 쓰고 있다.

검퍼스(John Gumperz, 1964)는 델리에서 약80마일 떨어진 마을인 칼라푸르(Khalapur)의 말투에 관해서 보고하고 있다. 검퍼스가 현장조사를 하던 1950년대에는 수천 명의 농업공동체이었지만 칼라푸르는 31개의 족내혼 카스트 혹은 동등하지 못한 확장된 친족집단으로 나뉘어져 있었다. 칼라푸르의 몇 방언 변종을 쓰고 있는 것에 더하여 많은 부락민이 힌두어를 가장 높은 고급어로 쓰고 칼라푸르를 가장 낮은 저급어로 사용하고 있었다. 이 두 언어는 고급 힌두어, 저급 힌두어, 고급 칼라푸르, 저급 칼라푸르로 나뉘어져 있었다. 힌두어는 연설에는 고급, 일상대화에는 저급이 쓰이고; 칼라푸르는 거리가 있거나 연장자에게 사용되는 깨끗한 말투 'clean speech' 와 가까운 친척, 아이들, 최하층 천민, 동물에 쓰이는 거친 말투 'gross speech' 로 나뉜다. 이같이 네 가지로 나뉘는 것을 결과적으로 "double-nested diglossia" 이중으로 끼워진 양층언어현상이라고 이름지었고 (Fasold 1984:46-48) 도형 9.2에 나타나 있다.

이와 같은 인도 내 존재하는 언어변화(언어나 방언에서 모두)는 많은 문제를 야기한다. 공용어 중 하나가 다민족 국가에서 통일성을 증강하는 경향이 있다

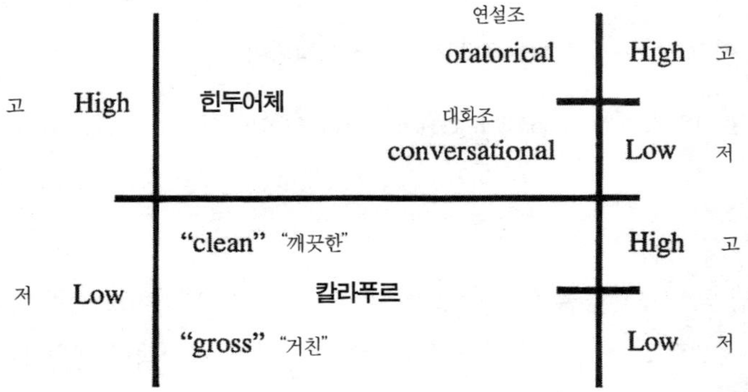


**도형 9.2 이중으로 끼워진 칼라푸르의 양층언어현상, 인도**

고 기대할 수 있음에도 불구하고 그러한 통일성은 수백만의 타 언어 사용자에게 상당한 자긍심 상실이라는 대가로 이루어지곤 한다. 이것이 인도에서 가장 널리 쓰이는 제2국어인 힌두어가 전국 도처에서 직면하는 저항의 이유가 된다. 그리고 이것을 이유로 토착언어가 아닌 식민시대의 언어인 영어가 인도의 독립 이후 부수적인 공용어로서 놀랍게도 그 지위를 유지해 왔고 의심 없이 미래에도 그럴 것이다. 많은 인도인들에게 제2언어인 영어는 힌두어처럼 특정 토착민들에게 이득을 가져다주지 않는다. 또 하나의 문제는 어떤 언어들이 학교에서 학습되고 학습어로서 어떤 언어를 결정해야 하는가도 문제이다. 세 언어를 공식적으로 쓰는 것이 보통인 중등학교 학생은 지역어, 힌두어, 영어가 학습하는 결과를 낳는다(많은 경우에 이들 모국어는 세 언어와 상이한 네 번째 언어이거나 지역 방언이다).

세계의 수많은 지역에서 방언의 차이는 대중매체, 교육, 사람들의 이동 때문에 최근에 급속히 줄어드는 경향이 있다. 이것은 인도의 경우가 아니다. 인도는 계급적인 차이(카스트제도)가 말투에 효과적으로 상징화되어 나타난다. 오래되고 견고하게 성립되어 있는 사회적 위계질서가 존속하는 한 언어적 차이는 유용한 기능으로 작용하고 유지될 것으로 보인다.

### 사회언어학적 변화

최근 학자들은 언어변화를 **사회언어학적 변화**로 간주하는 경향이 있다. 즉, 변화가 일어나는 그 사회의 맥락에서 이해되는 변화로서 간주한다는 것이다. 이러한 종류의 출중한 연구들 중에는 라보브(Labov)가 1960년대 중반부터 행한 연구들이 있다. 라보브의 탐험적인 작업 중 하나는 뉴욕 시 출신의 영어사용자의 사회적 지위와 그들의 (r) 발음과의 상관관계를 다룬 것이다. (언어변이를 보편적으로 괄호 안에 넣는다.) 그 연구는 1962년 뉴욕시의 백화점 몇 군데에서 행해졌다. 고려대상인 음성학적 자질의 변이는 (r) 소리가 없는 것부터 모음 뒤에 오는 (r) 소리까지 *car, card, four, fourth* 같은 단어들에서와 같이 다양하게 나왔다.

실험적인 면담과정을 기초로 라보브는 다음과 같은 가설을 검토하기로 했다: "만일 뉴욕시 에서 영어사용자의 임의의 두 집단이 사회적 계층을 재는 잣대에 맞추어 등급을 매긴다면 (r) 발음의 차이에 따라 동일한 순서로 등급이 정해질 것이다"(Labov 1972:44). 뉴욕시의 사회적 계층을 나타내는 직업군의 발음을 단순히 비교하는 대신에 라보브는 하나의 직업군 내에서 어느 정도 층위화가 확인가능한가를 찾아서 시도하는 편을 택했다. 라보브가 그의 연구에서 선택한 대상은 백화점인 삭스 5번가(Saks Fifth Avenue; 맨해튼 5번가를 칭함), 헤럴드(Herald) 광장의 메시 백화점(Macy's; 맨하탄 34가와 6번가 교차로에 위치함), 유니언(Union) 광장의 클라인 백화점(S. Klein; 14가와 브로드웨이 교차로에 위치함)의 점원으로 구성되었다. 이 백화점 셋은 사회적 지위를 삼분하는데,—상류, 중류, 하류—이것은 손님들의 사회경제적 지위뿐만 아니라 백화점이 광고를 게재하는 신문, 제공하는 상품의 가격대, 점포의 외양 등에서 확인되었다.

거대 백화점에서 일하는 점원은 백화점고객들의 "명성을 빌리는" 경향이 있다는 가정 하에 라보브는 더욱 "최고급 백화점에서 일하는 점원들은 (r) 소리 중 가장 두드러진 소리값을 취하게 되고; 중급 백화점에서 일하는 점원들은 중간 값에 해당하는 (r) 소리를 취하게 되고; 최하급 백화점에서 일하는 점원들은 가장 낮은 (r) 소리값을 취하게 된다"고 가정하였다 (Labov 1972:45). 관계있는 언어자료를 끌어내기 위해서 라보브는 "[On the] fourth floor"라는 답이 나오도록 질문을 해댔으며 못 알아듣는 척하면서 강조하는 말투로 다시 한번 그 답이 나오도록 유도했다. 4층에서 그는 동일한 답을 이끌어내는 또 하나의 질문을 구사했다. 라보브의 정보제공자가 눈에 보이지 않게 되자마자 두 단어를 음성학적으로 기록했다. 또한 자료를 획득한 상점과 정보제공자의 성별, 직급, 민족배경, 대략적 연령을 기록했다.

그 연구결과는 가정과 일치했다. 삭스 백화점에서 인터뷰한 30%의 점원이 시험조사에서 쓰인 문구인 "fourth floor"에서 (r) 발음을 항상 구사했지만 32%의 점원은 어느 경우에는 (r) 발음을 정확하게 구사하고 어느 경우에는 (fourth floor가 "fawth floah"로 쓰인 것처럼) 발음하지 않았다. 메이시 백화점에서는 비교 숫자가 20%와 31%이고 Klein 백화점에서는 4%와 17% 이었다. 더욱 삭스 백화점에서 보통과 강조형 발음 사이의 차이는 미미했으나 다른 두 백화점에서 차이는 두드러졌다. 주의를 기울이고 강조된 말투에서는 "floor"의 마지막 (r) 소리가 나타났으나 보통의 말투에서는 나타나지 않았다. 제 2차 세계대전 전에 뉴욕시에서 우대되는 발음에는 (모음 하나를 제외하고는) (r) 발음들이 "탈락"되었다. 그 이후에 이 /r/ 자음은 사회적으로 명망을 표시하는 하나의 증표가 되었고 그 빈도가 공식적인 연설에서 특히 증가했다. 사실 어떤 뉴욕 시민들은 *idea, Cuba, saw* 같은 단어 다음에 모음으로 시작하는 단어가 나올 때 철자에 없는 경우인데도 심지어 (r) 발음을 구사하고 있다. (제8장에서 본 것처럼 추측된 표준발음에 접근하려는 시도가 지나쳐서 또 표준발음이 아닌 것을 발음하는 그러한 발음이나 사용법은 일반적으로 과잉교정이다.) 간략하게 말해서 라보브의 연구가 보여주는 것처럼 뉴욕시 방언의 (r) 발음은 다양하다. 그 변이형은 사회적인 요인과 말하는 맥락에 좌우되고 있다(예, 일상적 말투와 강조 말투).

믿을만한 사회언어학 자료를 수집하는 것은 단순한 일이 아니다. 왜냐하면 화자들이 관찰되고 기록되고 있다는 것을 인식하면 그들의 말투를 바꾸기가 쉽기 때문이다. 연구자가 관찰 대상자의 주의를 분산시키는 방법은 정보를 제공하는 그들에게 편안한 대화로 안내하는 것이다. 자연스러운 말투는 "죽을 뻔한 심한 위험에 처한 경험이 있었어? … 무슨 일이 있었어?" 같은 질문을 던지면서 대화자가 당시 감정으로 화제를 규정하는 경향이 있다. 그러한 질문의 답은 즉흥적이기 쉬운데 즉 꾸미지 않은 태도에서 하는 대답이다 (Labov 1972:209-210). 녹음한 자료는 말을 음성전사 하는데 장점이 있다. 두 사람 이상이 하는 대화를 녹음하거나 한 사람의 말을 장시간 녹음하거나 당사자가 의심을 푸는 상태까지 충분히 녹음하는 것이 녹취 대상이 자신의 언어공동체에서 쓰는 언어나 방언의 일상적이고 보통의 말투인 **사투리**를 구사하는 것을 막는 공식 인터뷰보다 낫다.

초기의 사회언어학 연구에서 학자들은 언어변종을 밝히려고 노력했고 변종을 화자들 사이의 사회적 변수의 차이에 연관시키려고 시도했다. 1960년대 중반부터 대부분은 라보브의 업적에 자극 받아 사회적인 격차와 언어변이 사이의 관계를 적확하게 기술하려고 정량적인 방법의 사용을 강조하였다(도형 9.3 참조). 상이한 사회집단에 언어변수들의 빈도나 분포보다 학자들은 언어변화의 비율이나 방향뿐만 아니라 그러한 변화를 이끌어내는 동기에 관련된 가치있는 근거를 획득하는 것도 기대하고 있다.

이러한 관점에서 사회적 연결고리(social network)라는 최근의 개념을 소개하는 것이 적절할 것이다. 화자 각 개인은 관계 맺는 모든 사람을 포함하는 사회적 연결고리를 지닌다. 고도의 연결고리는 한 집단을 일컫는데 빈번한 접촉을 유지하고 서로 친근한 그런 집단이다. 다양한 사회적 연결고리는 상호교분을 지닌 개인이 하나 이상의 역할, 종종 상호적인 것으로 예를 들어 장인과 사위뿐만 아니라 고용주와 피고용인 같은 역할을 공유하는 것이다. 연결고리가 밀도 있고 다양하면 할수록 더욱 강력한데 아마 장인과 사위가 바둑모임이나 합창단에 회원인 경우에 그렇다. 강한 연결고리의 구성원은 *제한된 부호*(restricted code)라고 부르는 것을 이용하는 경향이 있고—이것은 비공식적 언어인데 왜냐하면 구성원들이 전하는 메시지의 일부가 양자가 아는 맥락이나 몸동작에서 기인하는 것으로 구성된다는 것을 공유하기 때문이다. 대조적으로 *정교한 부호*(elaborated code)는 상대적으로 공식적인 언어상황을 특징짓는 언어사용의 변이를 말한다. 그러한 상황에서는 메시지가 충분히 의미를 지니도록 하는 언어 외적 맥락에 의존하게 되는 경우가 거의 없다.

**종합과 결론**

한 언어를 구성하는 여러 요소들과 그 요소들 사이의 관계를 철저하게 기술하는 것은 한 언어의 구조를 이해하는데 선행조건이지만 고려해야만 하는 것이 많다. 어느 시대나 어느 장소에서 사용되었든 간에 한 언어는 우선 사회적 제도이고 그 제도를 고려하지 않고는 인간사회를 상상하기 어려운 것이다. 언어가 어떻게 작용하는가를 연구하게 되면 인류학자들이 하나의 언어공동체에서 쓰이는 언어변이형은 무엇인가 또 그것들이 사회적 차이와 어떻게 연관되어 있는가? 같은 질문에 답하는데 흥미를 보인다. 언어와 그 변이형에 대한 한 공동체의 태도는 무엇인가? 사회통제를 실행하는 측면에서 언어와 말의 기능은 무엇인가? 인류학자의 관심은 고립되어 있는 언어나 그 언어를 사용하는 사람에게서 뽑아낸 것이 아니라 실생활에서 쓰이는 말의 사용법과 한 공동체나 사회의 구성원들에게 있어서 그 의미에 있다. 따라서 사회언어학적 연구는 사회학과 문화인류학이 발견한 것들에 관심을 표해야한다. 왜냐하면 언어습득은 사회화과정의 결과이기 때문에 사회언어학 연구는 심리적인 요인도 참작해야만 하기 때문이다. 한 언어를 습득하면서 어린이들은 (제2언어를 연구하는 사람들도) 문법적이고 의미 있는 문장들을 만들 수 있을 뿐만 아니라 상황과 청중

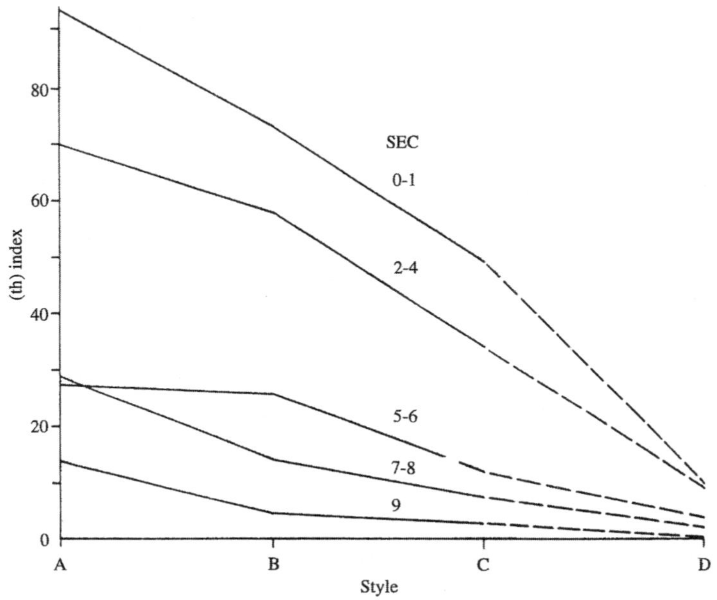


**도형 9.3 언어 변수에 따른 계층의 층렬화.**

언어자료는 뉴욕시의 성인 표본에서 나왔다: *think, through, fourth* 등에서 (th)소리. 수직선은 (th)지수이다. 명성을 구가하는 형태는 치간마찰음[θ]; 가장 강하게 저급한 변이형은 보통 완화된 정지치음[t]이고; think를 tink처럼 발음하고; 그 중간 단계가 파찰음인 [tθ]이다.

수평선은 4가지 어근을 지칭하는데; A는 일상체; B는 주의를 기우린 어로; C는 낭독체; D는 단어목록처럼 분리하여 읽는 어근이다.

10으로 가른 사회경제적 잣대는 부양자, 대상의 교육수준, 가족 수입에 따른 것으로 다음과 같이 기술된다: 0-1 하층민; 2-4 노동층; 5-8 중하층; 9이상은 중상층.

(th)변수의 층렬화는 날카롭게 나타나고 적어도 75년 동안 안정적인 사회적 의미를 지녔다. 라보브의 *사회언어학적 패턴*(Philadelphia: penn대학교 출판부, 1972), 112-115.

에 적절한 문장들과 발화들을 만들어 낸다. 예를 들어 미합중국에서 공공장소에서 연설을 시작할 때 해학적인 내용이나 짧은 농담으로 시작하는 것이 상당히 보편적이다. 그러나 장례식에서 말할 때 그렇게 하는 것은 적절하지 못하다. 유사한 예로 친한 사이에는 거의 어떠한 질문도 가능하지만 방금 만난 사람에게 "좋은 아파트이군요. 얼마나 월 임대료를 내세요?"는 적절한 질문이라 할 수 없다.

사람들이 경험하는 사회적인 어려움들은 그들이 말하는 방법에서 찾아볼 수 있거나 그들의 말투에서 적어도 확인되기 때문에 사회언어학적 연구나 발견들은 사회적 문제들에 유용하게 적용될 수 있다. 그러한 적용은—읽기와 쓰기—같은 언어예술과 언어시험에서 우선 적용되어 왔다. 예를 들어 한 어린이의 모국어가 만일 국어나 표준어 꼴과 다른 경우에 초기 학창시절에 묵인되어야 하는가 아닌가에 질문이 주어지면 (모국어는 어린이가 집에서 습득하는 것으로 보통 어른이 되어서 자연스럽게 사고와 의사소통의 도구가 된다) 상당수의 사회언어학자들이 소수집단의 어린이가 쓰는 사투리에 어떤 역할을 할당해야 한다고 의견 일치를 보인다. 그 사투리가 없다면 그 아이들은 자신의 말이 아닌 다른 말이나 방언으로 세상을 배우도록 강요받게 된다. 또 다른 문제는 언어시험이다. 표준어나 표준어에 가까운 방언을 쓰는 사람에 비해 사투리를 사용하는 사람들이 불이익을 최소화하기 위해서 시험 출제자들은 개념과 관계를 나타내는 단지 표면적인 언어형태를 얼마나 잘 인정하는가 보다는 기본적인 의미개념과 관계를 얼마나 확인하고 기호화하는가를 측정하는 그들만의 방법을 고려해야만 한다. 예를 들어 흑인 영어사투리에서 소유주와 피소유물이 명확히 표시되지 않는다 (*man coat*). 반면 표준영어에서는 *man's coat*로 확연히 드러난다. 그들의 방언에서는 표현하지 않지만 소유개념을 이해하는데 문제가 없는 어린아이들이 치루는 시험에 소유격 접사(*-'s*)를 쓰지 않았다고 감점하는 것은 문법상 특정한 부분이 차이가 나는 그들만의 모국어를 기계적 기준에서 판단하고 허락하지 않는 결과를 초래하게 된다.

만일 사회언어학이 "사회적으로 구성된 언어학"이라고 받아들인다면 이 분야는 다음과 같은 주제로 규정될 수 있다 (Hymes 1974:205-206에서 나옴).

1. 언어이론은 말(speech)의 조직을 함의하지 단지 문법의 조직을 함의하지 않는다.
2. 이론과 방법론의 기초들은 기능의 문제들을 함의하지 단지 구조의 문제점들을 함의하지 않는다.
3. 언어공동체들은 말하는 법을 조직으로 보여주는 것이지 문법자질만을 분배한 것에 의거 하여 정의될 수 없다.
4. (언어)능력은 주어진 맥락에서 적절하게 의사소통하는 개인의 솜씨를 말하지 단순히 문법적 지식을 뜻하지 않는다.
5. 언어들은 그 사용자들이 만들어낸 것이지 단지 인간의 천성이 그 사용자들에게 부여한 것이 아니다.

## 일러두기와 앞으로 독서를 위한 제언

라보브(Labov 1972) 논문의 제2장은 그의 1966년 논문 제3장과 제9장의 교정판이다. 라보브 1981년 논문은 사회언어학 연구에 종사하고 있는 사람들에게 유용한 방법론적 성찰을 제공한다. 예를 통한 사회망상 개념의 토의를 보려면 밀로이와 말그레인(Miloy and Margrain 1980)의 논문을 보라. *정교한 부호*(elaborated code)와 *제한된 부호*(restricted code)라는 용어는 사회적 배경과 교육환경에 연관되어 쓰일 때 논란을 야기하고 있다. 이러한 용어를 지어낸 번스타인(Basil Berstein)의 논문과 다른 이들의 비평은 검퍼스와 하임스(Gumperz & Hymes 1972; 1986)에서 찾아볼 수 있다.

호칭과 공손함, 경어법 등에 관한 책과 논문을 조사한 것으로는 아가(Agha 1994)를 보라. 미국영어의 호칭에 관한 연구는 브라운과 포드(Brown and Ford) 1961년과 브로커(Blocker) 1976년 논문에서 볼 수 있다. 기어츠(Geertz)의 1960년 자바어에서 사회언어학적 변이를 다루고 있는 장은 "언어예절 Linguistic Etiquette"라는 제목을 부치기에 상당히 적절하다(Geertz 1960:248-260). 여기에서 언급한 내용은 그의 설명에 근거하고 있지만 간략하게 취급되어 있다. 가장 최근의 작업이고 자바어의 언어예절을 취급한 더욱 기술적인 것을 보려면 에링톤(Errington) 1988년 논문을 참고하라.

코아사티(Koasati) 족의 성별 말투에 관한 하스(Haas)의 보고를 조금 첨삭한 것은 킴발(Kimball 1977)의 주제이다. 북아프리카 불어에서 나온 예들은 모두 월터(Walter) 1988년 작품에서 나왔다. 남 · 여 말투에 관한 많은 논문들이 있다. 그들 중 주목을 끄는 것은 코츠(Coates 1986), 코츠와 카메론(Coates and Cameron 1988), 크래마래(Kramarae 1981), 레이코프(Lakoff 1975), 필립스, 스틸, 탠즈(Philips, Steele, and Tanz 1987), 실버스타인(Siverstein 1985), 톤, 크래마래, 헨리(Thorne, Kramarae and Henley 1983)가 있다. 마지막으로 든 참고도서에 상당량의 참고문헌(pp. 151–342)이 포함되어 있다. 성별 차이와 언어에 관한 논문들은 필립스(Philips 1980), 맥코넬 – 지넷(McConnell – Ginet 1988), 에커르트, 맥코넬 – 지넷(Eckert and McConnell – Ginet 1992)에 소개되어 있다. 언어에 관한 여성론자들의 비평을 보려면 카메론(Cameron 1990)을 보라. (인도에 관한 부분은) 굽찬다니(Khubchandani 1983), 검퍼스(Gumperz 1964)를 기초로 하고 있으나 여기에서 간략하게 그들의 설명을 줄여 사용했다.

라보브(1972)에 덧붙여 수권의 책이 어느 정도 자세히 사회언어학을 취급하고 있다. 최근 것으로는 파솔드(Fasold 1984, 1990), 허드슨(Hudson1980), 하임스(Hymes 1974), 페냐로사(Peñalosa 1981), 추르길(Trugill 1983), 월도우(Wardhaugh 1986)가 있다. 사회언어학 강독본으로는 검퍼스와 하임스(Gumperz and Hymes 1986)와 프라이드와 홈스(Pride and Holmes 1972)가 포함된다.

남자와 여자 사이의 의사소통이 복잡하다는 것에 대한 대중적이고 가장 잘 팔리는 설명으로는 태넌(Tannen) 1986년과 1990년을 보라.

**토의문제**

1. 만일 당신이 독어, 불어, 서어, 노어를 공부했다면 제2인칭 대명사와 그에

해당하는 동사가 공식적인 형태와 비공식적인 형태로 구별되어 있다는 것을 알고 있다. 영어로 혹자는 대상이 친척이 아닌 노인이건 급우이건 초대하면서 "점심 좀 할 거예요? Would you like to stay for lunch?" 라고 말한다. 다른 4 언어에서는 두 가지 2인칭 대명사 중 하나를 이에 맞추어 동사 역시 선택해야 한다.

예를 들면, 독어에서 두 가지 인칭대명사는 *du*(너, 비공식적)와 *Sie*(너, 공식적)인 형태로 이에 맞추어 동사가 *möchtest*(*du*)와 *möchten*(*Sie*)이다. 유사한 형태의 짝이 서어, 불어, 노어에 역시 있다. 당신이 공부하는 언어에 다음의 예를 호칭할 때 어떤 형태가 이용되는가?

장난치는 7살 난 남녀 아이들
급우의 14세 먹은 친척
당신의 나이에 해당하는 이성(異性)의 외부인
가까운 친구의 아버지
당신이 잘 아는 동일한 성(姓)의 60세의 이웃

다른 나라말을 공부했던 경험이 없다면 위에서 언급한 4개의 언어를 모국어로 사용하는 외국학생을 알 수 있을 것이다. 그 친구의 힘을 빌려 위에서 언급한 5개의 예가 어떤 형태의 대명사와 동사가 사용되는지를 물어보라. 답은 항상 예상한 것처럼 분명하지 못 할 수 있다.

2. 미국인들은 이름을 부르면서 매우 쉽게 친한 사이가 되는 사람들로 알려져 있다. 그럼에도 불구하고, 다른 사람들을 부르는 용어는 상당히 차이를 보이는데 비공식적이고 거친 "야, 너 Hey, you!" 로부터 법원에서 판사를 부를 때 공식적인 "판사님 Your Honor * " 와 여성대사에게 "대사님 Madame

* 미국에서 판사를 부를 때 쓰는 존칭.

Ambassador"에 이르기 가지 다양하다. (당신을 분명 학부학생으로 볼 때) 언어적으로 사회성이 있다고 간주하면 당신은 (말하면서) 다음 예의 인물을 어떻게 부를 것인가:

| | |
|---|---|
| 아주머니 | an aunt |
| 육군대령 | an army colonel |
| 비슷한 나이의 사촌 | a cousin of about the same age |
| 시장 | a mayor |
| 수녀 | a nun |
| 의사 | a physician |
| 사제 | a priest |

## 10. 의사소통의 민족지

그의 1966년 논문에서 서로 상이한 것으로 간주하지만 언어를 본질적으로 동일하지는 않으나 사용법은 매우 유사한 것으로 간주하는 것이 일반적이라고 보고 있다. 그 후로 하임스는 반대되는 견해가 우세하다는 것을 주목했다: 언어는 기본적으로 매우 유사하지만 말의 사회적 사용은 문화 사이에 상당히 차이를 보인다고 이해한다. 초기에는 언어학자와 문화인류학자 사이에 애쓰는 분야가 엄격히 구별되어 있었다. 거의 예외 없이 언어학자들은 언어를 배워 그 안의 구조적 차이점을 발견하려고 하였고 또 그 언어들의 역사적 발달을 습득하기 위해서 언어를 배웠으나 인류학자들은 인간사회의 문화가 이룩한 작업을 이해하려고 인간사회를 연구하였다. 그러나 물론 문화와 언어의 사용은 쉽게 분리되지 않는다. 사람들은 다양한 문화 내 특수한 목적을 완성시키려고 언어를 쓰고 있음에 틀림없다. 인간사회가 부드럽게 기능하려면 그 사회의 구성원들이 언어능력(어른이 되기 전에 훌륭히 습득한 모국어 문법규칙들에 대한 지식)을 지녀야함은 물론—특정 문화적 맥락에 놓인 경우 무엇이 적절하고 무엇이 부적절한지를 아는—의사소통 능력도 가지고 있어야 한다. 하임스가 지적한대로 "모든 문법적 문장을 구사할 수 있는 어린아이는 … 사교모임에서 괴물로 변할 수 있다"(Hymes 1974:75). 커피 케이크를 칭찬하는 손님 앞에서 한 아이가 "엄마가 이 케이크가 형편없다고 했으나 내놓기 충분하다고 말했어"라고 하여 아직 충분하게 의사소통하지 못하는 아이가 당황스럽게 만드는 것을 부모들은 종종 경험한다.

문화적인 맥락에서 의사소통 행위의 성격과 기능이 **의사소통의 민족지학**(ethnography of communication)의 주제이다. 근대적 형태로는 의사소통의 민족지학은 1962년에 출간된 하임스의 논문 "말하기의 민족지학(The Ethnography of Speaking)"까지 거슬러 올라간다. 비교적 최신의 분야는 의사소통과 문화가 접하는 인간행동의 여러 측면에 초점이 놓여 있기에 의사소통의 민족지학의 연구는 근대적 학문세계가 증가하는 가치를 증명하듯 학제간 연구에 기여하고 있다. 어떤 학자들은 의사소통의 민족지학이 사회언어학의 범위 내에서 나타나는 여러 의문점 중 하나로 간주한다. 또 다른 이들은 의사소통의 민족지학이 인간의 교호작용(interaction)과 연관짓는 사회문화적 변수에 연관 있는 의사소통 행위의 연구로서 사회언어학보다는 넓고 더욱 포괄적인 것이라고 주장한다. 어떻든 간에 사회언어학과 의사소통의 민족지학 모두 중요하고 심도 있는 연구를 요구하는 탐구분야이다.

### 언어공동체와 관련된 개념

인류학에서 사회와 문화라는 용어는 일반적인 개념으로서 유용하다. 그러나 어떤 사회의 문화도 그 구성원 모두에도 균질한 모습을 지니지 않는다. 한 사회를 여러 구분으로 나누는 (소수민족, 캐스트 제도 등) 습득된 행동과 생각의 유형은 하나의 하위문화(소문화권)라고 일컫는다. 확장하여 이 용어는 특정 소문화의 특성을 노정하는 모든 이들을 집단적으로 일컫는데도 역시 쓰인다 (예를 들어, 소위 상류층뿐만 아니라 부랑민도 포함하여). 언어와 말 역시 일률적이지 않은 특징을 지닌다. 일반적으로 어느 특정한 사회는 특정한 언어와 연관되어 있는데 몇 개의 언어를 쓰는 복합 민족국가에서도 그렇다. 그렇지만 어떤 언어도 한 사회를 구성하는 (국민, 공동체, 부족 단위) 모든 언어 사용자에게 전혀 일률적이지 않다. 우리가 이미 경험한 것처럼 동일한 언어 속의 말투로 남·여 노소, 빈부 등을 구별할 수도 있다. 특정한 규칙으로 말하고 해석을 공유하는 사람들은 하나의 **언어공동체**(speech community)에 속한다. 그렇지만, 동일한 언어를 사용하는 사람들이 항상 동일한 언어공동체의 구성원은 아니라는 사실을 기억하는 것이 중요하다. 한편으로 인도와 파키스탄에 거주하는 남아시아 영어사용자들은 미합중국의 시민들과 언어를 공유하지만 사용하는 변종이나 말하는 규칙들이 상이하여 두 언어집단에게 상이한 언어공동체를 각각 할당하기에 충분하다. 또 다른 편으로 싸비어 – 트로이키(Muriel Saville – Troike, 1982:20)는 스페인어 공용어(公用語 the official language)와 과라니(國語 the national language) 중 하나만 사용하는 단일어 사용자도 파라과이에서 동일한 언어공동체에 속한다고 간주한다. 왜냐하면 두 언어 사용자들의 사회적 역할이 상보적이기 때문이다—양쪽 집단은 고용과 취업이라는 것에 상호 의존적이다.

한 사회의 구성원 대부분은 동일한 마을에 거주하게 되어도 여러 언어공동체에 속한다. 예를 들어 나이든 노인이 경매인의 단조로운 경매장 외침이나 학생들만의 대화를 진정으로 이해하는데 상당히 어려움을 겪을 수 있다. 그러나 경매인과 대학생은 노인과 대화에 필요한 정도로 말투를 쉽게 적응할 수 있고 충분히 이해할 수 있다. 그들이 해야 하는 바는 동일한 언어공동체에 속하는데 특징이 되는 발음유형, 문법, 어휘, 말투를 공유하는 것이다.

사람들이 상이한 국가에서 살고 다른 언어를 사용하지만 체코인들과 오스트리아인들처럼 상당량의 어법이 공유되는 경우도 있다 (그들 중에는 세계 제1차 대전까지 오스트리아 – 헝가리 제국에 일원으로 있다거나 제국 근처에 거주하는 사람들이다). 예로서 경제적 사회적으로 유복한 여성에게 인사하거나 헤어질 때 쓰는 어구로 체코어로는 "Rukulíbám, milostivá, paní!" 또 독어로는 "Küss' die Hand, gnädige Frau!" 가 있다. 영어번역은 "I kiss your hand, gracious lady"인데 영국이나 미국에서 쓰이는 소위 인사법과 상당히 다르다는 것이 명백히 드러난다. 언어학자들은 상이한 언어사용자가 말하기 규칙을 공유하는 지역을 〔동일〕언어지역(speech area)이라고 일컫는다.

관계있는 개념으로 쓰이는 용어로서 많이 쓰이지는 않지만 *언어밭*(language field), 말밭(speech field) 또 *언어망* 혹은 *말망*(speech network) (Hymes 1972:55)이라는 것들이 있다. 첫째 용어인 언어밭(language field)은 공동체에서 쓰는 언어와 언어

변동을 알아서 적절히 의사소통을 취할 수 있는 모든 공동체를 일컫는다. 말밭(speech field)이라는 개념은 언어밭과 유사하나 언어지식보다 말하는 규칙을 습득하고 있는가가 포함되어 있다. 마지막 용어 말망(speech network)은 상이한 공동체에 속하지만 말하는 규칙뿐만 아니라 언어변종도 공유하는 사람들 사이의 연결고리를 일컫는다. 예를 들면 모국어 뿐만 아니라 한 여인이 출판된 책이나 신문들을 모국어 이외에 네 언어로 읽을 수 있는 능력을 갖추었다면 모두 다섯 언어가 그 여자의 언어밭을 구성한다. 그렇지만 그 여자는 모국어 이외에 하나의 외국어로만 쉽게 의사소통이 가능하다면, 그때 그 여자가 두 언어로 효과적인 의사소통을 나누는 공동체가 그녀의 말밭을 구성한다. 그 안에서 출신이 어떻건 간에 두 언어를 그녀와 공유하고 말하는 규칙과 고고학 같은 전문적 흥미를 같이하여 사람들과 특수한 공감대를 형성하는 연결고리가 그녀의 말망을 구성한다.

**언어행동(Speech Behavior)의 단위**

언어행위의 상이한 수준을 구별하기 위해서 하임스는 화행의 민족지학적 분석과 기술을 위한 세 가지 용어를 사용한다—언어상황 (speech situation), 언어사건 (speech event), 화행 (speech act, 話行) (Hymes 1972:56–57). (만일 비언적인 의사소통도 포함시키면, 이 세 용어는 *말*(speech)대신 *의사소통*(communicative)이라는 낱말로 대신하고 확대될 필요가 있다. 결국 손짓이나 눈을 깜박이는 것도 문장과 같은 효과를 지닐 수 있다).

언어상황은 말하는 행위가 있는 맥락이다—즉, 언어행동과 전형적으로 연관된 상황의 특정한 집합이다 (연관된 상황이 없어도 가능하다). 언어상황은 가족만찬, 생일잔치, 유아축하모임, 학술회의, 대학내 맥주파티, 경매, 낚시여행, 퀘이커교도 회합, 사회에서 일어날 수 있는 수많은 상황 중 하나와 또 참여자와 목적의 관점에서 정의가 가능한 모임 따라서 다른 언어상황과 구별이 가능한 모든 상황이다.

민족지학적 분석을 목표로 하는 말(의사소통)의 최소단위는 화행(speech act)이다. 화행은 인사, 사과, 질문, 찬사, 자기소개 등이다. 정상적인 경우 단일 화자에게 속하는 것임에도 불구하고 집단적인 화행이 역시 존재한다. 예를 들어 교회회중이 기도하는 "아멘"(Amen)이나 젊은 생도들이 외우는 충성맹세(the Pledge of Allegiance)가 있다. 화행의 길이에 있어서는 한 단어(예, "꺼져 Scram", "감사해 Thanks")부터 5분짜리 엉성한 이야기 또 무대에서 장황설을 늘어놓는 것까지 다양하다. 서로 주고받는 말이나 사용법이 사회적인 규약에 지배받는 화행은 구두로 하는 의사소통의 기초단위가 되는 언어사건(speech event)을 형성하기 위해 결합한다. 언어사건의 예는 대담, 성직자에게 고해성사, 면담, 영업사원과의 문답, 전화문의 등이다. 이어지는 언어사건 사이의 경계를 표시하는 것은 대화참여자가 바뀌거나, 눈에 띄는 침묵, "내가 만일 주제를 바꾼다면, … ", "그런데, … 이하를 들어본 적이 있는가?" 같은 대담의 또 다른 화제를 소개하는 어떤 언급으로 표시된다. 특수한 환경에서 화행은 언어사건으로 바뀔 수도 있는데 많은 관람객이 들어간 영화관에서 "불이야"라고 어떤 이가 외칠 때 그렇게 된다.

동창모임은 언어행위의 세 가지 단위를 나타내는데 쓰일 수 있다. 모임자체가 언어상황의 예이다: 시작과 끝이 있고 보통 하루 중 잠깐 동안 일어나는 일이다; 참가자들이 동기생 그 배우자나 동반자로 제한된다. 그러한 언어상황에서는 여러 가지 언어사건이 일어나게 마련이다. 예를 들어 어떤 집단은 좋아했던 선생님과 교실에 있던 골동품에 관해서 회고할 수 있고 다른 집단의 구성원은 졸업이나 지난 번 모임이후 무슨 일들이 일어났는지에 관한 간략한 설명을 곁들일 수 있다. 그리고 다른 이들은 단순히 농담이나 담소를 나눌 수도 있다. 이러한 언어사건 속에 농담거리 하나나 개인 경험을 이야기하는 행위가 화행이다.

어떤 언어의 모국어 사용자로서 문법적으로 받아들여지고 의미 있는 문장들이 기대되는 것처럼 화행은 특정한 언어행위나 언어사건에 얼마나 적절한가에 따라 판단된다. 길에서 모르는 사람에게 "내 이름은 홍길동이라 하오; 몇 시입니까?" 하고 말한다면 그것은 엉뚱한 일로 간주된다. 유사하게 유아(영아) 축하모임에서 영아사망률의 증가를 화제로 올린다면 엉뚱한 일이 될 것이다. 부적절한 화행이 일어나는 때 언어사건이 언어상황의 참여자들은 부적절한 화행에 대하여 나중에 "그 여자가 말한 것 들었어? 얼마나 부주의했던 거야?" 혹은 "(홍)길동이가 그렇게 말한 일은 미친 짓이야, 돈 거 아냐?" 따위의 비판을 가하기 쉽다.

**의사소통의 구성요소: 참여자와 환경설정**

의사소통의 주된 도구로서 그 기능을 강조하는 언어기술은 그 언어의 소리(음운론)와 문법구조(형태론과 통사론)를 기술하는 것 이상이다. 사회의 구성원들이 자신들이 설정해놓은 목표를 만족시키기 위해서 상이한 상황에 따라 어떻게 언어를 사용하는가를 알아내는데 주의 깊은 현장조사가 필수적이다.

전통적으로 언어행동은 화자와 청자가 있고 그 양자 사이에 전달되는 메시지도 포함한다고 한다. 근대적인 민족지학 기술이나 분석들은 만일 특정한 경우의 의사전달 행위가 전반적으로 이해되려면 고려해야 하는 요소들이 많이 있다고 밝혔다. 이러한 요소 중 어느 것이 주요한 역할을 수행하는지는 일어나는 언어상황과 그것이 일어나는 특정 공동체에 의존한다.

*참여자*(participants)라는 용어로 서술된 요소는 메시지의 전달자(화자 혹은 발신자라고 함)와 의도적인 수신자(청자, 받는 이) 뿐만 아니라 메시지에 관심을 갖고 인식하는 (듣거나 보거나) 어느 누구라도 즉, 청중도 포함한다. 참여자의 숫자는 하나부터 수천에 이를 수 있다. 예를 들어 직업을 구하기 위한 면담이 예정된 사람은 예상되는 질문과 답을 연습할 수 있으며 따라서 전달자와 수신자의 역할을 취하게 된다. 그러나 야외 정치적 집회에서 한 사람 혹은 약간 명의 카리

스마를 갖춘 지도자가 수천의 추종자에게 [정치적 믿음을] 전달하고 또 그들을 동원하는데 성공을 거두기도 한다.

어떤 문화에서는 의사소통의 능력이 보통 사람들에게 제한된다고 인식하고 있지 않다. 기니아(Guinea)만의 서아프리카 부족인 아산티(Ashanti)족 가운데 산파는 태아의 아버지가 누구인지를 직접 태아에게 물을 수도 있고 최근에 사망한 사람들은 남은 친척에게 죽음이 누구 때문인지 혹은 무엇 때문인지를 전달할 수 있다고 믿는다. 또한 아산티족은 숲의 정령들이나 괴물들이 젊은이에게 의술을 지도할 수 있다고 믿는다. 이러한 존재는 휘파람 소리 같은 형태의 언어로 의사소통을 한다고 일컬어지며 사람들이 그들에게 기도하는 트위(Twi)어를 이해할 수 있다고 말한다.

사회 속의 언어를 논의할 때 지적한 것처럼 의사소통 행위의 철두철미한 민족지학적 설명은 참가자들의 성격을 조심스럽게 적어야 한다. 연령, 성별, 민족배경, 참가자 사이의 친족관계, 상대적인 사회적 지위, 친밀한 정도, 기타 여러 요인들이 의사소통 진행에 영향을 줄 수 있다. 누가 누구에게 말하는가 혹은 누가 있는데서 말하는가는 개인이 어떻게 (일상적으로 혹은 예를 갖추어) 말하는가 뿐만 아니라 참가자의 대화를 중단시킬 수 있는지, 어느 정도 길게 화행이 진행되어야 하는지, 표현력을 증진시키기 위해서 어떤 부수적인 통로를 사용하는가 등을 결정하는 경향이 있다.

어떤 의사소통 행위나 사건은 특정시간, 장소, 특수한 물리적 상황에서 일어나게 마련이다—즉, 하나의 특정한 환경으로 규정된다. 심지어 의사소통 사건이 동일한 종류의 것이라도 환경은 하나의 경우에서 다음 경우로 진행되는 동안 다소 변하기 쉽다. 그러나 변이는 문화적으로 한계가 정해져 있다. 소규모(대학)강의는 강의실에서 보통 이루어진다. 그러나 따뜻한 봄날이나 여름에는 강의실 밖에서 나무 그늘에서도 진행될 수 있다. 선술집이나 대학 내 행정본부

옆의 복도에서 모인다는 것은 적절하지 못한 것으로 간주될 수 있다. 만우절에는 여느 때엔 염치없다고 생각되는 농담을 주고받는다. 하임스는 환경과 장면에 구별을 가한다. 그에게 후자는 "심리적 환경"을 뜻한다. 주어진 환경에 스며있는 일시적 기분은 어떤 종류의 의사소통 행위나 사건을 끌어내거나 금할 수 있다. 그리고 이런 의미에서 심리적 환경인 장면은 환경을 규정하는데 기여한다는 것은 맞는 말이다. 사람들은 쉽게 동일한 환경을 상상하지만 참여자들은 전적으로 상이한 장면을 상상할 수 있다: 예를 들어 회사가 문 닫는다는 발표와 전격적인 임금인상 발표에 나타나는 마음가짐을 비교해 보라.

**의사소통의 구성요소: 목적, 통로, 기호, 메시지 내용, 형식**

말하는 것의 목적이 항상 정보를 전달하거나 생각을 교환하는 것은 아니다. 종종 사교적인 분위기를 성립시키고 서로 안거나 따뜻한 악수에 버금가는 것이다. 그러한 감정적인 효과를 이끌어내는 것을 목표로 하는 말하기를 *교감적인 언어사용*(phatic communion)이라고 일컫는다.

말하기 행위의 동기는 하나의 경우에서 다음 경우로 이어질 때마다 변한다: 개인은 제안하거나 요청하고, 겁주거나 애원하고, 칭찬하거나 책임을 묻고, 초대하거나 어떤 행동을 금하고, 어떤 것을 밝히거나 감추려고 노력하는 등 여러 가지이다. 개인의 목표나 목적은 그가 말하고 행하는 양태를 때때로 결정짓는다. 심지어 공격적인 사람도 속도위반으로 적발되면 적발경관이 범칙금 대신에 경고만을 주도록 유도하기 위해 온순하고 공손한 태도로 말하게 된다.

말소리를 빌어 청각은 가장 흔히 사용되는 통로임에도 불구하고 의사소통의 다른 통로들도 소홀하게 취급되어서는 안 된다. 그렇게 하는 것은 하나의 통로를 자주 주된 통로로 이용하면서 다른 통로는 부수적인 것으로 의사소통하는 행위를 무시하는 일이다. 연극대본을 큰 소리로 읽는 것과 전문극단이 공연하는 것을 보는 것은 지루함과 즐거움을 경험하는 차이를 뜻한다. 또한 매우 흔히 하나의 의사소통 통로가 또 다른 통로를 효과적으로 대신한다: 시각을 통한 군대예절은 입으로 복창해야 하는 존경과 명예의 표현을 눈으로 대신한다. 사진기자는 뉴스 사건을 담으려고 노력하는데 왜냐하면 "한 장의 사진이 말로 하는 천 마디의 가치가 있기" 때문이다.

가장 흔한 음향통로는 구강통로인데, 노래나 휘파람은 물론 말하기도 포함한다. 만일 인간의 언어가 일반적인 언어부호로 보면 영어, 노어, 나바호어, 일어처럼 수천의 특수한 부호로 실현되고 있다. 이러한 부호는 각기 수많은 하위부호를 갖고 있다. 영어는 국가지역에 따른 변종—미국식 영어, 영국식 영어, 호주식 영어 등—뿐만 아니라 뉴잉글랜드, 영국 중부지역, 남부호주 같은 (지역)방언을 지니고 있고 특수한 집단에 귀속되는 수많은 속어를 갖고 있다.

아산티족은 음향통로가 매우 다양하다. 입으로 내는 주된 부호는 다섯 개의 성조를 지닌다. 남녀 성직자가 사용하는 제식언어는 하나의 하위부호인데; 아산티족 범인들은 이해가 불가능한 초기형태의 말이다. 구구하며 우는소리와 태아나 치아가 없는 유아에게만 알아들을 수 있는 것으로 구성되어 있는 소위 영혼언어(the so－caled language of the ghosts)는 목청은 쓰지만 구강기관을 쓰지 않는 음향통로의 한 예이다. 구강 조음기관을 쓰지 않는 다른 형태의 아산티족 부호로는 메시지와 신호를 주고받는 북소리 부호가 있다. 비슷한 목적으로 쓰이는 뿔(나팔)소리 부호, 일반 대중을 부르는데 쓰는 징소리 부호, 아산티족 자신들은 쓰지 않지만 그 종족의 주술사(medicine men)를 지도하는 숲 속의 정령과 괴물들만이 쓰는 휘파람이 있다. 조상 영혼들을 달래는 제식의 어떤 부분은 완벽한 침묵 속에서 진행되고 다른 부분은 단지 추장의 몸짓으로만 의사소통이 허락된다.

메시지 형식과 메시지 내용은 밀접히 연관되어 있다. 혹은 하임스(1972:59)가 쓴 대로 "*어떻게* 말해지는가가 *무엇이* 말해지는가의 일부분이다 … 는 진실이다." 바꿔쓰기는 메시지 내용을 나타내기에 충분할 수 있으나 단지 정확한 단어들을 인용하는 것만이 하나의 화행을 적절하게 메시지 형식으로 나타낼 수 있다. "전혀 농담이 아니야; 내가 네게 경고했지—자 지금 빨리 나가라 Like hell I'm kidding; I've warned you – now get out, fast!" 라는 진술을 "단호한 어조로 나는 그가 더 이상 환영받지 못한다고 그에게 말했다 I told him in no uncertain terms that he was no longer welcome" 라고 바꿔 쓰는 것은 바꿔 쓸 형식이 더 이상 원래의 내용과 공통적인 부분을 지닌 색조와 감정을 상실하고 만다는 것이다.

이즈음 *말투*(register)라는 용어를 언급하는 것이 적절한데 그것은 특정한 사회적 상황을 나타내는 언어의 변종을 지칭한다. 미국 언어학에서 이 용어는 한 언어에 있어서 광의의 변종들 사이에 차이를 드러내는데 쓰이는데—예를 들어 사투리(매일, 통상적인 구어체)와 표준형(명성을 획득한 말투) 영어의 차이이다. 영국에서서는 *말투*라는 용어가 법률상 말투, 과학적 말투, 종교적 말투, 친숙한 말투 등 특정하게 정의된 수많은 변종으로 사용된다.

**의사소통의 구성요소: 장르, 열쇠, 상호작용의 규칙, 해석의 규범**

*장르*라는 용어는 특수한 의사소통 상황에 관련되거나 특수한 양식, 형태, 내용으로 규정된 화행(話行 speech acts)이거나 언어사건(話件 speech events)을 일컫는다. 예를 들어, 종교적인 경우나 제식은 기도나 설교처럼 특수한 장르가 정례적으로 요구된다. 설교나 기도 모두 형식에 집중이 요구되는 제례양식을 띤다. 바로 이것이 *thou, thee, thy, thine* 같은 단어가 '*you, your, yours*' 를 대신하여 기도문이나 퀘이커 교도들의 언어생활에 현재까지 남아 있게 된 이유이다.

구세계의 동화나 동화 낭송가들은 "옛날에 Once upon a time" 같은 구절로 이야기를 시작한다. 그리고 "그리고 행복하게 살았대요 And they lived happily ever after" 혹은 좀더 노력을 들인 꼴로는 "그 축제가 9일 낮과 밤을 계속되었고, 900 (깽깽이)바이올린연주자와 900 플루트주자와 900 피리주자가 있었다. 결혼식의 마지막 낮과 밤은 처음보다 더욱 훌륭했다: The festivities lasted nine days and nine nights. There were 900 fiddlers, 900 fluters, and 900 pipers, and the last day and night of the wedding were better than the first"라는 것으로 동화의 끝을 맺는다. [유럽이라는]구대륙 세계의 동화에게 중요한 사건들은 세 번씩 일어나는데 반하여 (즉, 전형적이거나 신비의 수가 3인데) 미주 토착민의 이야기에는 사건들이 네 번씩 일어난다.

신화는 또 하나의 장르를 나타내고 있다. 세계의 모든 전통에 하나씩 찾아볼 수 있다. *nihʔóóθoo* '백인' 은 아라파호(Arapaho) 재주꾼 이야기에 나오는 인기 있는 인물인데 아라파호 전래이야기는 거의 틀림없이 재주꾼이 이야기 첫 문장에 강의 상류와 하류를 걷게 만들고 있다. 끝은 "이것이 이야기의 끝이다 This is the end of the story"라는 형식으로 표시된다. 오래건 주의 미토착민 언어인 상류치누크(Upper Chinook) 말에서 어디에서도 찾을 수 없는 자질들이 신화의 성격을 규정짓고 있다(Hymes 1958). 상류치누크 부족의 신화분석의 특징은 음운적(예를 들어 놀람이나 흥분으로 말더듬을 나타내려고 단어 첫 자음을 중복한다), 형태적(신화에 나타나는 인물들의 말에서 명사형 접두사를 제한한다), 어휘적(신화에만 특정 이름들이 쓰인다), 통사적으로 나타난다. 상류치누크 말이 지닌 다른 언어자질은 일상적인 말투에 국한된다.

"전쟁 말투 war talk"는 나바호(Hill 1936)와 다른 미주토착민이 쓰고 있다. 적지에 들어가면서 나바호 전투부대의 지휘자가 부대원에게 이 말투를 사용하도록 지시했다; 이 단어들은 보통 가축이나, 포획물, 가져오고 싶은 것들을 지칭하는 말과 상이하고; 전투부대의 구성원들은 귀가할 때까지 출정에만 쓰이는 이 언어를 썼다.

아마도 장르나 다른 구성요소보다 더욱 다양한 꼴은 키(열쇠, key)인데 문화에 따라 다양하게 변화한다. *키*라는 용어로 하임스(Hymes)가 "성조(tone), 태도(manner), 하나의 행위가 이루어진 정신 (spirit in which an act is done)"이라고 지칭하고 있고 "환경, 참가자, 메시지 형식 등이 동일한 행위들도 키어조에서 예를 들어 *조롱*이나 *진지*한 어조 혹은 *겉치레*이거나 *수고*를 치르는 어조에서 차이를 보일 수 있다"고 덧붙인다 (Hymes 1972:62). 키어조는 남을 칭찬하는 것처럼 비아냥거린다면 다른 구성요소들을 제압할 수 있다. 한 집단의 구성원들이 자주 특정한 키어조를 써서 그 효과의 대부분이 상실될 수 있는 반면 또 다른 어조는 아주 드물게 사용되어 듣는 사람이 그 효과를 확인하거나 그 사회적 의미를 이해하는데 힘든 경우도 있다.

의사소통 행위는 상호작용의 규칙들에 의해 지배받는다. 정상적인 상황에서는 한 언어공동체의 구성원들은 무엇이 적절하고 적절하지 않은가를 알고 있다. 미합중국의 중산층을 예로 들면 절친한 친구나 가족을 제외하고 대화를 중단시키는 것은 적절한 행동이 아니라고 여긴다. 그러나 만일 어떤 이가 대화를 독점하면 중간에 끼어드는 허용된 방법들이 있기 마련이다. 다른 사람을 칭찬하는 찬사는 통상 기꺼이 받아들인다. 그러나 어떤 말은 그 찬사가 전적으로 받을 만한 효과를 내지 못할 수도 있다. 상호작용이 중단되거나 전적으로 방기되는 때 당황스러운 결과를 초래하면 사과가 있기 전에는 앞으로의 접촉은 무리가 따르게 되고 심지어 기피되기도 한다.

적절한 상호작용을 무엇이 구성하는가 하는 판단은 역시 해석에 종속한다. (상호작용의 규칙같이) 해석의 규범은 문화에 따라 다르고 종종 미묘하고 보통 변별력이 있거나 깊은 차이가 있다. 단 하나의 사회에서 만일 그 사회가 사회적 민족적으로 다양하면 모든 구성원이 상호작용의 동일한 규칙들이나 해석의 동일한 규범을 사용하지 않게 되기 쉽다.

만일 해석의 기준을 대화자가 공유한다면, 그들 사이의 관계는 이해와 조화로 표시되기 쉽다. 데보라 태넌(Deborah Tannen 1982:219)은 대부분의 미국인들이 사용하는 것과 약간 차이가 있는 해석의 기준이 공유된 예를 보여주고 있다.

(참고로 한 예는 그리스 가정이다.) 결혼 전에 그리스 여자는 "어떤 일을 하기 전에 아버지의 허락을 받아야만 했다 … 예를 들어 딸이 아버지에게 춤추러 가도 되냐고 물었다면, 아버지는 *'가고 싶다면 가거라 An thes, pas'* 하고 말했다. 딸은 갈 수 없다는 것을 알았다. 만일 아버지가 딸에게 가도록 정말 허락한다면, 아버지는 *'그래, 가야지. Ne, Na pas'* 하고 말할 것이다." 아버지가 대답하는 방법에서 그의 억양(*만일*이 이끌어내는 절에 올라가면)이 허락하지 않는다는 의미를 강조한 것이다.

문화적 배경이 상이한 남편과 아내 사이에 영어로 행해진 대화에서 해석의 기준에 나타나는 미미한 차이는 오해를 불러일으킬 수 있다. 다음 예 역시 태넌(1982:220-221)에서 나온다. 뉴욕 태생의 아내와 그녀의 그리스계 남편 사이에 재구성된 대화는 다음과 같다: "아내: 존이 잔치 벌렸네. 가겠어요? 남편: 좋아요(OK). (얼마 시간이 흐른 후) 아내: 가겠다는 것이 확실해요? 남편: 좋아요(OK), 가지 맙시다. 나 좀 피곤해." 태넌이 붙인 평은 아래와 같다(단지 여기에서 일부분만 적는다):

> 오해를 언급하면서 미국인 아내는 자신의 선호도를 무시하고 남편이 가고 싶은지를 단순히 물었다고 보고했다. 아내는 단지 남편을 위해 이 잔치에 가려고 했기 때문에 두 번째 물으면서 가고 싶은 것이 남편의 뜻인 것을 확인하려고 시도했다. 아내는 걱정하면서 배려하는 마음이었다. 그리스계 남편은 잔치이야기를 꺼내면서 아내가 잔치에 가고 싶다는 것을 알리는 것이고 그래서 가겠다고 했다고 말했다. 그러자 아내가 또다시 잔치이야기를 꺼내서 남편에게 그녀가 가고 싶지 않다는 것을 알렸고; 명백히 마음을 바꾼 것이다. 이것은 아버지가 답을 직접 딸에게 말하는 것을 기대하지 않는 … 그리스계 딸이 보고한 전략과 정확히 같은 것이다.

상이한 규칙에 의거하여 짐작으로 상대방을 해석하는 경우 오해가 발생할 수 있다. 멕시코 출신의 미국시민들은 일본 출신의 미국시민들과는 의사소통의 내용을 해석하는데 있어 상이한 규범을 갖고 있는 것은 당연하다. 이러한 차이점들을 알고 있는 것과 이해와 적용의 필요성은 문화간의 의사소통에 특히 결정적인 것이다. 아랍권 나라와 미국출신 남학생들을 통한 콜로라도 대학의 연구에서 왓슨과 그레이브스(Michael Watson and Theodore Graves 1966:976-979)는 그들이 가정했던 것처럼 "아랍권 학생들이 미국학생들보다 대화할 때 서로 더 직접적으로 마주보았고, 나란히 붙어 앉았고, … [또] … 신체접촉의 성향이 나타났으며, 미국학생들보다 큰 소리로 대화했다 … 여러 지역출신인 아랍권의 학생들이 동일한 지역출신의 미국학생들보다 더 비슷한 것〔처럼 보였〕이다. 미합중국 방문자들은 미국인들의 의사소통 행위를 자신들의 규범에 따라 해석함에 있어, 반대방향도 마찬가지로 상이한 문화의 올바른 평가보다 단지 오해로 귀결될 수 있다.

말의 다양한 구성요소들을 토의하면서 하임스는 SPEAKING이라는 영어 단어를 기억하기 쉬운 도구로써 사용하고 있는데 각 글자에 따라 환경(*s*ettings), 참여자(*p*articipants), (일전에 "목표 purpose"로 토의되었던) 목적(*e*nds), 키(*k*eys), (일전에 "통로", "부호", "메시지 형태"로 토의되었던) 도구(*i*nstrumentalities), 기준(*n*orms), 장르(*g*enres)로 나타낸다.

최근 자주 사용되는 개념은 **틀**(frame, 혹은 역동성을 부여하면 "틀짜기framing"라고 부르는데)이라는 용어이다. 이것은 하임스가 "키key"라고 부른 것과 밀접하게 연관되어 있다. 또 근대민속학에서 공연(performance)이라고 일컫는 것을 뜻한다. 특수한 공연—즉, 대면하는 공연(혹은 대화)의 참가자가 말하는 것으로—의사소통이 해석되고 이해되는 그 참고틀(frame of reference)을 흔히 결정한다. 독특한 틀은 문화적으로 특수하고 어느 정도 혹은 상당히 사회마다 변화를 보인다. 틀(혹은 틀짜기; 여기에 속하는 목록은 늘어날 수 있으나)은 훙정, 불평, 축하, 변명, 빗대어 말하기, 대담, 농담, 흉내내기, 보고하기를 포함할 수 있다. 이러한 환경은 [대화 당사자가] 나이나 사회경제적 지위가 상이한 경우를 제외하고 참여자들이 서로 친근하다는 뜻을 갖는다. 공통적인 틀이 결여된 특별한 경우는 문화적 배경이 두드러지게 상이한 두 사람(혹은 여럿)이 만나게 된다면 일어난다. 그러한 경우의 대화목표는 쉽사리 달성되지 못하고 심각한 오해가 일어날 수 있다.

대화가 틀을 갖추는 방법의 목록은 [각, 두]운(rhyme)같은 문체도구; 또 음운도구—예, 박자, 억양 따위; 또 은유, 은유법 같은 본새; 또 우화의 시작과 끝을 알려주는 장르공식; 또 특수한 부호—예, 고풍의 단어와 외설 표현을 사용한 경우; 또 공식적인 문체나 친밀한 문체 같은 구별되는 말하기 류(流)가 들어 있다.

와다나베(Watanabe 1993)가 미국과 일본의 대학생 집단 토의를 설명하면서 틀에 있어서 문화적인 차이를 기술하고 있다. 예를 들면, 미국학생들은 즉각적이고 직접 토의에 참여하고 흥분하는 반면 일본학생들은 의도적으로 참여하고 자신의 논점을 점차적으로 드러낸다. 게다가 미국학생들은 잠재적인 대립을 주어진 것으로 받아들이는 반면, 일본학생들은 대립을 피하려고 노력했다. 논쟁을 지원하고 반대하는 쟁점을 모두 고려하면서 피했다. 이러한 일본학생의 특수한 성격이 미국학생들에게는 너무 간접적이고 애매모호하다고 인식되었다. 와다나베(1993:205)에 따르면,

> 일본인과 미국인이 논쟁의 여지가 있는 쟁점을 논의하고자할 때 일본인은 논쟁에 참여할 수 없는데 그 이유는 미국인이 한번에 하나씩 논쟁을 너무 빠르게 전개하기 때문이다. 그래서 좌절을 느낄 수 있다 [여기에서 참조점은 미국인이 매번 하나의 논점을 전개하면서 매번 결론에 이르렀다는 사실이다]. 동시에 미국인들은 일본인들이 비논리적이고 파악하기 어렵다고 인식할 수 있다. 왜냐하면 일본인들은 논쟁을 지지하면서 동시에 상반된 설명을 늘어놓기 때문이다.

### 수바누 부족민들의 취중변

말하기의 민족지학적 설명으로 말하기 상황의 좋은 예가 "수바누말로 술 한 잔 청하기 How To Ask For a Drink in Subanun"(Frake 1964)이다. 수바누(Subanu)족은 필리핀 민다나오 섬 내륙의 반도 중 하나에 위치한 산악지역에 살고 있는 화전민이다. 후레이크(Frake)의 논문은 쌀과 마니옥(manioc), 옥수수 따위로 만드는 *가시*(gasi)라는 발효주인데 후레이크는 "맥주"라고 이름 지었다. 맥주 마시는 일은 특별한 일이나 몇 가족이 준비한 경우에 잔치에 참가한 사람들에게만 제한되는 필수적 행위이다. 발효된 건더기가 담긴 도자기 항아리에서 맥주를 대나무 빨대를 이용하여 마신다. 마시기가 시작되기 전에 그 항아리는 물로 채운다. 알코올과 물이 섞인 항아리를 돌아가면서 한 사람씩 밑바닥부터 대롱으로 빨아 마신다.

처음 단계에서는 맛만 본다. 이 단계에서 항아리를 마련한 사람이 제일 존경받는 이를 초대한다. 이 사람은 자신과 초대받은 사람들 사이의 친소관계나 지위에 맞추어 순서대로 자신이 먼저 마셔도 좋은가를 물어 보면서 모두에게 먼저 마신다고 허락하라는 표현을 반드시 곁들여야 한다. 몇 순배의 맛보기가 지나면 경쟁적으로 마시기가 이어진다. 이 단계에서는 대화가 맥주의 양과 참가자들의 행동거지로 좁혀진다. 동일한 순배에서 처음 마신 사람의 맥주 양보다는 적은 양을 마셔서는 안 된다. 이 경쟁관계에서 결과적으로 참가자는 대여섯 사람으로 줄어든다. 그러면 경쟁적으로 마시기가 시시한 잡담과 최근 관심사까지 섞여 가면서 토의로 지속된다. 맥주 마시기는 후레이크가 "마시기 시합 game drinking" 이라는 용어로 기술한 때 정점에 이른다. 그것은 언변의 과시적 요소가 다분하다. (후레이크의 뒷부분 두 단계의 기술은—토의와 언변 과시—10.1에 예가 있다.)

간단히 말해서 수바누 족에는 잔치 술 마시기의 상황에서 말하기가 한 개인의 사회적 관계를 확장시키고 정의되고 조정되는 것에 쓰일 수 있다. 수바누어

**상자 10.1 수바누 부족민들의 잔치풍의 음주와 담소**

모임의 크기와 역할 - 구조(role - structure)가 정해지면서 담화는 화제가 동떨어진 참고인에 이르는 곳까지 변화하는데 처음에는 상대적으로 사소한 소문으로부터 최근의 흥미를 자아내는 좀더 중요한 주제에까지 진행되어 마침내 상당한 경우 소송에 이르기까지 한다 … 법률적인 결정을 효과 있게 하기 위해서는 그 법적 송사에서 통제하는 역할을 획득하고 그 위치에서 효과적으로 논쟁을 수행하는가에 달려 있다. 결정을 뒷받침하는데 법률적으로 적용 가능한 강제력은 없기 때문에 결정에 상응하는 벌금을 지불하는 것은 그 결정을 내린 개인이 말싸움에서의 공훈에 대한 최후의 증언이다.

… 만일 음주가 길게 지속되면, 메시지의 초점은 노래와 시짓기의 문체가 구비된 패턴에 맞추어 메시지를 구성하는 화제로부터 변화한다. 노래와 시는 오페레타와 비슷한 환경에서 토의를 수행하는 바로 그 장소에서 작성된다. 이와 같은 방법으로 합의에 이르지 못한 소송이 진행되어도 결정의 기초는 당면한 논쟁에서 말재주로 변화되고 있다. 가장 명예로운 종류의 음주노래는 의미는 같으나 형식이 상이한 시 구절을 매 행 되풀이 하면서 비밀의 어휘를 능숙하게 사용하는 것을 요구한다. 음주놀이는 이러한 말재주와 흔히 같이 나온다. 음주노래와 음주놀이는 참가자 모두에게 잔치가 기분 좋게 마칠 것이라는 점을 확신시켜주는데 도움이 되고, 그 목표는 수바누 부족민이 명백히 언급하는 것이다. 음주하면서 이야기를 나누는 동안 서로에게 적대감을 드러낸 참가자들은 좋은 감정으로 회복하기 위해 고안된 특수한 제례치료를 위해 선발되기도 한다.

챠알스 후레이크 "수바누 말에서 한 잔 청하기" 에서 (1964) 130-31.

를 문법적으로 의사소통 하는 정도로는 부족하다. 수바누 사회에서 지도자의 위치에 도달하고 존경받기 위해서는 "대나무 대롱을 사용하는 취중 말하기"

기술을 갖추어야 하는데, 즉 그 사람은 언어를 창조적으로 사용할 수 있어야 됨은 물론이고 무엇을 말하고 누구에게 언제 말하는지를 반드시 알아야 한다.

### 말사용에 대한 태도

모든 공동체에서 정보의 덩어리는 말로 이전된다. 그러나 어떤 공동체의 구성원들은 다른 공동체의 구성원들보다 더욱 말하기에 쉽사리 동참한다. 플라톤은 그의 *법률*(Laws)에서 그리스에서는 아테네인들이 말하는 것을 좋아할 뿐만 아니라 엄청나게 얘기한다는 것을 폭넓게 믿고 있다는 나이 지긋한 아테네인의 촌평을 적어놓았다. 스파르타인(Lacedaemonians)은 과묵한 경향이 있고 크레타(Creta)인들은 다재다능하지만 말은 간략하게 하는 것을 좋아한다(Plato 1961:1242:641e). 다른 사회에서 어떤 구성원들은 말하기를 격려하고 좋게 평가하나 다른 구성원들은 억제하고 부정적인 가치를 부여하기도 한다. 힐거(Inez Hilger 1957:44-45, 81-83)에 따르면 칠레 중남부 아르헨티나와 접경지대 아로카니아(Araucanians)부족에서는 남자들이 말을 많이 하는 것이 기대되고 말하기 잘하는 사람이 높이 존경받는다. 대조적으로 아로카니아족 여자들은 말을 적게 하도록 교육받고 공공장소에서 조용히 말하며 남편이 있는 곳에서는 침묵하도록 양육된다 (여자 앞에서는 얘기하나). 다른 사회에서는 말하는 양의 차이는 대부분 개인적 성향에 의존한다. 몽골인의 태도 역시 친 · 처족간에 엄격하다.

미합중국에서 대부분은 사람들은 쉬지 않고 얘기하는 사람이나 적어도 다변인 사람(좌담꾼, 수다꾼, 잡담꾼, 재잘대는 사람, 수다쟁이 등)과 과묵한 사람(자물통 입, 닫힌 입, 과묵한 사람, 말없는 사람 등)을 구별한다. 스스럼없이 말하는 사람들은 일반적으로 선호된다. 왜냐하면 말이 없는 사람들보다 더욱 자신감 있어 보이고 사귀기 쉽기 때문이다. "고요한 물은 깊다"라는 속담은 조용한 행실이 예상하지 못한 성격을 감추고 있을 수 있다는 것을 시사한다. 전체적으로 침묵을 지키는 것은 미합중국에서 호감을 주는 이로 간주되지 않는다. 한 연회에서 10초 동안 아무 말도 없다면 심지어 그 침묵을 깨기 위해서 몇 사람이 동시에 말을 꺼내는 황당한 순간이 초래될 수 있다. 그렇지만 어떤 특수한 상황에서는 말하기가 금지된다. (퀘이커 교도들의) 형제회(the Society of Friends)의 모임 중에는 신과의 교통을 큰 소리로 기도하거나 찬양보다 내적 영성(Inner Light)을 기다리며 침묵 가운데 찾게 된다.

어떤 사회에서는 말을 삼가는 것이 다양한 상황 하에서 기대되며 미국 내의 일반적인 태도와는 대조적으로 흥미를 유발한다. 애리조나 중부의 씨버큐(Cibecue)지역 서부 아파치가 "말을 포기하는" 상황을 기술하기 위해서 우리는 바소(Keith H. Basso 1970)의 작업에 의거한다. 바소는 서부 아파치인들이 말을 삼가야 하는 6가지 상황을 논의하고 있다. 그 중 하나는 아파치이건 다른 사람이건 외부인을 만나는 경우이다. 보통 그런 상황은 로데오 같은 대규모 모임에서 벌어진다. 그러나 4인조 인부들이 같이 일하는 경우에도 낯선 두 사람은 말하는 것을 삼가게 된다고 보고하였다. 그들은 네 번째 밤이 되도록 서로 이야기를 건네지 않는다. 서(西)아파치 문화에서 다른 이들에게 쉽사리 이야기를 건네는 외부인은 그들에게서 무엇인가를 획득하려는 것으로 의심받거나 너무 술을 많이 마신 것으로 의심받는다. 또 하나의 상황은 구애의 초기단계에서 벌어진다. 공개적인 모임에서 젊은 연인들은 손을 잡고 있을 수 있으나 한 시간 가량까지 서로에게 한마디 하지 않는다. 혼자 있는 경우처럼 일반적으로 침묵을 지킨다. 소녀들의 경우는 침묵이 수줍음과 자각과 겸양으로 치부된다.

서 아파치 부모들이 기숙학교에서 돌아오는 아이들을 만나는 경우 한 시간의 4분의 1인 15분까지도 완벽한 침묵이 지속된다. 도착 후 아이들이 편하게 대화를 전개할 수 있는 반면, 부모는 며칠이 지나야 아이들과 보통의 대화를 나누게 된다. 부모 쪽에서 침묵을 지키는 이유는 아이들이 새로운 생각에 노출된 결과 그들의 태도나 행동이 변하기 쉽고 "그 아이들이 집에 돌아와서 어떻게 반응하는지"를 기다리고 보는 편이 현명하다는 그들의 믿음에 기초한다. "악담을 퍼붓기"(욕먹어 싼지 아닌지 간에)는 또한 침묵하는 이유가 된다.

"남에게 악담을 퍼붓도록" 화가 난 사람들은 잠시 이성을 잃은 것으로 간주하고 댓구하는 것은 그 화난 이들의 자제력을 잃게 할 가능성이 크다. 여전히 다른 조건들이 침묵을 요하는데 "슬픈 자와 함께 있을 때" (최근에 배우자나 친척을 여윈 자에게 말걸지 않는 것이 사려 깊은 일로 간주된다. 왜냐하면 가슴 저미는 슬픔이 호전적으로 만들 수 있기 때문이다) 그리고 "노래 부르는 사람들과 같이 있을 때" (치유제식 행위에서 이야기 하여서는 안 되고 특히 치유사가 노래를 부를 때) 이야기해서는 안 된다. 바소는 서 아파치 문화에서 "말로 소통하는 것을 금하는 이유는 [주] 대화자의 지위가 애매하고 … 사회적인 관계에서 불확실성과 예측할 수 없는 장면에 대한 반응[을 구성하는 것]"으로 가정하고 있다 (Basso 1970:227).

전통적인 나바호 부족의 침묵이 [위의 아파치와] 유사한 사회적 맥락에서 발생하는 증거가 있다. 이는 침묵하는 상황이 널리 분포하고 있다는 사실을 보이는 것으로 받아들여하는 함에도 불구하고 나바호와 아파치 부족은 서로 밀접하게 연관되어 있고 따라서 적어도 이러한 침묵행위에서 보이는 특징 중 어떤 부분은 매우 오래된 것일 수 있다.

멕시코 치아파스 주의 중부 고지대에 살고 있는 떼네야빠 쩰딸(Tenejapa Tzeltal)족에게 말하기가 문화적인 초점인 것은 그들의 정교한 말투를 지칭하는 어휘에서 자명하다. 스트로스(Brian Stross 1974)가 기초한 416개 용어 중에서 예를 들면 풀밭에서 나누는 말투, 야간 말투, 옆으로 누운 사람이 쓰는 말투, 임신한 사실을 밝히는 말투, 좌정한 사람들이 쓰는 말투, 배고프거나 단식 중인 사람이 쓰는 말투 등이 있다. 악의에 찬 소문, 욕, 희롱, 위협, 비문법적이고 엉성한 말은 형편없이 취급되고; 노래, 기도, 유려한 연설, 주의를 기울인 발음으로 의도적인 발언은 높게 평가된다. 공공장소에서 특히 이야기를 잘하는 것은 모든 사회에서 귀히 여긴다. 그러나 "말하는 것"이 무엇인가에 대한 정의는 모든 문화에서 동일하지 않을 수 있다. 주니(Zuñi)족의 기도문, 노래, 신화, 제식에 쓰는 대화에 있는 신성한 어휘는 위엄을 갖춘 것이고, 주니 젊은이들이 쓰고 있는 빠르게 변하는 속어단어들은 미련하고 하찮은 것으로 간주되나 구제 불가능은 아니다 (Newman 1955). 브리티시컬럼비아 밴쿠버 섬의 과기우틀(Kwakiutl) 족이 단어의 뜻을 비약하는 경향을 보아즈(1940)가 과기우틀 족의 은유적인 표현을 논하는 저서에서 기록하고 있다. (영어 번역으로) 양질의 말투를 취하려고 조롱하다 "to ridicule"를 표현하기 위해 초조하게 하다 "to nettle"로부터 우리 세계를 급히 여행하다 "to post of our world"까지 변화시키고, 추장 "chief"을 맵시가 있는 "having a sweet taste"로 쓰기도 한다. 나바호에게는 단어가 "힘이 있는 그 무엇이다. 어떤 단어들은 선을 모으고 어떤 것들은 악을 내쫓고 어떤 단어들은 위험한데, 특수하게 정의된 조건하에서 오직 특별한 사람만이 말할 수 있다"라고 본다 (Kluckhohn and Leighton 1962:260).

대체적으로 사람들은 토착어를 의사소통의 가장 자연스럽고 효과적인 수단으로 간주한다. 그들이 왜 그렇게 생각하는지 쉽게 이해할 수 있다. 그러나 많은 민족들은 다른 민족의 언어를 (또 그 언어의 사용자를) 존경심 없이 보는 것도 사실이다. 체코인들은 자신들의 언어가 매우 풍부하고 표현력이 좋은 것으로 믿고 있다. 체코작가나 시인들은 그들의 언어를 작품에서 찬양해 왔다. 동시에 어떤 체코인은 체코 공화국의 동쪽에서 쓰이는 매우 가깝고 서로 이해가 가능한 슬로박어를 체코어의 모방형 쯤으로 간주한다. 체코어와 동일하지 않거나 거의 똑같지 않은 슬로박 표현을 체코인은 괴상한 것으로 받아들이고 척 들어 이해되지 않는 슬로박 단어나 구들은 이질적인 것으로 받아들이고 끔직한 것으로 간주한다. 알 수 없는 언어들이 더 나은 대우를 받는 것도 아니다. 독일인을 칭하는 *Němec*이라는 체코 단어는 *němý* '말이 없는'이라는 형용사로부터 수세기 전에 유래됐다. 왜냐하면 발음할 수 없는 이해 불가한 외국어를 구사하는 사람은 말 못하는 벙어리[아 啞]와 같이 취급되었기 때문이다.

## 언어이념

1970년대 후반부터 많은 수의 연구가 **언어이념**(언어학적 이념 linguistic ideology)을 취급하고 있다. 앞에 토의 되었던 내용보다는 다소 넓게 범위를 잡아보면, 언어이념은 언어의 본성과 기능을 파악하는데 하나의 합리적인 설명으로 그 언어의 사용자들이 표출하는 언어에 대한 믿음 같이 정의할 수 있다. 혹 다르게 적어보면 언어이념은 사회모형과 대화의 종류를 잇는 중간자로서 간주된다.

서구문화에서 담화의 본성에 관한 주정(主情)주의의 영향은 상투적으로 여성과 연관되어 있다. 파푸아 뉴기니의 조그만 마을 가푼(Gapun)에서 행한 현장조사를 의거하여 돈 쿠릭(Don Kulick)은 "언어이념을 단지 언어에 국한한 것으로 전혀 보이지 않는다 … [그러나] 언어이념은 성과 그 표현처럼 포괄적이고 또 '세련' 된 문화의 제 측면과 엮여 있다"라고 썼다 (Lulick 1998:100).

가푼 지역의 사투리(지방어)는 타이압(Taiap)이다. 그러나 지금 언어의 모습은 타이압에서 톡피진(Tok Pisin)으로 변하고 있다. 톡피진은 파푸아 뉴기니에 국제적 통용어로 된 크레올이다. 오늘날 20세 미만의 젊은이들은 타이압을 적극적으로 사용하지 않는다. 마을에서 담화 중 나오는 장르를 보면 이 맥락에서 두 가지를 반드시 언급해야 하는데: 진부한 여성 담화인 *크로스*(kros), 이것은 종종 타이압에서 분노를 나타내는 욕설이 들어가며 음란한 말투이나 "남성이 집에서 하는 대화"인 점잖고 유려하며 효과적으로 말을 사용하는 방법은 통상 톡피진으로 한다. 전자인 *크로스*는 부정적으로 후자는 긍정적으로 평가한다.

가푼 지역에서 여성은 남성과는 대조적으로 직접 분노를 표현하지만, 이러한 차이는 이념적인 차이를 담고 있다: 타이압은 전통, 땅, 여자, 이기심, 독불장군식의 개인주의, 반사회적인 행위와 연관이 있고; 톡피진은 문화변화의 요소와 연관되어 있는데—백인, 교육, 돈, 기독신앙, 인간이다. 오늘날 가푼 지역에서 이러한 말의 사용이 "언어, 영향력, 성별과, [이러한] 현상과 관계에서 나타난

하나의 공동체에 존재하는 특수한 사상을 강화한다 … 그들이 사용하는 것처럼 특정한 방법으로 언어를 사용함으로 남녀 사이에 존재하는 두드러지게 판에 박은 듯한 관계를 재현하고 또 다시 만들어낸다 … 그들은 기독교, 문명, 근대사회와의 관계 내에서 사회적으로 의미 있는 방법으로 자신의 위치를 설정한다"(Kulick 1998:100).

종합해 보면 한 사회의 구성원들의 일반적인 언어사용이나 의사소통 행위에 대한 태도를 연구하는 사람들은 다음과 같은 것을 묻게 마련이다. 특수한 어법(의사소통법)이 존경이나 비하하는 사람을 정의하는데 도움 되는가? 어법(의사소통법)이 특정한 사회문화적인 역할을 정의하는데 도움이 되는가? (예를 들어, 할아버지, 추장, 무당/치유사 – medicine man) 만일 그렇다면 어떻게 도움이 되는가? 말을 잘한다는 것은 (혹은 효과적으로 의사소통을 행한다는 것) 무엇을 뜻하고 어떤 어법(의사소통상) 행위가 혐오스러운가? 말이 누구에게서 어떤 상황 하에서 장려 되는가 금기시되는가? 방언이나 다른 언어변종들은 사람들이 어떻게 취급하는가? 이웃 민족들의 언어를 친구이건 적이건 간에 어떻게 바라보고 있는가?

**말의 민족지학에 있어서 최근 동향**

말의 민족지학적 방법론들은 (언어학적으로 인류학에 비슷하기보다는) 언어학 본질 탐구인 것에도 확대되어 적용되는 추세에 있다. 현장조사자들이 이러한 방법론들을 적용하면서—예를 들어 녹음된 낭독과 독백, 대화를—한 언어의 구문론적 유형이 문화적으로 특수한 담화의 원리에 어떻게 적응되고 있는지를 이용한다. 히스(Jeffrey Heath)는 북부호주 아른헴(Arnhem Land)의 남동부에 사는 몇 안 남은 토착민만이 현재 사용하는 응안디(Ngandi) 어의 구문구조를 적은 논문에서 이러한 접근법을 논의하고 있다. 그의 분석에서 다소 즉흥적인 첫 녹음이 만들어진 후에 피조사자의 도움으로 수정되고 정제된 텍스트를 사용하기보다는 히스 자신은 "본래 그대로의 결점이 들어있는 텍스트"를 선호한다. 적어도 "편집상의 교정은 … 최소한으로" 유지한다 (Heath 1985:90). 더욱이 스타일에 있어서 단조로운 것보다는 다양한 텍스트를 획득하려 한다. 그러한 텍스트를 수집하는 것은 다양한 문체에 대응하는 문법적 (혹은 "비문법적") 형식과 쉽게 짝 지을 수 있다.

히스가 그의 토의에서 언급한 몇 예 중에서 하나를 (간략히) 인용해 보면: 영어사용자들 중에는 er "에", uh "어", um "음" 따위를 담화 내에 휴지기와 간격을 채워 넣는 것으로 사용되는 것이 흔하다. 반면 응안디(Ngandi)사용자들은 그렇지 않다. 히스가 응안디 어에서 "거시기whatchamacallit" 요소로 이름 지은 가장 흔히 나타나는 것은 자라(jara)라는 명사로서 모든 말투에서 충분히 통용되고 받아들여진다. 또한 그 명사의 파생형이 두드러지게 문장 상 일치하는 통사(syntax)적인 모습을 보여주고 (사람을 나타내는 자라(jara)단어의 뭉치는 "거시기"의 일부로, 비카라(bicara)는 [장소를 나타내는] 거시기로), 또 명사로 분류되는 [거시기에 해당하는] 접두, 접미어가 모든 격에 나타난다. 자라(jara)라는 단어는 보통 휴지기 이후에 들리는데 화자가 특수한 명사를 기억해내는데 쓰인다. 두 번째로 그런 낱말이 같은 발화에 쓰일 때는 응우니(ŋuni)라는 간투사가 초조함과 성미 마른 것을 표현하기 위해서 첨가된다. 실례는 다음과 같다. [로마자와 국제음성기호로 쓰면] *buluki? bicara ba – ga – ṇ – i:, bicaraŋuni* '그들은 역시 거시기 장소에서 눌러 앉았다(거주했다).—그 장소 이름이 젠장 무엇이더라?' (Heath 1985:107). 격리되어 있는 매우 소규모 사회들이 사용하는 비문자 언어를 분석하려는 언어학자들에게 응안디 말의 담화구조는 매우 단편적이고 예측 불가능한 것으로 보이기에 충분하다. 특히 히스를 놀라게 하는 것은 "영어와 응안디 어 같은 호주 토착민 언어 사이의 차이점은 … 대부분의 것이 말하는데 있어서 '심리언어학' 적 측면에 밀접히 연관되어 있는 것이다." 그리고 심층적인 선명한 문법과 기억의 한계에 관계하는 심리언어학적 구성요소, 표면적 애매함 등은 "처음보다는 서로 훨씬 더 짜임새 있게 맞추어져 있다" (Heath 1985:108). 이러한 연관성을 조금이라도 이해하기 위해서 조사자는 사용된 언어의 적절한 중요성을 반드시 확인해야만 한다. 여기에 말하기의 민족지가 언어학자에게 할 수 있는 기여를 인정하는 훌륭한 예가 있다.

언어사용(language use)을 취급하는 논문에서 "*문맥* context"라는 용어는 말과 여타 형태의 의사소통 행위가 일어나는 상호 연관된 조건들을 의미하는데 흔히 쓰여 왔다. 최근에는 "*문맥화* contextualization"이라는 용어가 대신 쓰이는 경향이 있다. 많은 언어인류학자들은 문맥을 하나의 과정으로 간주하는 것이 적어도 어떤 경우에는 바람직하다고 믿고 있다—어떤 것이 선택되고 고정된 것보다 두 사람 이상이 서로 교호작용할(interacting) 때 발전되고 또한 아마도 심지어 변화하는 그 무엇으로서 과정을 말한다. 내용을 해석하는데 도움을 주는 교호작용의 특수한 단계들에서 이용되는 상황의 자질들은 문맥화의 증표로 표시된다.

다른 식으로 써보면: 두 사람(이상)이 상대적으로 짧은 시간 동안 교호작용을 할 때 교호작용의 메시지 내용과 형태와 규칙뿐만 아니라 그들의 말의 교환의 성격과 목표가 급작스런 변화가 생길 수 있다. 그러한 상황은 쉽게 상상할 수 있다. 예를 들어, 두 이웃이 스스럼없이 날씨와 그들의 정원에 관해서 잡담을 나누던 중 한 쪽이 다른 쪽의 아이를 비난하게 되면 부모 역할을 비난하는 것으로 그 언급이 간주된다. 그때 스스럼없던 대화 분위기는 순간적으로 변한다. 아이의 행동이 수준 이하로 판명된 사람의 목소리가 갑자기 냉냉 해질 수 있고 대화는 곧 단절되고 시작과는 매우 다른 어조를 띠게 된다. 혹은 어조가 격해져서 비판을 가한 측의 아이에 관해서 역공을 가하게 된다. 후자의 경우 문맥화의 단서로서 다음과 같은 비난이 가해질 수 있다 "내 아이는 괜찮아—왜 네 아이나 신경쓰지 그래. 그 녀석이 우리 아이를 비뚤어지게 만드는 거야."

## 종합과 결론

의사소통의 민족지는 인류학자들이 하는 문화연구와 언어학자들이 하는 언어 연구의 기존부분을 보완하는 최근의 중요한 발달이다. 이 새로운 분야의 목표는 우선 상이한 사회에서 사용되는 말의 사회적인 사용에 가능한 한 완벽한 설명을 제공하는 것이고 그 후에 이 주제(의사소통의 민족지학)에 관한 역사적 연구와 비교연구를 행하는 것이다. 이와 같이 의사소통의 민족지학 범위는 거의 예외 없이 서술적(descriptive)이고 동시대적(synchronic)이다. 그러나 말이 시간이 지나면서 어떻게 변화하는가에 대한 연구는 물론 말의 사회적 이용에 관한 범문화적인 비교가 곧 나올 것이다.

실제 세상에서 여러 개의 상이한 상황 하에 인간이 어떻게 서로 영향을 주고받는가를 발견하는 것이 인류학자들의 목표이기 때문에 의사소통의 민족지학에 전문인 그들은 의사소통 행위를 직접 관찰하면서 자료를 획득한다. 의사소통의 민족지학에서 언급하는 사회적 단위는 언어공동체이다—즉, 말하기의 사회적 이용과 의사소통되고 있는 것을 해석하는 규칙은 물론 적어도 하나의 언어변종을 공유하는 모든 사람들을 뜻한다.

의사소통의 방법이 다양함을 이해하는 것은 물론 언어인류학자에게 상당한 흥미를 자아내지만 이 주제를 연구하는데서 나오는 단지 지적 만족을 넘어 살펴볼 필요가 있다. 의사소통의 민족지학이라는 분야에 정보의 양이 쌓여서 이웃으로 살아도 항상 말하는 방법을 공유하지 못하는 많은 사람들이 지닌 사회문제 중 약간에 해결책을 제공할 수 있을 것이다.

## 일러두기와 앞으로 독서를 위한 제언

아산티 부족에 관한 정보는 헬렌 마리 호간(Helen Marie Hogan, n.d.)에서 나왔는데 자신 설명의 근거를 출판된 자료에서 철저하게 검토한 것에 두고 있다. 1920년대와 1960년대 사이에 그녀의 자료출처가 나오기 때문에 어떤 정보는 더 이상 아산티 부족의 현재 의사소통 행위를 확인하여 줄 수 없다. 필수적인 의사소통 행위의 구성요소에 관한 조사는 1972년 하임스의 작업과 1982년 사비유 – 트로이키의 작업에서 나온다. 미국영어 방언의 지역이름은 *미국지역영어사전*(Dictionary of American Reginal English, Cassidy 1985)에서 나온다.

과기우틀에 나오는 은유에 관한 보아즈의 논문은 원래 1929년 화란에서 출판된 것이고; 이것은 보아즈 1940년 저술에 다시 출판되었다.

말하기의 민족지를 다루고 있는 논문과 책은 보우만과 셰르저(Bauman and Sherzer 1974 (혹은 1989)), 검퍼스와 하임스 1964, 1972, 1986, 하임스 1974, 사비유 – 트로이키 1982와 1989, 셰르저 1977, 셰르저와 다넬(Sherzer and Darnell) 1972를 포함한다. 이 주제에 관한 문헌의 조사를 위해서는 보우만과 셰르저 1975와 1989, 듀란티 1988, 그리고 문헌목록을 위해서는 필립센과 칼보(Philipsen and Carbaugh 1986)가 있다. 1994년까지 언어이념에 관해서 초점을 둔 작업은 우라드와 쉬프린(Woolard and Schieffelin 1994)를 보라. 좀더 최근의 이 주제에 관한 모음집은 쉬프린, 우라드, 크로스크리티(Schieffelin, Woolard, and Kroskrity 1988)에 있다.

## 토의문제

1. 얼굴을 대면하고 어떤 이와 우리가 의사소통을 할 때마다, 우리는 주어진 상황에 맞게 말투를 골라 나타내려는 경향이 있다. 만일 경찰이 과속으로 적발한다면 어떤 종류의 말을 쓸 것인가? 만일 부정행위로 오해되어 비난을 받는다면? 제 시간에 과제를 마치지 못하여서 책망을 받는다면? 이런 경우에 어떻게 왜 말투가 다른가?

2. 쉬지 않고 이야기를 하는 사람과 대화 중이라고 상상하라. 그 사람에게 귀를 기울인지 수분 후에 해당되는 비평을 던지기 위해 말을 끊어야 한다고 결정한다. 만일 상대방이 아래와 같다면 어떻게 말을 끊겠는가.

4-5세가 어린 사람

동년배이고 동일한 성별인 경우

비슷한 나이에 성별이 다른 경우

매우 나이가 많으나 잘 아는 경우

나이가 많으나 유명한 사람

# 11. 비구전 의사소통과 쓰기

말(speech)은 인간이 서로 의사를 교환하는 가장 흔하고 중요한 수단이다. 그러나 이것만 있는 것은 아니다. 세상에서 쓰이는 다수의 철자법은 의사소통에 대단히 중요하고, 특히 상대적으로 영속성을 지닌다는 점에서 말보다 어떤 면에서 우위를 지녀왔다.

비구전 의사소통(nonverbal communication)이라는 용어는 문자 그대로 말이나 글로 된 낱말이 아닌 모든 수단으로 획득된 신호의 전달을 칭한다. 모든 사람이 그 용어가 지칭하는 것에 동의하는 것은 아니며 어떤 이들은 심지어 비구전 의사소통을 정의할 수 있는지에 관해서 의문을 제기한다. 광의로 사용하면 그 용어는 휘파람, 연기신호, 북신호는 물론, 몸짓, 얼굴표정, 공간, 접촉, 냄새까지 포함한다.

의사소통의 비구전 체계는 말에서 도출된 것과 그것과 무관한 것들로 나뉠 수 있다. 몇 개의 예외를 빼고는 철자법은 첫째 범주에 속하고 말소리를 나타낸다. 철자체계는 말소리를 나타내는 것처럼 첫째 범주에 들어간다. 차례로 철자체계는 다른 체계의 원천이 될 수 있다. 영어단어 *tree*는 국제 모스(Morse)부호에서 청각, 시각 신호인 — · — ·  ·  · 이라고 전달될 수 있다. 그 부호의 조합 3개인 —, · — ·, · 는 각기 t, r, e라는 문자를 나타낸다. 유사하게 맹인을 위한 점자 알파벳은 2*3 격자에서 돋아난 점들을 이용한다. Tree라는 철자에 맞게 돋아난 점 (●)을 배열하면 아래와 같다:

t, r, e, e

○● ●○ ●○ ●○

●● ●● ○● ○●
●○ ●○ ○○ ○○

말에 근거한 의사소통의 다른 체계로서 말의 변질자질은 어느 정도 재생한 것처럼 흉내내는 북과 휘파람 "언어"가 있다.

대평원의 인디언들이 원시시대 널리 사용한 수화(sign language)는 말과는 무관하다. 대평원의 다중언어 사용자들의 수많은 언어경계를 띄어 넘는 의사소통의 수단으로 사용되었기 때문에 다른 경우(즉 말)에 근거한 것일 수 없다.

비구전 의사소통 체계를 분류하는 또 하나의 방법은 의사소통 통로에 의한 것이거나, 신호가 전달되는 수단에 의존한다. 북"언어"의 통로는 음향인데 반해서 수화나 연기신호는 시각통로를 이용한다. 맹인이고 동시에 청각장애인인 경우는 화자의 얼굴과 목에 (Tadoma법) 손을 올려놓고 발음동작을 살펴서 배울 수 있다. 후각통로는 방금 언급한 것들처럼 월등히 짜임새 있는 의사소통의 통로는 아니지만 과소평가 되어서는 안 된다. 미국인들은 규범적으로 사교모임이나 업무 약속에서 적절하지 못한 신호를 보낼 우려가 있기에 생마늘 먹는 것을 즐기지 않는다.

대부분의 경우에는 인간의 의사소통은 구전이나 비구전 모두 작동하는 다중 통로를 쓰는 일이다. 사회와 무관하게 어떻게 사람들이 말하고 무엇을 말하고는 물론 어떻게 자신들이 다른 이에게 보이는지가 그들 자신이 어떻게 인지되는지에 관해서 차이를 만드는 듯하다. 기호와 상징의 속성과 그 속성들의 의사소통 내에서 기능이 *기호학*(semiotics)이라 일컫는다. 인간이나 다른 동물들의 의사소통 양태에 주어진 관심의 증가 때문에 기호학 분야는 양적으로나 관심도가 꾸준히 증가해 왔다.

### 준언어학, 동작학, 근접학

목소리로 하는 의사소통은 부수적이거나 선택적이기에 전형적인 언어분석에서 제외되는 것으로 간주되는데 이러한 성격을 **준언어**(paralanguage)라고 일컫는다. 가장 흔한 준언어적 자질들은 목소리의 음색과 말의 보조(步調)와 관계있는데 피치, 빠르기, 박자, 조음법, 강약의 두드러진 변화로 표시된다. 예를 들어 고도로 통제된 발음은 대규모 청중에게 행하는 연설이 공적 발언에서 기대되는 명쾌하고 정확한 발음이다. 반면 매우 느슨하여져서 질질 *끄*는 어조는 매우 피곤하거나 졸리거나 술이나 다른 약물로 인한 혼미한 상태로 들린다. 영어나 다른 언어들의 사용자들은 행복하거나 놀란 경우 극단적인 음조(pitch)변화로 표시하는 경향이 있는데, 높은 음조나 빠른 박자는 두려움, 놀람, 성내는 경우이고 낮은 음조나 느린 박자는 지루함이나 슬픔과 연관짓는다. 입술을 둥글게 하는 것은 애기에게 말할 때 어른이 종종 쓰는 달래는 어조를 목소리에 담는 일이다.

이러한 것과 다른 목소리 성질에 더불어 말소리에 나오는 여러 목소리 성격들이 있고 더욱 자세히는 우리가 말하면서 나타난다: 이러한 것들은 웃음부터 울음, 속삭임부터 소리침 또 신음과 하품 같은 상이한 여타 목소리를 포함한다. 그런데 영어 *아하*(uh – uuh) 같은 동의나 감사를 표하거나 기쁨부터 후회를 나타내는 *아*(ah), 또 약간의 불인정을 표하는 *츳츳*, *츠츠*(tut – tut, tsk – tsk) 같은 언어외적 소리에 의해서 표출되는 소위 간투사가 있다. 이러한 선택적인 목소리 효과는 언어에 따라 동일한 모습이 아닐 수 있다. 어떤 언어에선 숨차고 목쉰 어조가 강한 감정과 성적 욕망을 나타내지만 일본어에선 존경과 고분고분한 태도를 표시한다.

전적으로 중립적이지 못한 어떤 말도 하나 이상의 준언어적 자질 즉 목소리 제스처와 함께 나오는 것처럼 시각 제스처인—얼굴표정과 다른 몸동작이 보충되기 쉽다. 이런 것들이 *동작학*(kinesics)의 주제이다.

몸동작이 의사소통에 중요한 수단이라는 것에는 의문의 여지가 없다. 희극 배우는 빈정대기, 말바꾸기에 달인이고 딱 맞는 얼굴 찡그리기 혹은 상이한 의사소통의 내용을 동작으로 옮기면서 말한 내용의 뜻을 전적으로 뒤집기도 한다. 또 직업적인 무언극은 말 한마디 없이 청중들을 눈물로 혹은 웃음으로 몰아가는 법을 알고 있다. 그러나 말과 연관된 몸동작은 연기자에만 국한되는 것이 전혀 아니다. 몸동작은 모든 사람들의 일상 의사소통 행위에 빠질 수 없는 부분이다.

동작학에 기초가 되는 기본적인 가설은 행해진 어떤 몸동작이나 얼굴표정도 그 맥락에서 의미가 없는 경우는 없는 것이다. 또 자발적인 인간행위의 여타측면처럼 몸, 움직임, 자세, 얼굴표정에는 유형이 있다. 구조주의 언어학의 영향을 입어 버드위스텔(Ray L. Birdwhistell, 1918-1997)은 1950년대에 언어분석에 쓰인 것과 평행하게 단위를 설정하여 인간 의사소통 행위의 몸 - 동작 측면들을 연구하고 기술하는 방법론을 개발했다. 그러한 단위가 (음소와 유추해 보건데) 동작소(kineme)이며 인간 모동작의 최소의 구별 가능한 대조단위로서 정의되었다. 동작소의 변이형이 변이동작(allokine)이고 변이음(allophone)에서 유추되었다. 동작소 여러 개가 결합되어 나타나는 것을 동작형(kinemophs)라고 부른다. 이것들은 또한 더 큰 동작으로 바뀐다. 예를 들어 눈꺼풀을 빠르게 닫고 뜨는 것은 본능적인 것이 아니면 의사소통에 중요한 뜻을 지니게 된다. 그러한 눈 깜짝임은 남을 놀리거나 음모일 수 있고 그 행동 하나는 동작소로 간주될 수 있다. 눈 깜짝임과 눈두덩과 입가를 올리면 하나의 얼굴 동작형태가 만들어 지는데 또한 손이나 머리동작으로 연결될 수도 있고 계속 동작이 커질 수 있다.

수세기 전에 여행가들이 지중해 지역을 따라 거주하는 사람들이 스칸디나비아나 일본에 거주하는 사람들보다 몸동작이나 얼굴표현을 더욱 많이 사용하는 것을 알아챘다. 그렇지만 예를 들어 모든 이탈리아 사람들이 동일한 방언을 쓰지 않는 것처럼 동일한 "몸동작 언어"를 사용하지 않는다. 버드위스텔은 대상언어에 맞추어 문화적으로 특수한 것으로 몸동작 행위가 정해진다는 예상에 합치하는 흥미 있는 예를 보여준다. 그는 다음을 보고하고 있는데 작고한 정치가이고 뉴욕시장이었던 라구아디아(Fionello La Guardia)의 연설 영상기록에서 소리를 제거해도 마치 특징적인 몸동작이 각 언어에 연관되어 있어서 그가 영어, 이디시, 이탈리아어 중 어떤 언어를 사용하고 있는가를 구별할 수 있다(Birdwhistell 1970:102). 버드위스텔이 주창한 의사소통의 전체적이고 맥락에 닿는 접근법은 한결같이 받아들여지고 있음에도 불구하고 "몸동작 언어"가 그가 설정한 단위에 맞게 어느 정도 분석이 가능한가는 쟁점의 대상으로 남아 있는데 부분적으로 그가 제안한 상세한 기술이 너무 복잡하고 시간이 많이 들기 때문이다.

1960년대 초반에 의사소통과 문화 사이에 놓인 상호의존도는 대면하는 경우 개인들이 유지하는 거리에 나타나는 문화적 유형 연구인 *근접학*(proxemics)을 개발하게끔 홀(Edward T. Hall)을 자극했다. 따라서 이 용어는 상이한 문화적 예상에 앞으로의 사용자들이 놓이게 될 것으로 보고 사생활, 군집성, 지역성, 건물의 설계, 공적인 것뿐만 아니라 사적인 것도 관여하는 연구 모두를 포함하는 것이 되었다.

홀에 따르면 개인 간에 유지되는 거리는 상호 간의 연관성에 의존하고 문화적으로도 특수하다. 예를 들어, 정상적인 상황에서 중류층의 북유럽 출신인 미국성인은 4가지 원근 구역을 규범적으로 만들거나(표 11.1) 가깝고 먼 지역을 표하고 친밀한 것부터 공식적으로 나눠는 거리를 유지한다. 친밀한 거리의 근접을 나타내는 경우에 개인은 서로 가까워서 서로의 팔에 휘감길 수 있는 정도이다. 오관이 모두 동원되고 개개인은 냄새, 향기는 물론 신열도 느낄 수 있고 상대방의 숨소리도 느낀다. 가깝기 때문에 시선은 혹시 흐려지거나 왜곡될 수 있고 말도 최소한으로 쓰인다. 자명하게도 사람 사이의 가장 좁은 거리는 연애, 보호, 위로에 적합한 거리이다.

**표 11.1 북유럽 출신의 중류층 미국인들 사이의 비공식적인 사람사이의 공간에서 나타나는 4가지 구역**

| 거리 | 신체간의 거리(feet 단위) | 음향 - 청취통로 | 후각통로 |
|---|---|---|---|
| 친밀 | | | |
| 근접 | 0 ~ 0.5 | 투덜대기, 신음 | |
| 원접 | .5 ~ 1.5 | 속삭이기, 매우 낮은 목소리 | |
| 개인 | | | |
| 근접 | 1.5 ~ 2.5 | 부드러운 목소리 | 거의모든 냄새는 |
| 원접 | 2.5 ~ 4 | 얌전한 목소리 | 용납되지 않음 |
| 사회 | | | |
| 근접 | 4 ~ 7 | 보통 목소리 | 상동 |
| 원접 | 7 ~ 12 | 큰 목소리 | 상동 |
| 공식적 | | | |
| 근접 | 12 ~ 25 | 큰 목소리 | 상동 |
| 원접 | 25 + 최대 | 가장 큰 목소리 | 상동 |

홀(Edward T. Hall)의 *감춰진 차원*(the Hidden Dimension)에서

ⓒ1966, 1982 by Edward T. Hall

대조적으로 거래는 사교적 - 자문구하는(social - consultative) 거리에서 일어난다. 근접한 양상이 같이 일하거나 일상적인 사교모임에 참가한 사람들 사이의 만남이 갖는 성격이다. 먼 거리 양상은 두 사람 이상이 같은 장소에 있거나 의사소통을 하지 않으므로 무례하게 보이고 싶지 않은 대담이거나 유사한 경우

인 좀더 공식적인 사무적인 상호 의사교환의 경우에 보인다. 예를 들어 타이핑을 하거나 전화교환기를 운영해야 하는 창구직원은 자신과 방문객 간에 충분한 공간을 확보해야만 하고, 그것은 기다리는 사람과 공손한 대화에 임하는 공간이기보다는 업무수행에 도움을 주는 공간인 것이다.

상이한 사회구성원이 상대방이 있는 경우 자신을 위치시키는 방법은 접촉-비접촉의 연장선상에 따라 차이가 있다. 예를 들어 아랍계, 여타 지중해 연안 민족들, 중남미인들은 공간적으로 근접한 상호작동을 선호하고; 북유럽인들은 문자 그대로 또 도식적으로 거리를 유지하기 좋아한다 (11.1 상자 참조).

## 휘파람과 북"언어"

다양한 비구전 의사소통체계 중에서 특히 흥미를 끄는 것은 구어에 의존하고 직접 파생된 대용말이다. 이러한 "언어"들 중 약간은 목소리 통로에서 만들어진다. 예를 들어 소위 휘파람 언어가 있다—반면 다른 대용말들은 공명하는 물체를 사용하는데 특히 악기가 그것들이다.

휘파람은 의사소통의 수단으로써 매우 흔한 것은 아니지만 미얀마, 멕시코, 카나리 군도, 프랑스령 피레네, 카메룬, 뉴기니처럼 상당히 격리된 지역에서 나타나는 것으로 알려져 있다. 알려져 있는 휘파람 대용말 중 하나는 멕시코 와사까(Oaxaca) 북부의 마자떼꼬(Mazateco) 인디언이 쓰는 것이다. 마자떼꼬 부족어는 성조어로서 유사한 소리들에 피치(어조)상 상대적인 변화를 주어 상이한 의미를 구별한다. 상승조 1과 하강조 4 사이에 4 가지 성조가 있는데 2, 3 위치에 성조의 중간이 있고 상이한 두 성조를 하나의 음절핵에 연결시킬 때 활음(glide)이 나타난다. 위에서와 같이 마자떼꼬 사용자들은 te$^{1}$ '그가 춤을 출 것이다', te$^{2}$ '그가 춤을 추고 있다', te$^{2-3}$ '내가 춤춘다', te$^{4-3}$ '넓다', te$^{3}$ '열, 십', ni$^{3}$nto$^{2}$ '미끄럽다', ni$^{4}$nto$^{3-4}$ '여드름', ni$^{3}$nto$^{3}$ '산' 등을 구별한다(Pike and Pike 1947:88).

**상자 11.1 문화 간 맥락에 나타나는 근접학에 관한 홀의 견해**

(Hall on Proxemics in a Cross–cultural Context)

라틴아메리카에서 상호거리는 미합중국에 있어서 보다 훨씬 가깝다. 정말 북아메리카 인들에게는 성적 혹은 적대적인 감정을 유발하는 거리에서 가깝게 있지 않는 한 라틴아메리카 사람들은 서로 편하게 대화할 수 없다. 그들이 더욱 가깝게 다가오면 우리[북미인]는 뒤로 빼곤 멀어지려한다. 결과적으로 라틴아메리카 사람들은 북아메리카 인들이 냉정하고 거리감이 있거나 친근하지 않다고 생각한다. 다른 한편 우리는 계속하여 라틴아메리카 인들이 우리 목에 입김을 내뿜고 엉겨붙고 침을 튀긴다고 힐난한다.

이러한 공간지각에 대한 이해 없이 라틴아메리카에서 지낸 미국인들은 라틴아메리카 인들을 띄어놓는 방법으로 책상이나, 걸상, 타자기 탁자를 써서 편한 거리를 유지하였다. 결과는 라틴아메리카 인들은 그들 자신이 편하게 대화할 수 있는 거리를 유지할 때까지 장애물 위로 올라가기도 한다.

홀의 *침묵언어*(The Silent Language)로부터(1959), 209

독일인들이 너무 딱딱하고 융통성 없이 형식적이라고 많은 미국인들은 느끼고 있다. 이러한 인상의 일부는 앉아 있는 동안 의자를 취급하는 방법의 차이점에서 나오는 것이다. 미국인들은 상황에 맞게 의자를 획 끌어올리는데 전혀 마음을 두지 않는 것 같다. 그것이 마음에 걸리는 사람들은 아무 말도 할 수 없다고 생각한다. 왜냐하면 다른 사람의 예의에 대한 평가는 점잖지 못하기 때문이다. 그렇지만 독일에서 의자위치를 바꾸는 것은 도덕적 관습을 위반하는 일이다. 잘 모르는 사람에게 가해지는 제지도구는 독일가구의 무게인데 … 독일인에게 가벼운 가구는 아주 싫어하는 물건이다. 단지 약한 물건일 뿐만 아니라 사람들이 [그 가구를 쉽게] 이동시켜서 정렬을 흐트러뜨리고 "개인적 영역"을 침범하기 때문이다. 나에게 보고 된 경우에 이런 예가 있는데 미국으로 이주한 독일의 신문편집인이 "적절한 거리"를 유지하기 위해서 방문객의 의자를 바닥에 나사로 고정했다. 왜냐하면 상황에 따라 거리를 조절하는 미국인들의 습관을 참을 수가 없었기 때문이다.

홀의 *감추어진 차원*(The Hidden Dimension)에서부터(1966), 129

특수한 상황 하에서 두 사람 사이의 거리가 너무 멀어서 소리 질러야 되는 경우 그들은 휘파람 대용말을 사용한다. 약간 수정하거나 네가지 성조와 여타 휘파람 자질(활음 상이한 유형의 음절단위와 휴지기)을 만들어서 다양한 화제를 묘사하는 효과적인 의사소통을 수행할 수 있다. 다음 소개되는 의사소통의 모습은 코완(George M. Cowan 1948)에게 관찰되었고 그가 연구한 마자떼꼬 휘파람 대용말을 기록하여 우리가 덕을 본 그런 학자이다. 그의 주거지 앞에 서서 마자떼꼬 사람은 길 아래 멀리 떨어진 곳에 있는 또 다른 남자에게 휘파람을 분다. 몇 차례 휘파람 대화를 주고받은 후 길 아래 남자가 뒤 돌아서서 시장으로 실어 날랐던 옥수수 잎사귀들을 한 짐 지고 상대방 주거지로 올라왔다. 주거지에서 그 짐을 지고 온 남자는 옥수수 잎을 내려놓고 첫 번째 남자에게서 돈을 몇 푼 받았다. 의례적인 가격흥정을 포함하여 매매행위 전체는 휘파람을 통해서만 수행되었다.

마자떼꼬 여성들을 휘파람을 불지 않음에도 불구하고 휘파람 대화를 이해한다. 이러한 사람들이 거주하는 구릉지역의 격리성을 극복하기 위한 것에 첨가하여, 이름을 소리 내어 다른 이의 주의를 끌게 하는데 쓰이거나 연장자들이 대화에 참가하고 있을 경우 동시에 대화에 끼어드는 일 없이 정보를 주고받을 때 휘파람이 사용된다. 원칙적으로 휘파람이 표시하는 대상에 제한이 없음에도 불구하고 동일한 성조유형은 중의성과 혼란을 야기한다. 그렇지만, 휘파람으로 의사소통되는 주제는 보통 맥락 속에서 확인이 가능하다.

마자떼꼬 휘파람 대화는 표출된 언어의 음향자질을 이용하는 반면 카나리

군도 중 하나의 섬인 라고메라(La Gomera)에서 쓰이는 휘파람 언어는 발음에 기초하고 있다. (스페인어로 휘파람에 해당하는) 실보(silbo)를 완벽하게 쓰는 사람들은 3마일 (4.8킬로미터) 혹은 그 이상의 거리에서도 들을 수 있고 그 대화 내용을 이해할 수 있다.

라고메라 섬의 거주민들이 쓰는 토착어는 스페인어의 한 방언이다. 섬의 대다수가 농민계층인데 남녀모두 십대에 이르게 되면 *실보*(silbo)에 능숙하다. 휘파람 소리는 구어의 소리를 닮아서 실보가 실제로 휘파람으로 하는 스페인어 같게 만든다. 휘파람 부는 사람들이 입에 손가락 하나나 둘을 대건 말건 혓등이 유일하게 발음에 기여하는 기관이다. 스페인어는 성조어가 아니기 때문에 휘파람에 쓰이는 모음은 변화하는 피치(pitch)에 따라 구별될 수 있고 구어체의 상대적으로 단순한 소리인 대부분의 자음은 전후에 따라 나오는 휘파람 모음의 변이형으로 들린다.

도구를 사용하는 신호는 휘파람보다 더 보편적이다, (혼 horn 이나 휘파람 whistles 악기 같은) 취주악기, (류트와 활 같은) 현악기, (북, 공, 실로폰 등) 타악기는 세계 곳곳에서 쓰인다. 기니와 자이레 사이의 서부 아프리카 해안을 따라 소위 말하는 북소리의 사용은 특히 흔하고 정교하다. 가장 훌륭히 기록한 북신호 중 하나는 헐조그(George Herzog 1945)가 제공하고 있는데 그는 1930년에 리베리아(Liberia) 동부 야보(Jabo) 부족의 북신호를 연구하였다.

헐조그에 따르면 야보족의 북신호는 두 가지이다: 하나는 나무둥치의 몸체에서 잘라낸 것으로 세로 방향의 홈(기술적으로 볼 때 이러한 세로방향의 홈이 있는 북은 종(bells)이라고 한다)이 있는 것과 한 쪽 만을 가죽으로 막아서 만든 북이다. 매우 제한된 숫자의 신호가 북을 통해서 전달된다. 세로로 홈이 만들어진 북은 회합을 알리거나 산회할 때 쓰이는데 들에서 일하고 있는 특정한 부족민을 호출하거나 칭찬하는 호칭으로 전사(戰士)나 명망 있는 사람들을 소개할 때 쓰인다. 마자떼꼬 족의 휘파람 언어의 경우와 마찬가지로 야보 족의 북신호는 말소리 같은 특징을 지닌다. 4가지의 변별력이 있는 음률의 고저(pitch)가 있고 그 고저를 섞는 여러 활음(glides)을 북 치는 이들이 만들어 낸다.

아프리카의 어떤 지역에서 북"언어"는 어느 정도 고정적이지만 상당히 제한 없이 대화가 될 정도로 정교하다. 동일한 성조유형에서 오는 몇 단어들의 숨어있는 중의성을 최소화하기 위해서 많은 음절로 구성된 저장된 구를 동반하는 간략한 단어들에 의존한다. 표범은 "지붕을 물어뜯는 놈" 달은 "지구를 깔보는 위성" 따위이다. 변별적인 성조 이외에 북치는 사람들은 강세, 음절의 길이나 구조, 발화의 리듬이나 속도 같은 운율자질 (prosodic features) 역시 반복하여 사용한다.

휘파람과 북치기는 매우 효과적이어서 모든 자연언어에 나타나는 높은 잉여성(high redundancy)을 보여주는 훌륭한 본보기이다. 〔종종 일어나는 것처럼〕 신호에서 어떤 자질이 제거된 경우에도 예를 들어 어떤 이가 오래된 전화기를 사용하는 경우에도 중요한 정보가 유실되지 않는다.

## 수화

어떤 종류의 **수화**(sign language)에 의해서 손으로 의사소통 하는 것은 입으로 해온 말소리만큼 오래된 것임에 틀림없다. 고대 희랍이나 로마사람들의 글로부터 귀머거리가 기호를 사용했다는 것을 우리는 알고 있다. 그렇지만 구두로 의사소통을 할 수 없었던 최초의 인류들 사이에도 자신들을 이해시키려면 손을 사용했었음에 틀림없다고 가정하는 것은 합당하다. 수화는 날 때부터 귀머거리로 태어난 사람들이 예를 들어 구화를 제외하고 쓰는 언어 가운데 *주*(primary) 된 것으로 간주된다. 정상적인 화자 – 청자 공동체이거나 말을 대신하여 잠정적인 대용품으로 쓰이는 수화는 *교대용*(alternate) 수화라고 이름 지었다.

아베 샤를르 미셸 드 레뻬(Abbé Charles Michel de l' Epée, 1712-1789)는 1770년대 초반에 농아를 위한 최초 무료공립학교 기관을 만들었는데 자신의 학생들을 위해서 수화를 만들었다. 드 레뻬의 수화체계는 그 후 아베 로슈 에이 씨 시까르(Abbé Roch A.C. Sicard, 1742-1822)라는 계승자가 더 정교하게 만들어 전세계에 걸쳐 수많은 나라에서 수화를 발달시키는데 직접적인 영향을 주었다. 미국수화(ASL), 혹은 생략해서 Ameslan이라 하는데 이것은 위의 수화체계의 파생형 중 하나이다. 긴 기간 동안 학자들은 수화가 말을 대신하는 조악한 대용품에 지나지 않는다고 여기면서 연구를 게을리 해 왔다. 진지한 관심을 수화에 보인 것은 1950년대 후반으로 거슬러 올라간다. 그 관심은 대평원의 인디언들이 사용하는 수화에 새로운 흥미를 표하면서 이뤄졌다.

미합중국에서 난청들은 두 신호체계를 혼합하여 사용한다. 하나는 손으로 하는 알파벳으로 영어철자의 26개 문자와 그리고를 나타내는 기호(&: andpersand)이다. 한 손만을 쓰고 손가락으로 철자를 그리며 철자를 보내는 사람과 받아 읽는 사람 모두 그 언어의 철자에 친숙해야만 한다. (대조적으로 영국과 북아일랜드에서 쓰이는 손가락으로 하는 알파벳의 기호는 두 손 모두 사용한다.) 또 다른 기호체계로는 수화자체만으로 이루어져 있는 것, 개념 하나를 나타내는 특정기호, 기호를 말의 관점에서 집어넣거나 단어나 형태소에 삽입하는 것이 있다. 영어사용국가에 쓰이고 있는 수화의 종류가 꽤 많은데 미국수화(ASL)와 영국수화(BSL)를 조금 수정한 것이 대부분을 이룬다. 미국수화는 약 5,000개의 신호를 사용자에게 제공하고 있으며 필요하면 새 기호가 합성된다. 허리부터 머리 윗부분까지 수화자가 지적할 수 있는 최대로 왼쪽부터 오른쪽까지 펼쳐지는 "bubble 작고 둥근 돔 모양"을 구성하는 삼차원의 공간을 수화에 이용한다. 그 공간 내에서 수화 사용자는 시간관계를 명세화하고 몇 명의 수화로 표시된 사람들과 질문을 이끌어내는 신호와 종속절과 습관, 반복, 강세, 지속을 나타내는 동작에 들어 있는 상(相) 차이는 물론 복수나 정도(程度)—*원급, 비교급, 최상급*—를 나타내는 문법범주의 변이를 표현할 수 있다. 머리 숙이기, 눈

섭, 입술모양, 다른 몸동작이 흔히 손으로 하는 동작의 표현력에 첨가되어 쓰인다.

수화의 유창한 사용은 청각장애인에게 미국수화(ASL)로 번역하고 있는 텔레비전 방송에서와 같이 급하지 않은 대화의 속도에 맞출 수 있다. 손가락으로 하는 철자법은 상당히 느리지만 기호가 설정되지 않은 고유명사와 개념에는(예, 화학물질) 불가피한 것이다.

수많은 문자체계가 있는 것처럼 손으로 하는 다수의 상이한 알파벳이 있다. 그리고 수화자체가 내적으로 다양하고 구화(口話)가 방언을 갖고 있는 것처럼 수화도 다양하고 마치 구화처럼 각각 서로 다르다. 사용된 특정 수화가 무엇이든지 관계없이 수화의 대다수가 투명하게 도상(圖像)적이지 않다. 즉, 그 수화의 뜻을 습득하지 않은 사람들이 이해할 수 없다는 말이다.

만일 수화들이 구화같이 기능한다면 수화 역시 패턴의 이중성(duality of patterns)을 지니고 있는가? 즉 음소와 형태소에 견줄만한 구조단위의 두 단계라는 관점에서 분석이 가능한가? 미국 난청 장애자의 수화연구에 수년간 헌신해온 스토코 2세(William C. Stokoe, Jr., 1960)에 따르면 미국수화 문법은 구화문법과 동일한 일반적인 모습이라고 한다. 의미 있는 기호단위, 즉 형태소를 구성하기 위해 결합하는 (음소를 유추하여 수화소 cheremes라고 부르는) 그 자체로는 의미를 지니지 못한 대조적인 단위들의 작은 집합으로 성격 짓는다. 수화소(chereme)는 주어진 수화 내에서 동일하게 기능하는 위치, 형태, 동작을 구성하는 집합을 일컫는다. 스토케가 확인하고 있는 수화소의 세 분류는 tab(*tabula*에서 나옴) 기호 공간에서 기호의 위치를 나타내고; dez(*designator*에서 나옴) 기호를 만드는 (양)손의 형태를 나타내고; sig(*signation*에서 나옴) 기호를 나타내는 (양)손의 동작 구성을 나타낸다. 좀더 자세히 보면 수화의 각형태소는 손의 모양, 손바닥과 손가락의 방위, 기호형성의 장소, 이동과 이동방향, 접촉점과 여러 공간적이고 동적인 자질들을 통하여 정의될 수 있다. 미국수화와 다른 자연발생적으로 생긴 수화의 사용자는 영어사용자가 영어음소를 인식하지 못하는 것처럼 수화소(cheremes)를 인식하지 않고 쓰고 있다.

정리해 보면 널리 퍼진 그릇된 생각과는 대조적으로 귀머거리가 쓴 원초적인 수화들은 매우 구조적이고, 완성된 것이며 말과 글이 지닌 복잡성에 비교할 수 있는 독자적인 의사소통 체계이다. 그렇지 않다면 효과적으로 구화를 대신할 수 없다. 더욱 수화는 자연어인데 수화의 습득이 수화동작에 의존하는 다른 사람들과의 상호활동의 자동적인 결과라는 점에서 그렇다.

수화대용언어는 다양한 형태가 있다. 미합중국 북서부와 캐나다 서부에서 제재소 노무자들이 발전시킨 직업상의 수화부터 힌두 고전춤의 전통에서 교단의 구성원들이 자신들에게 부여된 침묵의 계율을 지키기 위해 쓰이는 수도사의 수화 같은 것과 공연에 쓰이는 수화까지 널리 분포하고 있다. 이러한 유형의 수화 중 가장 잘 알려진 것은 호주의 여러 지역에서 원주민들이 쓰는 것과 특히 북미 대평원의 부족들이 발전시킨 수화체계로 신세계에서 가장 정교한 것이다.

북미에서 최초로 수화를 언급한 페드로 데 가스뜨라녜다 데 나예라(Pedro de Castrañeda de Nájera)에게 우리는 덕을 보고 있는데 1540~42년까지 지금 미합중국의 남서부인 콜로라도 탐사가 가장 널리 읽히는 연대기록이다. 그의 보고서는 스페인 사람들과 (그가 케레초 Querechos라고 부른) 아파치부족 중 한 집단과의 만남을 적고 있다:

> 이 부족민들은 수화를 아주 능숙하게 쓰고 있었기에 마치 말하고 있었던 것처럼 보인다. 명백한 소통이기 때문에 통역이 필요 없었다. 그들이 말하기를 해가 지는 방향으로 내려가면 넓은 강이 있는데 군대가 90일 동안 연결된 정착민 촌

을 방문하면서 강둑으로 행진할 수 있었다. 그들이 말하기를 첫 번째 정착지는 하흐아(Haxa)라고 불리는데, 그 강은 리그(league) 이상의 폭이고 많은 카누가 있었다 (Hammond and Rey 1940:235-236).

미시시피 강 서부에서 초창기에 활동한 탐험가들의 기록에 종종 언급되었음에도 불구하고 대평원의 인디언의 수화는 받아야 마땅한 관심을 받지 못했다. 특히 아직도 그 수화에 능통한 사람이 현재 거의 한둘 남아 있기 때문이다.

구화가 전혀 연관 없거나 있더라도 상호이해가 불가능한 유목민 부족에게 대평원 인디언의 수화는 상업이나 다른 거래에서 부족 간에 쓰이는 의사소통으로서 효과적인 수단이었다. 더욱 부족의 구성원들이 그들의 전투 위업을 되새기거나 손으로 된 수화만을 통해서 전통적인 긴 이야기를 "낭독"하는 것은 흔한 것이었다. 키오와(Kiowa) 인디언이 스콧(Hugh Lenox Scott) 장군에게 수화를 이용하여 그들의 썬댄스(Sun Dance) 축제를 자세히 설명하는 것도 공식 기록에 남아 있다. 대평원 인디언의 수화는 한 손이나 양손 모두 쓰는 규격화된 몸짓으로 상당히 많은 숫자의 목록으로 구성되어 있다. 손은 다양한 손동작에서 고정되어 있거나 바로 땅위 높이에서 신호자의 머리까지 사이에서 움직였다. 예를 들어 *눈*(snow)이나 *눈이 오는 것*(snowing)을 나타내기 위해서 양손을 얼굴 앞에 열손가락을 아래로 펼치고 빙빙 돌리면서 내린다. 추상적 개념도 같은 방법으로 전달되었다. 춥다거나 겨울이라는 개념은 떠는 모습과 함께 가슴 앞에 팔을 꼬아서 접는 것으로 표시되었다. *나쁘다*는 관념은 어떤 것을 버리는 모양으로 표시되었다. 오른손 주먹을 가슴 앞에 쥐고 펼쳐서 내던지면서 쥐었던 손을 펴 보인다.

상당량의 수화가 미주중앙평원 북부의 부족들에게 공유되었던 것이 틀림없으나 구화에서 처럼 "방언" 차이가 있었음에 틀림없다. 그렇지만 휘파람이나 북소리 "언어"와는 다르게 수화는 종종 말과 섞어서 사용됨에도 불구하고 말과는 독립적이다. 손으로 만드는 알파벳의 경우에만 연결고리가 있다. 손으로 만드는 알파벳은 말에서 유래된 문자체계의 요소를 나타낸다 (도형 11.1).

## 글의 기원

인간이 지닌 문화의 진화라는 맥락에서 볼 때 글은 겨우 5-6,000년 가량을 역사로 하는 최근의 발명이다. 그러나 혹자가 글(writing)이라는 용어에 남아있는 시각기호로 의사전달을 기도한 어떤 것이라도 포함시킨다면 글은 매우 오래된 것이 틀림없다. 예를 들자면 북미 북서부의 아브나기(Abnaki)부족민들은 특정한 형태로 땅에 놓은 나무토막으로 여행의 방향, 거리, 기간을 표시하곤 했다. 다른 시각기호가 수천 년 동안 세계의 여러 곳에서 사용되어 왔음에 틀림없다. 이러한 시각기호가 순수한 글쓰기로 간주되지 못하는 두 가지 큰 이유가 있다: 하나는 그러한 기호를 쓰는 개인들이 기호를 선택하고 의사소통 하는데 자유롭다는 점과 둘째로 이러한 기호의 해석이 어느 특정언어에 의존하지 않는다는 점이다. 이것이 급하게 움직이는 자동차와 길 건너는 사슴이 충돌할 수 있는 것을 경고하는 도로표지판에 뛰는 모습의 사슴이 글로서 간주되지 못하는 이유이다. 물론 운전자가 사슴이 무엇인지 안다면 어떤 언어를 사용하건 상관없이 모든 운전자가 이해할 수 있다. 이러한 모습으로 글쓰기 개념을 제한한다는 것이 그림기록이나 메시지(예, 연대기, 겨울지나기 즉, 과거 미주 원주민들이 물소가죽에 그렸던 것)의 중요성을 축소시키지 않는다. 그럼에도 불구하고 가용한 증거에 기초를 둔 글의 기원이나 발전을 기술하려면 토의의 범위를 순수 글쓰기에 제한하는 편이 유용하다.

문자체계는 기원전 후기 3000년 초기 4000년 전에 최초로 쓰였는데 (오늘날 이라크에 해당하는) 메소포타미아의 수메르인들이 썼다. 원래는 그림형태이었으나 수메르 글은 점차 단순하게 되어 전형을 갖게 되고 (라틴어로 *꺾쇠*에 해당하는 cuneus에서 유래한) 꺾쇠(cuneiform)형태로 변해갔다. 꺾쇠형 글자는 진흙의 판에 철필로 쓴 꺾쇠모양의 표지에서 유래하여 이름 지었고 그 진흙판은 굽거

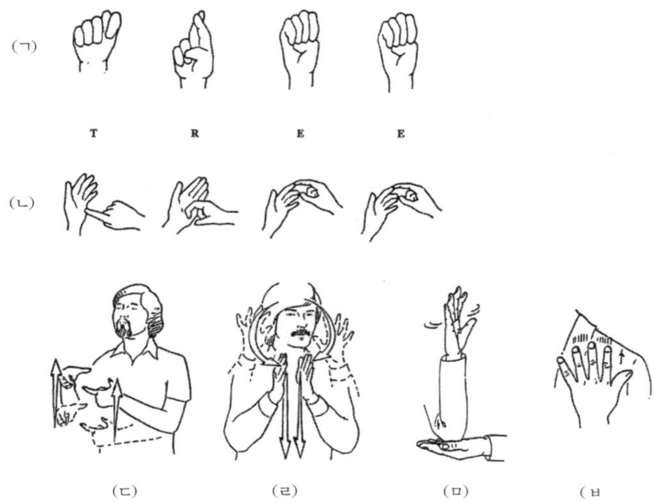


**도형 11.1 손가락 철자법과 수화하기:**

비교 (ㄱ) 영어단어 tree를 미국수화의 알파벳으로 철자한 것; (ㄴ) 같은 단어를 영국수화의 알파벳을 철자한 것; (ㄷ) 중국수화로 나무를 말하기; (ㄹ) 덴마크수화로 나무를 말하기; (ㅁ) 미국수화로 하기; (ㅂ) 대평원 인디언의 수화로 하기.

4 가지 수화가 각각 그림을 그리려고 하나 - 수화가 지칭하려는 것은 실체적으로 닮았으나 - 서로 상이하다: 중국수화에서는 두 손이 대칭적으로 나무둥치의 모습을 원통으로 표시한 다음 위로 이동하여 나무가 자랐음을 표시한다; 덴마크수화는 두 손으로 나무의 모자(樹冠)에 해당하는 둥근 부분을 표시하고 그 아래 직선으로 원통모형을 표한다; 미국수화에서는 오른팔의 앞부분을 왼손바닥에 팔꿈치에 대고 세워 오른 손 다섯 손가락을 펴서 돌리면 땅위에서 솟은 나무둥치 위의 잎사귀와 가지가 흔들리는 모습으로 보여준다; 대평원의 인디언수화는 왼손을 펴서 왼편 어깨로부터 10인치 가량 앞에 대고 천천히 위편으로 움직이면서 나무가 자라는 모습을 그린다. 명백히 나무의 독특한 자질은 한 집단에서 다른 집단으로 옮기면서 색다른 모습이다. 출처: (ㄱ)(ㄴ)은 크리스탈의 캠브리지 언어백과사전 (Cambridge: Cambridge University Press, 1991), 225. (ㄷ)(ㄹ)(ㅁ)은 끄리마와 벨루기 (Cambridge, MA: Harvard University Press) 언어의 수화들 (The Signs of Language) 21, 1979와 하버드 대학교 총장과 특별회원의 허락으로 재수록 됨; (ㅂ)은 윌리엄 톰킨스의 인디언수화 (Indian Sing Language, New York: Dover, 1969) 56-57에서.

나 태양열로 굳어지게 만들었다.

비슷한 시기나 그 이후에 구대륙에서 발달된 글자체계가 여러 개 나왔다. 가장 오래된 것으로서 잘 알려진 것은 바빌론, 앗시리아, 히타이트 사람들의 것으로 모두 꺾쇠 모양으로 되어 있다. 이집트에서 약 3000년 전에 발전된 그림 형태의 글자체계는 상형(hieroglyphic)문자로 일컬어지게 된다. 이러한 모든 글자체계와 구대륙의 다른 모든 문자는 궁극적으로 사장되고 현재 다른 문자로 대치되었다. 근대화된 꼴을 지니지만 기원전 1500년부터 보존된 예외가 하나 있는데 그것이 중국어의 문자체계이다.

신대륙에서는 가장 오래된 문자체계가 남멕시코와 과테말라이라고 오늘날 부르는 지역에서 우리 시대 바로 전에 마야인들에게서 발명되었다. 마야문자의 수많은 정교한 상형문과 글자들이 몇 권의 책(codices)과 돌에 새겨져서 보존되어 왔다. 마야인들만이 콜럼버스 전에 글을 사용한 신대륙의 문명사회는 아니다. 16세기 전반부에 스페인의의 정복기에 문화를 꽃피운 아즈텍(Aztec)인들도 대부분 상형문으로 된 문자체계를 썼고 다른 문화권에서도 콜럼버스 전에 (오늘날 멕시코인 자포텍Zapotec과 믹스텍Mixtec) 정보를 기록하는 방법들을 알고 있었다.

최근까지 대부분의 학자들은 신대륙의 문자가 독립적으로 발전되었고 구대륙의 문자체계는 서로 독립적이 아니라 메소포타미아 수메르문자에서 섞여진 결과라고 믿었다. 단 하나의 예외가 중국문자로서 개념의 확산(자극확산)의 경우로서 간주되었고 자극의 결과 개별적인 기술보다는 보편적인 개념을 차용하여 특수한 문자체계를 이룩하였다. 그렇지만 지난 20년의 연구들 대부분이 구대륙의 문자체계를 몇 가지 독립적인 발명으로 취급하는 가능성을 선호하고 있다. 신대륙에서 독립적인 문자발명이 심각하게 도전 받지 않았고 대부분의 학자들이 마야문자체계가 후에 중미 선진문화의 글자에 영향을 주었다고 믿고 있다.

## 문자체계의 유형

오늘날 매우 많은 문자체계가 전세계에서 사용 중이다. 역사상 수십 개가 소멸되었고 방기되거나 대체되었다. 다양한 문자체계의 기원이나 차이를 토론하려면 단지 중요한 것만 약간 취급한다 해도 상당한 크기의 책이 될 뿐만 아니라 독자 대다수의 참을성을 시험해야 한다. 다행히도 단순한 용어로 문자의 발전상 나타나는 일반적인 모습을 개괄할 수 있다.

진정한 문자체계는 해당되는 말의 어떤 요소를 전통적으로 인정받는 시각 표지로서 나타난다. 글쓰기를 목표로 말의 기초요소가 다양한 크기로 나타나는데 단어부터 의미 있는 소리를 구성하는 형태소까지 이르게 된다. 예를 들어 *riskiness*라는 영어단어는 (*risk*–*i*–*ness*)라는 형태소 세 개로 구성되어 있고 9개 음소와 하나의 강세로 구성되어 있다.

"글"로 메시지를 전달하는 가장 오래된 방법은 그림체계의 기호를 쓰는 그림문자이었을 것이 틀림없다. 그러한 체계에서 예를 들어 태양을 그리는 것은 태양을 나타낼 것이다. 좀더 정교한 그림문자의 사용은 그림으로 나타났던 그 무엇과 연관 있는 개념들을 우선 나타내는 기호에서 생겼을 것이다. 그러한 경우에 태양은 따스함과 빛을 나타내게 된다. 이러한 양태로 사용한 기호가 *개념문자*(ideograms)라고 알려진 것이다.

그림에서 진정한 글로 변화를 이끈 주요한 혁신이 그림기호가 그 뜻보다 그 자체로 나타나는 특정단어와 연관지어질 때 일어났다. 이 유형의 그림기호는 *형상자*(logogram)이라고 일컬어지며 소리를 강조하면 *소리자*(phonogram)이다. 이러한 체계에서 영어의 예를 들면

 '눈eye' 과  '낫sickle' 은 '얼음과자*icicle*' 가 된다.

물론  혼자는 눈은 물론 'I, 영어1인칭 단수주격' 도 나타낼 수 있지만 이제 형상자(logogram)와 소리자(phonogram)로 일정한 크기의 메시지를 쓰는 것은 분명히 시간 걸리는 일일 뿐만 아니라 상당한 정도의 그림실력이 요구되어 어떤 경우에는 목적 달성이 불가능하게 된다. 예를 들어 영어단어 *cousin, enough, if*를 소리문자(phonography)로 어떻게 표할 수 있는가? 문제를 단순히 만드는 한 방법은 많은 단어에서 각기 기호를 찾으려는 시도보다 구어에서 나타나는 상이한 음절을 찾아내는 일이다. 그런 체계에서 기호의 목록은 두드러지게 줄어드는데 예를 들어 *mass*라는 한 음절로 구성된 영어단어의 소리는 *mascot, masculine, masker, massive, master, mastic, mastiff* 등을 쓰는데 첫 번째 대신 이용할 수도 있다. 음절을 나타내는 기호를 통한 문자체계를 *음절문자체계*(syllabary)라고 부른다.

음절문자체계를 단순하게 만드는 논리적 다음 단계는 **알파벳 문자체계**(apphabetic writing)인데 그 안에 각기 상이한 변별적 소리가 개별적인 기호나 글자로서 표시되는 경향이 있다. 그러한 체계의 장점은 명백하다. 영어에서 철자법이 일관성을 갖고 있지 못함에도 불구하고 수천 단어를 영어자모 26개 문자만 가지고 쓸 수 있다.

글의 발전단계가 위에서 제시된 순서로 발생한 것처럼 보임에도 불구하고 하나의 특수한 체계는 다른 체계를 반드시 배제하지 않고 여러 개의 글자체계에 서너 가지 방법이 결합하기도 한다. 메소포타미아, 이집트, 중국, 인더스강 유역, 또 기타 여러 지역에서 쓰였던 최고로 오래된 체계는 신대륙을 포함하여 기본적으로 그림이었다. 그렇지만 최근에 개념문자 기호로 통합되었다. 예를 들어 초기 수메르 문자체계에서 별밤의 그림은 어두움, 검정, 밤을 나타나게 되었다. 이집트 상형문자는 대부분이 그림문자와 개념문자이고 한 단어가 여러 뜻을 의도하는 기호뿐만 아니라 약간의 음성문자도 포함하고 있다(도형 11.2 참조).

형상자(logographic)체계의 훌륭한 예가 중국문자인데 상이한 글자가 상이한 단어나 형태소를 나타낸다. 중국문자는 역시 초기 그림문자와 개념문자 체계에서 유래했다. 일본 문자체계는 *가타카나*(かたかな)와 *히라가나*(ひらがな)라는 두 형태로 70개 이상 도안문자의 음절체계로 한자에서 빌어온 부수와 결합되어 있다. 자극확산의 결과 음절문자의 흥미로운 예가 체로키의 혈통이 절반 섞인 세코이아(Sequoya, 1760-1843)에 의해서 1821년 발명되었다. 최후의 음절체계가 나왔을 때 이 음절문자 체계는 85개의 부호로 줄었고 약간의 부호는 영어를 쓰기 위해서 라틴 자모의 대문자를 뽑아 변형시켰다. 세코이야가 영어 읽는 법을 몰랐기 때문에 그의 선택은 전적으로 독단적이다. 그의 문자체계는 체로키 부족민뿐만 아니라 그들 가운데서 일하는 선교사들 역시 수년 간 사용하였다.

알파벳 자모체계가 가장 습득하기 쉽고 가장 경제적인 체계이다. 또한 오늘날 대다수의 언어를 기록하는 수단이 되고 있다. 최초의 자모체계는 기원전 1700년 경 고대 시리아 지방에서 셈족 사람들이 처음 사용했을 것이다. 그리고 꺾쇠형태(cuneform)로 보존된 가장 오래된 자모로 기록한 자료가 오늘날 시리아 해안 우가리트(Ugarit) 고대 도시국가의 발굴지에서 나왔다. 표시된 자음들만을 가지고 초기 자모들은 아랍말, 히브리말, 페니키아말을 적기 위해서 고안되었다. 기원전 1000년 경 고대 그리스인들이 페니키아 문자체계를 접하게 되고 그 후 그들 자신의 문자체계를 만들기 위한 기초로서 이 체계를 썼다. 자신들의 말이 지닌 상이한 구조에 자모를 적용하려고 모음부호를 첨가했다. 약 2세기 후에 그리스 자모는 이번에 이탈리아 중부 에트루스카(Etrusca) 사람들에게 하나의 문자체계로 쓰였고 그 자모가 로마인들에게 영향을 미쳐 후에 자신들

(ㄱ)

(ㄴ)

**도형 11.2**

철자법. 단지 몇 가지 상이한 철자법만이 이곳에 약술되어 있다.

(ㄱ) 구어(口語)와 무관한 그림문자. 이것은 미주인디언 추장이 미합중국 대통령에게 보낸 메시지를 복원한 것이다. 추장은 머리 위에 두 선이 뻗어 있는 그림으로 확인되고 5명의 전사가 따라 나온다. 4명은 추장과 함께 독수리 씨족에 속한다. 마지막 다섯 번째 전사는 메기씨족에 속한다. 또 한사람의 경우에는 씨족의 명칭이 밝혀지지 않았으나 더욱 강력한 추장이고 집단과 합의한 사이이다. 이 집단 밑에 나타나는 거주지는 이 집단의 구성원들이 유목민 생활을 포기하고 거처를 정해 살 준비기 되어 있다는 것을 뜻한다. 뻗어 나온 추장의 팔은 평화와 우애를 상징하는 것으로 공히 미대통령도 서로 주고받은 것이다. (ㄴ)에서 땅에 수직을 서 있는 다서 개의 말뚝은 (5일) 예상되는 여행의 날짜 수를 가리키며 긴 막대의 땅에서 떨어진 쪽의 방향이 여행의 방향을 표시한다. (ㄷ) 고대 수메르 도시에 벽돌 위에 쓰인 초기의 쐐기문자. (ㄹ) 그림형태에서 쐐기문자 형태의 정확한 모습으로 발전함. 각 열의 처음 사각형은 원래 그림문자가 들어 있고; 둘째는 후에 나타난 쐐기문자이고; 셋째는 초기 바빌론의 쐐기문자이고; 넷째는 앗시리아의 쐐기문자; 마지막은 처음 것과 또 파생된 의미를 보여 준다. (ㅁ) 전래의 로마자와 비교하여 체로키 부족의 음절문자 85개 중 약간임. *출처* (ㄱ) 헨리 스쿨크레프트 (H. Schoolcraft) *미합중국 내 인디언부족들의 역사, 상태, 전망에 관한 역사적, 통계적 정보* (Historical and Statistical Information Responding the History, Condition, and Prospect of the Indian Tribes of the United States), part 1 (Philadelphia: Lippincott, Grambo, 1951) 418-419; (ㄴ) 개릭 말레리 (Garrick Mallery) *미주인디언의 그림글자쓰기* "Picture-writing of the American Indians," 스미소니안 박물관에 제출한 민족학분과위원회 10회째 연간보고서 (Tenth Annual Report of the Bureau of Ethnology to the Secretary of the Smithsonian Institution,

(ㄷ)

1888-89, by J. W. Powell) Washington: Government Printing Office, 1893, 335; (ㄷ) 데이빗 디린저 (David Diringer) *알파벳* (The Alphabet; A Key to the History of Mankind, 3rd rev. ed. New York: Funk and Wagnalls, 1968), vol 2, 23; (ㄹ) *브리타니카 백과사전* 15판 (1989), 29권 1056, 시카고대학 동양학연구소의 허락으로 수록; (ㅁ) 그레아슨 (H.A. Greason, Jr.) *기술주의 언어학입문* (An Introduction to Descriptive Linguistics, rev. ed.) (New York: Holt, Rinehart and Winston, 1961), 414.

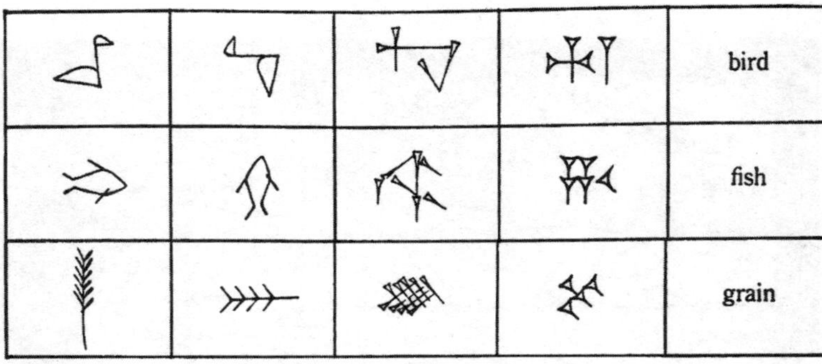


(ㄹ)

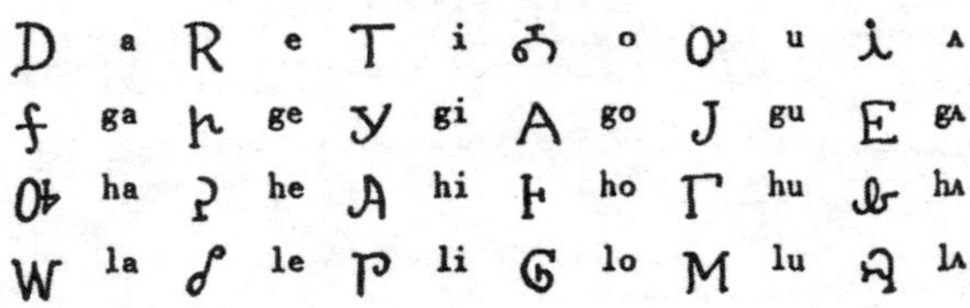


(ㅁ)

의 라틴(혹은 로마)자로 발전시킨다. 오늘날 소위 라틴자모가 대다수의 유럽어들의 글로 쓰이고 있음에도 불구하고 끼릴자모가 동부유럽과 구소련의 여러 지역에서 쓰이는데 여러 가지로 볼 때 아직도 닮은 그리스 자모에서 직접 유래하였다.

과거 5~6,000년 동안 수많은 문자체계가 복잡하게 발달했음에도 불구하고 문자체계의 일반적 진화에 있어서 주된 경향은 상당히 자명했다. 하나의 경향은 추상화 방향이고(라틴문자 *S*, 그리스문자 *Σ*, 끼릴문자 *C*는 모두 "[s]" 소리를 나타낸다), 또 하나의 경향은 단순화 방향이다 (수많은 그림문자, 개념문자, 음성문자가 쉽게 쓸 수 있는 2~30개 문자로 바뀌었다).

만일 단순한 자모체계가 수천 개의 상이한 형태소를 배우고 그 생김새와 떨어져서 익혀야 하는 형상자(logographic) 체계보다 그렇게 이득이 있다면 왜 중국인들은 과거 수세기 동안 (보통 라틴자모를 쓰는) 서너 개의 로마자 중 하나를 왜 채용하지 않았을까? 그 답은 간단하다. 수많은 언어들이 중국 내에서 사용되고 있고 각기는 서너 개의 방언을 가지고 있다. 상호 이해할 수 없는 말을 쓰고 있을 지라도 모든 중국인들은 현재의 문자체계를 쓰고 있다. 동일한 신문을 중국인들이 국적이나 사회적 계층을 망라하고 읽힌다. 로마자가 공식적으로 채택되면 이 나라에 여러 상이한 언어들이 쓰이는 것처럼 책과 신문이 상이한 언어만큼 여러 개의 자모체계로 출판되어야만 할 것이다.

### 글쓰기와 인쇄

서양문화를 이룬 사람들은 글쓰기와 인쇄에 사용된 자료를 그들의 제한적인 용어로써 습관적으로 생각한다. 종이는 필수품이고 펜과 타자기, 인쇄기 혹은 컴퓨터 프린터를 쓴다. 그러나 선사시대와 역사시대를 포함하여 세계와 역사를 살펴보면 그러한 자료의 다양함은 놀랄 만큼 풍요롭다. 그림과 금석물을 그린 가장 오래된 것들의 표면은 동굴 벽과 뼈이다. 정교한 그림과 조각의 예는 고생대 초기 것들까지 보존되어 있다. 30,000년 이상 전의 일이다. 철필과 비슷한 것으로 만든 진흙 편이 꺾쇠형태(cuneiform) 문자를 쓰기 위해 사용된 진흙격자에 선행하여 나타났다. 고대 이집트에서 종이가 가장 흔히 쓰였지만 점판암(limestone), 상아, 뼈, 진흙판, 금속, 가죽, 도기, 양피지(parchment), 양초 역시 사용되었다. 글쓰기는 주로 골풀 붓(rush brush)을 사용했는데 나중에 갈대 펜(split-reed pen)으로 대치되었고 유럽에서 깃털 펜(quill pen, 기원전 16세기)에서 (19세기에) 철필(steel pen)로 발전되었다.

종이는 아시아 중앙부에서 발명되어 2세기 초엽 중국에서 초기 형태로 생산되기 시작했는데 기존 글쓰기 재료에 대나무 껍질, 나무판, 야자잎, 비단에 종이가 더해졌다. 종이의 제조법은 서쪽과 남쪽으로 천천히 퍼져 나갔다. 오늘날 우즈베키스탄인 사마르칸트에서 8세기 중엽 종이 생산자들이 면화와 아마(flax)섬유를 종이에 섞어 넣었다. 점진적으로 종이는 유럽에서 인쇄술이 소개된 후 증가하여 쓰였고 단지 19세기에 와서야 나무펄프가 종이 생산에 주된 원자재가 되었다.

잉크는 매우 오래된 발명품이다. 탄소로 된 잉크가 기원전 3000년 전에 고대 이집트에서 사용되고 있었다. 중국인, 그리스인, 로마인들에게도 알려져 있었는데 주로 사원에서 생산된 잉크는 중세에 특히 중요하게 되었다.

세계 인류의 대다수가 문맹이었기 때문에 수천 년 동안 필사 기술은 상대적으로 적은 숫자의 개인들이 독점적으로 소유했다. 그렇지만 중세 끝에는 원고의 숫자가 늘어나고 그 전사본에 대한 수요가 커져서 독자—고객의 수요를 만족시키기 위해서 수십 명의 전사가들을 고용하는 잘 알려진 서적상이 있는 것도 드문 일이 아니었다. 기계적으로 책을 복사하는 방법을 발명하는 때가 드디어 왔다. 14세기말에 유럽에서 목판(block)인쇄가 알려져 있음에도 불구하고 전사가들의 각고의 노력을 위협했던 것처럼 보이지는 않는다. 1450년 즈음 주요 혁신은 압축인쇄기와 움직이는 활자판이었는데 구텐베르그(Johannes Gutenberg, 대략 1390-1468)라는 독일인이 고안한 발명품이었다. 그러나 구텐베르그가 독자적으로 인쇄기를 발명했음에도 불구하고 그가 최초로 발명한 것은 아니다. 11세기 초반에 중국에서 움직이는 활자판이 쓰였다. 게다가 활판을 쓴 가장 오래된 책이 중국에서 나왔고 [태양력인] 우리식 달력으로 환산하여 서기868년 5월 11일에 해당하는 그 인쇄본의 제작일자를 알고 있다.

글쓰기와 인쇄가 모두 의사소통에 효율을 크게 향상시켰다. 인쇄된 단어가 유지되지 못하면 문명이 이렇게 빠르게 진보하지 못했을 것이고 오늘날 같이 발달하지 못했을 것이다. 그렇지만 글쓰기에 기록된 비인간적인 메시지는 일반적으로 얼굴을 맞대고 하는 의사소통과 같이 효과적이지 못하다. 힘으로 따지면 말을 추월하지 못하는 것이다.

### 해독

고고학자들은 종종 기록된 텍스트 잔여물을 발견해 왔다. 많은 경우에 그 글자가 더 이상 사용되지 않고 그 언어가 더 이상 구사되지 않기에 잔여물에 있는 글자가 무엇을 뜻하는지 그 텍스트가 무엇을 나타내고 있는지 어떻게 알 수 있는가? 이미 완성된 해독 중 어떤 것들은 인간정신의 놀랄만한 구현이다. 나폴레옹의 이집트 원정대에 참여했던 사람들이 1792년에 찾아낸 검은 현무암 판인 로제타돌은 좋은 예가 된다.

로제타돌에 적힌 글을 해독하는 일이 가능하게 된 것은 바닥에 음각된 54줄의 그리스 문장이 해석되었고 윗부분에 (14줄로) 상형문자를 써서 음각되어 있는데 그 두 텍스트 사이에 "평이한"글자로 번역해 놓은 것도 있다. 두 이집트 텍스트를 이해하게 된 열쇠는 물론 알려진 그리스 텍스트가 제공했다. 몇 개의 왕실 이름은 상형문자 중 일부의 음가를 밝히는 단서를 제공했고 상형문자의 개수는 텍스트에 나타나는 그리스 단어보다 세 배나 되는데 고대 이집트 상형문자가 (표의문자, 표음문자와 특정한 단어들의 뜻을 좌우하는 추가적인 기호로 구성된) 혼합된 성격을 지니고 있다는 점을 시사하였다. 해독의 공로는 1822년에 자신의 발견을 출판한 프랑스인이고 이집트학 학자인 장 - 프랑스와 샹피용(Jean - François Champillion, 1790-1832)에게 돌아갔다.

## 글쓰기의 민족지학

의사소통이라는 용어가 글쓰기를 표현함에도 불구하고, 특정 사회에서 어떻게 글쓰기가 이용되는지에 관한 설명은 민족지학을 그리는 문학 내 단지 드물게 나타나곤 한다. 이것은 전통적으로 인류학자들이 문맹사회에 흥미를 보였고 (즉, 글자가 없는 사회) 또 글쓰기가 중요하고 널리 쓰이는 복잡한 산업사회를 연구하는 인류학 연구는 글로써 유지되는 비교적 거리가 있는 접촉보다는 대면하는 상호소통에 집중하는 경향이 있기 때문이다. 인류학자는 인류사에 있어서 주요 문화혁명의 시발점으로 5,000년 전에 진정한 글쓰기의 발명을 항상 인정해 왔다. 따라서 그들의 초점은 특정사회 내 글의 기능보다는 글쓰기의 기원과 확산에 있었다. 언어학자들은 대부분이 글쓰기 연구에 기여한 바가 없거나 적은데 그 이유는 언어학자들이 여러 면으로 볼 때 가장 효과적인 의사소통의 형태인—말에 관심을 표했기 때문이다. 그렇지만 말하기의 민족지학에 커가는 흥미에 고무된 바소(Basso)가 글쓰기에도 관심을 갖아야 한다고 주장하는 표제를 단 논문을 냈다. 바소에 따르면, "민족지학적 연구는 독자적인 분야로 이해해서는 안 되고 … 인간 의사소통 기량 전체를 감싸는 더욱 도발적인 탐구분야의 하나로 간주해야 한다 (Basso 1974:426).

말하기의 민족지학에 사용되는 동일한 단위와 요소들이 글쓰기에도 적용될 수 있다 (예를 들어, 편지쓰기가 그러한 행위가 될 수 있고). 글쓰기에 연관된 몇 가지 행위가 (특정주제나 특정한 목적으로 편지교환 같은) 글쓰기 사건을 구성하기 위해 묶일 수 있다. 편지는 보내는 사람과 받는 사람은 참가자이고 편지를 보내거나 교환하는 상황을 (예를 들어, 명절인사를 교환하거나 12월에 새해인사를 교환하는 것처럼) 글쓰기 행위가 글쓰기 사건에 해당하는 하나의 설정을 제공한다. 편지를 쓰는 이유는 매우 다양하다: 개인서간은 (호의에 감사하는) 답례장부터 연서 또 조문, 법원결정을 촉발하는 위임장 같은 공문에 이르기까지 다양하다. 글쓰기의 의사전달 통로는 시각이나 시각부호는 다양하다: 언어들은 상이한 철자체계를 쓰고 있으며 취학 전 아동들은 종종 그림을 그려 조부모에게 "편지쓰기"를 시도한다.

편지의 목적과 내용이 통상적으로 편지의 형태를 결정한다: 예를 들어 지원서는 공식서한으로 간주되어 주의를 기우려 작성하고 타자치거나 양질의 종이에 레이저 인쇄기로 찍는다. 한편 친한 친구에게 쓰는 편지는 보통 스타일이 일상체이고 꾸밈없는 것으로 심지어 욕설이나 외설스러운 내용 혹은 모두 다를 포함할 수 있다. 가족을 방금 여읜 당사자에게 "축성탄이나 신년축하"를 비는 엽서를 보내는 것이나 손으로 쓰지 않고 타자기를 사용하여 조문을 적는 것은 전적으로 적합하지 못한 것으로 간주된다. 말하기는 글로 쓸 때 충분히 모욕적으로 간주될 수 있는 다소 외설스러운 것 역시 우스꽝스러운 것으로 간주되기도 한다. 간단히 말해서, 말하기가 상호작용과 해석의 기준으로 통제되는 것처럼 글쓰기 역시 그렇다.

만일 *글쓰기*(writing)를 진정한 글쓰기에서 지속적인 표시나 기호를 사용하는 어떤 종류의 시각적 의사소통까지 확대하면, 우리는 다양한 장르를 언급할 수 있다—도로표지, 그림광고, 다양한 페인트낙서, 다른 형태를 포함하여 만일 글쓰기의 민족지에 행해지는 연구가 완벽하고 통찰력이 있다면, 글쓰기가 행해지는 사회문화적 맥락도 포함될 필요가 있다. 바소는 답할 필요가 있는 질문 중 몇 개를 던지는데, 그들 중에는

> … 어떻게 … 글 쓰는 능력이 하나의 공동체의 구성원들 사이에 배분되고 있는지, 나이, 성별, 사회경제적 계급 등과 같은 요소와 위의 글 쓰는 능력이 어떻게 변화를 보이는가? … 글쓰기를 통해서 어떤 종류의 정보가 전달하기에 적절한 것으로 간주되는가? … 누가 글로된 메세지를 누구에게 언제 왜 보내는가? … 간단히 말해서, 연구 하에 있는 사회 내 전체적인 의사소통 경제 내 글쓰기가 어떤 위치를 점하고 있는가를 또 글쓰기의 문화적인 의미는 어떤 범위인가? (Basso 1974:431–432).

이러한 질문들은 몇몇 개의 사회 밖에서는 진지하게 언급된 적이 없다.

## 종합과 결론

말이 의심 없이 인류의 의사소통에 가장 오래된 가장 효과적인 수단임에도 불구하고 사람들에게 의사전달과 정보교환에 많은 길이 있다. 이런 것 중 가장 흔한 것이 글인데 독자적으로 수천 년 전에 구세계와 신세계에서 모두 발명되었다. 문자체계의 대부분에서 문자는 하나의 말에 있는 소리나 소리묶음으로 나타난다.

의사소통의 비문자 체계는 말과 글에 기초하거나 독자적이다. 모스부호나 점자는 언어의 문자표현에서 나오고 대조적으로 휘파람이나 북 "언어"는 말

소리의 음향자질에 기초하고 있다. 말할 때 대부분의 사람들은 얼굴표정이나 몸동작을 동반한다. 청각 장애의 경우에는 말소리와 거의 비슷하게 효과적이고 표현력이 훌륭한 수화를 이용한다. 북미의 대평원 인디언들은 상대의 언어를 이해하지 못해도 이웃 부족과 의사전달을 하기 위해서 정교한 수화를 사용했다.

한 가지나 혹은 다른 종류의 의사소통은 동물의 왕국 내에 보편적이며 동물 종의 특징을 말해준다. 그렇지만 인간의 언어는 이제껏 알려진 가장 복잡하고 표현력이 풍부한 수단이다. 누구나 언어 없이 인류문화가 불가능했을 것이라고—혹은 기껏해야 매우 제한적으로—발전했을 것이라고 쉽게 주장할 수 있다.

### 일러두기와 앞으로 독서를 위한 제언

준언어(paralanguage)와 준언어학(paralinguistics)에 관한 토의를 보려면 트레거(Trager 1958)와 크리스탈(Crystal 1974)을 보라. 후자는 상당히 많은 참고자료가 붙어 있다. 접근학(kinesics)에 관한 참고문헌은 버드위스텔(Birdwhistell 1970)을 보라. 동작학(proxemics)에 매우 읽기 좋은 입문은 홀(Hall 1966)이고 많은 학자들의 비평과 홀의 답장이 그 안에 들어 있다. 동작과 문화의 차이는 켄든(1997).

아프리카의 말하는 북은 캐링톤(Carrington 1971)이 쓴 비전문적인 소논문의 주제이다. 미국 수화에 관한 훌륭한 입문으로는 크리마와 벨루지(Klima and Bellugi 1979)에서 찾을 수 있다. 대평원 인디언의 수화에 관한 비전문적이지만 의지할 만한 자료가 톰킨스(Tomkins 1969)이다.

해석을 붙인 비구전 의사소통에 관한 책을 와이쓰(Weitz 1974)가 편집했고 집약본에는 얼굴표현, 준언어(paralanguage), 몸동작과 몸짓, 공간행위가 포함되어 있다. 준언어학(paralinguistics), 동작학(proxemics), 수화, 북, 휘파람“언어”, 문자와 전문가들이 엮어 놓은 책이 씨비옥(Sebeok 1974)이다. 비구전 의사소통에 관한 연구 안내와 참고문헌을 보려면 케이(Key 1977)를 보라.

수많은 책과 논문이 일반적인 문자의 기원과 발달 혹은 특정한 문자체계 특히 알파벳 체계에 관해서 쓰였다. 이 주제에 가장 포괄적인 자료는 디린져(Diringer 1968)로서 한 권의 책과 한 권의 화보로 구성되어 있다. 간략하지만 정보가 풍부한 책은 트레거(Trager 1972)로서 약 130쪽에 해당한다. 문화와 문자 사이에 계면(interface)에 나타나는 약간의 특징들과 구전전통과 문자전통 그리고 글과 말의 사용 사이에 나타나는 측면들을 취급하는 것이 구디(Goody 1987)이다.

### 토의문제

1. 어떤 인류학자들은 선사시대의 주요한 두 가지 문화혁명에 대해 이야기 한다. 식물재배와 동물사육의 시작이 하나이고 문자의 발명이 다른 하나이다. 문자발명이 문화가 기하급수적으로 성장하는 것을 가능케 했다고 어떤 식으로 주장하겠는가?

2. 언어인류학자들은 주의 깊게 말과 글을 구별한다. 글쓰기와 말하기가 통상 지니는 특징들은 무엇이며 어떻게 구분하는가?

3. 말은 무엇보다도 가장 보편적이고 효과적인 의사소통의 수단이다. 하지만 다양한 비구전 의사소통체계들도 또한 중요하다. 얼마만큼 또 어떤 환경에서 비구전 의사소통체제가 말을 대신하는가? 그리고 또 얼마만큼 말을 보충하는가?

# 12. 구전민속과 구전예술

일세기 반의 역사동안에 민속(folklore)이라는 용어의 뜻은 구전 전통에서부터, 복식, 신앙, 민속적인 삶을 포함하는 모든 전통적인 분야를 일컬었다. 이번 장은 구전 혹은 담화로 된 민속의 어떤 측면에 관심을 둔다. 구전민속의 정의 역시 민요나 민속이야기 같은 전통적인 형식에 강조를 두는 것으로부터 스토리텔링 같은 의사소통의 과정으로서 민속학 내의 최근 관점으로 강조되는 바같이 변천돼 왔다.

복잡한 산업사회의 구성원들에게는 문자를 사용하지 않는 문맹 상태인 사람들의 지적 능력과 미적 감수성을 과소평가 하는 오래된 성향이 있었다. 인류학자들은 여러 번 그 가정이 얼마나 잘못된 것인가를 밝히고 있다. 전통적인 설화를 자주 "구전문학"으로 언급하는 것이 생각보다 용어상 문제가 없는데 예를 들어 나바호 노래 내에 있는 놀랄만한 상상력과 서로 얽힌 정교한 구조가 서구 시세계의 최상의 것들과 비교되고 미원주민 신화 대부분은 창세기의 간결하고 생동감이 넘치는 부분과 극적인 면들을 지니고 있다. 문자세계에서 인정받는 작가의 문체는 일상적인 말 수준 이상을 기대하는 것처럼 전통적인 설화를 실연하는 데에 요구되는 기준이 있는 것이 보통이다. 주의를 환기하면 구전민속은 부족사회나 농부들 가운데만 찾아지는 문화의 산물이 아니고 긴 이야기, 발라드, 농담, 리듬찾기, 수수께끼 같은 형태로서 미합중국 내에서 살아 있고 잘 유지되고 있으며 직업, 민족배경, 기타 특성에 따라 지역마다 변화가 다양하다.

인류학자들은 문화를 보다 잘 이해하기위해 구전민속을 단서로써 의존해야 됐다. 민속학자들은 구전예술 내에서 인간 상상력의 풍요로움을 보여주는 민속자료와 언어운용을 기록하고 분석하여 왔다. 언어학자들은 전통의 설화가 다른 방법으로는 획득될 수 없는 중요한 자료의 원천으로 사용해 왔다. 이러한 이유에서 구전민속을 토의하는 것이 언어인류학에 한 부분을 차지하게 된다.

### 전통적인 설화의 수집과 분류

북미 인디언의 구전전통을 수집하는 일은 17세기 후반에 제수이트 교단 신부들이 시작했음에도 불구하고 미토착민 민속에 대한 우리의 지식확장은 그 후 2세기 동안 산발적인 것이었다. 누구보다도 북미 본래 문화에 흥미를 갖게 된 탐험적인 민족지 학자는 대리인으로 그들과 함께 지내면서 오지브와(Ojibwa) 족에 관한 상당한 양을 출판한 스쿨크래프트(Henry R. Schoolcraft, 1793-1864)이다.

미주 토착민 언어와 구전민속 분야에 있어서 학문적으로 주요한 업적의 시작은 19세기 후반의 25년간으로 거슬러 올라간다. 1878년 파웰(John Wesley Powell)은 워싱턴 인류학회를 세우고 스미소니안 연구소의 일부로서 (미주)민족학 분과를 조직하여 자신이 초대 분과위원장이 되었다. 미국 민속학회는 1888년에 세워졌다.

지질학자로서 훈련받고 남북전쟁 동안 사일로(Shiloh) 전투에서 오른 팔을 잃은 파웰은 미토착민 문화와 언어연구에 자신의 삶 중 후반기 대부분을 할애했다. 그의 관심사 중 하나는 "몇 부족의 신화와 민속이 보전되어야 하며 가감없이 한 줄씩 번역되어 그들의 언어로 기록되어야 한다"는 것이다 (Powell 1883:xxx). 파웰의 도전에 고무되고 한 세기 동안 미국민속학회 분과위원회의 후원으로 수백 권의 책이 저술됨으로써 귀중한 정보들이 풍부하게 축적되었으며 대부분이 민속학자와 언어인류학자들의 직접적인 흥미대상이었다.

미토착민 언어와 전통설화연구의 가장 뛰어난 초기 지도자는 보아즈였고 오늘까지 미국인류학의 아버지로 널리 인정받고 있다. 북미 토착민 언어의 과학적인 연구의 시작으로 기록된 *미주인디언 언어요람*의 첫째 권에 쓴 그의 여덟 쪽짜리 서문에서 보아즈는 파웰의 권고에 힘입어 그 자신의 권위를 최대한 발휘했다.

> 해당언어를 술술 구사하지 못하거나 그 문학을 통달하지 못한 사람에게서 중국이나 일본의 문명에 권위 있는 설명을 아무도 기대하지 않는다... 우리는 언어를 유창하게 구사하는 일은 정확하고 철저한 지식을 획득하는데 필수 불가결한 수단이라고 반드시 주장해야 한다. 왜냐하면 대다수의 정보가 토착민들의 대화를 경청하는데서 또 일상생활에 참여하는데서 얻어질 수 있기 때문이다. 그 언어를 유창하게 구사하지 못하는 관찰자에게는 그러한 정보가 전적으로 접근 불가능한 것으로 남게 된다 (Boas 1911:60).

인류학의 모든 하위분야에 보아즈의 광범위한 연구와 직업적인 책무에도—그 중에는 콜롬비아대학의 교수직, 미국 자연사박물관의 학예사(curator)직, 학술지의 편집위원이 있다—불구하고 보아즈는 언어인류학에 기념비적인 기여를 보여주었다. 그의 경력기간 동안 열 개 토착민 언어를 철저하게 조사하였고 열두 개 언어를 부분적으로 연구했다. 또 콰기우틀이라는 북서해안 부족민에 대하여 영어와 콰기우틀 말로 수천 쪽의 분량을 출판했다. 게다가 그는 여러 명의 학생들을 가르쳤는데 후에 많은 이들이 미국인류학에 주도적인 인물이 되었다.

미토착민의 전통설화가 수집되어 영어로 출간되면서 이것들이 민족지학 기술에 구전민속, 문화적 가치, 토착민들의 기원이론에 관해서 중요한 부수적인 정보를 제공했다. 번역과 함께 원어로 출판된 전통설화는 미토착민 언어를 연구하는데 매우 귀중하게 되었는데 왜냐하면 부분적으로 그 설화가 일상에서 흔히 쓰이지 않는 단어와 언어형식을 포함하기 때문이며 또 부분적으로 1900년대 초기까지 수많은 인디언 언어가 오랜 동안 생존하기에는 위험수준에 이르렀다는 사실이 이미 명백했기 때문이다. 지난 백년 남짓 동안 북미에서 수집된 미토착민 이야기와 기타 구전전통 장르의 양은 엄청나다. 그러나 매우 드문 예외가 있을 뿐 대본이 살아 있는 공연의 문화적으로 순수한 배경과 성격을 규정하는 정보는 거의 기록되어 있지 못하다.

일단 특별한 종류의 문화적 표본이 상당량 수집되면 분류가 따르는 것은 불가피하다. 1891년에도 북미 인디언들 사이에 설화 유포정도를 취급하는 논문에서 보아즈는 상이한 전통이지만 특정한 설화요소와 사건들이 반복되고 있음을 지적하고 (확산 대 독자적 기원이라는) 기원연구에 그러한 분포의 의미에 관해서 토의했다. 많은 보아즈의 제자들이 민속자료의 설화분석을 계속했음에도 불구하고 분류법은 인류학자의 작업이 아닌 스티스 톰슨(Stith Thompson, 1885-1976)이라는 문학민속학자의 작업에서 절정을 이룬다. 톰슨은 원래 1910년 핀랜드의 학자 안티 앙르네(Antti Anrne)가 출판한 설화유형목록을 두 번 개정하고 확장시키면서 알려진다. 그의 기념비적 6권짜리 전통설화 주제 목록이 유명한데 첫 번째는 1930년대 나왔고 약 20여 년 후에 두 번째 권이 내용을 두 배로 늘려서 출판되었다.

톰슨에 의하면 **주제**(motif)는 비상한 것을 취함으로써 전통에 대항하는 힘을 갖는 설화 내에 제일 작은 요소이다. 대부분의 경우 주제는 세 종류 중 하나를 취한다. 첫째로 설화 내 등장인물인데, 문화영웅, 마법사, 정령, 잔인한 친족, 신화적 동물, 인성을 한 동물 등이 있다. 두 번째는 행동의 배경이 되는 중요 항목을 가리키는 것으로 7-리그(league) * 의 아주 긴 장화 같은 신비한 물건이나 늘어나는 나무, 마술을 이용한 금기 같은 일상을 벗어난 관습(미주 토착적 민속

* 리그: 거리의 단위, 영국 · 미국에서 약 3마일의 길이, 약 4.8킬로미터.

에서 4배수를 벗어난 것 등)이 있다. 세 번째 주제는 독립적으로 존재한다면, 예를 들어 속임수로 승리한 경주로서 마치 상대방인 여우에 몰래 타는 나무벼룩이 결승점에서 승리하려고 여우 코에서 내려 뛰는 경우 같은 짧은 이야기가 될 수 있는 단순한 사건들로 구성된다. 톰슨에 의하면 하나의 **유형**(type)은 독립적인 존재가 들어 있는 전통적인 설화이다. 구대륙의 전통에서 신데렐라와 북미토착민 전통에서 별님 남편 같이 가장 잘 알려진 설화는 특수한 설화유형으로 규정짓는 주제의 묶음으로 구성되어 있다. 다른 것들은 구대륙이나 신대륙에서 인기 있는 해학적인 짧은 동물이야기 같은 것인데 (인용된 것처럼) 단 하나의 주제로 구성되어 있다.

주제 목록은 모든 대륙의 구전민속으로부터 나온 새로운 설화요소로 실제적으로 제한 없이 확장될 수 있다. 그 이유는 설화요소가 확인되고 적절하게 분류가 되어지기 때문이다. 유형과 주제목록이 세계 도처에서 수집된 설화자료에 기초하기 때문에 그것들을 비교하는 작업에 특히 적합하다. 그러나 주제와 지리적 분포를 정리하는 것보다는 특수한 설화유형에 대하여 연구하기를 더 희망한다. 만일 설화가 여러 넓은 지역에 걸쳐 수많은 판본이 수집되었다면 민속학자들은 그 설화의 역사를 재구하려는 시도를 하게 되는데 그것은 그 설화의 원래 모습(원형)을 확인하거나 기원의 장소를 찾아내고 가정해온 그 확산의 경로를 추적하는 일이다. 톰슨은 역사지리 혹은 핀랜드 방법론이라고 일컫는 이 접근법을 두 소녀가 별에 시집갔다가 다시 세상으로 도망나오는 별나라 남편으로 알려진 흥미진진한 결혼설화 같은 유명한 미토착민 설화유형에 적용했다. 알라스카 남서부에서 캘리포니아, 노바스코시아 남동부에 이르는 광범위하게 펼쳐진 북미에서 그 이야기의 86개의 판본을 연구하면서 톰슨은 그 이야기의 원형을 가정하였을 뿐만 아니라 중앙대평원이라는 그 설화의 가장 그럴싸한 기원처는 물론 몇 개의 지역적인 특수한 발전형에 관하여 가설을 세웠다 (Thompson 1953). 미대륙 사방으로 구전으로 옮겨지는데 수세기 걸렸다는 것, 특히 옮겨지면서 수백 개의 언어장벽을 넘었다는 점에서는 의심의 여지가 없다.

## 구전민속학: 기능적 접근법

구전민속학이 인류 민속학자에게 준 특별한 흥미는 기능(function)이다. 분류나 비교방법과는 대조적으로 기능주의 연구는 강조점을 문헌에서 문화적인 맥락으로 옮긴다. 중요한 질문은 상이한 유형이나 주제가 무엇인가 혹은 특수한 설화가 어디에서 유래했는가가 아니라 한 세대에서 다음 세대로 전해지면서 그 사람들에게 민속은 무엇을 하는가에 있다. 수많은 민속의 기능이 확인되어 왔으나; 여기에서는 가장 주요한 것만 토의할 것이다.

브로니스라브 말리노프스키(Bronislaw Malinowski)에 따르면 신화는 하나의 "보장(warrant), 헌장(charter), 또는 연결되어 있는 행위들에 실질적인 안내(practical guide)"로서 구실하고 "믿음을 표현하고 증진시키며 성문화한다; 또 신화는 도덕성을 보장하고 강화하며, 제례의 효과를 보증하고 인간에게 안내 역할을 하는 실질적인 규칙을 포함한다." 신화는 "전통을 강화시키고 처음 사건에서 더 높고, 선하고 초자연적인 실제를 찾아내므로 가치와 명성을 배가한다" (Malinowski 1926:29, 19, 91–92).

수많은 장르가 교육에서 중요한 역할을 하고 있다. 특히 비문자부족에게는 그렇다. 대평원의 아라파호 인디언은 아이들에게 음란이나 낭비의 위험을 유머러스한 이야기에 나오는 재주꾼 중 하나인 백인(Whiteman)이 받은 고통을 정기적으로 상기시킴으로써 가르치곤 했다. 백인이 거닐면서 날카로운 모양으로 발을 깎는 사람을 보았다. 발 깎는 일을 끝냈을 때 그 남자는 뛰어가서 먹을 것으로 쓰려고 살찐 물소를 죽였다. 백인은 그 남자가 한 것을 보고 감동받아 그렇게 할 수 있는 능력을 달라고 빌었다. 몇 번이고 간청한 후에 그 남자는 백인을 불쌍히 여기고 그의 다리를 날카롭게 갈아주었다. 그러나 백인은 물소 떼에 다가가서 단지 쾌락을 목적으로 물소들을 죽이기 시작했다. 그가 다섯 번째 물소를 찔렀을 때 당연히 받아야 할 보복을 받았다. 그의 발이 갑작스럽게 본래 모습으로 되돌아가서 백인은 그 자신을 자유롭게 할 수 없었다. 그리고 상처 입은 동물이 백인을 끌고 다녀 거의 죽을 정도로 몰골이 흉하게 되었다.

간접적으로 가르치는 것은 역시 금언(proverb)의 특징이다. 함축성 있는 전통의 속담은 일반적으로 받아들여지는 진실을 담고 있는데, 예를 들어 "서둘러 결혼하면 나중에 후회한다" 혹은 "미리 경계하면 미리 대비하는 것이다." 몇 세대 전만 해도 속담이 흔했고 세계도처에서 아직 활발하게 쓰이고 있음에도 불구하고 오늘날 미합중국에서 사람들이 거의 속담을 쓰지 않는다. 문화적으로 순수한 상황에서 속담의 기능은 대면하여 충고를 제공하는 것으로 난처하고 곤란할 수 있는 속담사용자의 개인적 의견을 제공하는 것이 아니라 나이 지긋한 사람의 권위와 특정 사회의 집단적인 지혜의 목소리이다. 다른 말로 하면, 그것은 속담사용자가 아니라 흘러간 수많은 세대의 경험을 뜻한다. 아프리카에서 속담의 사용은 특히 아프리카 대륙의 반투(Bantu)어 사용지역에서 널리 퍼져 있는데 각기 다양한 사회가 심지어 수천 개의 속담을 마음대로 구사하고 있다. 속담의 이용은 토착민의 법체계에 특히 정교하게 나타난다. 피고나 원고가 심리 중에 적절한 속담을 제때에 사용하는 일은 분쟁의 결과에 결정적인 역할이 될 수 있다. 법원에서나 공적인 생활에서 속담을 능숙하게 구사하는 일은 달변가로서의 명성을 크게 높인다.

전통적인 설화는 특정사회의 구성원이 놀랄만한 것으로 여기거나 용서할 수 없는 행동에 대한 심리적인 긴장이완을 제공할 수 있다. 아라파호 부족에는 장모와 사위는 서로 최상의 존경을 표해야 한다. 그러나 동시에 서로 말을 해도 안 되고 쳐다보아도 안 되며 같은 천막 내에 있어도 안 된다. 처가살이가 문화적 표준이므로 이러한 금기를 지키는 것은 처가의 집단 거주지에서 살고 있는 젊은이에게는 특히 압박으로 작용한다. 바로 이것이 백인이 장모와 전쟁터에서 동행하고 야영 첫날밤에 그녀를 유혹하는 대중적인 이야기가 대경실색할 이야기이면서도 이해가 가능한 이유이다. 장모와 같이 자는 일은 전적으로 생각할 수 없는 일임에도 불구하고 이와 같은 금기에 대한 재담을 늘어놓는 것은 아라파호 부족이 그들의 문화에서 엄격히 금지하는 규칙 때문에 야기된 불안감을 덜어주게 된다.

인류학자들은 다양하고 전통적인 구전 장르가 제공하는 기능들에 대하여 지적하고 기술해 왔다. 지금부터 멀지 않은 과거에 스토리텔링은 모든 대륙에서 시골에 거주하는 사람들과 부족국가들을 구성하는 인민들 모두에게 여흥을 제공하는 주된 원천이었다. 예를 들어 이야기하기는 아이들이 밖에서 놀지 못하게 되었을 때 종종 실내에 아이들을 붙잡아 매어 놓을 수 있었다.

예상외의 연관성에 기초한 질문에 상상이 요구되는 답을 꺼내는 퍼즐과 비슷한—수수께끼는 속담처럼 전통적이지 않지만 끊임없이 새롭게 자신을 만드는 구전민속의 훌륭한 예이다. 수수께끼는 전세계에 널리 퍼져 있다. 사하라 남쪽 반투어를 사용하는 민족들 사이에서 노소를 불문하고 단체로나 개인으로나 수수께끼는 여러 경쟁관계 속에 있는 놀이들 사이에서 인기 있는 것이다. 더욱 수수께끼는 어린아이들이 어휘의 여러 측면을 탐구하게 도와주고 "What has an ear but cannot hear?" "How is a buck like an icicle?" "A houseful, a hole full; you cannot catch a bowful" (답은 순서대로 corn, both grow down, smoke이다) 에서처럼 모국어의 인지부호를 탐구하는데 도움을 주는 아이들의 기지를 날카롭게 만든다.

## 구조를 찾아서

구전 민속에서 예를 통해 구조를 찾는 방법은 여러 가지가 있다. 어떤 학자들은 형식적 자질에서 찾고 어떤 학자들은 내용에서 찾는다. 이런 접근법이 지닌 공통점은 특정한 전체를 구성하는 주요부분들의 조직을 찾아내고 설명하려는 시도이며 또 이러한 부분들이 이룬 상호관계의 성격을 엄밀하게 조사하는 것이다.

구조분석을 행한 초기 실천가 중에는 러시아 출신인 브라디미르 프롭(Vladrimir Propp, 1895-1970)은 1928년에 출판된 러시아 우화의 주요부분인 몸통에 구조분석을 적용했다. 그의 목표는 민담의 "형태론"에 도달하는 것으로 즉 "민담을 그 구성부와 구성부 사이의 상호관계 또 부분과 전체와의 관계에 의존하여 기술하는 것이다"(1958:18). 러시아 민담의 내용이 다양함에도 불구하고 프롭에 따르면 설화의 구조 혹은 기능을 구성하는 단위의 숫자는 31개에 지나지 않고 통상 모든 단위가 대상 우화에 모두 나타나지 않는다. 부분적인 순서는 항상 동일하다.

예를 들어, 특히 중요한 것은 기능 8인데 필수적이고 우화의 실질적인 움직임을 만들어낸다. 특정한 우화에 무슨 일이 일어나든 간에 기능 8은 "악한이 집안식구 중 하나에게 해를 입히거나 상처낸다"라는 일반적인 형태나 혹은 이와 형태론적으로 동일한 "식구 하나가 어떤 것이 부족하여 어떤 무엇을 가지려는 욕구가 있다"라는 형식을 취한다(1958:29, 32). 유럽 우화의 일반적인 성격은 종국에 선이 이기고 악이 징벌 당하는 것인데 따라서 기능 19에서 "최초에 등장한 불행이나 모자람은 해소 된다"(1958:48). 가능한 한 자신이 검토한 모든 러시아 우화를 이러한 기능으로 분석한 프롭은 "모든 우화는 구조적으로 하나이고 동일한 유형에 속한다"라고 결론 내렸다 (1958:21).

근대 언어학에서 프롭의 작업과 발전에 영향받은 던디스(Dundes)는 그의 *북미 인디언 우화의 형태론*(The Morphology of North American Indian Folktales, 1964)이라는 논문집에서 구조적 접근법을 적용했다. 구조주의 언어학에서 사용하는 소리, 음소, 변이음의 구별을 이용하여 던디스는 민속학에 동일한 어휘를 소개했는데 모티브(motif; 민속우화에 전통적인 요소가 구체적으로 나타날 때), 모티펨

(motifeme; 민속 설화의 변별적 단위로서 본질적으로 프롭의 기능(function)과 동등한 것), 이형모티브(allomotif; motifeme의 변이형)로 구성되어 있다. 프롭의 기능과 비슷하게 던디스의 모티펨은 짝으로 출현하는 경향을 보인다. 미주 인디언 우화에 가장 흔히 나타나는 모티펨 짝은 결여/청산된 결여(Lack/Lack liquidated), 경고/위반(Interdiction/Violation), 결과/시도된 탈출(Consequence/Attempted escape), 속임수/속이기(Deceit/Deception)이다. 예를 들어, 별님남편의 판본 중 하나인 쌀즈만의 *별님남편*(The Star Husband, 1950)은 한 소녀가 자신의 여동생에게 지구에 속하지 않은 자와 결혼하고 싶어 하는 일이 적절하지 못하다고 경고하는 것으로 시작한다 (경고). 여동생은 그녀의 바람기를 포기하지 않는다 (위반); 별님남편을 향한 갈망(결여)은 곧 달성되고 그녀는 하늘로 가는 길을 찾아 그런 별님남편과 결혼한다 (청산된 결여). 그녀에게 별님남편이 특정한 식물을 파지 말라는 경고를 하나 (경고) 무시한다 (위반). 그리고 지상에 있는 그녀의 가족으로 되돌아오고 싶어한다 (결과). 그녀에게 한 노파가 더도 덜도 말고 정확하게 100 씨뉴(sinews) 만큼 뻗치라고 전해준다 (경고). 그러나 주의 깊게 [100을] 세지 못하고 오직 99씨뉴 만큼만 확보한다 (위반). 힘을 내어 내린 동아줄을 타고 내려왔으나 그녀는 땅에 완전히 도달하지 못한다 (시도된 탈출). 그 후 화가 난 그녀의 별님남편이 천상에서 떨어뜨린 바위에 맞아 죽는다. 알로모티브(allomorph)의 개념을 보자면 두 번째 모티브(mortifemic pair: Interdiction/Violation) 짝은 그 부분을 기술하고 있는 이미 출판된 이야기의 여러 판에 상당한 변이형으로 나타난다. 금기는 하늘에 있는 마루를 어지럽게 만드는 것, 뿌리를 파헤치는 것, 큰 바위를 흔드는 것, 찌르레기(meadowlark)를 쏘는 일, 소란스럽게 하는 일이나 다람쥐 앞에서 움직이는 일이고 다른 동물들은 노래 부르는 일 등이 있다.

던디스는 "미주 인디언 민담을 형태소로 분석하는 일은 유형적 기술(descriptive)적인 진술을 가능하게 [만들며] 그러한 진술은 민속학자들이 내용의 문화적 결정을 검토하는 것과 문화변화를 예상하는 … 등과 그러한 구조적 패턴이 보편적인가 혹은 아닌가 밝히는 것을 가능하[ㄹ 수 있]게 만들 것이다"라고 희망하였다 (1963:329). 사반세기가 더 지났으나 던디스의 희망은 아직 실현되지 않았다.

최근에 몇 언어인류학자들이 미주 토착민 설화를 구어예술작품으로 연구하기 시작했다. 언어적 패턴과 문체자질을 포함한 설화의 구조가 그것을 포함하는 단어의 구조를 고려하지 않고는 발견되고 충분히 평가될 수 없기 때문에 텍스트는 원래언어로 신중하게 녹음되어야 한다. 언어학과 민족지학(ethnography), 문예분석(literary analysis), 민속(folklore)의 혼합인—*민족시학*(ethnopoetics)에서 가장 알려진 실천가는 델 하임스(Dell Hymes)인데 자신이 수집한 텍스트와 보아즈와 다른 사람들이 심지어 19세기말에 녹음 수집한 텍스트를 연구해 왔다. 민족시 분석의 목표 중 하나는 설화의 구조층위(부분parts, 막acts, 장scenes, 연stanzas, 행verses, 줄lines)를 확인하고—언어학적, 시학적, 수사학적—다양한 방법을 통하여 메시지의 효과가 증진되는 것을 확인한다. 예를 들어 오레곤 남서부 타켈마(Takelma) 인디언의 신화에는 곰이 말한 어떤 단어도 무성구개설측음 /ɬ /을 어두에 붙여서 곰의 거친 모습을 재현하려하고 코요테의 말은(영어의 *sip*과 *ship*의 첫 자음 소리의 중간에 해당하는) /s·- /로 표시하는 치찰음을 단어 앞에 첨가한다.

대체로 설화구조의 완벽한 분석은 영어(혹은 다른 언어도 포함하여)번역에 앞서 설화 자체의 시적 자질을 대략적으로 옮기는 것이 필수적이다. 데니스 테드록(Dennis Tedlock)은 미주 토착민 설화가 산문소설보다 극시(dramatic poetry)로 번역되는 것이 더욱 적절하다는 주장했는데 정리하면 다음과 같다:

> 내용은 지루한 산문체보다는 환상적인 경향이 있고 등장인물들의 감정은 기술되기보다는 튀어나오고, 단어 수준부터 전체 에피소드에 이르기까지 반복과 나란히 병치하는 패턴이 있으며 낭독자의 목소리는 항상 크기와 색조에서 변화가 있고, 내가 선(lines)이라고 부르기로 한 낭독소리를 구분하는 휴지기가 그

목소리의 흐름에 박동감을 집어넣는다. 이러한 구전설화의 모든 실연(實演) 중 가장 평범하며 또 가장 진한 것은 단지 소리와 침묵의 엇갈림이며 결과에 나오는 선은 어조, 구문, 심지어 줄거리 구조의 경계와도 연계가 없는 독자성을 종종 보여준다. (1983:55)

가장 널리 알려진 신화(그리고 인간의 사고)에 대한 접근법은 지금까지 토의된 것과는 상당히 차이가 있는 구조주의이다.—이것은 프랑스어를 사용하는 세계 여러 곳에서 가장 영예로운 지적인 실체인 프랑스 학술원에서 1973년 회원으로서 영예를 얻은 프랑스 인류학자 끄로드 레비 - 스트로스(Claude Lévi-Strauss)가 요약한 것이다. 그가 인류학 분야에 발을 들여놓은 것은 1930년대까지 거슬러 올라가고 그때 몇 인디언 부족의 민족지학적 자료를 구하기 위해 브라질 내륙에 몇 차례 여행을 하게 된다. 전쟁기간 동안 뉴욕에 있으면서 그는 구조주의 언어학에 친숙하게 되었고 언어학의 기초적인 개념 중 어떤 것들을 처음으로 친족관계와 후에 신화연구에 적용하기 시작했다. 레비 - 스트로스는 "신화의 신화적 가치는 보존된다. 가장 형편없는 번역 … 일지언정 신화의 실체는 신화의 문체, 그 고유한 음악, 그 구문구조에 있는 것이 아니고 신화가 말하는 이야기 줄거리에 있다"고 했다 (1955:430).

레비 - 스트로스에 따르면 기타 문화 생산물처럼 신화는 한 사회에서 다른 사회로 이동함에 따라 상당한 변화가 있다. 그러나 모든 신화는 인간의 정신에서 나오고 전세계에 걸쳐 동일하다. 인간정신의 활동은 무의식적이어서 문화적 보편은 드러난 민족지학 자료에서 찾기보다는 구조의 수준에서 찾아져야만 한다. 신화를 이해하는 관건은 이분대립으로 특징을 보이는 구조에서 찾아내야 한다. 이분대립 그것은 즉, 자연 대 문화, 생명 대 죽음, 남성 대 여성, 족내혼 대 족외혼, 지상과 천상 같은 극한 대조를 보이는 짝이다. 주된 과제는 이러한 대립을 확인하고 대립이 어떻게 그 갈등을 해소하거나 중재되는 지를 보여주는 일이다. 단순한 예를 레비 - 스트로스에게 물어보자. 왜 북미인디언

### 상자 12.1 중재자로서 재주꾼

북미신화의 재주꾼은 여태 문제를 일으키는 등장인물로 남아 있다. 북미에 걸쳐 재주꾼의 역할은 실제적으로 승냥이나 갈가마귀에 왜 모두 할당되는 것인가? 만일 우리가 신화적 사고는 항상 점진적 중재를 향한 대립의 인식으로 작동한다는 것을 상기한다면 이러한 재주꾼의 선택에 대한 이유는 좀더 명백하게 된다. 우리는 다음을 가정할 수 있다. 중재자가 없는 두 개의 대립 용어는 중재자로서 제3의 인물을 허용하는 두 개의 동일한 용어로 항상 대치되는 경향이 있다. 그러면 대립을 이룬 용어 중 하나와 중재자가 새로운 삼각관계로 대치되고 또 계속 그러한 대치가 전개된다. 이와 같이 우리는 [다음과 같은 유형의 중재구조]를 보게 된다:

| *초기 한 쌍* | *첫 번째 삼각관계* | *두 번째 삼각관계* |
|---|---|---|
| 삶 | | |
| | 농업 | |
| | | 초식동물 |
| | | 썩은 고기를 먹는 동물<br>(승냥이, 갈가마귀) |
| | 수렵 | |
| | | 육식동물 |
| | 전쟁 | |
| 죽음 | | |

… 도식화되지 않은 쟁점은(다음과 같다): 썩은 고기를 먹는 동물들은 육식동물과 비슷하다 (그 동물들은 육식을 한다). 그러나 그 동물들은 또한 먹을 수 있는 초본 생산자(food－plant producers)와 비슷하다 (그 동물들은 먹는 것들을 잡아 죽이지 않는다).

… 우리는 재간꾼의 애매모호한 성격을 설명할 뿐만 아니라 우리는 역시 전세계에 걸쳐 나타나는 신비로운 인물들의 또 다른 성질을 이해하게 된다. 즉, 동일한 신이 상충하는 속성을 한꺼번에 지닐 수 있다는 것이다. 예를 들어 신은 동시에 선할 수도 악할 수도 있다.

크로드 레비－스트로스 "신화의 구조연구"(1955), 440, 442

신화에서 재주꾼은 흔히 승냥이(coyote)나 갈가마귀(raven)로 나오는가? 답은 승냥이나 갈가마귀가 각기 모두 중재자이기 때문에 극단적인 대립 쌍 사이에 중간적 위치를 점하고 있다 (12.1 상자를 보라).

레비 - 스트로스에게는 많은 추종자와 주석가들이 있었다. 그러나 또 비평가도 그만큼 있다. 비평가들은 레비 - 스트로스가 출처를 선별적으로 사용했다고 의문을 제기한다. 그의 (실증적이지 못한) 복제할 수 없는 성격의 작업, 암호문 같은 그의 필체 또 비평가들은 레비 - 스트로스가 구조를 발견한 것이 아니고 실제로 구조를 만들어낸 것도 아니라는 의문을 역시 품었다. 그렇지만 그 종국의 판단이 무엇이건 간에 레비 - 스트로스가 광대한 양의 민족지학 자료와 세계적인 신화 텍스트에서 이끌어내 정리해온 거의 시(詩)범주의 연상작업(almost poetic range of associations)을 레비 - 스트로스 주석의 방대한 양과 인류학자들에게 준 자극과 견주기는 곤란하다는 것에 의심이 있을 수 없다.

**공연으로서의 구전민속** (Oral Folklore as Performance)

현재 20세기의 대부분은 텍스트가 구전민속 연구의 기초로서 사용되었다. 모든 텍스트는 그 내용, 기능, 구조적 자질을 검증받았다. 1960년대에 많은 젊은 미국학자들이 기존의 방법론을 설화에 적용 발전시키기 시작했으며 그 중 하나가 실연중심(performance - oriented)인 것이다. 초점은 더 이상 장르, 텍스트, 구조, 비교, 재구에 두지 않고 오히려 공연, 스타일, 이벤트, 기술에 두고, 구전예술은 그것 자체를 발생시킨 특정사회, 개인, 특정한 경우와 정교하게 엮여있는 하나의 과정으로 주로 간주한다.

이러한 접근법의 개념적 기초는 죠지스(Robert A. Georges 1969)가 쓴 이론적 논문에 토의되어 있다. 그에 따르면 "스토리텔링 이벤트(storytelling event) … 는 매우 상이하고 상호 연관된 측면을 지니고 있고 동시에 전체 사건의 부분이다." 이 논문의 핵심은 아래 요약된 일련의 근본 원리이다.

1. "모든 이야기 이벤트는 의사소통 이벤트다." 각기 그러한 사건에 참여자는 적어도 이야기꾼(storyteller)과 청중으로 구성되어 있다. 그들 사이의 의사소통은 얼굴을 맞대고 이루어지며 의사소통의 통로는 음향적(말소리)이고 시각적(몸동작)이다. 또한 양방향으로 계속적인 피드백이 일어난다.

2. "모든 스토리텔링 이벤트는 사회경험이다." 적어도 참가자 중 하나는 이야기꾼과 사회적 일체감을 가정하고 하나 이상의 참가자가 청자의 사회적 정체성과 일체감을 갖게 된다. 참가자들의 사회적 정체성은 상응하는 집합을 이룬다. 이야기 사건에서 출현하는 사회적 정체성 덕으로 참가자들은 상당한 의무와 권리를 지닌다. 간략하게 말해서 이야기꾼은 문화적으로 적절한 공연을 해야 할 의무가 있고 반대로 공연이 적절히 받아지는 것을 예상한다. 청중의 의무와 책무는 상호연관이 있다. 스토리텔링 이벤트의 사회적 용도가 참여자로부터 분명히 말해질 수 있음에도 불구하고 스토리텔링 이벤트의 사회적 기능은 그것들을 연구하는 사람들에 의해서 추론된다.

3. "모든 스토리텔링 이벤트는 독특하다." 스토리텔링 이벤트는 특정한 사회적인 상호관계가 있는 경우에만 이루어진다. 사회적 환경에 미치는 스토리텔링 이벤트의 효과 역시 독특하다.

4. 스토리텔링 이벤트는 유사성의 정도와 종류로 나타난다. 이러한 유사성이 스토리텔링 이벤트들을 문화적인 판단기준에 따라 분류할 수 있게 만든다.

스토리텔링 이벤트의 성격은 이와 같이 다소 추상적으로 설명하는 것에 약간의 해설과 구체적인 예가 요구된다. 스토리텔링 이벤트는 무엇보다도 의사소통 사건이기 때문에 이야기꾼은 적절한 목소리 효과(예를 들어, 성대묘사, 크기와 속도조절)를 주어야 하고 또 얼굴표정, 손동작, 다른 시각수단으로 설화의 메시지가 잘 전달되도록 해야 한다. 청중들이 이야기를 듣는 양태는—즉, 청중의 반응은 감출 수 없는 무료함 혹은 혐오부터 대단한 열정까지 나타나는데—대부분 이야기꾼의 연기에서 나오고 또한 그 반응이 되돌아 연기에 상당한 영향을 준다. 정말 이야기꾼 즉 연기자들은 일반적으로 긍정적인 피드백을 얻으려고 노력한다 (12.2 상자를 보라).

청중이 주는 피드백이 얼마나 중요한가를 밝히는 고전적인 예가 중앙 에스키모와 그린란드 에스키모(Central and Greenland Eskimo)들이 부르는 노래인 이중창에서 보인다. 노래대회는 보편적으로 미움과 논쟁을 떨쳐버리기 위해서 이용된다. 종종 한 사람이 다른 이에게 자신의 아내를 훔쳐갔다는 주장 따위이다. 각 대회 참가자는 북을 치면서 매우 전형적인 스타일로 노래하곤 했다. 전통적인 유형의 단어로 구성하고 청중에게서 지원을 끌어내기 위해서 민감한 언어나 위트, 해악(sarcasm)을 사용한다. 지원을 이끌어내는데 실패한 경쟁자는 실망하게 되고 연기가 점점 나빠져 종국에는 다른 장점에도 불구하고 경쟁에 지게 된다. 아라파호 부족 사이에서는 대부분의 경연이 티피(tepee; 천막) 내 눈으로 확인하기 어려운 어두운 곳에서 긴 겨울밤에 벌어졌는데 아이들은 아직 자지 않고 깨어 있다는 것을 증명하려고 자주 *히히*(híií '눈' 雪)라는 단어로 응답하기도 했다.

이야기꾼이 전통적인 설화를 발달시키거나 시간제약에 맞게 이야기 전개부를 줄일 수 있는 자유가 보장되는데도 불구하고 공연은 정해진 기대에 부응하여야 한다. 예를 들어 이야기꾼이 만일 청중에게 앞으로 할 이야기 내용이 한셀과 그레텔(Hansel & Gretel)이거나 별님 남편(The Star Husband)이라고 공언하면 공연자는 그 내용이 정의되는 두드러진 주제를 반드시 포함하여야 한다. 그렇지만 이야기 목록선택은 청중들에 의해 영향을 받을 수 있다. 터키의 민담가들은 현악기 반주로 설화를 공연하는데 산문은 낭독하고 운문은 노래한

**상자 12.2 요르바 부족의 구전예술**

요르바 구전예술의 공연에서 마지막 요소는 공연자 자신이다. 그는 모방하고 연습하고 훈련을 쌓아 자신의 기술을 습득한 사람이다. 그는 부드러운 목소리와 말재간과 자신의 언어인 요르바를 능란하게 구사할 줄 안다. 그는 특정한 상황과 관객을 대면하면서 그 두 요소가 자신의 공연에 모든 면을 지속적으로 영향주고 그 두 요소에 맞추어 그의 공연기술을 적절히 조절한다. 구전예술가가 자신의 공연을 구성하고 연출해내는 것은 이러한 요소들의 영향권 내에 들어 있다. 공연을 지배하는 요소들의 다양성이 공연자가 매 공연마다 독특한 구전예술을 보여주게 만드는 요소이다. 또한 이 요소가 이전 공연과 동일한 공연을 할 수 없게 만드는 것이고, 매 공연은 새로운 예술작업을 만들어내게 된다.

구전예술가 개개인은 그의 예술과 청중만을 전적으로 위해서 자신이 택한 구전문학의 장르에 나오는 주제내용을 자유롭게 다시 배열하고 조작한다. 그러나 내용에 나오는 기본적인 사실들을 왜곡하거나 수정해서는 안된다. 예술가는 그의 공연을 보러 온 청중을 교화하고 즐겁게 만들기 위해서 현재 일어나는 일이나 농담이나 소문에 대한 비판을 마음대로 개작하거나 삽입할 수 있다.

신뢰를 얻거나 그의 명성이 드러나는 공연기술은 판에 박힌 내용형식을 정확하게 발음하는 것뿐만 아니라 공연자가 다양한 관용표현이나 상투적인 문투도 얼마나 적합하게 사용하는 것에 따라 등급이 매겨진다. 공연자는 언어사용의 능력과 음정을 고르는 기교에 따라 판단된다.

… 이러한 내용에 비추어, 요르바의 구전예술가는 작곡가이고 공연예술가일 뿐만 아니라 연출가이기도 하다. 상이한 예술가가 공연하는 것처럼 요르바의 구비문학이 지닌 각 장르를 재생하기 위해서는 음성녹음과 영상녹음이 모두 합쳐져야 … 한다.

오르다르 올라주부(Oludare Ọlajubu)에서, "요르바 구전예술가와 그 솜씨" (1978), 688-689

다. 청중이 연장자들인 경우에는 전통적인 도덕과 행위를 칭송하는 종교적인 노래나 텍스트를 선택하고 청중이 젊은이들인 경우에는 연가를 선택하고 일반 청중을 위해서는 민요를 선택하곤 한다. 최근에 불행이나 개인적 비극을 겪은 사람이 예상 밖으로 공연에 오면 이야기꾼은 더욱 비장미가 나는 이야기를 선택하여 갑작스럽게 바꿀 수도 있다 (Bagöz 1975). 백인들이 성적으로 착취한 내용이 들어있는 몇 가지 전통적인 설화는 아이들과 여자들 앞에서 아라파호 부족은 공연하지 않았고 그럼에도 무엇이 외설적이고 무엇이 외설적이지 않는가의 정의는 문화적 특색에 속하는 것임을 주지해야 할 것이다. 20세기 초에 돌시(George A. Dorsey)와 크뢰버(A. L. Kroeber)가 수집한 아라파호 부족 이야기 중 어떤 것들은 1903년에 시카고 소재 콜롬비아 현장 박물관(the Field Columbian Museum; 지금은 자연사 현장 박물관 Field Museum of Natural History)이 출판하였는데 백인의 음탕한 행위를 지칭하는 단락이 들어있었다. 이 부분은 완역을 위해 라틴어로 번역되었고 독자의 민감한 부분을 건들이지 않게 하기 위함이었다. 미합중국에서 출판될 수 있는 것들의 한계는 겨우 몇 세대가 지나서 획기적으로 변했다

테드록(Tedlock 1972, 1983)에 따르면 쥬니(Zuni) 인디언의 공식적인 설화는 두 분류로 나눠질 수 있는데: 하나는 *telapnaawe*('우화 tales')이고 허구적으로 간주되는 것이다. 또 하나는 *chimiky'ana'kowa*인데('story of origins 근원 이야기' 문자 그대로 쓰면 "시작한 ...that which was beginning") 진실로 간주된다. 전자의 범주에 드는 설화는 특수한 시작과 맺음으로써 확인된다. 쥬니 설화는 주로 50세가 지난 남자들이 공연하게 되는데 집에서나 몇 개의 주술치유 집회(medicine societies)에서 모두 행해진다. 허구적인 이야기는 설화 공연자가 뱀에 물리지 않기 위해서 10월부터 3월까지 동안에만 제한적으로 공연된다. 또 저녁시간에만 공연하는데 태양이 일찍 지지 않게 하기 위함이다. 공연 중 잠에 빠지거나 이야기가 끝나서 일어나 기지개를 켜지 못하는 청중은 곱추가 될 수도 있다는 것을 믿었다. 대조적으로 근원을 보여주는 이야기나 그 설화 부분은 어떤 때나

시간에 구애 없이 공연될 수 있으나 제례 상황에서 쓰이면 반드시 모두 암송해야 했다.

설화 공연자의 연기, 청중의 성격, 무대장치, 공연의 때에 대한 상세한 기술에 첨가하여 관찰자는 청중의 말이나 혹은 다른 형태의 반응을 기록해야 함은 물론이고 설화 자체를 기록해야 한다. 이러한 설화의 세세한 면을 모두 설명하고 기록한다는 것은 간단한 작업이 아니라서 명백히 근대적 도구를 필요로 한다. 그러면 어느 정도 녹음기와 사진기를 사용해야 공연의 즉흥성을 변질시키지 않는가 하는 문제가 제기된다. 단지 텍스트를 수집하는 초기의 작업보다 공연 중심적인 접근법은 훨씬 더 복잡하고 야심적인 일임은 의심의 여지가 없다. 결과적으로 세계 도처에서 나온 설화 공연의 대표적인 예는 수집하는 것만도 역시 수년의 시간이 걸리게 된다.

민속 공연을 연구하기 위해서 현재 학자들이 사용하는 방법론에 관해서 방금 이야기 된 바는 일반적으로 언어인류학의 현장조사에 적용된다. 독창적인 의사소통의 장면은 다면적인 통로를 지닌 경향이 있고 그 장면에 개입된 사람들 사이의 반응은 빠르고 미묘한 것일 수도 있기 때문에 비디오 촬영이 만일 불가능하지 않다면 매우 유용한 수단이 된다. 최근에 밝혀진 관찰들은 막대한 양의 자료에서 나온 것이기보다는 세부항목을 상세히 뒤진 것에서 유래한다.

## 담화연구

많은 언어인류학자들은 중남미의 토착민 사회가 상대적으로 원형을 보존하고 있기 때문에 특히 민족시학(ethnopetics)을 연구하는데 알맞다고 알고 있다. 분명히 이러한 민족들에 남아 있는 담화는 미적 효과만을 따질 때에 시적이라고 거의 말할 수 없다; 담화의 시적 면모들은 축제적, 제례적, 마술, 치료, 정치적, 기타 제 기능과 변함없이 통합되어 있다. 셔저(Sherzer 1986)는 1970년 파나마의 북동해안을 따라 펼쳐져 있는 싼브라스 군도(San Blas islands)중 한 곳에서 행해진 연설을 분석하면서 미적 실용적 기능들이 동시에 나타나는 것을 보여주고 있다.

여기에서 벌어진 특별한 연설은 올로위티나삐(Olowitinappi)의 귀향에 맞춰진 경우인데 물라투뿌(Mulatuppu) 마을에 있는 뛰어난 쿠나(Kuna)민족의 치료사들 중 한 사람이다. 마을에서 마련해준 장학금으로 올로위티나삐는 또 다른 쿠나 지역에서 뱀에게 물리면 행하는 치료술을 공부하기 위해 떠났다. 그가 돌아오면서 마을공동체는 올로위티나삐가 새로 배운 것과 장학금이 어떻게 쓰였는지 관해서 듣고 싶어했다. 그의 발표는 마을에 중심에 있는 회관에서 행해졌다. 그의 보고는 매우 효과적으로 구성되었으며, 사람들이 어떻게 뱀에게 물리는 것으로부터 피할 수 있는지 뿐만 아니라 물렸을 때 어떤 노래를 불러야 하며 또 어느 종류의 초본을 약으로 쓰고 혹은 다른 종류의 약을 써야 하는지를 언급했다. 이야기의 일부는 그가 받은 장학금이 어떻게 쓰였는가에 관한 것에 할애되었다. 간단하게 말해서 그의 발표는 오로위티나삐가 유학을 떠나서 부딪친 경험들을 상세히 기술하였다. 셔져(Sherzer)가 전사한 (455줄의 텍스트) 연설은 원문을 영어와 짝 맞추어 번역되어 있고 서너 쪽의 비평이 붙어있다.

여행 동안 일어난 치료법 연수와 비용에 관한 정보는 그 발표내용의 단지 일부분이다. 쿠나 연사가 마음에 품은 목표가 무엇이건 간에 구전예술은 그의 민족 내에서 높게 평가받고 있고 그 자신의 발표는 신랄하게 평가될 것이다. 따라서 올로위티나삐의 연설을 분석하는 것은 반드시 그가 행한 공연에 쓰인 시적 수사적 도구들을 고려하여야만 한다. (쿠나 문화에서 구전공연자는 보통 남자이나; 여자들은 주로 자신들의 예술적 재능을 화려한 장식을 집어넣은 블라우스를 통해 펼친다.)

우선 준언어적(paralinguistic)인 자질들을 살펴볼 필요가 있다. 올로위티나삐는 중요성을 강조하기 위해 상당한 단어들이나 구절들을 늘여서 말했는데; 올라가는 강세를 썼으며, 목소리를 떨었고, 효과를 내기위해 간간히 말을 끊었으며; 서너 경우에는 목소리의 크기를 늘이거나 줄이기도 했다. 자신의 말은 물론 타인의 말도 직접 인용하는 것은 쿠나 담화에 두드러진 특질이다. *소케*(soke)나 *소카*(soka) ('내가 말하노니', '그가 말하노니', '그들이 말하노니'로 해석됨)를 사용하거나 *타껜 소케*(takken soke)나 *타껜 소카*(takken soka) ('내가 말한 것을 보아요', '그가 말한 것을 보아요', '그들이 말한 것을 보아요'로 해석됨)를 사용하여 확인되는 인용은 올로위티나삐의 연설 내내 들어 있었다. 쿠나 민족의 위대한 지도자들 중 한 분을 인용하거나 이웃한 부족민을 인용하거나 영혼의 세계를 다루는 추장(chief)을 인용하거나 신을 인용한 올로위티나삐의 선생님을 그는 인용했다.

올로위티나삐가 낭송한 일련의 짧은 설화내 이야기들로 구성된 연설은 대귀용법, 환상적 표현, 은유(예를 들어, "금빛나는 사람들"은 쿠나 부족민을 일컬으며 "포도줄기를 만남"은 뱀에 물린 것을 말하는데—흔히 나타나는 쿠나의 환유법이다) 뿐만 아니라 과소평가, 모순, 해악을 집어넣어 재미있게 윤색하고 있다. 셔져가 여러 곳에서 주목한 것처럼 "쿠나문화와 구전예술 사이에 긴밀한 관계가 … 있다. 구전예술과 … 구전연기는 쿠나문화의 한 가운데 있다" (Sherzer 1990:6).

## 언어의 창의적 사용

언어의 사용은 만족시켜야 하는 특수한 목적과 관련이 있고 통상 만질 수 있는 구체적인 것이다. 친구를 사귀려고, 지도하고 무엇을 설명하려고, 사업상 혹은 논쟁을 중재하는 등 여러 이유에서 사람들은 말하고 또한 제식행사에, 사랑을 고백하고, 신화를 전달하고, 동정심을 표하거나 여러 곳에 언어를 사용한다. 아마도 현재 망각된 것은 바로 모든 사회에서 말하기가 놀이로서 혹은 창의적인 곳에도 쓰인다는 점이다. 의사소통의 훌륭한 민족지는 말하기의 창조적인 측면들을 논의한 내용들이 포함되어 있어야 한다.

언어놀이 중 잘 알려진 예가 소위 피그라틴(pig－latin)인데, 통상적으로 쓰는 말을 체계적으로 변이형을 구성하여 도출된 의미가 파악하기 어려운 특수 은어(jagon)이다. 피그라틴에 친숙하지 못한 사람들에게 대화자 자신(들)의 말을 이해하지 못하게 하고 무슨 말이 지금 오고 갔는지를 모르게 하려고 아이들이 가장 흔히 "비밀"언어로 이것을 쓴다. 영어를 포함하여 어떤 특정 언어 내 통상 몇 가지의 피그라틴 판본과 그 [지역]방언들이 존재한다. 예를 들어 영어에서 "Put that knife down"을 피그라틴으로 바꾸면 "Utpay atthay ifeknay ownday"가 하나의 판본이고 "Better late than never"는 "Betpetterper latepate thanpan nevpeverper"가 또 하나의 판본이다. 위 두 가지 판본에서 나온 규칙을 찾아내기 쉽다: 첫째 예는 각 단어의 첫째 자음(들)이 단어 끝으로 이동하여 ay(*spoon*은 *oonspay*처럼 발음하게 된다)를 붙인다. 두 번째 예에서 원래 자음(들) 대신 *p*로 시작하는 운이 들어맞는 음절로 매번 음절에 따라 나오게 된다 (*glass of milk*는 *glasspass ofpof milkpilk*가 된다). 의사소통의 민족지학의 관점에서 특수한 어투의 변종이 도출되는 음운 혹은 기타 규칙들은 관심대상의 일부분이다. 중요한 것은 어떤 조건 하에서 참여자들이 이러한 말의 변종을 사용하는가이다.

언어놀이를 만드는 규칙들은 한 판본에서 다른 판본으로 이동하면서 변이가 나타난다. 파나마의 산브라스 쿠나인디언의 다섯 가지 언어놀이는 다음과 같은데 셔저(Sherzer 1976)가 기술하고 있다: (1) 단어의 첫음절은 단어 끝에 놓는다 (예, *osi* '파인애플' 이 *sio*). (2) *pp*를 첫 음절의 모음을 첨가하여 첫 음절 두에 놓고 둘째 음절은 또 *pp*를 둘째 음절 모음을 첨가하여 둘째 음절 뒤에 놓는다 (예, *ua* '물고기' 는 *uppuappa*가 된다). (3) *r*을 선택하는 음절의 모음을 첨가하여 첫 음절 다음에 놓는다 (*pe* '당신' 이 *pere*가 된다). (4) 모든 모음이 *i*로 변한다(*nuka* '이름' 이 *niki*가 된다). (5) 원래 단어의 매 음절 앞에 *ci*라는 음절을 붙인다. 원래 음절은 강세 스트레스를 지닌다 (*maceret* '인간' 이 *cimácicécirét t*가 된다). 아이들은 이러한 언어놀이를 숨기기 위해서 쓰는 것이 아니라 유희목적으로 한다. 이러한 놀이는 언어창의력과 언어유희성이 높게 평가되는 하나의 [쿠나]놀이문화를 이 부족의 어린아이들에게 제공한다.

이야기를 감추는 흥미로운 예가 해롤드 씨 콩크린(Harold C. Conklin 1959)의 보고서에 들어 있는데 필리핀 중부지방 섬 중 하나에 거주하는 정글농부인 하너누(Hanunóo) 부족민들 사이에 일어난 일이다. 적령기의 젊은 하너누 부족민들은 구애기간 동안 그들의 이야기를 꾸미는 방법으로 약 12개 정도만 사용한다. 사용법은 재배열, 대치 혹은 원래의 하너누 발화를 음성적으로 바꾸고, 문장의 의미를 뒤바꾸거나 겨우 들릴 정도로 목소리 음질을 수정하고 발음을 잘게 자르거나 날숨에서 단어를 발화하는 대신 들숨에서 발음한다. 단순히 유희로서 젊은이들이 이야기를 감추기도 하지만 (농담이나 놀리기), 이야기를 감추는 것의 주된 목표는 나이 먹은 친척, 젊은 또래의 가족, 말이 들리는 범위 내 다른 친족들이 두 젊은이 사이에 무슨 말이 오가고 있는지를 이해하지 못하게 막는 것이다. 종종 한 젊은이는 머리 위에 담요를 뒤집어쓰고 목소리를 변화시켜서 자신의 신분을 감추곤 한다. 하너누 음악, 미술, 구전민속은 구애행위와 연결되어 있기 때문에 이야기 감추기의 용례를 고려하지 않은 문화연구는 불완전하다고 하겠다.

언어놀이는 아이들 사이에서 특히 흔한데, 자신의 모국어를 민감하게 숙지하는 것뿐만 아니라 언어적, 의사소통의 능력 모두를 습득하는데 도움을 준다. 아이들의 구전 전승적 지식은 숫자세기 박자놀이 (예, "Eeny, meeny, miney, mo, / Catch a tiger by its toe")와 줄넘기 박자놀이 ("I love coffee, I love tea, / How many boys are stuck on me? / One, two, three … "), 공 튀기기 놀이, 혀굴리기 놀이 ("She sells seashells down by the seashore"), 조롱하기, 동음이의어 ("If we cantaloupe, lettuce marry; weed make a swell pear"), 수수께끼("When is a door not a door? When it is ajar")를 포함한다. 유아원 리듬에는 (보통 부모가) 어른이 어린아이와 언어놀이에 참여한다. 예를 들어 간질이는 리듬을 사용하여("Ticklee, ticklee, on the knee, / If you laugh, you don' t love me"). 하너누 이야기 감추기에서 우리가 보아온 것처럼 어떤 사회에

서는 언어놀이가 청년들만을 위한 것으로 준비되어 있다. 다른 사회에서는 이야기공연이 주로 성인들을 위해서 유보되어 있으나 공연 훈련은 유년기에 시작한다 (필리핀 북부의 일롱곳(Ilongot)부족의 이야기공연을 드러내는 간략한 예를 12.3 상자에서 살펴보라). 연령층이 어떠하든 간에 관계없이 의사소통의 민족지의 이러한 특수한 측면에는 하나의 연구자로서 물어야 할 질문들이 있다. 그 예로는, 어떤 언어행위를 하나의 사회 내에서 놀이라고 정의하는가? 어떤 연령층, 성별, 계급들이 언어놀이에 참여하는가? 한 사회 내 모든 성인층 구성원들이 언어놀이를 승인하는가, 참고 인내하는가, 부인하는가? 그렇지 않다면 어떤 것이 해당되지 못하는가? 특히 어떤 장르의 언어놀이가 선호되는가? 한 사회 내 언어놀이의 사회적 중요성은 무엇인가?

**종합과 결론**

우화나 신화와 같은 전통설화는 다양한 관점에서 연구되어 왔다. 주요한 시발점은 내용, 기능, 구조, 공연이다. 다양한 접근법 중에 가장 대조적인 두 가지 접근법은 하나의 우화를 전형적인 우화유형으로 할당한 후에 구성모티브의 관점에서 유형을 정의하는 분류접근법과 공연중심의 접근법이다. 작금의 수많은 구전민속학 학생들은 분류접근법에 그 목적을 두고 있다. 왜냐하면 이 접근법이 설화를 마치 건조시킨 유(적)물이나, 전통적인 박물관원이 전시상자에 나비를 올려놓고 유사한 표본 옆에 핀으로 꽂아 속(屬)명과 종(種)명을 붙여 놓는 것과 유사한 방법이다. 비교를 지속하면 공연에 관심 있는 민속학자들은 전통적인 설화를 〔알 → 애벌레 → 성충으로〕 몸을 변신하고 꽃과 꽃 사이에서 날아다니고 짝짓고 환경에 반응하는, 나비와 다른 것이 아니라 하나의 살아 있는 이벤트(event)로 받아들인다.

기능적인 접근법은 특히 인류학자들에게 잘 들어맞는 것인데, 그들은 하나의 특수한 문화적 항목이 일어나는 맥락과 그 항목이 전체로서 문화에 통합되는 맥락에 흥미를 느끼고 있다. 유형에 관계없이 구조주의는 민속학적 텍스트의 조직을 들여다 보는 유용한 통찰력을 제공하는데 구조주의 그 자체가 하나의 목적이 되지 않는 한 그러하다—목적인 경우에는 연구대상인 텍스트 내 구성을 보다 조사자의 정신속에 존재하는 하나의 구성물로 겨우 밝히는 정도가 된다.

**상자 12.3 일롱곳 연설문 언어**

연극이나 연설에서 노래하고 수수께끼를 말하거나 정치적인 토론을 행할 때 일롱곳 부족민들은 자신들이 "망가진 언어crooked language"를 사용한다고 말한다. 그 단어들의 재치나 아름다움 뒤에 자신을 숨긴다. 은유와 정교한 리듬이 풍부한 그런 언어는 성내거나 해악을 발휘할 때 쓰이고 시선이 집중되는 공적인 상황이나 토의나 장난기 섞인 경기 같은 개인의 재능과 문체, 수사적 천재성이 사회적 설득력을 갖는 경우에 흔히 나타난다. 재치가 배어나오는 언변은 나이든 어른과 재담을 나눌 때 어린아이가 배워야 할 것으로 간주되고 그것이야말로 청소년기의 아이들이 일가친척이 던진 수수께끼에 답하거나 노래로 동년배들과 경쟁하는 경우에 습득하게 되는 바이다. 어른들에게 특히 남성에게 재치가 넘치고 아름다운 방법으로 균형 있게 말할 수 있는 능력은 한 개인이 "지식"을 갖추고 지도자가 되는 권리와 상대를 설득하고 이해를 구하는 능력과 함께 오는 정치력을 갖게 한다.

미셸 로살도 "나는 감출 것이 없네I Have Nothing to Hide"(1973), 193–194*에서*

언어유희나 창의적 언어사용에 관한 연구로서 가장 최근의 접근법은 말하기의 민족지학에 지대한 영향을 받아왔다. 오늘날 주도적 역할을 담당하는 학자들에게 설화나 다른 종류의 구전예술의 실례를 모으고 분류하는 일이 주어지지 않고 (레비 - 스트로스에 따르면) 고전적 의미의 구조주의 연구는 상대적으로 주목을 끌고 있지 못한다. 많은 언어인류학의 시발점은 (짧아야만 하는 이유는 없으나) 실제적인 공연 (즉, 녹음기로 녹취하거나 가능하면 녹화한) 동안 수집된 한편의 담화이다. 계속되는 분석의 목표는 담화의 상이한 형태를 규정하는 특질들을 정하고 청중들이 어떻게 반응하는지 공연자와 공연을 어떻게 평가하는지 발생하는 사회적 문화적 맥락에 담화의 구조가 어떻게 관계 맺는지를 결정하는 것이다. 이러한 연구를 통해서 언어 – 문화 – 사회의 연결고리가 유지되고 강조된다.

구전민속학(oral folklone)의 다양한 접근법들은 상호 배타적이고 서로 보완적인 경향마저 있다. 몇 학자는 문화적인 맥락과 기능을 조사하는 것부터 형식적인 구조를 결정하는 것에 이르기까지 분포하는 다수의 분석에 개별적인 신화를 종속시켜왔다. 전통적인 설화를 말하는 것은 특수한 문화적 실천, 언어의 특수한 사용, 특수한 사회적 행사, 독특한 공연이 교차하는 부분이기 때문에 다면적인 접근법이 보장되어야 할 뿐만 아니라 제공할 것들이 많다.

**일러두기와 앞으로 독서를 위한 제언**

나는 구전민속의 장르를 완벽하게 섭렵하거나 전통적인 설화연구에 이제까지 적용되어 왔던 모든 방법론을 섭렵하려고 시도한 것은 아니다. 예를 들어, 심지어 어떤 (현대)학자들이 그러한 해석을 선호함에도 불구하고 민요나 프로이드와 융이나 그 밖의 정신분석학자들에게서 자극받은 정신분석이나 심리적 신화해석을 나는 언급한 적이 없다.

톰슨 1961년에는 우화가 (가) 동물우화 (나) (마법을 포함한) 보통의 민요 (다) 농담과 일화 (라) 판에 박혀 있는 우화 (마) 분류가 안 된 우화로 구별하고 있다. 톰슨 1955-58에 있는 모티브 배열은 다음과 같다: (1) 신화적 주제 (2) 동물 (3) 금기 (4) 마술 (5) 죽은 자 (6) 놀람 (7) 광란 (8) 시험 (9) 현자와 우매한 자 (10) 기만 (11) 미래를 규정하기 (12) 기회와 운명 (13) 사회 (14) 보상과 처벌 (15) 수감자와 도망자 (16) 자연스럽지 못한 잔인성 (17) 성(性) (18) 삶의 성격 (19) 종교 (20) 인물의 성격 (21) 기타 잡다한 주제로 나뉘어 있다.

"7-리그 장화"가 (4)1521.1의 주제이고; "변형: 나무 늘리기"가 (4)482.1의 주제이고; "금기: 마술이 자주 쓰이는"은 (3)762.1의 주제이다. "여우와 나무벼룩" (Salzmann and Salzmann 1952)은 (11)11.2의 주제를 포함한 "기만술로 이긴 시합: 등에 타기"인 275 유형의 변형이다. "신데렐라"는 510 유형이다. "날카롭게 깎은 발을 지닌 남자"와 "백인과 그의 장모"는 쌀즈만 1956a와 1956b에 각각 영어와 아라파호 말로 수집되어 있다. "날카롭게 깎은 발"은 (10)2424의 주제이다. "한셀과 그레텔"은 327(1)의 유형이다.

일반적으로 민속학을 다룬 문집, 기원연구, 신화이론, 민속학 내 형태와 기능, 민속학의 전이가 톰슨의 별님남편(1953) 분석을 포함하여 던디스(1965, 1984)에 나와 있다.

하임스의 미토착민 민족시학에 관한 논문이 하임스(1981)에 수록되어 있다.

대부분의 레비 - 스트로스 작업은 영어로 번역되어 있다. 대표적인 그의 저술은 *구조주의 인류학*이라는 제목의 두 권의 책으로 나와 있다 (Structural Anthropology 1963, 1976년 판). 그 중 두 번째 권은 잘 알려져 있으나 짐시안 인디언 신화의 아시디왈(Asidiwal) 이야기의 논쟁을 야기시킨 부분이 포함되어 있다. 레비 - 스트로스의 다른 저술은 네 권으로 구성되어 있는 *신화학 서설* (Introduction to a Science of Mythology, Lévi - Strauss 1983a, 1983b, 1990a, 1990b)이다. 문화유물론자의 구조주의 일반에 관한 비평과 특히 레비 - 스트로스의 문화유물론에 대한 접근법은 특히 해리스 (1979)를 보면 되는데, 그 책에서는 승냥이 (coyote)를 중재자로 설정하여 언급한다.

공연으로서 구전예술에 관해서는 보우만(Bauman 1984, 1986, 1992)을 보고 벤 - 아모스와 골드스타인(Ben - Amos & Goldstein 1975); 보우만과 브리그스(Bauman & Briggs 1990); 보우만(Bauman 1986)과 보우만과 브리그스(Bauman & Briggs 1990)에 상

당한 참고문헌이 있다. 미토착민의 담화에 나오는 시학과 수사학은 셔져와 얼반(Sherzer & Urban 1986)과 셔져와 우드베리(Sherzer & Woodbery 1987)를 보라. 언어놀이와 언어창의력에 관한 추려낸 논문은 컬션브래트 – 김브래트(Kirshenblatt – Gimblett 1976)를 보라. 그녀의 책은 그 주제에 관한 상당한 참고문헌을 갖추고 있다 (179–284쪽).

## 토의문제

1. 만일 당신이 어릴 적에 은어(piglatin)를 썼다면 그것을 기억할 수 있고 조금만 연습해도 지금 당장 쓸 수 있을 것이다. 이것은 모두 은어의 버전이 상대적으로 단순하기 때문이다. 당신의 피그라틴 버전의 법칙을 말해 보라.

2. 잘 다듬은 나바호 부족의 축제인 야밤축제(Nightway)는 입회(initiation)나 치료의식(curative rite)으로 기능하고 있다. 축제기간 모래그림(sandpaintings)이 만들어지고 길이가 긴 기도가 암송된다. 기도 중 하나는 천둥새에게 부르는 것으로 남성적 신성(male deity)이 나바호 거주지의 체기히(Tsegihi)에서 다른 나바호 신들(divinities)과 함께 사는 것으로 믿고 있다.

기도문 중 두개의 작은 부분을 보면 아래와 같다.

*체기히*(Tsegihi)*에서,*
*새벽으로 만들어진 집에서,*
*저녁 여명으로 만들어진 집에서,*
*어둔 구름으로 만들어진 집에서,*
……………………………
*꽃가루로 만들어진 집에서*
………………………………
*나는 당신을 위해 몸 바쳤어요.*

*나는 당신을 위해 담배를 준비했어요.*
*나를 위해 내 발을 되돌리소서.*
*나를 위해 내 다리를 되돌리소서.*
*나를 위해 내 몸을 되돌리소서.*
*나를 위해 내 목소리를 되돌리소서.*
……………………………

이 기도문은 매우 시적이다. 규칙적이고 반복적인 성질은 중요한 기능을 한다. 제식의 마지막 날 행해지는 전통적 나바호 기도문의 매우 짧은 예(例)에 당신은 어떤 평가를 내리겠는가?

# 13. 현대사회의 언어인류학

언어인류학을 일반적으로 비교적 소수의 전문가만 이해하고 연구하는 분야로 생각한다. 작금의 문제들에 인류학을 적용시키는 예는 언어인류학보다는 문화인류학의 하위분과에서 볼 수 있음에도 불구하고 실질적용은 사회학적으로 경도된 [사회]언어학에서 찾아볼 수 있고 언어사용에 뿌리를 두고 있는 문제들에 언어학적 전문지식이 점점 더 적용되고 있는 상태이다.

가장 흔하고 발달된 응용언어학의 (또 인류언어학) 한 형태가 언어계획[론]이다. 하나의 나라에서 여러 개의 언어가 경쟁하면서 나라를 분리시킨다거나 하나의 특정 언어나 방언이 다중언어 사회 혹은 다중방언 사회의 공용어나 [민족어]국어로 취사선택되어 쓰인다면 언어정책이 필요할 것이다. 언어계획의 초기단계는 문제의 성격규명이다. 언어학자나 언어인류학자가 이 과제를 해결하는데 가장 적절한 자격을 갖추고 있다. 한 특정언어나 방언을 공용어로 추천하는 것은 그 사회 내 원로로부터 초등학생까지 모든 구성원에게 영향을 주기 때문에 반드시 조심스럽게 숙고되어야 한다. 사회지도자가 결정하게 되면 새로운 언어정책을 실행하기 위한 기획들이 반드시 착수되어야 한다. 예를 들어 교과서, 문법서, 사전류를 준비하고 교사연수 프로그램을 발전시키는 일이다.

언어학적 전문지식은 (예, 문맹퇴치 같은) 교육 분야에 가장 흔히 또 광범위하게 적용되지만, 법, 의학, 기업부문에서 효과적인 의사소통을 도모하는데 기여할 수도 있고 기여하기도 하며 또한 언어보존과 언어혼란에 중요한 역할을 담당한다. 이 단락에 언어학과 언어인류학을 적용시킨 예가 들어 있다.

## 이(異)문화간의 의사소통

오늘날 많은 사람들이 집에서 멀리 떠나 여행을 자주하게 되고 상이한 민족 집단과 사회의 구성원을 만나게 될 때 민족 간의 또 문화 사이의 관계가 지속적으로 시험에 오르게 된다. 그러한 관계가 우호적이건 적대적이건 또 직선적이거나 혼란스럽거나 하는 문제는 일치하지 않는 문화적 배경을 지닌 개인이나 집단 사이에 서로 의사소통이 어떻게 가능한가에 달려 있다. 매우 유사하거나 동일한 것으로 간주되는 언어들이나 방언들에서도 특정한 낱말들이 상이한 의미를 지니거나 언어에 따라 강조점이 상이하여 흔히 오해가 유발된다. 미국영어와 영국영어 사이에 대치할 똑같은 단어가 없는 형국은 다음과 같이 미드(M. Mead)가 지적했을 때 잘 드러났다.

> 영국에서 "타협"(compromise)이라는 단어는 좋은 낱말이다. 혹자는 심지어 상대방이 절반 이상의 점수를 득하는 경우도 종종 포함하는 타협인 어떠한 합의도 긍정적으로 언급하곤 한다. 한편 미합중국에서는 소수민(족)의 입장은 모든 사람이 관심을 갖는 [것인데] … 이것은 견제와 균형이라는 미국원칙과 부합하고 있다. 그러나 [미국에서] 견제와 균형은 영국에서처럼 "타협"이라는 단어에게 동일한 도덕적 후광 획득을 허락하지 않는다. 영국에서 타협하다는 좋은 해결책을 찾았다는 것을 뜻하는데 미국에서는 (양측에) 모든 쟁점은 상실된 해결책으로 형편없는 답을 구한다는 의미이다 (Mead: Kluckhohn의 1949:158에서 인용).

충분히 관심을 집중하지 못하고 하나의 특정사회 속의 민족 집단들 사이에서 벌어지는 의사소통 양식차이에 어떤 결과가 종종 나온다. 영국계 미국인들과 라틴계 미국인, 아프리카 출신의 미국인들, 또 여타 민족출신의 구성원들에게 어느 정도로 그러한 의사소통상 차이가 나타나는지를 측정하는 수많은 연구가 있었다. 예를 들어 한 연구에 따르면 영국계 미국인 동료학생들과 비교할 때 최근에 이민 온 모집단에 속하는 10세에서 15세 가량의 라틴계 학생들이 사람들을 사귀는데 더 관심이 많고 자신 혹은 다른 사람들에게 부끄러운 감정을 느끼는 경향이 더욱 나타난다. 만일 선생님들이 의사소통 행위에서 각기 상이한 표현법을 지닌 민족간의 구성원들이 차이를 보인다는 사실을 숙지한다면 선생님들은 특수한 상황에서 어떤 생도들이 다른 생도들과는 상이한 반응을 보이고 있는 이유를 보다 잘 이해할 수 있다 (Albert 1986).

또 하나의 연구에 따르면 동부의 한 대학에 재학 중인 흑 · 백 대학생들이 불화를 처리하는데 차이점을 보이고 있다. 아프리카 흑인후손인 미국대학생들은 그들의 입장에 관하여 서로 더 집요하게 논쟁하는 경향이 있었고, 갈등을 해소하는데 타협이나 해결책 중심 전략을 선호하는 것으로 나타난 백인 학생들보다 더욱 (서로 간의) 대화를 억제하는 경향을 보였다. 더욱이 이 집단에서 민족배경과는 관계없이 남자학생들은 간접적이고 대결을 피하는 전략(예, 침묵)을 여자학생들보다 택하기 쉬웠으며, 여학생들은 더욱 능동적인 전략을 사용하는 경향이 보였다 (Ting – Toomey 1986).

물론 위의 발견 내용을 민족전체 집단에 확대 적용하는 것은 적합하지 못하다는 것을 염두에 둘 필요가 있다. 어떠한 상황이라도 그러한 확대해석을 무효로 만드는데—예를 들어, (농촌에 대항하는 도시의) 사회적 환경, (몇 세대, 수십 년에 비해 서너 해 동안) 타민족 간의 접촉기간, 교육정도, 지리적 위치, 사회경제적 지위 등이 있다.

로날드 스콜론과 수잰 스콜론(Ronald and Suzanne B. K. Scollon 1981)은 알라스카와 캐나다 북서부에 거주하는 아타파스크 부족의 구성원들과 이들 부족과 접촉하고 사는 미국인/캐나다인 사이에 나타나는 의사소통에 민족적 성격이 잘 드러난 정보가 풍부한 설명집을 출간하였다. 대부분의 의사소통은 영어로 이루어졌는데 왜냐하면 미국인/캐나다인 중 아타파스크 말을 능숙하게 구사하는 자가 드물었기 때문이다. 또 아타파스크 (젊은이) 사람도 지금은 영어만 사용하기 때문이다. 그렇지만 영어만을 구사하는 애타파스크 사람들도 가족과 공동체에서 배워 자신의 민족적 배경이 드러나는 말투를 사용한다.

스콜론은 미국인/캐나다인과 애타파스크인 사이에 의사소통에서 보이는 몇 가지 측면을 분석했다. 자신을 나타냄에 있어 두 집단 간의 대조는 180도 다른 반대형태를 보인다: 상업, 의료, 법률, 교육 등에 관해서 외지인과 대화할 때 미국/캐나다인은 애타파스크 사람들이 생각하는 바를 교환하기를 희망하면서 자유롭게 그리고 길게 이야기 하였다. 한편 애타파스크 사람들은 거의 말을 하지 않았다. 왜냐하면 그들은 남들의 개별성과 사생활을 매우 존중하고, 자신들의 사생활 역시 신중하게 유지하고 있기 때문이다. 아타파스크 사람들은 상대방이 수다스럽고 잘난 체 한다는 인상을 받은 반면 미국/캐나다 사람들은 애타파스크인이 의사소통에 미숙하고 자신이 없으며 아마도 무능한 자들이라고 생각하는 경향이 있다.

미국/캐나다인 두 사람이 이야기 할 때, 둘 사이의 관계가 대칭적이지 못해 한 사람이 대화를 독점하지 않는 한 그들은 통상 번갈아 가면서 대화를 진행시킨다. 미국/캐나다인과 아타파스크인과 번갈아 가면서 이야기할 때는 어떤 종류의 조화가 깨어지는 일이 일어난다. 그 중 하나는 이야기를 번갈아 하는 사이에 휴지기의 길이와 관계있다. 아타파스크 사람들의 쉬는 길이는 다소 길어 미국 사람이나 캐나다 사람이 [아타파스크 사람의 차례를 건너뛰고] 다시 이야기를 전개하도록 만든다. 그 결과 대화는 거의 독백에 가깝게 된다. 전형적으로 미국/캐나다인이 시작한 대화는 주로 "(내일, 곧) 또 보자 I' ll see you later (tomorrow, soon)" 같은 형식으로 끝을 맺는다. 그러나 아타파스크 사람들은 예상하는 것이 악운을 가져다준다고 간주하여 그러한 인사를 주고받지 않는다. 이러한 끝맺음이 없는 대화를 두고 미국/캐나다인은 의사소통이 실패한 것이라고 해석한다.

또한 다른 종류의 오해 역시 정보를 주고받는 방법에 관계가 있다. 만일 미국/캐나다인이 그들의 말에 어떤 강조점을 두고 싶다면 강세나 문장 억양을 바꾸어서 실행한다. 아타파스크 말에서는 강조를 특별한 형태소가 맡는다.— 예를 들어, 치프와(Chipewyan) 말에서는 형태소 *k'ɛ*가 놀람을 나타내는데 쓰인다. 아타파스크 사람들이 영어를 사용할 때 운율(prosodic)자질을 이용하여 강조를 표하지 않는다. 결과적으로 아타파스크 사람들은 부분적으로 이해되거나 최악의 경우 전적으로 [대화 중 미국/캐나다인의 말투와 상이하여] 오해받게 된다.

이와 같은 스콜론의 연구를 간략하게 설명하면 아타파스크 사람들과 미국/캐나다인들 사이에 벌어지는 민족 간의 의사소통에서 벌어지는 혼돈에 관해서 기술하고 있다. 그러나 미주 사람들이 미주 원주민들과 이야기할 때마다 유사한 상황이 있다는 것을 보여주는 자료도 있다. 위에 기술한 민족 간의 의사소통에서 나타나는 차이는 이해하기 쉽다. 이러한 차이가 끌고온 위험은 민족에 대한 고정관념인데, 우애적이지도 협조적이지도 못한 [민족들의] 동거가 가져다 준 결과라고 할 수 있다.

만일 문화(민족) 간의 접촉이 조화롭고 생산적이라면 한 사회의 구성원이 언어와 문화가 매우 다른 사회구성원과 의사소통하는데 신중해야 하고 많은 경우에 그 차이를 잘 아는 사람에게서 충고가 요구된다. 1970년에 쓴 논문에서 밴 잰트(Howard F. Van Zandt)는 일본인들이 지닌 행동의 특성과 이러한 특성이 외국인들과의 업무협상에서 어떻게 작용하는지를 논하고 있다. 밴 잰트는 일본인들의 감정적인 예민함에 대하여 언급하며 그들이 동시에 그들의 감정을 반드시 감추고 있다는 것이다. 더욱이 일본인들은 논쟁에 휘말리기 싫어하고 부정으로 답하기를 싫어한다. 또 힘을 과시하는 것을 싫어하고 서류를 갖추고 구두발표를 하는 것을 선호한다. 밴 잰트는 협상당사자에게 천천히 말하고 너스레 말을 늘어놓는 것을 경계하지만 이해하도록 확신을 갖게 하기 위해서 두세 방법으로 주요쟁점을 설명하라고 충고한다. 긴 문장이나 부정문은 반드시 피하여야 하고, 상스러운 말투도 마찬가지다. 통역자가 원대화자보다 더 시간이 걸려도 협상 당사자는 초초함을 내색하여서도 안 되며, 통역자가 5분 분량의 연설을 5분의 1인 1분으로 줄였을 때 의심을 품어서도 안 된다.

물론 인류학자들이 아는 것처럼 모든 문화는 문화접촉의 결과로 장시간에 걸쳐 수정을 겪는다. 그러나 밴 잰트가 지적한 것처럼 "[일본]문화는 오래된 것이고 일본의 정치경제체제가 매우 성공적이어서 급속한 변화가 있으리라고 거의 예상할 수 없다"고 쓰고 있다 (Van Zandt 1970:56).

### 사법절차상 적용

후레이크(Frake)에 따르면 "야칸(Yakan)의 법률체계는 거의 예외 없이 하나의 행동으로 실현되는데: 그것은 진술(talk)이다. 따라서 소송을 관찰하며 작성한 속기사의 기록은 대부분 언어기록이고 그들의 법률체계는 진술을 위한 부호(a code for talking)이며 언어부호이다" (Frake 1969:147; 야칸족(族)은 민다나오 섬 남서부에 위치한 바질란(Basilan) 섬에 살고 있는 필리핀 무슬림이다). 대조적으로 미합중국의 법률은 기록되어 있고 법률해석과 그 판결문은 여러 권의 책 분량으로 기록되어 왔다. 그러나 법정에서 쓰는 언어는 [글로] 읽히는 것처럼 마찬가지로 말로 쓰인다. 이러한 성질이 소송에 연루된 개인들에게 문제의 원천으로 나타날 수 있다. 그러한 문제는 영어가 모국어가 아닌 미국시민들에게 법률용어를 이해할 수 없게 만든다; 또 하나는 영어가 모국어인 사람들에게도 어려운 율사들의 특화된 언어를 이해하는 문제와 관련 있다. 수많은 법률용어가 보통 외래어이고, 너무 형식적이고, 특정 분야에 속하는 용어이거나 소송절차를 따라가기가 종종 어려운 지경에까지 이른 일상적인 말투와는 거리가 있다. 예를 들어 *소환장*(venire), (피해자에게 배상청구권이 생기게 되는) *불법행위*(tort), *토지수용권*(eminent domain), … *준하여*(pursuant to), *본서류에 의해 … 임을 증명함*(know all men by these presents), *현행범으로*((in) flagrante delicto)같은 용어나 표현의 의미를 아는 대학교육을 받은 사람들이 얼마나 많을까? 대부분의 시민은 송사의 경험이 없을지라도 보험약관이나 다른 계약서에서 법률용어를 접하게 된다. 1959년 10월 6일자 일간지인 *털사 트리뷴*(The Tulsa Tribune)에서 인용된 우스꽝스러운 기사를 보면 장황하고, 과장되고, 반복적인 법률용어가 보통사람들에게 이해될 수 있는지를 잘 나타내고 있다: 오렌지를 소유하다"Have an orange"라는 문장을 난해한 법률용어로 바꾼 것은 다음과 같다. 나는 여기 당신에게 주고 양도한다. 언급된 오렌지의 껍질과 피부, 즙과 살과 씨를 주고 또 그 후 발생하는 깨물고 빨아먹을 수 있는 모든 권리와 편의를 혹은 동일한 것을 먹을 수 있는 권리와 편의를 주고 동일한 [오렌지] 것을 껍질과 피부와 즙과 속살과 씨를 함께 혹은 따로 팔 수 있는 힘을 수여하는데, 내 재산과 이득, 권리, 지위, 권한, 편의를 제공한다. "I hereby give and convey to you, all and singular, my estate and interest, right, title, claim and advantages of and in said orange, together with its rind, skin, juice, pulp, and pips and all rights and advantages therein and full power to bite, suck, or otherwise eat the same or give the same away with or without the rind, skin, juice, pulp and pips" (Hager 1959:74-75에서 인용).

질문에 특정 어구를 사용하면 증인의 답에 영향을 줄 수 있다. 자동차 두 대의 충돌에 관한 조사에서 *smashed*라는 단어를 쓰는 것이 (출동의 힘이 줄어드는 순으로) *collided, bumped, hit or contacted*라는 단어를 쓰는 것보다 빠른 속도로 운전했다는 예상치를 이끌어 내는 경향이 실험에서 밝혀졌다. 게다가 자동차 두 대가 충돌하는 장면을 담은 활동사진을 보여준 후에 "Did you see any broken glass?"라는 질문에 활동사진 내 부서진 유리조각이 없는데도 불구하고 질문자가 *hit*라는 부드러운 단어보다 *smashed*라는 단어를 사용할 때 더욱 자주 긍정으로 답했다 (Loftus and Palmer 1974).

일반적으로 법정에서 *어떻게*(how) 말해지는가—검사의 말투, 피고를 대신하는 변호사의 말투, 피고와 증인의 말투—는 실제로 언급되는 것보다 더욱 무게를 지닐 수 있다. 예를 들어, "호소력이 없는 powerless" 것으로 특징짓는 것과 따라서 신빙성을 결하는 말의 양태는 ("아마도 …", "가능하면 …", "실수가 아니라면 …" 같은) 머뭇거림을 피고나 증인 쪽에서 사용하고 있는 것이다. 변호사가 증인을 (증인이 말하고 싶은 대로 말하게 두는 것이 아니라 증언에 끼어들어) 조작하거나 통제하려 했을 때 변호사가 주어진 증언에 확신을 갖지 못한다는 인상을 심을 수 있다. 변호사의 증인과 주고받은 말의 결과로 배심원에게 빚어진 부정적인 인상은 변호인이 변호하는 피고인에게 전가되어 재판의 부정적 결과를 초래할 수도 있는 것이다 (O' Barr와 Conley 1996).

만일 질문자가 특정한 단어나 특수한 문장구성을 사용하는 것이 질문에 답하는 사람과 배심원들이 인식하지 못한 채 영향을 미치거나, 예를 들어 매우 전문적인 술어가 계약이나 보험약관에 있어 당사자에게 완벽하게 이해되지 않는다면, 어떤 조치가 취해져야 할 것이다. 최근에는 사실 많은 보험약관이 이해하기 쉬운 어투로 쓰이고 있으며 [계약서에] 사용된 법률용어의 정의도 포함되어 있다. 이해가 불가능한 법률용어를 없애거나 최소한으로 줄여가는 문체상의 변화는 응용언어학의 예이다.

★ ★ ★

사회적인 문제에 언어학적 답을 찾아 적용한 구체적이 예가 미합중국의 저명한 사회언어학자 중 한사람인 라보브(W. Labov 1982)에 의해 언급되고 있는 미시간 앤아버(Ann Arbor)의 "흑인영어 사건 판례 (Black English trial)"이다. 1960년 앤아버는 도심지역에 빈민들을 집중시키는 안(案)보다는 여러 주거지역에 분산시키는 안을 세웠다. 빈민 이주계획의 결과로 푸른길(Green Road)지역 출신인 흑인학생들이 마틴루터킹(Martin Luther King) 초등학교에 다니기 시작했는데 그 학교는 80%가 백인, 13%가 흑인, 7%가 아시아, 히스패닉계의 학생들로 구성되어 있었다.

수년 지나서 그 이주계획에 참여한 흑인학생들의 어머니들이 아이들이 학교에서 학업이 부진하다며 불만을 표시했다. 학교 교직원에 따르면 흑인학생들이 정서적으로 불안정하거나 학습에 무력감을 보이고 일반적으로 행동장애가 있다고 했다. 그들의 아이들이 정상적이라고 믿는 어머니 네 명이 흑인학생 15명을 대신하여 학업성장에 영향을 끼치는 문화적이고 사회경제적인 요소들을 고려하는데 실패하였다고 1977년 7월 28일 고소했다. 원고는 푸른길(Green Road) 지역 학생들이 마주친 언어적 장벽을 극복하기 위한 적절한 조치를 취하지 못한 학교(ML King)에 책임이 있다고 주장했다. 원고는 푸른길 지역 아이들이 마주치는 언어적 장벽을 극복할 수 있는 적절한 조치를 학교에서 취하지 못한 것이고—즉, 학생의 대다수가 사용하는 언어와는 상당히 다른 흑인영어로 알려진 사투리를 사용하는바—언어장벽이 학교에서 학습과정에 동등한 참여를 막았다는 주장이었다. 재판의 증인으로 사회언어학에서 저명한 학자들이 참여하였고 그 중에는 라보브도 있었다. 재판관은 1979년 7월 12일 원고승소판결을 내렸고 그의 판결문은 흑인영어의 성격에 관한 약 20년간의 언어학 연구결과가 종합된 진술이 들어 있었다. 다음은 관련된 내용이다.

> 유명한 연구조사자들과 전문가들이 학교나 상업분야, 인문학, 과학, 직장사회, 행정부에서 사용하는 표준영어와는 상당히 차이가 있으나 영어의 일부분인 언어체계가 존재함을 증언했다. 이 나라의 80%의 흑인이 이 체계를 사용하고 또 사용해 왔으며 그 기원으로서 노예들의 말이나 피진(pidgin)에서 나왔고 한 · 두 세대가 흐른 후에 크레올(Creole)로 되었다. 그 후로 이 언어체계는 지속적으로 정제되었으며 사회의 주류에 다가가고 있다. 이 체계는 흑인들이 집단적으로 거주하는 곳에서 여전히 번성하고 있다. 이 체계는 "남부" 방언의 여러 측면을 지니고 있고 일상적인 말투와 비공식적인 대화에서 주로 흑인들이 사용한다 (Labov 1982:194에서 인용함).

결론을 이끌어내면서 라보브는 그의 논문에서 과학적 객관성과 사회적인 조처가 양쪽 다 필요함을 강조하고 있다. 더욱이 라보브는 그 소송이 흑인들에게 주도권을 주었을 뿐만 아니라 흑인영어와 연관된 연구분야에 흑인 언어학자들의 주의를 끌어들이는데 도움이 되었다고 쓰고 있다. (앞에서 나온 제8장에서 흑인영어에 대한 논의가 자세히 있었기에 앤아버에서 흑인영어를 다룬 소송 건에 대한 라보브의 설명은 여기에서 대부분 생략되었다.)

상이한 유형의 사회언어학적 해석의 적용을 언급하려면 다음과 같은 케이스가 있다 (Gumperz 1982): 1978년 필리핀 출신의 미해군 군의관이 응급실에서 근무하고 있었다. 16개월짜리 어린 여자아이가 화상으로 병원에 후송되었다. 그 아이의 어머니와 양아버지는 햇볕을 너무 많이 쬐어서 이렇게 되었다고 주장했다. 그 아이는 응급실에서 처치되었고 부모의 보호 하에 퇴원시켰다. 6시간 후에 아이는 병원의 응급실에 다시 후송되었고 그날 당직인 또 다른 의사가 검사했으나 그날 늦게 사망했다. 양아버지가 화상을 고의적으로 입힌 것으로 드러났고 2급 살인죄로 기소되어 징역형을 받았다.

얼마 시간이 지난 후 응급실에서 그를 도왔던 병원 직원들이 처음 그 아이를 담당한 의사의 증언을 지지했음에도 불구하고 담당 의사가 행한 증언에서 위증이 발견되어 응급실 의사는 고소당하였다. 연방수사국(FBI) 수사관이 이 사건을 조사한 후 제출된 보고서에 따르면 의사는 아이학대를 의심했어야 했고 아이를 부모에게 돌려보내기 보다는 병원에서 보호했어야 된다고 진술했다. 소송과정 중에 피고 측 변호인 한 사람이 피고의 영어가 훌륭하지만 피고가 "우스꽝스러운" 방법으로 대명사를 사용했다는 몇 경우를 지적했다. 의사의 모국어는 아크라논(Aklanon)이지만 그는 필리핀의 두 공용어인 다갈로그(Tagalog)와 영어가 모두 유창했다. 타문화 간의 오해가 일어날 수 있는지를 결정하기 위하여 언어학자가 전문가로 초빙되었다. 언어학자는 의사의 증언에서 몇 단락이 애매모호한데 아크라논이나 따가로그에서는 애매하지 않은 그의 모국어 문장구성이 영어로 옮겨졌기에 발생되었다고 의견을 제출했다. 검퍼즈(Gumperz)의 결론을 인용해 보면;

> 우리는 여기에 [담당의사의] 행위가 지닌 측면들이 그의 언어적 문화적 배경으로 설명이 가능함을 보여주었다. 문제가 되는 측면들은 자동적인 것이며 의식적인 통제에 쉽사리 종속되는 성질이 아니었다. 이러한 특질들은 그의 글쓰기에 영향을 주지 않는다. 하지만 복잡한 구두 의사소통을 해야 할 때마다 재발할 소지가 충분하다. 따라서 그가 영어를 훌륭히 구사하지만 위와 같은 상황에서 그의 말투는 영어 모국어 사용자의 말투보다도 더욱 오해될 가능성이 다분하다 (Gumperz 1982:195).

의사소통의 오해소지가 대부분의 배심원들에게 받아들여져 그 의사의 위증죄는 기각되었다.

언어사용이 어떻게 사법절차에 영향을 주는가를 연구해온 다른 이들은 언어학적 전문지식을 지닌 사람들의 도움이 유용한 여러 경우를 지적했다. 그러한 상황은 법률 전문용어가 문법상 어떤 자질과 결합된 경우 생길 수 있는데 (예, 동사가 좀더 명쾌하게 직접적으로 쓰일 수 있는 곳에 수동태나 명사를 너무 빈번히 쓰는 경우) 판사가 제시하는 방침을 배심원들이 이해하지 못하게 된다. 언어학적 전문지식은 청자(聽者)에게 있을 수 있는 "오염"에 대항하기 위해서 역시 필요할 수 있는데 그 오염은 피고와 다른 사람들 사이에 녹음된 대화를 파악하기 위해서 배심원 스스로의 판단에 맡겨질 경우에 나타나는 위험이다. 예를 들어, 다른 [민족배경을 지닌] 사람들은 말했을 경우에 [침묵한다고 해서] 묵시적으로 동의한 것이 아니라 피고의 침묵은 단조로움, 공손함, 다른 요인에 의한 것일 수 있다고 언어학자들이 지적하고 있고, 여러 방언사용이나 개인어의 특징으로 미루어 피고의 애매한 발언을 언어학자가 확인할 수 있다. 만일 전제를 담은 진술이나 질문은 가정이 보장되지 않은 채 진실이라고 가정한다면 또 다른 유형의 상황이 전개될 수 있다. 그러한 언어의 그르치기 쉬운 사용은 긍정/부정으로 질문에 답하는 사람에게 널리 알려진 "당신의 아내를 구타하는 것을 중지했습니까? Have you stopped beating your wife?" 같은 질문에 관련 있다. 대답이 긍정이건 부정이건 간에 위와 같은 비행이 실제로 있었다는 내용이 이 질문에 명백하게 함의되어 있다. 법정에서 화자의 의도나 대화상 전략에 관해서 근거가 되는 기록을 분석하는데 언어학자는 광범위하게 도움을 줄 수 있다.

만일 판사나 배심원들에게 가용한 모든 정보가 있다면 주목받아야 마땅한 법정 내 의사소통에는 다양한 측면이 있다. 고려되어야 마땅한 요인들 중에는 피고, 원고, 증인의 문화적 배경과 의사소통 능력과 재판 중 질문의 유형 (예, 유도심문), 물어 본 맥락; 구체적 단답형에 한정된 증언에 반하여 대화체 증언의 상대적 가치; 대화에 끼어드는 법; 소송 당사자와 증인의 몸동작과 발언 상의 관계; 재판관이 배심원들에게 준 지시의 성격 같은 내용이 있다. 언어학적 전문지식이 재판정에서 가치가 있을 수 있다는 것은 명백하다.

**언어계획**

가장 흔한 형태의 응용사회언어학이 언어계획이다. 이 용어는 의사소통의 문제점을 방지하거나 해결하기위해서 언어사용에 영향을 미치는 보통 국가차원의 의도적인 시도를 일컫는다. 언어계획의 필요성과 언어정책의 형성과정은 20세기를 걸치면서 빠르게 늘어났고 21세기에도 지속된다. 두 가지 주요 이유로는 전쟁과 정치적 박해의 결과로 수백만의 인구가 이주했고 제2차 세계대전 이후에 식민지제국이 붕괴된 때 수많은 다민족 신흥국가의 출현을 들 수 있다.

매우 넓은 의미에서 언어계획은 에스페란토(Esperanto)와 인터링구어(Interlingua: 과학자들이 쓰는 인공국제어) 같은 인공어의 발명도 포함한다. 이러한 국가의 경계를 넘어선 언어들은 상이한 민족적 배경을 지닌 사람들 간에 이해를 증진시키고 평화적 공존을 가능케 한다. 좀더 세분하면, 언어계획은 두 형태 중 하나를 취한다. 그중 하나는 하나의 언어나 방언의 지위를 바꾸는 일인데 다시 말해서 언어 사용상 변화이다. 또 하나는 언어구조상 변화인데 [대상언어의] 발음, 철자, 문법, 어휘에 영향을 미치는 변화이다. 그렇지만 종종 두 형태가 결합되어 나타난다. 아래는 실제로 언어정책의 양쪽 모습을 보여준다.

케냐 내 스와힐리의 국어화는 우선 언어지위를 변화시킨 일례이다. 1974년 케냐의 첫 번째 대통령 케냐타(Jomo Keynatta)는 케냐 국회는 스와힐리로 진행되어야 한다고 결정했다. 국회의원들이 강하게 반대하자 케냐타대통령은 국회를 폐쇄하고 "사람들이 좋아하건 말건 키스와힐리(KiSwahili)는 *의회*(Bunge)에서 사용될 것이다. 왜냐하면 이것이 인민, 시민(wananchi)의 언어이기 때문이다. 영어는 우리 언어가 아니다. 우리가 스와힐리로 모든 것을 처리할 수 있는 날이 올 것이다. 많은 사람들이 불편해 할 것임을 알고 있다. 그러나 그대로 두어라" 라고 선언했다(Hunnebusch 1979:290). 케냐에는 수십여 개의 언어가 있다. 그중 적어도 8개는 각기 100만 이상의 사용자가 있다. 기쿠유(Kikuyu)는 5백만 이상의 사람들이 모국어로 사용하는 언어인데 가장 흔히 접할 수 있는 말이다. 반면, 스와힐리는 매우 적은 숫자의 케냐 사람들이 사용한다. 따라서 상대적으로 중립적이다. (예, Kikuyu, Luo, Luhya, Kamba 등) 케냐의 주요 언어들에서 하나를 선택하는 일은 민족간의 경쟁을 일으킬 우려가 있었으며 영어의 선택은 1895년에서 1963년까지 케냐를 지배한 사람들이 사용한 비아프리카 언어에 우선권을 주는 것이었다. 현재 스와힐리와 영어가 공용어로 쓰이지만 스와힐리가 국어이다. 케냐의 국어로 스와힐리가 장려되고 공식화되는 일은 [그 언어로 쓰인] 교재의 확충으로부터 공적인 거래에서 사용하는 말이 "훌륭한" 케냐 스와힐리임을 배려하는 일까지 다양한 정부정책을 요구하고 있다. 케냐에서 사용되는 다양한 언어와 이 나라의 부족국가 해체에 일조하는 국제통상어(lingua franca)로서 스와힐리, 아직도 누리고 있는 영어의 명성, 이 모든 것들은 케냐에서 언어정책이 미래에 계속 진행될 필요성이 있다는 것을 보여주고 있다.

두 번째 유형의 언어정책은 상당히 보편적이나 터키가 1923년 공화국이 된 이후에는 터키의 언어정책 수행속도나 그 범위를 넘어서진 못한다. 셀주크 투르크(Seljuk Turk) 족이 9,10 세기에 이슬람화를 거치면서 아랍문자를 채택하였고 많은 아랍단어를 차용했는데 특히 종교, 법, 행정, 상업분야에서 두드러진다. 그 후에 페르시아(지금 이란)가 오토만(Ottoman) 제국의 일부가 된 때 투르크족은 페르시아 차용어도 역시 채택하여 사용했다. 아랍어와 페르시아어의 영향은 터키어의 어휘뿐만 아니라 소리체계와 문법에도 영향을 주었다. 많은 경우에 세 단어가—하나의 토착 터키단어, 아랍어와 페르시아어에서 온 두 개의 차용어—하나의 지시물을 나타내는 단어에 해당한다. 문제를 더욱 복잡하게 하는 일은 세 단어가 항상 동일한 문법규칙에 따르지 않는다는 사실이었다. 일상대화 터키어와 문어체 터키어(Ottoman Turkish)는 양층언어현상을 보여주는 관계에 있으며 독자적인 사회적 기능을 지닌다. (상위어인 H: high form) 오토만 터키어는 수많은 차용어를 갖고 있고 하위어(L: low form)를 사용하는 농사꾼이나 보통 사람들에게 실제적으로 이해가 불가능하다.

문어체 터키어를 단순화시키고 근대화시키기 위해서 터키의 초대 대통령 케말 아타르튀르크(Kemal Atartürk)는 터키어의 구조에 전혀 들어맞지 않음에도 불구하고 수세기 동안 써왔던 아랍철자법을 대신하여 새로운 철자체계를 추천하도록 1928년 위원회를 지명했다. 라틴 알파벳과 몇 가지 운율기호가 있는 새로운 철자법이 6주 만에 준비되었고 그 해가 다 지나가기 전에 새로운 철자법의 사용이 공포되었다. 계속해서 라틴 알파벳의 도입은 세속적인 말투나 고대 터키어에서 전래된 토착단어를 사용하여 차용어인 아랍어와 페르시아어 단어를 대치하는 개혁으로 이어졌다. 이런 벅찬 과업을 이루고자 1932년 아타르튀르크(Atartürk)는 터키 언어학회를 창립했다. 철자법의 변화와 터키어 문법과 어휘의 단순화는 터키사회를 근대화시키고 서구화하는데 도움을 주었고 또한 근대화된 터키인들에게 이해가 불가능한 터키 고전문학의 대다수를 그 원래의 모습으로 복원하기도 했다.

## 언어유지와 보강

1960년대 중반부터 언어학자와 미주 토착민 부족 지도자들이 주도한 노력은 부모에서 자식들로 이어지는 전통적인 대화로 전달하는 기술이 더 이상 효과적이지 못하게 된 지역사회 내의 언어유지와 보강에 기울여져 왔다. 아마도 약 200여 개 이상의 토착민 언어가 미합중국과 캐나다에서 어느 정도 아직 사용되고 있음에도 불구하고 토착민 언어들의 상당한 숫자가 영어로 완전히 대치되는 위험에 처해 있다. 단지 상대적으로 적은 숫자의 토착어가 (예, 나바호어, 대평원 북부의 수우(Sioux)족 언어들 중 약간, 에스키모어) 인디언 공동체에서 중요한 역할을 감당하고 있을 따름이다. 그것들은 북미의 인구가 덜 조밀한 지역에서 부족의 형태를 유지하고 있는 많은 수의 부족민들이 사용하는 언어들이다. 언어유지와 보강은 전형적으로 언어분석 (모든 층위에서—즉, 음운론적, 형태론적, 통사론적, 어휘 등), 글자체계 (대부분의 경우 필요하다면 몇 개의 부호와 특수기호를 첨가한 라틴 알파벳), 토착민 아이들이 쓸 교재마련을 포함한다.

민족적 동질성과 문화적 전통을 유지하고 심지어 보강하기를 희망하는 와이오밍주 바람강(Wind River) 보호지역 내 북(北)아라파호(Arapaho)에게는 현재상황이 정말 심각하다. 몇 요인들이 암담하게 만들고 있다:

1. 간혹 예외도 있으나 아라파호 말을 완벽히 구사하는 사람들은—더 이상 습관적으로 사용하지 않고 영어가 아라파호 말의 구사력에 영향을 주고 있음에도—최고령의 세대인 부족 구성원이다.
2. 부모들은 가정에서 더 이상 아라파호 말을 지도하지 않는다.
3. 아라파호 말을 할 줄 아는 사람들과 아라파호 말을 조금 알아듣는 사람들의 숫자가 매우 급속히 줄어들고 있다.
4. 대다수의 인구가 실제적인 목적에 부합하게 거의 모든 상황에서 영어를 선호하는 단일 언어사용자 들이고 심지어 전통적인 제례의 어떤 부분도 영어로 행해지고 있다.

5. 아라파호 말은 의사소통 가능성—즉, 새로운 상황에 성공적으로 대처하는 능력을 잃고 있다.

젊은 부모들이 더 이상 부족의 풍요로운 문화적 유산을 자식들에게 전수하지 못한다는 것, 즉 아라파호 말을 전하지 못하는 것은 슬픈 일이다. 결과적으로 그 과제가 보호구역 내 학교들로 이관되었다.

언어소멸을 억제하는 가장 중요한 조치는 가장 어린 학생들에게 아라파호 말의 교육을 공식화하는 작업이었다. 한 학교의 행정관들의 예견과 열정에 힘입어 보호구역 교실에서 쓸 수 있게끔 아라파호 말의 교육교재용 비디오테이프를 실험하기 위한 워크숍이 1984년 3월과 9월에 각 2주간 조직되었다. 2주간의 워크숍에서 상당한 진척이 있었으며 그 다음해 1월에 실시한 워크숍에서 상당한 정도의 직업적인 교육방법이 개발되었고 다른 학교에 속한 행정관들의 도움으로 아라파호말의 교과과정이 수립되었다. 아라파호말의 교재개발팀(The Spoken Arapaho Curriculum Development Project team)은 2주 동안 다소 야심적으로 40과의 교과목을 목표로 하였고 그 개발팀 참가자들의 열정에 힘입어 42개과의 교과과정이 완성되어 지금 수업현장에서 사용되고 있다. 어린 학생들이 두 언어를 배워야 하는 일에 지치지 않게 하기 위하여 (아라파호 철자법은 영어의 그것보다 훨씬 단순한데, 왜냐하면 철자법이 음운에 의거하기 때문이다) 아라파호 교육보조자료는 비디오테이프의 도움을 통해 학생들이 말하도록 도와준다. 40여과의 교과과정이 보호구역 내에서 아라파호 말의 퇴조를 막지 못할 것이나 저학년 과정의 교재로서 사용되는 40여 개의 교과정과 그 사용은 [아라파호 언어가 사멸하는 일로부터 막는] 최후의 방어로서 상징적인 가치가 있고 다가올 희망인 것이다.

1983년 말에 *아라파호 말 용례사전*(the Dictionary of Contemporary Arapaho Usage)이 완성되었고 이것은 인문학 연구기금(National Endowment for the Humanities)의

연구비지원으로 가능했다. 몇 세대 전에 언어사용을 금했던 동일한 정부가 토착민어들의 보존에 지대한 관심을 표하고 있음은 아라파호 사람들에게 대단히 만족을 가져다주는 원천이었다.

사전작업과 비디오테이프로 구성된 교육이 진행되는 동안 한 학교가 상급반 학생들을 위한 소책자를 계속 발간하였다. 전부 다해서 보호구역 내에서 아라파호 학생들이 쓰기위한 여러 찬조에 힘입은 교재는 매우 인상적이다—비디오테이프를 집어넣지 않고도 60가지 이상이다. 다른 학교들을 능가하지 않지만 세 번째 학교의 교직원들은 그 언어를 위하여 기울인 노력을 활성화하기 위한 방안을 제시하였다. 보호구역 내 가장 훌륭한 언어구사력을 획득한 학생들에게 상과 졸업장을 수여하는, 부족의 말을 사용하면서 매년 개최되는 연회가 있다.

이 책의 첫판이 1993년에 나온 이후 계속해서 개정판이 나왔다. 와이오밍에 있는 아라파호 지역 북쪽에 사는 지역민들이 행한 아라파호 언어와 문화 프로젝트의 수년간 책임자를 맡았던 스티븐 그레이모닝(Stephen Greymorning)은 유치원 아동들을 위한 아라파호 언어집중훈련(language immersion project)을 시작했다. 또 취학 전 아동들을 위한 훈련프로그램으로 확대했다. 아이들이 보도록 디즈니 영화인 *밤비*(Bambi)를 디즈니 스튜디오에서 아라파호 말로 녹음하여 준비하였는데 녹음은 그레이모닝의 번역을 사용하고 부족 장로들과 언어집중훈련을 받은 아이들이 영화주인공 역할을 담당하였다. 녹음된 영화는 수천 장이 준비되었고 어린아이들은 반복해서 보면서 자신이 좋아하는 역할을 담당한 인물이 하는 대사를 배웠다. 이러한 언어회복노력이 궁극적으로 아라파호 말을 살려내지는 못하는 것임에도 불구하고 이러한 시도는 수많은 언어가 위험에 처하거나 사라져가는 때 한번은 할 수 있는 환영받는 일보전진이라 하겠다.

간략히 소개된 언어유지와 보강의 일례를 살펴보면 미래에 확장시키기 위해 반드시 취해야 하는 많은 추가조치를 강조하지 않을 수 없다. 추가조치를 여기서 언급하는 일은 그럴만한 가치가 있는데 (목록은 제시된 것이므로 완성단계가 아니다), 교과과정을 새롭게 발전시키는 워크숍과 기존의 것을 개선하는 워크 숍, 현 아라파호 교사들의 보수교육과 교사연구기금, 아라파호 교과를 담당할 미래 교사들의 인턴과정, 그 언어를 배우는데 흥미와 재능을 보이는 것은 물론 지능에 예외적인 능력을 보이는 고등학교 학생들에게 대학 수준의 언어학과 인류학을 공부할 수 있게 하는 부족에서 마련한 장학금, 영어나 아라파호 말로 전통우화, 일생을 담은 이야기 또 다른 추억거리를 장로들이 낭송하도록 돕는 성인용 교육 프로그램 개발, 그 부족의 (남녀 포함) 장로들과 언어구사력을 보유하고 있는 성인들 중에서 자신의 지식을 부족의 아이들과 나누려는 의지가 있는 사람들로 구성된 미취학 아동과 초등학생들을 위한 아라파호 말로 진행되는 여름캠프 등이 있다. 언어유지 프로그램의 초기단계에서 언어인류학자들은 유용한 충고와 도움을 제공하지만 가능한 범위 내에서 그 집단의 구성원들이 그런 프로그램과 교육과정을 더욱 발전시키고, 조직하고, 개최하는 것이 바람직하다.

## 윤리적 문제와 행동기준

제1장에서 나는 "토착민" 자료제공자가 언어학, 문화인류학, 언어인류학에 중대한 공헌을 하며 또 어떠한 노력도 경주하여 소수민족의 장래성 있는 구성원이 이 분야의 훈련을 받을 수 있게 되어야 한다고 지적했다. 이러한 토착민 구성원이 갖고 있는 자신의 문화에 대한 통찰력은 가치를 가늠할 수 없을 정도다. 그렇지만 소수민족 집단의 구성원이 현재 백인남성들이 지배하고 있는 언어학과 인류학에서 충분히 가시적으로 되려면 수년이 필요하다는 것은 반드시 알아야 한다.

이질적인 외국문화에서 현장조사를 수행하는 것은 거의 예외 없이 비대칭적인 관계를 촉발한다. 한편으로는 연구자가 있고 (여기에서 이 단어가 지칭하는 바는 주의 깊고 체계적인 관찰자이고 무엇인가를 연구하는 누구라도 상관없다) 또 한편은 대상(연구가 진행되는 객체로서) 혹은 토착민(날 때부터 특정 공동체에 연결되거나 종교적으로 이어진 사람들)이 있다. 전형적으로 문화적으로나 언어적으로 외부인인 연구자는 연구대상과 수개월 동안 같이 지내면서 관찰하고 질문하고 연구대상이 일상적인 일을 하면서도 동행하고 날마다 일어나는 과업을 도와주기도 한다. 토착민 정보제공자에게 언어와 문화에 대한 질문과 자료들을 요구하면서 그들의 시간을 쓰기 때문에 넉넉하지 못하나 적당한 보상을 하는 것이 통상적이다 (정보제공자의 급여는 보통 연구자가 현장조사를 위해 받은 연구비에서 조달한다).

통상 집보다 불편한 조건에서 다른 나라나 이질적인 문화에서 현장조사를 한다는 것은 적어도 처음에는 완벽한 이방인들 사이에서 지내면서 그들에게 의존해야 하고 익숙하지 않은 음식과 이질적인 언어를 사용하는 사람들과 의사소통해야 하며 충실하게 적응하기 위한 의지와 능력이 둘 다 요구되는 일이다. 이러한 이유로 몇 인류학자는 현장조사를 너무 부담스럽게 느끼고 처음 실행한 후에 가끔 행하거나 전혀 시도하지 않는다. 그러나 대부분의 인류학자들이 언어인류학자인건 문화인류학자이건 현장에 가는 것을 즐기며 되풀이하여 현장조사를 행한다.

그렇다면 연구대상은 어떠한가? 모든 연구자들이 알고 있는 것처럼 계속되는 인류학자의 방문이 그들에게 영향을 미치게 마련이다. 미국인류학회가 채택한 직업윤리 덕목에 따르면 연구대상에 대한 인류학자들의 책임은 광범위하다. 인류학자의 연구목표가 같이 일하는 대상에게 가능한 한 명백히 전달되어야 한다. (질문대상인)정보제공자는 선택되면 익명을 유지할 권리가 있고 그들의 권리, 이익, 안전, 민감한 부분이 반드시 보호되어야 한다. 연구대상을 착취하여서는 안 되고 그들이 행한 용역에 합당한 보상을 받아야 한다. 연구의 결과가 일반에게 쓸모 있어야 하고—왜냐하면 은밀한 연구는 연구대상이 속하는 집단을 위해하는 용도로 다른 사람들이 이용할 가능성이 있다. 간략하게 말해서 연구수행에 앞서 인류학자는 집단이나 공동체 연구가 미래에 연구대상에게 부정적인 영향을 줄 수 있는가하는 가능성을 심각하게 따져보아야 한다. 만일 그러한 결과가 나올 수 있다면 그 연구계획은 본질적으로 재고되거나 포기되어야 한다.

현장에서 연구종사자의 처신에 관한 논평이 필요하다. 그들의 전문지식, 교육정도, 물질적 우세가 근대적인 기술문명의 혜택 없이 문맹으로 살고 있을 수 있는 연구대상에게 우월감을 느낄 수 있는 자격을 부여하는 것이 결코 아니다. 이방사회, 공동체, 대상가정에 손님으로서 현장조사자는 익숙한 환경보다 [현장에서] 더욱 민감하게 대처하여야 한다. 충고를 청하는 것이 반드시 충고를 받아들이는 것은 아니지만 충고가 높은 가치를 지니고 연구조사가 성공적인지 실패인지 결정하는 것을 도와줄 수 있는 경우가 많다. 예를 들어 한 집단의 아이들이 그들의 언어를 배우고 서구식의 학교에서 그들의 문화에 관한 무엇을 배우도록 도와주는 교재가 필요하다고 간주해 보자 (그러한 상황은 미합중국에서 주로 토착민 학생들을 가르치는 학교에서 상정될 수 있다). 만일 예전에는 말로만 사용되었던 언어를 적는 몇 가지 철자법이 있다면 어떤 철자법이 잠재적 사용자에게 좋은가? 만일 전통적인 우화의 모음집이 학생들을 위해 편집되어야 한다면 많은 우화 가운데 어떤 우화가 선택돼야 하는가?

물론 한 부족이 유목민이건 정착 농민집단이건 다른 나라에서 온 또는 그들의 의도를 충분히 이해하지 못하는 낯선 사람들에게 일상생활, 신앙, 전통적 관습을 면밀히 조사당하고 싶지 않은 경우도 종종 있다. 상황을 뒤집어 보자: 타종교와 다른 언어를 쓰는 사람이 "토착민"의 습관을 연구하려고 반년이상 긴 기간을 마을에서 지내겠다고 선언하는 피부색이 상이한 외국인에게 미합중국 내 소수 민족공동체 구성원들이 갖는 태도가 어떠할까 상상해 보라.

인류공동체와 국가가 상호의존적이고 문화적인 다양성이 필수적인 세계에서 다른 문화를 이해하는 것은 더더욱 중요하다. 이러한 이해가 인류학자들이 증진시키려고 애쓰는 것이고 자신들의 속한 사회가 아닌 이방사회에서 인류학자들의 행위가 하나의 선례를 만드는 것임에 틀림없다.

## 종합과 결론

사회적으로 기울어진 언어학 지식을 현대세계의 제반문제에 적용하는데 여러 방법이 있다. 의사소통의 민족지학에서 얻어진 지식은 문화적 언어적 배경이 상이한 개인이나 집단이 의사소통을 꾀할 때 매우 유용하게 된다. (성보다는 이름을 주로 부르는 미국인들의 스스럼없음) 미국인들의 비형식적 태도는 다른 사회에서는 점잖지 못하거나 건방진 것으로 간주될 수 있다; 미국인들의 입장에서는 다른 사회의 형식적 행동이 숨 막히고 융통성 없이 보이기가 쉽다. 만일 다문화 간의 접촉을 시도하는 개인이나 집단이 상대방의 행위를 해석하는 방법을 안다면 의사소통은 좀더 부드럽게 진행될 것이다. 언어학 적용이 유용한 또 하나의 분야가 사법절차이다. 여기에서 응용언어학의 기여는 [사법용어] 문외한에게 쉽게 이해하게 법률문서상 기술적 용어를 풀어주는 일부터 문화적 언어적 배경이 상이한 것에서 기인하는 오해로부터 나온 문제를 해결하도록 판사, 배심원, 증인, 소송당사자를 도와주는 일까지 있다.

[한 국가 내 인종, 종교를 달리하는 집단이 존재하는] 다원주의 사회에서 언어문제는 흔히 경쟁적인 언어들과 방언들이 균등하지 않은 지위를 점하는 것에 기인한다. 답을 요구하는 질문은 어떤 언어(들)가 국어 혹은 공용어로 선택되는가 뿐만 아니라 특별한 선택의 결과가 전체사회에 어떠한 결과를 초래했는가도 들어 있다. 그리고 만일 다원주의 사회에서 소수민족이 사용하는 비문자 언어가 제2국어로 학교에 소개되어 유지되고 보존되어야 한다면 언어학자가 글자체계를 고안하고 언어학습교재를 계발하는데 도움을 주도록 초청될 것이다.

전세계의 문화적 차이가 대중매체, 근대화, 해외여행의 증가로 점점 변별력이 사라진다면 소수민족의 언어가 그 민족의 동질성과 자긍심을 나타내는 단지 두드러진 휘장에 지나지 않을 수도 있다. 그러한 집단의 언어문제를 전문적 지식뿐만 아니라 이해와 요령을 동반하여 취급할 필요가 있음은 말할 것도 없다.

## 일러두기와 앞으로 독서를 위한 제언

응용언어학을 다룬 출판물 중에는 워도우와 브라운(Wardhaugh and Brown 1976), 크리스탈(Crystal 1981), 츄루길(Trudgill 1984)이 있다. 1981년에 처음 간행된 *응용언어학 연감*(Annual Review of Applied Linguistics: ARAL)은 응용언어학 분야의 새로운 경향에 관해서 연구하고 평론을 개괄하고 있다. 매해 수백 개의 새로운 인용을 첨가하면서 *ARAL*은 참고문헌을 찾는데 훌륭한 원천이다. 의학, 법학, 교육학에 언어학의 이용을 찾거나 문헌자료를 찾으려면 슈이(Shuy 1984)를 보라. 언어학과 교육은 히스(Heath 1984)가 쓴 조사논문의 주제이다. 법률언어에 관한 개요는 오바(O' Barr 1981)를 보라.

이(異)문화간 의사소통에 관해서 스콜론과 스콜론(Scollon and Scollon 2001)과 칼보우(Carbaugh 1990)와 사모바와 포터(Samovar and Porter 1991)를 보라. 언어계획은 이스트만(Eastman 1983)과 케네디(Kennedy 1983)에 논의되어 있다. 미주 인디언 언어를 유지하려는 노력에 관한 조사는 립(Leap 1981)에서 찾아볼 수 있고 인디언 언어보존 상 여러 문제를 안내하는 논문은 보우만(Bauman 1980)이다. 흥미있는 것에는 "위험에 처한 언어들(Endangered Languages)"이라는 심포지움에 제출된 헤일 외(Hale et al. 1992)와 상반된 견해로는 래더포게드(Ladefoged 1992)를 보라. 래더포게드에 대한 답으로는 도리안(Dorian 1993)을 보라.

바람강(Wind River) 보호구역의 북부 아라파호 부족의 언어유지와 강화에 관한 토의는 1980년대에 시행된 연구에 내 개인적인 참여를 기초로 하고 있다.

**상자 13.1 언어인류학자가 성취를 돕는 것**

아래는 미합중국의 정책이다—

(1항) 미주 토착민들이 토착어를 사용하고 훈련하고 발전시키려는 자유와 권리를 보존하고 보호하고 증진한다; …

(3항) 미주 토착어의 사용을 격려하고 지원하는데 교육의 도구로서 아래의 내용을 격려하고 지원한다

(가) 미주 토착어의 생존

(나) 교육기회

(다) 학생의 학업성공과 학력을 증진한다

(라) 학생 자신의 문화와 역사를 인식하고 지식을 증진한다

(마) 학생과 공동체의 자긍심을 증진한다;

(4항) 이 정책이 효과 있게 실행되도록 토착민 부모와 교육자와 인디언 부족들과 여러 토착민 부족자치회의체와 함께 일할 주정부와 지방정부의 교육프로그램을 독려한다;

(5항) 내무부 장관이 지원하는 모든 학교에 교육의 도구로써 미주 토착어를 사용하는 인디언 부족과 여러 토착민 부족자치회의체의 권리를 승인한다;

(7항) 미주 토착어로 된 과목에서 상당한 구사력을 얻어 취득한 학점을 외국어과목을 수강하여 얻은 학점과 동일하게 인정하도록 지원한다 …

공법(Public Law) 107-477 1편 미주 토착어 법[1990]에서 발췌

아라파호 언어를 유지하기 위한 노력에 관한 최근 보고서로는 그레이모닝(Greymorning 2001)을 보라.

인류학자가 연구하는 대상에 대한 직업적인 책임에 대한 원칙을 토의한 것은 미국 인류학회에서 1983년에 간행된 *직업윤리*(Professional Ethics)라는 소책자에서 발췌 요약되었다. 연구대상자와의 관계를 토의하는 한편 도의적인 문제에 관한 논술뿐만 아니라 대중, 이 분야, 인류학과 학생, 연구후원자, 대상정부, 후원정부에 대한 인류학자의 책임을 모두 취급하고 있다.

**토의문제**

1. 인류학은 (미국과 같이) 복잡한 사회의 삶을 위해서 한 일이 없다. 왜냐하면 인류학자들은 근대문명에는 경계인에 지나지 않는 단지 "이국적"이고 "원시적"인 민족들만 관심을 표하기 때문이라는 논의를 반박하라.

2. 현장조사자로서 인류학자에게 어떤 도의적 숙고가 있어야 하는가 왜 그런가?

3. (상이한 구성요소를 지닌) 여러 복잡한 사회는 구성원의 민족적 배경과 사회경제적 위치에 따라 균질하지 못한 모습을 지닌다. 그러한 복수사회의 사회언어학적 측면들을 어떻게 연구하겠는가? 언어인류학자의 관점으로 볼 때 민족적으로 다양하고 사회적으로 균질하지 못한 점이 연구 가능한 흥미 있는 문제를 던지는가?

# 용어풀이

인류언어학에서 특별한 의미를 지닌 단어나 구는 교과서에 처음 등장했을 때 정의되고 있다. 따라서 용어풀이는 (이 독본의 검게 인쇄된) 몇 개의 용어만을 포함하고 있다. 그 용어들은 일반적으로 중요하거나 교과서에 반복해서 나온다. 이곳에 제공된 정의는 제일 간결하고 가장 평이한 설명이다.

**개인어(Idiolect).** 한 개인의 언어변종; 개인의 방언.

**고립어(Language isolate).** 다른 언어와 관련이 없는 하나의 언어.

**공시적(Synchronic).** 역사적 선례의 고려 없이 특별한 시점에 존재하는 언어현상들을 취급하는.

**국제통상어(Lingua franca).** 상이한 모국어를 사용하는 사람들 사이에 의사소통의 공통된 수단으로 쓰이는 하나의 언어.

**담화(Discourse).** 길이, 형태, 내용 상 상당히 변화 있는 의사소통 행위의 주요 분석단위.

**동기(Motif 구전민속학에서).** 특이한 그 무엇을 지닌 덕으로 존속할 힘을 지닌 우화에서 가장 작은 요소.

**동족어(Cognate).** 동일한 조상언어의 후손이어서 다른 언어와 연관 있는 언어형태; 예를 들어 영어의 father, 불어의 père, 서어의 padre는 서로 동족어이다.

**모음(Vowels).** 음성학적으로 숨의 통로에 의미심장한 수축이 없이 조음되는 말소리.

**무성의(Voiceless).** 성대가 진동하지 않으면서 발생하는 소리의 특징.

**문화(Culture).** 세대 간에 전승된 인간의 습득된 행위, 지식, 믿음의 복합체. 하나의 문화는 하나의 특정사회의 구성원들이 세대간에 전승된 행위, 지식, 믿음의 패턴이다.

**민족과학(Ethnoscience).** 특정사회의 모국어 사용자들이 어떻게 문화적 범주를 어휘로 부호화 시키는지에 기초한 연구

**방언(Dialect).** 지역적 사회적 언어변종 (예, 미국남부 영어의 여러 변종 중 하나이거나 사회적으로 상이한 영어변종의 하나가 뉴욕시에서 사용된다).

**변형문법(Transformational grammar).** 두 구조 사이에 대응관계를 보여주는 언어조작 (변형규칙)을 사용하는 문법분석.

**부호교체(Code-switching).** 말하는 도중 하나의 언어나 하나의 언어변종으로 바꾸는 일.

**비구전 의사소통(Nonverbal communication).** 말이나 글쓰기 이외의 다른 수단으로 메시지를 전달하기.

**사투리(Vernacular).** 한 언어공동체의 언어나 방언에 있는 평시에 사용하는 구어체 형식.

**사회언어학(Sociolinguistics).** 사회와 언어 사이의 관계 내 다양한 측면에 관심을 갖는 언어학의 한 분야; 한 개인의 말이 사회적 정보를 전달하는 방법들의 연구.

**사회언어학적 변화(Sociolinguistic change).** 발생하는 사회나 공동체의 맥락에서 본 언어변화.

**생성문법(Generative Grammar).** 하나의 언어에서 무한 수의 문법적인 문장을 생성하기 위해 규칙을 사용하는 분석법.

**선언어(Prelanguage).** 완숙한 언어단계 전의 언어(speech)발달의 한 단계; 초기 인간의 선사시대에 추정되고 있는 의사소통의 수단.

**성상의(Iconic).** 나타내는 구체적인 유사한 물건을 나타내는 기호에 관련 있는.

**수화(Sign language).** 언어의대용으로 쓰이는 손동작의 체계.

**아프리카출신 미국인의 사투리 영어(African-American Vernacular English).** 아프리카 출신인 많은 미국인들이 사용하는 비표준형의 영어변종.

**알파벳(알파벳 쓰기 (Alphabet (Alphabetic writing))).** 분리된 글자가 상이한 말소리를 나타내는 글자체계.

**양층언어현상(Diglossia).** 두 가지 다른 기능을 위해 한 언어의 상이한 두 변종을 사용하는 것.

**어족(Language family).** 하나의 조상언어에서 전래된 이유로 연관된 모든 언어를 칭함.

**언어(Language).** 모든 인간이 유전적으로 부여받은 구두로 하는 의사소통의 가능성을 보여주는 복합체. 하나의 언어는 상이한 인간사회의 구성원들이 사용하는 수천의 구두 의사소통 체계 중 어느 하나이다.

**언어결정론(Linguistic determinism).** 개인이 생각하는 방법은 그 자신들이 쓰는 말에 의해 상당히 결정되고 있다는 가설.

**언어공동체(Speech community).** 말하고 이해하는데 쓰이는 특별한 규칙 뿐만 아니라 하나의 언어변종을 공유하는 모든 이들의 모임.

**언어상대성(Linguistic relativity).** 언어들 사이의 구조적인 차이가 그 언어들의 사용자가 지닌 세계관에 반영되어 있다는 견해.

**언어이념(Language ideology; linguistic ideology).** 언어의 본성과 기능을 이해하기 위해 합리화로서 그 언어의 사용자들이 지닌 하나의 언어에 관한 믿음.

**언어인류학(Linguistic anthropology).** 언어의 생물학적이나 사회문화적 맥락 내의 언어연구.

**언어학(Linguistics).** 언어의 본성, 구조, 긴 기간 동안의 변화를 포함하는 인간의 언어의 다양한 면을 과학적으로 연구하는 학문.

**에믹(Emic).** 객관적으로 증명이 가능하고 범문화적으로 적용이 가능한 분석방법의 성격을 가르킴.

**에틱(Etic).** 객관적으로 증명이 가능하고 범문화적으로 적용이 가능한 자료에 기초한 분석접근법의 성격.

**역사언어학(Historical linguistics).** 언어나 언어들의 발달을 긴 시간 동안에 걸쳐 관여하는 언어학의 한 분야.

**영장류(Hominoids).** 영장류의 하위분류에 속하는 사라졌거나 지금 살아있는 인간이나 유인원(원숭이나 큰 긴팔원숭이 prosiamans 제외)을 포함한다.

**오스트랄로피테신(Australopithecines).** 오스트랄로피테쿠스 속(屬)의 구성원 —2~3백만 년 전에 아프리카 남동부에 번성했다 사라진 유원인—그들 중 몇 종은 인간의 조상이라고 추정되어 왔다.

**월프가설(Whorf hypothesis).** 언어들 사이에 있는 구조적 차이가 그 언어들을 사용하는 사람들의 세계관 차이로 반영된다는 가설; 언어상대성의 원리.

**유성의(Voiced).** 성대가 진동하면서 발생하는 소리의 특징.

**유형(Type, 구전민속학에서).** 독자적인 존재를 설정하고 있는 전통적 우화.

**음(Phone).** 물리적 사건으로 간주되는 가장 작은 인지가능한 말의 분절음.

**음성의(Phonetic).** 말소리의 기술(記述), 전사(轉寫), 분류와 관계있는.

**음소(Phoneme).** 한 언어의 가장 작은 변별적 소리단위 (예, 영어단어 bat, pat, fat, vat의 첫 자음은 영어의 상이한 4개의 음소이다).

**음운론(Phonology).** 한 언어의 소리체계 연구.

**의사소통(Communication).** 기호를 통해서 개개의 유기체 사이에 일어나는 정보의 교환.

**의사소통 능력(Communicative competence).** 특정한 사회문화적 맥락에서 무엇을 말하는 것이 적절하고 무엇을 말하는 것이 적절하지 않는 것을 파악하는 지식.

**인구조어(Proto-Indo-European).** 인구어족에 속하는 모든 언어들의 추정된 조상언어.

**인류(Hominids).** 영장류(Hominidae)과(科)의 구성원으로 인간의 살아있는 혹은 사라진 모든 종과 그 직계 화석조상들을 포함한다.

**인류학(Anthropology).** 과거나 현재의 인간집단의 문화적 생물학적 변이를 연구하는 학문.

**자음(Consonant).** 음성학적으로 구강이 완벽히 닫히거나 충분히 수축하여 가청(마찰)소음이 들리는 조음방법 속에 들어있는 말소리.

**정보제공자(Informant).** 한 언어(혹은 문화)의 분석을 위한 자료의 원천으로 역할을 맡은 사람, 보통 모국어사용자이고; 최근에는 종종 상담역(Consultant)이라는 용어가 대신 빈번하게 쓰이고 있다.

**준언어(Paralanguage).** 박자나 강약 같은 주변적이거나 선택적인 것으로 간주되는 구전의사소통의 자질들.

**차용어(Loanword).** 타 언어에서 빌려오고 적어도 부분적으로 빌려온 하나의 언어가 받아들인 단어.

**참여관찰(Participant observation).** 통상 상당기간 동안, 인류학 현장조사자들이 연구하는 민족의 일상 행위에 (들어가) 자신들을 침윤(immersion)시킴.

**총체적(Holistic).** 부분보다는 집적(integrated)인 전체로서 하나의 체계에 관심을 갖는.

**크레올(Creole).** 하나의 언어공동체에 제1국어가 된 피진.

**통사론(Syntax).** 전통적으로 하나의 언어에서 단어들이 문장으로 결합하는 양태; 변형문법에서 문장구조와 문장구성요소들 사이의 관계에 관한 연구.

**통시적(Diachronic).** 긴 기간 동안 일어난 언어현상을 취급하는 것으로, 즉, 그 현상들의 역사적 발달을 고려하는 것이다.

**틀(Frame).** 완벽히 이해되고 적절하게 해석이 가능하기 위해서 (상호작용, 담화 같은) 사건을 가능하게 하는 충분히 정의된 맥락이나 참고의 틀.

**표준어(Standard).** 언어공동체가 쓰는 하나의 언어에 속한 명성을 지닌 변종.

**피진(Pidgin).** 서로 의사소통을 위해 상호 이해 불가능한 언어를 사용하는 사람들이 사용하는 매우 간략한 문법구조와 제한적인 어휘를 갖춘 구어 (a spoken language).

**형태론(Morphology).** 단어의 내적구조와 형태소의 상호관계를 연구하는 학문.

**형태소(Morpheme).** 의미를 지닌 가장 적은 언어의 단위 (예, 영어단어 unspeakable에서 세 가지 형태소로 구성되어 있는데: [전통적인 철자법으로] un-, speak, -able이다).

**형태음운학(Morphophonemics).** 한 형태소의 다양한 형식(forms) 간에 음운적 차이를 연구하는 학문.

**호모사피엔스(Homo sapiens).** 네안데르탈 (Homo sapiens neanderthalensis) 같은 사라진 하위 종의 구성원들은 물론 지금이나 최근에 살았던 인간 (Homo sapiens sapiens) 모두를 포함하는 인간종.

**호모에렉투스(Homo erectus).** 근대인간의 직접조상이 되는 사라진 인간종.

**호모하빌리스(Homo habilis).** 근대인간의 직접조상으로 추정되는 최초의 인간종.

# 참고문헌

Aarne, Antti

1910 Verzeichnis der Märchentypen. FF Communications, no3. Helsinki.

Abrahams, Roger D.

1983 The man-of-words in the West Indies: performance and the emergence of creole culture. Baltimore: Johns Hopkins University Press.

Agha, Asif

1994 Honorification. In Annual Review of Anthropology, vol.23. William H. Durham and others, eds. Pp. 277-302. Palo Alto, CA: Annual Reviews.

Akmajian, Adrian, Richard A. Demers, Ann K. Farmer, and Robert M. Harnish

1995 Linguistics, an introduction to language and communication. 4th ed. Cambridge: MIT Press.

Albert, Rosita Daskal

1986 Communication and attributional differences between Hispanics and Anglo-Americans. In Interethnic communication: current research, vol. 10. Young Yun Kim, ed. Pp. 4-59. Newbury Park, CA: Sage.

American Anthropological Association

1983 Professional ethics: statements and procedures of the American Anthro-pological Association. Washington: American Anthropological Association.

American Heritage Dictionary of the English. 3rd ed.

1992 Boston: Houghton Mufflin.

Antilla, Raimo

1989 Historical and comparative linguistics. 2nd rev. ed. Philadelphia: Ben jamins.

Başgöz, İlhan

1975 The tale-singer and his audience. In Folklore: performance and communication. Dan Ben-Amos and Kenneth S. Goldstein, eds. Pp. 143-203. The Hague: Mouton.

Basso, Keith H.

1970 "To give up on words": silence in Western Apache culture. Southwestern Journal of Anthropology 26:213-230.

1974 The ethnography of writing. In Explorations in the ethnography of speaking. Richard Bauman and Joel Sherzer, eds. Pp. 425-432. London: Cambridge University Press.

1990 Western Apache language and culture: essays in linguistic anthropology. Tucson: University of Arizona Press.

Bauman, James J.

1980 A guide to issues in Indian language retention. Washington: Center for Applied Linguistics. Bauman, Richard

1984 Verbal art as performance. Prospect Heights, IL: Waveland.

1986 Story, performance, and event: contextal studies of oral narrative.Cambridge, UK: Cambridge University Press.

1992 (ed.) Folklore, cultural performances, and popular entertainments: a communications-centered handbook. New York: Oxford University Press.

Bauman, Richard, and Charles L. Briggs

1990 Poetics and performance as critical perspectives on language and social life. In Annual Review of Anthropology. vol. 19. Bernard J. Siegel and others, eds. Pp. 59-88. Palo Alto, CA: Annual Reviews. Bauman, Richard, and Joel Sherzer

1974 (eds.) Exploratons in the ethnography of speaking. London: Cambridge University Press.

1975 The ethnography of speaking. In Annual Review of Anthropology, vol 4. Bernard J. Siegel and others, eds. Pp. 95-119. Palo Alto, CA: Annual Reviews.

1989 (eds.) Explorations in the ethnography of speaking. 2nd ed. Cambridge, UK: Cambridge University Press.

Ben-Amos, Dan, and Kenneth S. Goldstein, eds.

1975 Folklore: performance and communication. The Hague: Mouton.

Berko Gleason, Jean, ed.

1989 The development of language. 2nd ed. Columbus, OH: Merril.

Berlin, Brent

1976 The concept of rank in ethnobiological classification: some evidence from Aguaruna folk botany. American Ethnologist 3:381-399.

Berlin, Brent, and Paul Kay

1969 Basic color terms: their universality and evolution. Berkeley: University of California Press.

Bernstein, Basil

1972 A sociolinguistic approach to socialization, with some reference to educability. In Directions in sociolinguistics: the ethnography of communication. John J. Gumperz and Dell Hymes, eds. Pp. 465-497. New York: Holt, Rinehart and Winston (1972) and Blackwell (1986).

Bickerton, Derek

1976 Pidgin and creole studies. In Annual Review of Anthropology, vol. 5, Bernar J. Siegel and others, eds. Pp. 169-193. Palo Alto, CA: Annual Reviews.

1981 Roots of language. Ann Arbor, MI: Karoma.

1983 Creole languages. Scientific American 249:1:116-122 (July).

1990 Language and species. Chicago: University of Chicago Press.

Birdwhistell, Ray L.

1970 Kinesics and context: essays on body motion communication. Philadel- phia: University of Pennsylvania Press.

Blocker, Dianne

1976 And how shall I address you? A study of address systems at Indiana University. Working Papers in Sociolinguistics, no. 33. Austin, TX: Southwest Educational Development Laboratory. loomfield, Leonard

1933 Language. New York: Holt.

1946 Algonquian. In Linguistic structures of Native America. Cornelius Osgood, ed. Viking fund Publications in Anthropology, no. 6, pp. 85-129. New York: Viking Fund.

Boas, Franz

1891 Dissemination of tales among the natives of North America. Journal of American Folk-Lore 4:13-20.

1911 (ed.) Handbook of American Indian languages, part 1. Bureau of American Ethnology, bulletin 40. Washington: government Printing Office.

1922 (ed.) Handbook of American Indian languages, part 2. Bureau of American Ethnology, bulletin 40. Washington: Government Printing Office.

1933-1938 (ed.) Handbook of American Indian languages, part 3. New York: Augustin.

1940 Metaphorical expression in the language of the Kwakiutl Indians. In Race, language and culture by Franz Boas. Pp. 232-239. New York: Macmillan.

Bolinger, Dwight

1968 Aspects of language. New York: Harcourt, Brace and World.

Bright, Michael

1984 Animal language. Ithaca, NY: Cornell University Press.

Bright, William

1960 Animals of acculturation in the California Indian languages. University of California Publications in Linguistics, vol 4, no. 4, pp. 215-246. Berkeley: University of California Press.

1992 (ed.) International encyclopedia of linguistics. 4 vols. New York: Oxford University Press.

Brown, Penelope, and Stephen C. Levinson

1987 Politeness: some universals in language usage. Cambridge, UK: Cambridge University Press.

Brown, Roger, and Marguerite Ford

1961 Address in American English. Journal of Abnormal and Social Psychology 62:375-385. Burling, Robbins

1973 English in black and white. New York: Holt, Rinehart and Winston.

1984 (reissued with changes in 2000) Learning a field language. Prospect Heights: IL: Waveland Press.

1992 Review of Derek Bickerton: Language and species. Journal of Linguistic Anthropology 2:81-91.

Cameron, Deborah, ed.

1990 The feminist critique of language: a reader. New York: Routledge.

Cameron, Deborah, Fiona McAlinden, and Kathy O'Leary

1988 Lakoff in context: the social and linguistic functions of tag questions. In Women in their speech communities: new perspectives on language and sex. Jennifer Caots and Deborah Cameron, eds. Pp. 74-93. New York: Longman.

Campbell, Bernard G., ed.

1979 Humankind emerging. 2nd ed. Boston: Little, Brown.

Campbell, Lyle

1988 Review of Joseph H. Greenberg in the Americas. Language 64:591-615.

Carbaugh, Donal, ed.

1990 Cultural communication and intercultural contact. Hillsdale, NJ: Erlbaum.

Carrington, John F.

1971 The talking drums of Africa. Scientific American 225:90-94 (December).

Carrol, John B.

1963 Linguistic relativity, contrastive linguistics, and language learning. International Review of Applied Linguistics in Language Teaching 1:1- 20.

Carrol, John B., and Joseph B. Casagrande

1958 The function of language classifications in behavior. In Readings in social psychology. 3rd ed. Eleanor E. Maccobly, Theodore M. Newcomb, and Eugene L. Hartley, eds. Pp. 18-31. New York: Holt, Rinehart and Winston.

Cassidy, Frederic G., ed.

1985 Dictionary of American regional English, vol 1: Introduction and AC. Cambridge, MA: Belknap. Chafe, Wallace and Deborah Tannen

1987 The relation between written and spoken language. In Annual Review of Anthropology, vol. 16. Bernard J. Siegel and others, eds. Pp. 383-407. Palo Alto, CA: Annual Reviews.

Chomsky, Noam

1957 Syntactic structures. The Hague: Mouton.

1959 Review of B.F.Skinner: Verbal behavior. Language 35:26-58.

1965 Aspects of the theory of syntax. Cambridge, MA: MIT Press.

1968 Language and the mind. Psychology Today 1:9:48, 50-51, 66-68.

1972 Language and mind. Enl. ed. New York: Harcourt Brace Jovanovich.

1986 Knowledge of language: its nature, origin, and the use. New York: Praguer.

Chomsky, Noam, and Morris Halle

1968 The sound pattern of English. New York: Harper and Row.

Classe, André

1957 The whistled language of La Gomera. Scientific American 196:4: 111-112, 114-118, 120 (April).

Coates, Jennifer

1986 Women, men and language: a sociolinguistic account of sex differences in language. New York: Longman.

Coates, Jennifer, and Deborah Cameron, eds.

1988 Women in their speech communities: new perspectives on language and sex. New York: Longman.

Condillac, Étienne Bonnot de

1947 Oeuvres philosophiques de Condillac. Georges Le Roy, ed. Paris: Presses Universitaires de France.

Conklin, Harold C.

1959 Linguistic play in its cultural context. Language 35:631-636.

Cowan, George M.

1948 Mazateco whistle speech. Language 24:280-286.

Cowan, William, and Jaromira Raku an

1998 Source book for linguistics. 3d ed. Amsterdam: John Benjamins.

Crystal, David

1974 Paralinguistics. In Current trends in linguistics, vol. 12: Linguistics and adjacent arts and sciences. Thomas A. Seobeok, ed. Pp. 265-295. The Hague: Mouton.

1981 Directions in applied linguistics. New York: Academic Press.

1991a The Cambridge encyclopedia of language. Cambridge, UK: Cambridge University Press.

1991b A dictionary of linguistics and phonetics. 3rd ed. Oxford: Blackwell.

2000 Language death. Cambridge, UK: Cambridge University Press.

Darnell, Regna

1992 Anthropological linguistics: early history in North America. In International encyclopedia of linguistics, vol. 1. William Bright, ed. Pp. 69-71. New York: Oxford University Press.

Deetz, James

1967 Invitation to archaeology. Garden City, NY: Natural History Press.

de Grolier, Eric, ed.

1983 Glosogenetics: the origin and evolution of language. Chur, Switzerland: Harwood Academic.

de Laguna, Frederica, ed.

1960 Selected papers from the American Anthropologist, 1888-1920. Evanston, IL: Row, Peterson.

Dillard, J.L.

1972 Black English: its history and usage in the United States. New York: Random House.

Diringer, David

1968 The alphabet: a key to the history and usage of mankind. 3rd rev. ed. 2 vols. New York: Funk and Wagnalls.

Dorian, Nancy C.

1993 A response to Ladefoged's other view of endangered languages. Language 69:575-579.

Dorsey, George A., and Alfred L. Kroeber, comps.

1903 Traditions of the Arapaho. Field Columbian Museum Publications, vol 81, Anthropological Series, vol. 5. Chicago: Field Columbian Museum.

Dundes, Alan

1962 From etic to emic units in the structural study of folktales. Journal of American Folklore 75:95-105.

1963 Structural typlology in North American Indian folktales. Southwestern Journal of Anthropology 19:121-129.

1964 The morphology of North American Indian folktales. FF Communicatons, no. 195. Helsinki.

1965 (ed.) The study of folklore. Englewood Cliffs, NJ: Prentice-Hall.

1984 (ed.) Sacred narrative: readings in the theory of myth. Berkeley: University of California Press.

Duranti, Allesandro

1988 Ehtnography of speaking: toward a linguistics of the praxis. In Linguisitcs: the Cambridge survey, vol. 4: Language: the socio-cultural context. Frederic J. Newmeyer, ed. Pp.210-228. Cambridge, UK: Cambridge University Press.

1999 (ed.) Language matters in anthropology: a lexicon for the millenium. Journal of Linguistic Anthropology 9:1-276.

2001Linguistic Anthropology: a reader. Oxford: Blackwell.

Eastman, Carol M.

1983 Language planning: an introduction. San Francisco: Chandler and Sharp.

Echeverría, Max S., and Heles Contrera

1965 Araucanian phonemics. International Journal of American Linguistics 31:132-135.

Eckert, Penelope, and Sally McConnell-Ginet

1992 Think practically and look locally: language and gender as community-based practice. In Annual Review of Anthropology, vol. 21. Bernard J. Siegel and others, eds. Pp. 461-490. Palo Alto, CA: Annual Reviews.

Edwards, John, ed.

1998 Language in Canada. Cambridge, UK: Cambridge University Press.

Ehret, Christopher

1982 Linguistic inferences about early Bantu history. In The archaeological and linguistic reconstructions of African history. Christopher Ehret and Merrick Posnansky, eds. Pp. 57-65. Berkeley: University of California Press.

Errinton, J. Joseph

1988 Structure and style in Javanese: a semiotic view of linguistic etiquette. Philadelphia: University of Pennsylvania Press.

Ervin-Tripp, Susan M.

1969 Sociolinguistics. In Advances in experimental social psychology, vol. 4. Leonard Berkovitz, ed. Pp. 91 -165. New York: Academic Press.

Falk, Dean

1984 The petrified brain. Natural History 93:9:36, 38-39.

Fasold, Ralph W.

1984 Introduction to sociolinguistics, vol. 1: The sociolinguistics of society. New York: Blackwell.

1990 Introduction to sociolinguistics, vol. 2: The sociolinguistics of language Cambridge, MA: Blackwell.

Ferguson, Charles A.

1959 Diglossia. Word 15:325-340.

1976 The structure and use of politeness formulas. Language in Society 5:137-151.

Fickett, Joan G.

1972 Tense and aspect in Black English. Journal of English Linguistics 6:17-19.

Fields, Cheryl D.

1997 Ebonics 101: What have we learned? Black Issues in Higher Education 13:24:18-21, 24-26 (January 23, 1997)

Fischer, John L.

1958 Social influences on the choice of a linguistic variant. Word 14:47-56.

Fishman, Joshua A.

1960 A systematization of the Whorfian hypothesis. Behavioral Science 5:323-339.

Fouts, Roger S., and Deborah H. Fouts

1989 Loulis in conversation with cross-fostered chimpanzees. In Teaching sigh language to chimpanzees. R. Allen Gardner, Beatrix T. Gardner, and Thomas E. Van Cantford, eds. Pp. 293-307. New York: State University of New York Press.

Fouts, Rogers S., Deborah H. Fouts, and Thomas E. Van Cantford

1989 The infant Loulis learns signs from cross-fostered chimpanzees. In Teaching sign language to chimpanzees. R. Allen Gardener, Beatrix T. Gardner, and Thomas E. Van Cantford, eds. Pp. 280-292. New York: State University of New York Press.

Frake, Charles O.

1961 The diagnosis of disease among the Subanun of Mindanao. American Anthropologist 63:113-132.

1964 How to ask for a drink in Subanun. American Anthropologist 66:6(part 2):127-132.

1979 Struck by speech: the Yakan concept of litigation. In Law in culture and society. Laura Nader, ed. Pp. 147-167. Chicago: Aldine.

Frank, Francine, and Frank Anshen

1983 Language and the sexes. Albany: State University of New York Press.

Frisch, Karl von

1967 The dance language and orientation of bees. C. E. Chadwick, trans. Cambridge, MA: Belknap.

Geertz, Clifford

1960 The religion of Java. Glencoe, IL: Free Press.

Georges, Robert A.

1969 Toward an understanding of storytelling events. Journal of American Folklore 82:313-328.

Giglioli, Pier Paolo, ed.

1972 Language and social context: selected readings. Baltimore: Penguin Books.

Gleason, H. A., Jr.

1961 An introduction to descriptive linguistics. Rev. ed. New York: Holt, Rinehart and Winston.

Goodall, Jane

1986 The chimpanzees of Gombe: patterns of behavior. Cambridge, MA: Belknap.

Goodenough, Wand H.

1957 Cultural anthropology and linguistics. In Report of the Seventh Annual Round Table Meeting on Linguistics and Language Study. Monograph Series on Languages and Linguistics, no. 9, pp. 167-173. Washington: Georgetown University Press.

1964 Cultural anthropology and linguistics. In Language in culture and society: a reader in linguistics and anthropology. Dell Hymes, ed. Pp. 36-39. New York: Harper and Row.

Goody, Jack

1987 The interface between the written and the oral. Cambridge, UK: Cambridge University Press.

Greenberg, Joseph H.

1960 The general classification of Central and South American languages. In Men and cultures: selected papers of the Fifth International Congress of Anthropological and Ethnological Sciences. Anthony F. C. Wallace, ed. Pp. 791-794. Philadelphia: University of Pennsylvania Press.

1987 Language in the Americas. Stanford, CA: Stanford University Press.

Greymorning, Stephen

2001 Reflections on the Arapaho language project, or when Bambi spoke Arpaho and other tales of Arpaho language revitalization efforts. In The green book of language revitalization in practice. Leanne Hinton and Ken Hale, eds. Pp. 287-297. San Diege, CA: Academic Press.

Grosjean, François

1982 Life with tow languages. Cambridge: Harvard University Press.

Gumperz, John J.

1964 Linguistic and social interaction in two communities. American Anthropologist 66:6(part 2):137-153.

1982 Fact and inference in courtroom testimony. In language and social identity. John J. Gumperz, ed. Pp. 163-195. Cambridge, UK: Cambridge University Press.

Gumperz, John J., and Dell Hymes, eds.

1964 The ethnography of communication. American Anthropologist 66:6(part 2):1-186 (special publication).

1972 Directions in sociolinguistics: the ethnography of communication. New York: Holt, Rinehart and Winston (1972) and Blackwell (rev. ed., 1986).

Gumperz, Hohn J., and Stephen C. Levinson, eds.

1996 Rethinking linguistic relativity. Cambridge, UK: Cambridge University Press.

Gumperz, John J., and Robert Wilson

1971 Convergence and creolization: a case from the Indo-Aryan/Dravidian border in India. In Pidginization and creolization of languages. Dell Hymes, ed. Pp. 151-167. Cambridge, UK: Cambridge University Press.

Haas, Mary R.

[1941] Tunica. In Handbook of American Indian languages, part 4, pp 1-143. New York: Augustin.

1944 Men's and women'speech in Koasati. Language 20:142-149.

Hage, Per

1972 Münchner beer categories. In Culture and cognition: rules, maps, and plans. James P. Spradley, ed. Pp. 263-278. San Francisco: Chandler.

Hager, John W.

1959 Let's simplify legal language. Rocky Moutain Law Review 32:74-86.

Hale, Kenneth

1974 Some questions about anthropological linguistics: the role of native knowldege. In Reinventing anthropology. Dell Hymes, ed. Pp. 382-397. New York: Random House.

Hale, Ken, and others

1992 Endangered languages. Language 68:1-42.

Hall, Edward T.

1959 The silent language. Garden City, NY: Doubleday.

1966 The hidden dimension. Garden City, NY: Doubleday.

1968 Proxemics. Current Anthropology 9:83-108.

Hall, Robert A., Jr.

1959 Pidgin languages. Scientific American 200:2:124-132, 134 (February).

Halle, Morris

1980 The rules of language. Technology Review 82:54-62(June-July).

Hollowell, A. Irving

1960 The beginnings of anthropology in America. In Selected papers from the American Anthropologist, 1888-1920. Fredrica de Laguna, ed. Pp. 1-90. Evanston, IL: Row, Peterson.

Hammer, E. A., ed.

1965 Formal semantic analysis. American Anthropologist 67:5(part 2) (special publication)

Hammond, George P., and Agapito Rey, eds.

1940 Narratives of the Coronado expedition, 1540-1542. Coronado Cuarto Centennial Publications, 1540 -1940, vol. 2. Albuquerque: University of New Mexico Press.

Harnad, Stevan R., Horst D. Steklis, and Jane Lancaster, eds.

1976 Origins and evolution of language and speech. Annals of the New York Academy of Sciences, vol. 280 New York: New York Academy of Sciences.

Harris, Marvin

1979 Cultural materialism: the struggle for a science of culture. New York: Random House.

1989 Our kind: who we are, where we came from, where we are going. New York: Harper and Row.

1990 Emics and etic revisited. In Emics and etics: the insider/outsider debate. Thomas N. Headland, Kenneth L. Pike, and Marvin Harris, eds. Pp. 48-61. Newbury Park, CA: Sage.

Hayes, Alfred S.

1954 Field procedures while working with Diegueño. International Journal of American Linguistics 20:185-194.

Headland, Thomas N., Kenneth L. Pike, and Marvin Harris, eds.

1990 Emics and etics: the insider/outsider debate. Newbury Park, CA: Sage.

Heath, Jeffrey

1985 Discourse in the field: clause structure In Ngandi. In Grammar inside and outside the clause: some approaches to theory form the field. Johanna Nichols and Anthony C. Woodbury, eds. Pp. 89-110. Cambridge, UK: Cambridge University Press.

Heath, Shirley Brice

1984 Linguistics and education. In Annual Review of Anthropology, vol. 13. Bernard J. Siegel and others, eds. Pp. 251-274. Palo Alto, CA: Annual Reviews.

Herder, Johann Gottfried von

1772 Abhandlung über den Ursprung der Sprache. Berlin: C.F. Voss.

1966 On the origin of language. John H. Moran, ed. and trans. New York: Ungar.

Herzog, George

1945 Drum-signaling in a West African tribe. Word 1:217-238.

Hewes, Gordon W.

1973 Primate communication and the gestural origin of language. Current Anthropology 14:5-24 [with comments by others and Hewes's reply].

1975 (comp.) Language origins: a bibliography. 2nd rev. and enl. ed. The Hague: Mouton.

Hickerson, Harold, Glen D. Turner, and Nancy P. Hickerson

1952 Testing procedures for estimating transfer of information among Iroquios dialects and languages. International Journal of American Linguistics 18:1-8.

Hilger, Sister M. Inez

1957 Araucanian child life and its cultural background. Smithsonian Miscellaneous Collections, vol.133. Washington: Smithsonian Institution.

Hill, Jane H

1978 Apes and language. In Annual Review of Anthropology, vol. 7. Bernard J. Siegel and others, eds. Pp. 89-112. Palo Alto, CA: Annual Reviews.

Hill, Jane, and Bruce Mannheim

1992 Language and world view. In Annual Review of Anthropology. vol. 21. Bernard J. Siegel and others, eds. Pp. 381-406. Palo Alto, CA: Annual Reviews.

Hill, W. W.

1936 Navaho warfare. Yale University Publications in Anthropology, vol. 5. New Haven, CT: Yale University Press.

Hinnebusch, Thomas J.

1979 Swahili. In Languages and their status. Timothy Shopen, ed. Pp. 209-293. Cambridge, MA: Winthrop.

Hockett, Charles F.

1958 A course in modern linguistics. New York: Macmillan.

1960 The origin of speech. Scientific American 203:3:88-96 (September).

1973 Man's place in nature. New York: McGraw-Hill.

1977 The view from language: selected essays, 1948-1974. Athens: University of Georgia Press.

1978 In search of Jove's brow. American Speech 53:243-313.

Hockett, Charles F., and Stuart A. Altmann

1968 A note on design features. In Animal communication: techniques of study and results of research. Thomas A. Sebeok, ed. Pp. 61-72. Bloomington: Indiana University Press.

Hockett, Charles F., and Robert Ascher

1964 The human revolution. Current Anthropology 5:135-168 [with comments by Tohers and the authors' reply].

Hogan, Helen Marie

n.d. An ethnography of communication among the Ashanti. Penn-Texas Working Papers in Sociolinguistics, no. 1. [Austin].

Hoijer, Harry

1954 (ed.) Language in culture: proceedings of a conference on the interrelations of languages and other aspects of culture. American Anthropological Association Memoir, no. 79. Menasha, American Anthropological Association.

1956 Lexicostatistics: a critique. Language 32:49-60.

Holm, John A.

1988 Pidgins and creoles, vol. 1: Theory and structure. Cambridge, UK: Cambridge University Press.

Householder, Fred W., Jr.

1952 Review of Zellig S. Harris: Methods in structural linguistics. International Journal of American Linguistics 18:260-268.

Hudson, Richard A.

1980 Sociolinguistics. Cambridge, UK: Cambridge University Press.

1984 Invitation to linguistics. Oxford: Blackwell.

Humbolt, Wilhelm von

1907 Wilhelm von Humboldts Werke, vol. 7. Albert Leitzmann, ed. Berlin: Behrs Verlag.

Hymes, Dell H

1958 Linguistic features peculiar to Chinookan myths. International Journal of American Linguistics 24:253-257.

1961 Functions of speech: an evolutionary approach. In Anthropology and education. Frederick C. Gruber, ed. Pp. 55-83. Philadelphia: University of Pennsylvania Press.

1962 The ethnography of speaking. In Anthropology and human behavior. Thomas Gladwin and William C. Sturtevant, eds. Pp. 13-53. Washing -ton: Anthropological Society of Washington.

1964 (ed.) Language in culture and society: a reader in linguistics and anthropology. New York: Harper and Row.

1966 Two types of linguistic relativity (with examples from Amerindian ethnography). In Sociolinguistics.

William Bright, ed. Pp. 114-167. The Hague: Mouton.

1968 Linguistic problems in defining the concept of "tribe." In Essays on the problem of tribe. Proceedings of the 1967 Annual Spring Meeting of the American Ethnological Society. June Helm, ed. Pp. 23-48. Seattle: University of Washington Press.

1971 (ed.) Pidginization and creolization of languages. Cambridge, UK: Cambridge University Press.

1972 Models of the interaction of language and social life. In Directions in sociolinguistics: the ethnography of communication. John J. Gumperz and Dell Hymes, eds. Pp. 35-71. New York: Holt, Rinehart and Winston.

1974 Foundations in sociolinguistics: an ethnographic approach. Philadelphia: University of pennsylvania Press.

1981 "In vain I tried to tell you." Essays in Native American ethnopoetics. Philadelphia: University of Pennsylvania Press.

1983 Essays in the history of linguistic anthropology. Amsterdam Studies in the Theory and History of Linguistic Science, vol. 25. Amsterdam and Philadelphia: Benjamins.

Inoue, Kyoko

1979 Japanese: a story of language and people. In Languages and their speakers. Timothy Shopen, ed. Pp. 241-300. Cambridge, MA: Winthrop.

Irvine, Judith T.

1974 Strategies of status manipulation in the Wolof greeting. In Explorations in the ethnography of speaking. Richard Bauman and Joel Sherzer, eds. Pp. 167-191. London: Cambridge University Press.

Jakobson, Roman

1968 Child language, aphasia and phonological universals. Allan R. Keiler, trans. The Hague: Mouton. Jeffers, Robert J., and Ilse Lehiste

1979 Principles and methods for historical linguistics. Cambridge, MA: MIT Press.

Jefferson, Thomas

1944 The life and selected writings of Thomas Jefferson. Adrienne Koch and William Peden, eds. New York: Random House.

Joos, Martin

1962 The five clocks. Indiana University Research Center in Anthropology, Folklore, and Linguistics Publications, no. 22. Bloomingon.

Jourdan, C.

1991 Pidgins and creoles; the blurring of categories. In Annual Review of Anthropology, vol. 20. Bernard J. Siegel and others, eds. Pp. 187-209. Palo-Alto, CA: Annual Reviews.

Kaiser, Mark, and V. Shevoroshkin

1988 Nostratic. In Annual Review of Anthropology, vol. 17. Bernard J. Siegel and others, eds. Pp. 309-329. Palo-Alto, CA: Annual Reviews.

Kendon, Adam

1997 Gesture, In Annual Review of Anthropology, vol. 26. William H. Durham and others, eds. Pp. 109-128. palo Alto, CA: Annual Reviews.

Kennedy, Chris, Ed.

1983 Language planning an language education. London: Allen and Unwin.

Key, Mary Ritchie

1977 Nonverbal communication: a research guide and bibliography. Metuchen, NJ: Scarecrow Press.

Khubchabndani, Lachman M.

1983 Plural languages, plural cultures: communication, identity, and sociopolitical change in contemporary India. Honolulu: University of Hawaii Press.

Kimball, Geoffrey

1987 Men's and women's speech in Koasati: a reappraisal. International Journal of American Linguistics 53:30-38.

King, Linda

1994 Roots of identity: language and literacy in Mexico. Stanford: Stanford University Press.

Kiparsky, Paul

1976 Historical linguistics and the origin of language. In Annals of the New York Academy of Sciences, vol 280: Origins and evolution of language and speech. Stevan R. Harnad, Horst D. Steklis, and Jane Lancaster, eds. Pp.97-103. New York: New York Academy of Sciences.

Kirshenblatt-Gimblett, Barbara, ed.

1976 Speech play: research and resources for studying linguistic creativity. Philadelphia: University of Pennsylvania Press.

Klima, Edward S., and Ursula Bellugi

1979 The signs of language. Cambridge, MA: Harvard University Press.

Kluckhohn, Clyde

1962 The Navaho. Rev. ed. Garden City, NY, and New York: American Museum of Natural History and Doubleday.

Kluckhohn, Clyde, and Dorothea Leighton

1962 The Navaho. Rev. ed. Garden City, NY, and New York: American Museum of Natural History and Douhleday.

Kramarae, Cheris

1981 Women and men speaking: frameworks for analysis. Rowley, MA: Newbury House.

Kramer, Cheris

1975 Sex-related differences in address systems. Anthropological Linguistics 17:198-210.

Krauss, Michael

1992 The world's languages in crisis. Language 68:4-10.

Kulick, Don

1998 Anger, gender, language shift, and the politics of revelation in a Papua New Guinean village. In Language ideologies: practice and theory. Bambi B. schieffelin, Kathry a. Woolard, and Paul V. Kroskrity, eds. Pp. 87-102. New York: Oxford University Press.

Labov, William

1963 The social motivation of a sound change. Word 19:273-309.

1966 The social stratification of English in New York City. Washington: Center for Applied Linguistics.

1970 The logic of nonstandard English. In Report of the Twentieth Annual Round Table Meeting on Linguistics, no. 22, pp. 1-43. Washington: Georgetown University Press.

1972 Sociolinguistic patterns. Philadelphia: University of Pennsylvania Press.

1981 Field methods of the project on linguistic change and variation. Working Papers in Sociolinguistics, no. 81. Austin, TX: southwest Educational Development Laboratory.

1982 Objectivity and commitment in linguistic science: the case of the Black English trial in Ann Arbor. Language in Society 11: 165-201.

Ladefoged, Peter

1982 A course in phonetics. 2nd ed. New York: Harcourt Brace Jovanovich.

1992 Another view of endangered languages. Language 68:809-811.

Laitman, Jeffrey T.

1984 The anatomy of human speech. Natural History 93:8:20,22-24,26-27.

Lakoff, Robin

1975 Language and woman's place. New York: Harper and Row.

Langacker, Ronald W.

1972 Fundamentals of linguistic analysis. New York: Harcourt Brace Jovanovich.

1973 Language and its structure: some fundamental linguistic concepts. 2nd ed. New York: Harcourt Brace Jovanovich.

Lass, Roger

1984 Phonology: an introduction to basic concepts. Cambridge, UK: Cambridge University Press.

Law, Howard W.

1958 Morphological structure of Isthmus Nahuat. International Journal of American Linguistics 24:108-129.

Leach, E. R.

1954 Political systems of highland Burma: a study of Kachin social structure. London: London School of

Economics and Political Science.

Leap, William L.

1981 American Indian language maintenance. In Annual Review of Anthropology, vol.10. Bernard J. Siegel and others, eds. Pp. 209-236. Palo Alto, CA: Annual Reviews.

Lehmann, Winfred P.

1983 Language: an introduction. New York: Random House.

Lenneberg, Eric H.

1953 Cognition in ethnolinguistics. Language 29:463-471.

1967 Biological foundations of language. New York: Wiley.

Levinson, Stephen C.

1996 Language and space. In Annual Review of Anthropology, vol. 25. William H. Durham and others, eds. Pp. 353-382. Palo Alto, CA: Annual Reviews.

Lévi-Strauss, Claude

1955 The structural study of myth. Journal of American Folklore 68:428-444.

1963 Structural anthropology. Claire Jacobson and Brooke Grundfest Schoepf trans. New York: Basic Books.

1976 Structural anthropology, vol. 2. Monique Layton, trans. New York: Basic Books.

1983a Introduction to a science of mythology, vol. 1: The raw and the cooked. John Weightman and Doreen Weightman, tans. Chicago: University of Chicago Press.

1983b Introduction to a science of mythology, vol. 2: From honey to ashes. John Weightman and Doreen Weightman, trans. Chicago: University of Chicago press.

1990a Introduction to a science of mythology, vol. 3: The origin of table manners. Weighman and Doreen Weightman, trans. Chicago: University of Chicago press.

1990b Introduction to a science of mythology, vol. 4: The naked man. John Weighman and Doreen Weightman, trans. Chicago: University of Chicago press.

Lieberman, Philip

1984 The biology and evolution of language. Cambridge: Harvard University Press.

Loftus, Elizabeth F., and John C. Palmer

1974 Reconstruction of automobile destruction: an example of the interaction between language and memory. Journal of Verbal Learning and Verbal Behavior 13:585-589

Lucy, John A.

1992 Grammatical categories and cognition: a case study of the linguistic relativity hypothesis. Cambridge, UK: Cambridge University Press.

1997 Linguistic relativity. In Annual Review of Anthropology, vol. 26. William H. Druham and others, eds. Pp. 291-312. Palo Alto, CA: Annual Reviews.

Lyons, John A.

1978 Noam Chomsky. Rev. ed. New York: Penguin Books.

1995 Linguistic semantics: an introduction. Cambridge, UK: Cambridge University Press.

Maddieson, Jan

1984 Patterns of sounds. Cambridge, UK: Cambridge University Press.

Malinowski, Bronislaw

1915 The natives of Mailu: preliminary results of the Robert Mond research work in British New Guinea. Transactions and Proceedings of the Royal Society of South Australia 39:494-706. Adelaide.

1922 Argonauts of the western Pacific: an account of native enterprise and adventure in the archipelagoes of Melanesian New Guinea. London: Routledge and Kegan Paul.

1926 Myth in primitive psychology. New York: Norton.

McConnell-Ginet, Sally

1988 Language and gender. In Linguistics: the Cambridge survey, vol. 4: Language: the socio-cultural context. Frederick J. Newmeyer, ed. Pp. 75-99. Cambridge: Cambridge University Press.

Menyuk, Paula

1988 Language development: knowledge and use. Glenview, IL: Scott, Foresman.

Merrifield, William R. and others

1967 Laboratory manual for morphology and syntax. Rev. ed. Santa Ana, CA: Summer Institute of Linguistics.

Milroy, Lesley, and Sue Margrain

1980 Vernacular language loyalty and social network. Language in Society 9:43-70.

Montagu, Ashley

1976 Toolmaking, hunting, and the origin of language. In Annual of the New York Academy of Sciences, vol. 280: Origins and evolution of language and speech. Stevan R. Harnard, Horst D, Steklis, and Jane Lancaster eds. Pp. 266-274. New York Academy of Sciences.

Morgan, Marcyliena

1994 Theories and politics in African American English. In Annual Review of Anthropology, vol. 23. William H. Durham and others, eds. Pp. 325-345. Palo Alto, CA: Annual Reviews.

Mühlhäusler, Peter

1986 Pidgin and creole linguistics. Oxford: Blackwell.

1987 The history of research into Tok Pisin, 1900-1975. In Pidgin and creole languages: essays in memory of John E. Reinecke. Glenn G. Gilbert, ed. Pp. 177-209. Honolulu: University of Hawaii Press.

Newman, Stanley

1955 Vocabulary levels: Zuñi sacred and slang usage. Southwestern Journal of Anthropology 11:345-354.

Niyekawa-Howard, Agnes M.

1968 A psychololinguistic study of the Whorfian hypothesis based on the Japanese passive. Paper presented at the Thirteenth Annual National Conference on Linguistics, New York.

O'Barr, William M.

1981 The language of the law. In Language in the USA. Charles A. Ferguson and Shirley Brice Heath, eds. Pp. 386-406. Cambridge, UK: Cambridge University Press.

O'Barr, William M., and John M. Conley

1996 When a juror watches a lawyer. In Talking about people: readings in contemporary cultural anthropology. 2nd ed. William A. Haviland and Robert J. Gordon, eds. Pp.42-45. Mountain View, CA: Mayfield Publishing Company.

Oches, Elinor, and Bambi B. Schieffelin

1982 Language acquisition and socialization: three developmental stories and their implications. Working Papers in Sociolinguistics, no. 105. Austin, TX: Southwest Educational Laboratory.

Ọlajubu, Oludare

1978 Yoruba verbal artists and their work. Journal of American Folklore 91:675-690.

Parker, Frank

1986 Linguistics for non-linguists. Boston: Little, Brown.

Peñalosa, Fernando

1981 Introduction to the sociology of language. Rowley, MA: Newbury House.

Philips, Susan U.

1980 Sex differences and language. In Annual Review of Anthropology, vol. 9. Bernard J. Siegel and others, eds. Pp. 523-544. Palo Alto, CA: Annual Reveiws.

Philips, Susan U., Susan Steele, and Christine Tanz, eds.

1987 Language, gender, and sex in comparative perspective. Studies in the Social and Cultural Foundations of Language, no. 4. Cambridge: Cambridge University Press.

Philipsen, Gerry, and Donal Carbaugh

1986 A bibliography of fieldwork in the ethnography of communication. Language in Society 15:387-397.

Pike, Kenneth L.

1954 Language in relation to a unified theory of the structure of human behavior. Glendale, CA: Summer Institute of Linguistics.

1967 Language in relation to a unified theory of structure of human behavior. 2nd rev. ed. The Hague: Mouton.

Pike, Kenneth L., and Eunice Victoria Pike

1947 Immediate constituents of Mazateco syllables. International Journal of American Linguistics 13:78-91.

Pinker, Steven

1992 Review of Derek Bickerton: Language and species. Language 68:375-382.

Pi-Sunyer, Oriol, and Zdenek Salzmann

1978 Humanity and culture: an introduction to anthropology. Boston: Houghton Mifflin.

Plato

1961 The collected dialogues of Plato including the letters. Edith Hamilton and Huntingon Cairns, eds. princeton, NJ: Princeton University Press.

Postal, Paul M.

1969 Mohawk vowel doubling, International Journal of American Linguistics 35:291-298.

Powell, John Wesley

1883 Second annual report of the Bureau of Ethnology to the Secretary of the Smithsonian Institution, 1880-81. Washington: Government Printing Office.

Premack, Ann James, and David Premack

1972 Teaching language to an ape. Scientific American 227:4:92-99 (October). President's Commision on Foreign Language and International Studies

1979 Strength through wisdom: a critique of U.S. capability. Washington: U.S. Department of Health, Education, and Welfare/Office of Education.

Pride J. B., and Jane Holmes, eds.

1972 Sociolinguistics: selected readings. New York: Penguin Books.

Propp, Vladimir

1958 Morphology of the folktale. Laurence Scott, trans. Indiana University Research Center in Anthropology, Folklore, and Linguistics Publications, no. 10. Bloomington. [The original was published in 1928.]

Roitblat, Herbert L., Louis M. Herman, and Paul E. Nachtigall, eds.

1992 Language and communication: comparative perspectives. Hillsdale, NJ: Erlbaum.

Romaine, Suzanne

1988 Pidgin and creole languages. New York: Longman.

Ronmey, A. Kimball, and Roy Goodwin D'Andrade, eds.

1964 Transcultural studies in cognition. American Anthropologist 66:3 (part2) (special publication).

Rosaldo, Michelle

1973 I have nothing to hide: the language of Ilongot oratory. Language in Society 2:193-223.

Roth, Walter E.

1987 Ethnological studies among the north-west-central Queensland aborigines. Brisbane: Edmund Gregory.

Salus, Peter H., ed.

1969 On language: Plato to von Humboldt. New York: Holt, Rinehart and Winston.

Salzmann, Zdenek

1950 An Arapaho version of the Star Husband tale. Hoosier Folklore 9:50-58.

1956a Arapaho II: texts. International Journal of American Linguistics 22:151-158.

1956b Arapaho III: additional texts. International Journal of American Linguistics 22:266-272.

1959 Arapaho kinship terms and two related ethnolinguistic observations. Anthropological Linguistics 1:9:6-10.

1983 Dictionary of contemporary Arapaho usage. Arapaho Language and Culture Instructional materials Series, no. 4. Wind River Reservation, WY: Arapaho Language and Culture Commission.

Salzmnn, Zdenek, and Joy Salzmann

1952 Arapaho tales II: Midwest Folklore 2:21-42.

Samarin, William J.

1967 Field linguistics: a guide to linguistic filed work. New York: Holt, Rinehart and Winston.

Samovar, Larry A., and Richard E. Porter, eds.

1991 Intercultural communication: a reader. 6th ed. Belmont, CA: Wadsworth.

Sapir, Edward

1916 Time perspective in aboriginal American culture: a study in method. Canada, Department of Mines, Geological Survey, memoir 90; Anthropological Series, no 13. Ottawa: Government Printing Bureau.

1921 Language: an introduction to the study of speech. New York: Harcourt, Brace.

1922 The Takelma language of southwestern Oregon. In Handbook of American Indian languages, part 1. Franz Boas, ed. Pp. 1-296. Washington: Government printing Office.

1929 The status of linguistics as a science. Language 5:207-214.

1949 Selected writings of Edward Sapir in language, culture, and personality. David G. Mandelbaum, ed. Berkeley: University of California Press.

Savage-Rumbaugh, E. Sue

1984 Pan paniscus and Pan troglodytes: contrasts in preverbal communicative competence. In The pygmy chimpanzee: evolutionary biology and behavior. Randall L. Susman, ed. Pp. 395-413. New York: Plenum press.

1986 Ape language: from conditioned response to symbol. New York: Columbia University Press.

Saville-Troike, Muriel

1982 The ethnography of communication: an introduction. Baltimore: University Park Press.

1989 The ethnography of communication: an introduction. 2nd ed. Oxford: Blackwell.

Schieffelin, Bambi B.

1990 The give and take of everyday life: language socialization of Kaululi children. New York: Cambridge University Press.

Schieffelin, Bambi B., and Elinor Ochs

1986 Language socialization. In Annual Review of Anthropology, vol. 15. Bernard J. Siegel and others, eds. Pp. 163-191. Palo Alto, CA: Annual Reviews.

Schieffelin, Bambi B., Kathryn A. Woolard, and Paul v. Kroskrity, eds.

1998 Language ideologies: practice and theory. New York: Oxford University Press.

Schoolcraft, Henry R.

1851 Historical and statistical information respecting the history, condition and prospects of the Indian tribes of the United States, part 1. Philadelphia: Lippincott, Grambo.

Schrier, Allan M., and Fred Stollnitz, eds.

1971 Behavior of nonhuman primates: modern research trends, vol. 4. New York: Academic Press.

Scollon, Ronald, and Suzanne B.K. Scollon

1981 Narrative, literacy and face in interethnic communication. Norwood, NJ: Abex Publishing.

Scollon, Ronald, and Suzanne Wong Scollon

2001 Intercultural communication: a discourse approach. 2d ed. Oxford, UK: Blackwell.

Sebeok, Thomas A., ed.

1974 Current trends in linguistics, vol. 12: Linguistics and adjacent arts and sciences. The Hague: Mouton.

1977 How animals communicate. Bloomington: Indiana University Press.

Sherzer, Joel

1976 Play languages: implications for (socio) linguistics. In Speech play: research and resources for studying linguistic creativity. Barbara Kirshenblatt-gimblett, ed. Pp. 19-36. Philadelphia: University of pennsylvania press.

1977 The ethnography of speaking: a critical appraisal. In Goergetown University Round Table on Languages and Linguistics 1977. Pp. 43-57.

1986 The report of a Kuna curing specialist: the poetics and rhetoric of an oral performance. In Native South American discourse. Joel Sherzer and Greg Urban, eds. Pp. 169-212. Berlin: Mouton de Gruyter.

1987 A discourse-centered approach to language and culture. American Anthropologist 89-309.

1990 Verbal art in San Blas: Kuna culture through its discourse. Cambridge, UK: Cambridge University Press.

Sherzer, Joel, and Regina Darnell

1972 Outline guide for the ethnographic study of speech use. In Directions in sociolinguistics: the ethnography of communication. John J. Gumperz and Dell Hymes, eds. Pp. 548-554. New York: Holt, Rinehart and Winston.

Sherzer, Joel, and Greg Urban, eds.

1986 Native South American discourse. Berlin: Mouton de Gruyter.

Sherzer, Joel, and Anthony C. Woodbury, eds.

1987 Native American discourse: poetics and rhetoric. Cambridge, UK: Cambridge University Press.

Shuy, Roger W.

1984 Linguistics in to other professions. In Annual Review of Anthropology, vol. 13. Bernard J. Siegel and others, eds. Pp. 419-445. Palo Alto, CA: annual Reviews.

Siebert, Frank T., Jr.

1967 The original home of the Proto-Algonquian people. National Museum of Canada, bulletin 214; Anthropological Series, no. 78: Contributions to Anthropology: Linguistics I (Algonquian). Pp. 13-47. Ottawa.

Silva-Corvalán, Carmen

1994 Language contact and change: Spanish in Los Angeles. New York: Oxford University Press.

Silverstein, Michael

1985 Language and the culture of gender: at the intersection of structure, usage, and ideology. In Semiotic mediation: sociocultural and psychological perspectives. Elizabeth Mertz and Richard J. Parmentier, eds. Pp. 219-259. Orlando: Academic Press.

Smith, William

1744 A new voyage to Guinea .... London: John Nourse.

Sorensen, Arthur P., Jr.

1967 Multilingualism in the northwest Amazon. American Anthropologist 69:670-684.

Stokoe, William C., Jr.

1960 Sign language structure: an outline of the visual communication systems of the American deaf. Studies in Linguistics, Occasional Papers, no. 8. Buffalo, NY: University of Buffalo, Department of Anthropology and Linguistics.

Stross, Brian

1974 Speaking of speaking: Tenejapa Tzeltal metalinguistics. In Explorations in the ethnography of speaking. Richard Bauman and Joel Sherzer, eds. Pp. 213-239. London: Cambridge University Press.

1976 The origin and evolution of language. Dubuque, IA: Wm. C. Brown.

Sturtevant, Edgar H.

1947 An introduction to linguistic science. New Haven, CT: Yale University Press.

Sturtevant, William C.

1964 Studies in ethnoscience. American Anthropologist 63:3(part 2): 99-131.

Susman, Randall L., ed.

1984 The pygmy chimpanzee: evolutionary biology and behavior. New York: Plenum Press.

Swadesh, Morris

1950 Salish internal relationships. International Journal of American Linguistics 16:157-167.

1955 Towards greater accuracy in lexicostatistic dating. International Journal of American Linguistics 21:121-137.

1971 The origin and diversification of language. Joel Sherzer, ed. Chicago: Aldine / Atherton.

Tannen, Deborah

1982 Ethnic style in male-female conversation. In Language and social i identity. John J. Gumperz, ed. Pp. 217-231. Cambridge, UK: Cambridge University Press.

1986 That's not what I meant! How conversational style makes or breaks relations with others. NewYork: Morrow.

1990 You just don't understand: women and men in conversation. New York: Morrow.

1993 (ed.) Framing in discourse. New York: Oxford University Press.

Taylor, Douglas

1951 Sex gender in Central American Carib. International Journal of American Linguistics 17:102-104.

Tedlock, Dennis

1972 (trans.) Finding the center: narrative poetry of the Zuni Indians. New York: Dial Press..

1983 The spoken word and the work of interpretation. Philadelphia: University of Pennsylvania Press.

Teeter, Karl V.

1964 "Anthropological linguistics" and linguistic anthropology. American Anthropologist

Terrace, Herbert S.

1979 Nim. New York: Knopf.

Thompson, Stith

1928 The types of the folk-tale: a classification and bibliography. FF Communications, no. 74. Helsinki. [translation and expansions of Aarne 1910.]

1932-1936 Motif-index of folk-literature: a classification of narrative elements in folk-tales, ballads, myths, fables, mediaeval romances, exempla, fabliaux, jest-books, and local legends. 6 vols. FF communications, nos. 106-109, 116, and 117. Helsinki.

1953 The Star Husband tale. Studia Septentrionalia 4:93-163.

1955 Motif-index of folk-literature: a classification of narrative elements in folktales, ballads, myths, fables, mediaeval romances, exempla, fabliaux, jest-books, and local legends. 6 vols. Rev. and enl. ed. Bloomington: Indiana University Press.

1961 The types of the folklore: a classification and bibliography. 2nd rev. ed. FF Communications, no. 184. Helsinki.

Thorne, Alan G., and Milford H. Wolpoff

1992 The multiregional evolution of humans. Scientific American 266: 4:76-79, 82-83 (April).

Thorne, Barrie, Cheris Kramarae, and Nancy Henley, eds.

1983 Language, gender and society. Rowley, MA: Newbury House.

Time-Life Books .

1973 The first men. Series The emergence of man. New York: Time-Life Books.

Ting-Toomey, Stella

1986 Conflict communication styles in black and white subjective cultures. In Interethnic communication: current research, vol. 10. Young Yun Kim, ed. Pp. 75-88. Newbury Park, CA: Sage.

Todd, Loreto

1984 Modern Englishes: pidgins and creoles. Oxford: Blackwell.

Tomkins, William

1969 Indian sign language. New York: Dover. (Originally published by the author in 1926 under the title Universal [American] Indian sign language [of the Plains Indians of North America...].)

Trager, George L.

1958 Paralanguage: a first approximation. Studies in Linguistics 13:1-12.

1972 Language and languages. San Francisco: Chandler.

Trudgill, Peter

1983 Sociolinguistics: an introduction to language and society. Rev. ed. New York: Penguin Books.

1984 (ed.) Applied sociolinguistics. Orlando: Academic Press.

Tyler, Stephen A., ed.

1969 Cognitive anthropology. New York: Holt, Rinehart and Winston.

Urciuoli, Bonnie

1996 Exposing prejudice: Puerto Rican experiences of language, race, and class. Boulder, CO: Westview Press.

Van Zandt, Howard F.

1970 How to negotiate in Japan. Harvard Business Review 48:6:45-56 (November-December).

Voegelin, Charles F., and Z. S. Harris

1952 Training in anthropological linguistics. American Anthropologist 54:322-327.

Vogelin, Charles F., and florence M. Voegelin

1954 Obtaining a linguistic sample. International Journal of American Linguistics 20:89-100.

1957 Hopi domains a lexical approach to the problem of selection. Indiana University publications in Anthropology and Linguistics, memoir 14 of the International Journal of American Linguistics. Baltimore: Waverly Press.

1959 Guide for transcribing unwritten languages in field work. Anthropological Linguistics 1:6:1-28.

1966 (comps.) Map of North American Indian languages. American Ethnological Society.

Voegelin, Charles F., Florence M. Voegelin, and LaVerne Masayesva Jeanne

1979 Hopi semantics. In Handbook of North American Indians, vol. 9: Southwest, pp. 581-586. Washington: Smithsonian Institution.

Walter, Henriette

1988 Le français dans tous les sens. Paris: R. Laffont.

Wardhaugh, Ronald

1986 An introduction to sociolinguistics. New York: Blackwell.

Wardhaugh, Ronald, and H. Douglans Brown, eds.

1976 A survey of applied linguistics. Ann Arbor: University of Michigan Press.

Watanabe, Suwako

1993 Cultural differences in framing: American and Japanese group discussions. In framing in discourse. Deborah Tannen, ed. Pp. 176-209. New York: Oxford University Press.

Waterhouse, Viola

1962 The grammatical structure of Oaxaca Chontal. Indiana University Research Center in Anthropology, Folklore, and Linguistics Publications, no. 19. Bloomington.

Watkins, Calvert

1992 Indo-European and the Indo-Europeans. In The American Heritage Dictionary of the English Language. Pp. 1496-1550. New York and Boston: American Heritage and Houghton Mifflin.

Watson, O. Michael, and Theodore D. Graves

1966 Quantitative research in proxemic behavior. American Anthropologist 68:971-985.

Weitz, Shirley, ed.

1974 Nonverbal communication: readings with commentary. New York: Oxford University Press.

Wescott, Roger W.

1974 The origin of speech. In Language origins. Roger W. Wescott, ed. Pp. 103-123. Silver Spring, MD: Linstok Press.

Whorf, Benjamin Lee

1936 The punctual and segmentative aspects of verbs in Hopi. Language 12:127-131.

1940a Science and linguistics. Technology Review 42:229-231, 247-248 (April).

1940b Linguistics as an exact science. Technology Review 43:61-63, 80-83 (December).

1941a Language and logic. Technology Review 43:250-252, 266, 268, 272 (April).

1941b The relation of habitual thought and behavior to language. In Language, culture, and personality: essays in memory of Edward Sapir. Leslie Spier and others, eds. Pp. 75-93. Menasha, WI: Sapir Memorial Publication Fund.

1946 The Hopi Language, Toreva dialect. In Linguistic structures of Native Ameirca. Cornelius Osgood, ed. Viking Fund Publications in Anthropology, no. 6, pp. 158-183. New York: Viking Fund.

1950 An American Indian model of the universe. International Journal of American Linguistics 16:67-72.
1956 Language, thought, and reality: selected writings of Benjamin Lee Whorf. John B. Carrol, ed. Cambridge and New York: Technology Press of MIT and John Wiley and Sons.

Wilson, Allan C., and Rebecca L. Cann
1992 The recent African genesis of humans. Scientific American 266:4:68-73 (April).

Witherspoon, Gary
1977 Language and art in the Navajo universe. Ann Arbor: University of Michigan Press.

Wolff, Hans
1952 Osage I: phonemes and historical phonology. International Journal of American Linguistics 18:63-68.
1967 Language, ethnic identity and social change in southern Nigeria. Anthropological Linguistics 9:1:18-25.

Wolfson, Nessa, and Joan Manes
1979 Don't dear me. Working Papers in Sociolinguistics, no. 53. Austin, TX: Southwest Educational Development Laboratory.

Wonderly, William L.
1951a Zoque II: phonemes and morphophonemes. International Journal of American Linguistics 17:105-162.
1951b Zoque III: morphological classes, affix list, and verbs. International Journal of American Linguistics 17:137-162.

Woolard, Kathryn A., and Bambi B. Schieffelin
1994 Language ideology. In Annual Review of Anthropology, vol. 23. William H. Durham and others, eds. Pp. 55-82. Palo Alto, CA: Annual Reviews.

Woolford, Ellen B.
1979 Aspects of Tok Pisin grammar. Pacific Linguistics, Series B- Monographs, no. 66. Canberra: Australian National University.

Yegerlehner, John
1955 A note on eliciting techniques. International Journal of American Linguistics 21:286-288.

Zepeda, Ofelia
1983 A Papago grammar. Tucson: University of Arizona Press.

# 문제 해답

## *제4장*

***문제1.*** 소께 말의 [c], [ʒ]소리는 하나의 음소에 속하는 변이음이다. 왜냐하면 그 두 소리는 비슷하고 상보분포 속에 있기 때문이다: 유성 치경 파찰음은(1, 2, 3, 8, 9, 12에서 처럼) 비음 다음에 나오고, 무성 치경 파찰음은(3, 4, 5, 6, 10, 11에서 처럼) 다른 환경에 나온다. 규칙은 다음과 같다:

/c/ → [+voiced] / N_______(where N = any nasal)

/자음/ → [+유성음] / 비음_______(어떤 비음이 나오더라도)

***문제2.*** 체코어의 4개 자음 모두, [t, d, $t^y$, $d^y$] 독자적인 음소이다. /t, d, $t^y$, $d^y$/ 왜냐하면 (1과 3; 4와 9; 11과 13; 14와 16에서)보기의 최소의 짝이 명백히 보여주는 것 처럼 자음들은 대조를 이룬다.

***문제3.*** 아로카니아 말(Araucanian)의 주 강세는 두 번째 모음에 떨어진다. 따라서 규칙에 따라 예측이 가능하다.

***문제4.*** /ð/ 음소는 두 개의 변이음을 지닌다: [d]는 [a]앞에 나오고, [ð]는 나머지 조건에서 나타난다. 규칙: /ð/ → [d] _______a

***문제5.*** 모호크 말(Mohawk)의 모음 길이는 예측이 가능하다: 모든 모음은 짧다.

단, 예외는 강세가 있고 자음이 하나 따라나올 때 길어진다. 그러므로 모음길이는 대조를 이루지 않는다.

## *제5장*

*문제1.*

| 루이세뇨 형태소 | 한국어/영어 주석 |
|---|---|
| nóo | 나 'I' |
| póy | 그 남자를 'him' |
| čáami | 우리를 'us' |
| q | 현재 시제 PRESENT |
| n | 미래 시제 FUTURE |
| ni | 만들다 'make' |
| vičču | ～고 싶다 'want' |
| wukála | 걷다 'walk' |
| páaʔi | 마시다 'drink' |
| temét | 태양 'sun' |

***문제2.*** 동사 형태는 단수형에 접두사를 붙여 복수형으로 만든다; 접두사의 모습은 단수형 단어의 첫 자음과 따라나오는 모음으로 구성된다.

***문제3.*** 과거 시제 형태소의 이형태소는: 만일 낱말이 /t, d/로 끝나면 /-əd/이고; 만일 낱말이 /p, k, č, f, θ, s, š/로 끝나면 /-t/이고; 다른 음으로 끝나면 /-d/이다. 3인칭 단수의 형태소가 지닌 이형태소는: 만일 낱말이 /s, z, š, ž, č, ǰ/로 끝나면 /-əz/이고; 만일 낱말이 /z, ž, ǰ/를 제외한 유성음으로 끝나면 /-z/이고; 만일 낱말이 /s, š, č/를 제외한 무성음으로 끝나면 /-s/이다.

***문제 4.*** 어간과 어근은 1에서 20까지 나열되어 있다. 1인칭 단수 소유격은 *an-* 접두사이다. 이 접두사의 형태 음운학적 규칙은 다음과 같이 적을 수 있다:

n → m/________m, p(즉, n이 m이나 p같은 양순음 앞에서 m으로 된다)

n → ñ/________y, č, š, tʸ(구개 – 치경음)

n → ŋ/________k, w

n → n/________t, c, s, n, h(=기타 조건에서)

## *제7장*

***문제1.*** 어두에 나오는 인구조어 *p는 근대 영어의 f에 해당하고 라틴어와 고대 그리스어에서는 p에 해당한다.

***문제2.*** [i] 모음 후에, 쿠파조어(Proto – Cupan) *[l]은 까후야(Cahuilla)말과 꾸뻬뇨(Cupeño)말에서 [y]로 표시되고; 루이세뇨(Luiseño)말에서는 [l]이고; 다른 환경에서는 세 부족말 모두에서 [l]로 표시된다.

***문제3.*** 재구된 오스트로네시안(Austronesian)조어 단어들은 *manis, *taman, *kuraŋ, *damar, *bantal, *tanjuŋ, *qupah 이다.

***문제4.*** 이것은 답이 없는 질문이다; 답은 주어진 자료가 보여주는 범위 내에서 적절한 해석이 던지는 제한된 것일 수 밖에 없다.

# 본문에서 언급된 언어들

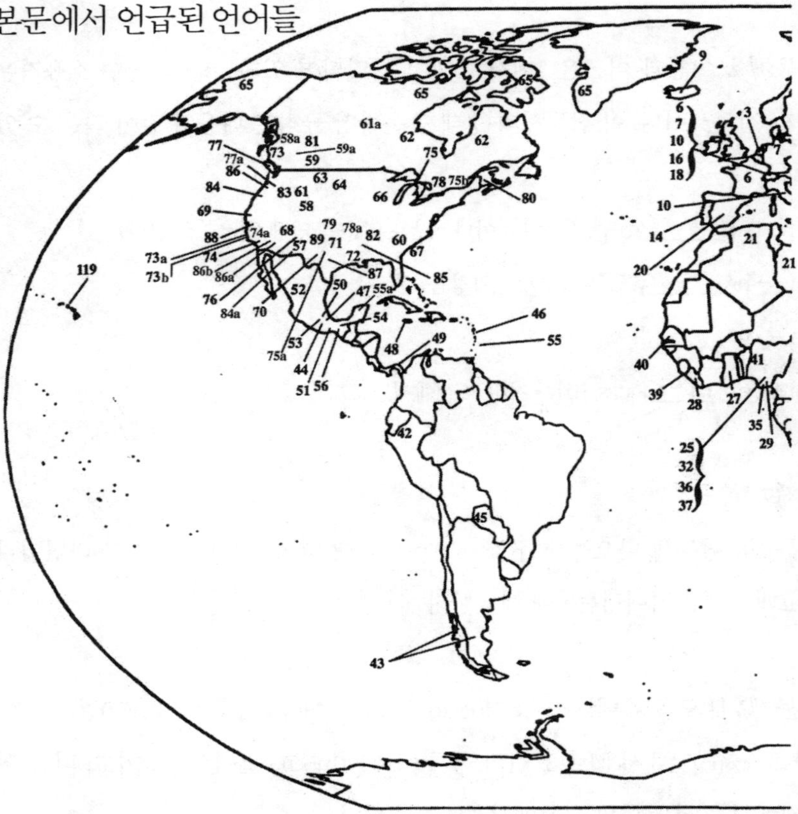


*유럽*

1 알바니아 어
2 체코 어
3 화란 어
4 에스토니아 어
5 핀랜드 어
6 프랑스 어
7 독일 어
8 그리스 어
9 아이스랜드 어
10 이태리 어
11 랩 어
12 마자르 어 (헝가리 어)
13 폴란드 어
14 포르투갈 어
15 루마니아 어
16 로만스 어
17 러시아 어
18 스위스 독일 어
19 슬로박 어
20 스페인 어

*중동과 북아프리카*

21 아랍 어
22 아르메니아 어
23 페르시아 어
24 터키 어

*사하라 남부 아프리카*

25 아부아 어
26 아프리카안 어
27 아샨티 어
28 야보 어
29 칼라바리 어
30 캄바 어
31 기쿠유 어
32 구그보 어
33 루히야 어
34 루오 어
34a 말라가시 어
35 넴베 어
36 오두알 어
37 오그비아 어
38 스와힐리 어
39 트위 어
40 월로프 어
41 요르바 어

*라틴아메리카와 카리브 해*

42 아구아루나 어
43 아로카니아 어
44 촌딸 어
45 과라니 어
46 아이랜드 카리브 어
47 이스무스 나후아트 어
48 자메이카 크레올
49 쿠나 어
50 마자테코 어
51 나후아틀 어
52 오토미 어
53 씨에라 포프루까 어
54 (떼네야빠) 젤딸 어
55 서인도 크레올
55a 유카텍
56 소께 어

*북미*

57 아파치 어 (서 아파치 어)
58 아라파호 어
58a 벨라벨라
59 블랙후트
59a 캐리어 어
60 체로키 어
61 샤이안 어
61a 치프와 어
62 크리 - 몽따네 어
63 크로우 어
64 다코다 어
65 에스키모 어
66 폭스 어
67 굴라 어
68 호피 어
69 후파 어
70 카오와 어
71 키오와 아파치 어
72 코아사티 어
73 콰기우틀 어
73a 쿠페뇨 어
73b 카휘일라 어
74 루이세뇨 어
75 메노미니 어
75a 메스깔레로 아파치 어
75b 모호크 어
76 나바호 어
77 누트카 어
77a 북 파이우트 어
78 오지브웨 어

79 파우니 - 아라까라 어
80 페노브스코트 - 아브나기 어
81 쌀시 어
82 쇼우니 어
83 쇼쇼니 - 코만치 어
84 타켈마 어
84a 토호노 오댐 (파파고)
85 튀니카 어
86 상류 치누크(강) 어 (그리고 위쉬램 어)
86a 왈라파이 어
86b 와쇼 어
87 위치타 어
88 야나 어
89 쥬니 어

*동 아시아 와 남 아시아*

90 아그타 어
91 아카라논 어
92 아삼미스 어
93 바다가 어
94 벵갈리 어
94a 본톡 어
95 구자라티 어
96 하녀누 어
97 힌두 어
98 일롱곳 어
99 인도네시아 어
100 일본 어
101 쟈바 어
102 간나다 어
103 캐쉬미르 어
104 칼라프르 어
105 한국 어
105a 마두라 어
106 말레이 어
107 말레랴람 어
108 만다린 (중국말) 어
109 마라티 어
110 오리야 어
111 편잡 어
112 수바누 어
112a 순다 어
113 다가로그 어

114 타밀 어
115 텔루그 어
116 우르두 어
117 베트남 어
118 야카 어

*호주와 대양주*

119 하와이 클레올 영어
120 히리 모투 어
121 카룰리 어
121a 키리위니아 어
122 마오리 어
123 신 - 메라네시아 어 (톡피진)
123a 타이압 어
124 응안디 어
125 핀투비 어
126 톨라이 (쿠아누아) 어

# 색인

# 역자 후기

쌀즈만 교수의 『언어, 문화, 사회: 언어인류학입문』 3판은 오랜 기간 강의내용을 다듬고 정리하여 만든 이론서로 독자에게 읽는 즐거움과 새로운 지식분야를 소개하는 책이다. 이 책의 옹골진 내용들을 학생들에게 조금씩 전해보려고 하였던 것이 벌써 7-8년이 되었다. 그러다가 전체를 번역하여 학(부수강)생들뿐 만 아니라 일반 독자에게 선보이려는 마음이 생겼다.

엄청난 양의 어휘를 접하고 되고 번역을 하면서 항상 역자의 머리에 숙제로 남는 것은 등가성의 문제이었다.

로마자 a가 한글 기역으로 번역이 가능한지, 저자의 논점이 우리글의 독자에게 생생하게 전달될 수 있다는 믿음이 내게 생겼는가하는 물음은 내내 지속되었다. 또 충실한 번역문을 만들어내기에 물리적 시간적 제약도 다가왔다. 여러 번 고쳤으나 고고학적, 문화인류학적 전문지식이 미천하여 부실한 부분이 여전히 부지기수였다. 그러던 중 번역이론가인 고려대 불문과 송태효 학형이, 문화적 차이를 넘어선 이해는, 번역물의 독자가 빈 공간에 단순히 지식을 채우는 행위자가 아닌 주인으로서 독서라는, 적극적인 예술행위를 솔선수범하는 자연스러운 과정의 결과라는, 인식을 갖게끔 도와주었다. 즉, 개인 간의 벽과 문화 간의 벽을 단번에 털어내는 번역물의 독자는 원작자의 의도를 역자가 어림짐작한 것보다 잘 이해한다는 말이다. 역자는 그런 한국어판 독자가 좀 더 많기를 희망하였고 또 하고 있다. 동시에 어려운 점을 상의할 때마다 항상 친절하게 전자통신망으로 답해주신 쌀즈만 교수의 식지 않는 열정에 부응할 수 있기를 바란다.

원주에 있는 연세대 교정은 아름답기로 유명한 곳이다. 이곳에서 지난 4년 동안 자투리시간을 붙여서 주말에 연구실 뒤뜰의 이름 모를 새들 노래를 들으며 지낸 것은 행운이라 할 수 있다.

국문과 영문과 선생님들의 전폭적인 관심과 혹은 무관심한 도움에 힘입어 이 책을 세상에 내놓게 되었다. 특히 정현기 선생님, 김명복 선생님, 임성래 선생님의 한결 같은 격려는 측량이 어려운 큰 도움이었다. 또 경희대 영어학부 한학성 선생님과 나눈 영어교육과 어학에 대한 토론에서 힘입은 바 크다. 몇 장을 같이 읽은 여러 학생들이 자연스러운 우리 낱말들을 찾아 주었다. 편집의 수고와 특수문자를 찾아 전 세계의 폰트뱅크와 전국을 뒤진 도서출판 온누리의 이대건 주간과 이지인 선생의 노고를 적어야 한다. 그분들과 함께 일하는 것은 큰 즐거움이었다. 독자와 이 책의 첫 대면을 부드럽게 만드는 역할을 경원대 최기현 교수가 맡아주었다. 그의 전문적인 색감과

# 역자 후기

디자인 감각은 정평이 있는 것이다. 일본 동경에 초빙교수로 가 계신 서울대학교 언어학과의 성백인 박사님께서 흔쾌히 추천사를 써주셨다. 현장조사자로서 성 박사님의 만주몽고어 연구는 이미 동아시아를 넘어 세계적인 수준임은 우리가 잘 알고 있다. 끝으로 가족과 지낼 시간을 번역작업에 양보한 아내와 선엽 · 선아에게 고마움을 전한다.

2005년 섣달

김형중